AF137082

Georg Weber

Heidelberger Erinnerungen: Am Vorabend der fünften Säkularfeier der

Universität

Georg Weber

Heidelberger Erinnerungen: Am Vorabend der fünften Säkularfeier der Universität

ISBN/EAN: 9783743613607

Hergestellt in Europa, USA, Kanada, Australien, Japan

Cover: Foto ©ninafisch / pixelio.de

Manufactured and distributed by brebook publishing software (www.brebook.com)

Georg Weber

Heidelberger Erinnerungen: Am Vorabend der fünften Säkularfeier der

Universität

Heidelberger Erinnerungen.

Am Vorabend

der

Fünften Säkularfeier der Universität.

Von

Georg Weber.

Stuttgart.

Verlag der J. G. Cotta'schen Buchhandlung.

1886.

Der

Stadt und Universität Heidelberg

pietätvoll gewidmet.

Vorrede und Standpunkt.

———

Den Kern der gegenwärtigen kleinen Gedenkschrift bildet eine Reihe von Artikeln, welche als „Rückblick auf Heidelberg am Vorabend der fünften Säkularfeier der Universität" im Laufe des Jahres 1884 in der Beilage zur „Allgemeinen Zeitung" in München erschienen sind. Doch wurden bei der Revision nachträglich Veränderungen, Ergänzungen und Erweiterungen angebracht und zur Vervollständigung ein einleitender Abschnitt „Aus der Geschichte Alt-Heidelbergs" beigefügt.

Die Worte, mit welchen wir damals die „Zweite Folge" der Artikel geschlossen, haben auch für die gegenwärtige Zusammenstellung ihre Geltung. „Mögen die Schattenrisse," so hieß es dort, „den Eindruck hinterlassen, den der Verfasser beabsichtigte. Er wollte der Universität ein kleines Denkmal der Dankbarkeit und Pietät stiften für die edlen Gaben, die er für die Bildung und Ausgestaltung seines inneren Lebens von derselben empfangen, und für die wissenschaftliche Anregung und Belehrung, die er in dem vieljährigen Umgang mit so ausgezeichneten Männern in sich aufgenommen hat. Zugleich sollten sie der Stadt ein Zeugnis ablegen von der treuen Anhänglich-

keit eines ihrer ältesten Bewohner, von der Liebe und Hin=
gebung an ihre reichen Güter und Vorzüge und von den
aufrichtigsten Wünschen für ihr ferneres Aufblühen und
Gedeihen. Bei der Zusammenstellung der obigen, größten=
teils aus den eigenen Erinnerungen und Eindrücken ge=
schöpften Lebensbilder hat der Verfasser den doppelten
Zweck vor Augen gehabt, einmal der heutigen Einwohner=
schaft ihre große Vergangenheit ins Gedächtnis zurückzu=
rufen, und dann an seiner eigenen Seele noch einmal die
hohen Gestalten vorübergehen zu lassen, die in seinen jüngeren
Mannesjahren sein Dasein bereichert und gehoben haben.
Es sollte die Wiedergabe von vergangenen Zeiterscheinungen
sein, niemand zuliebe und niemand zuleide. Mußte hie
und da auch einiger Schwächen und Einseitigkeiten gedacht
werden, so möge man den Spruch beherzigen: Wo viel Licht
ist, ist auch Schatten.“

Es kann der Ehre und den Verdiensten bedeutender
Männer keinen Eintrag thun, wenn man sie nicht immer
auf dem Kothurn der heroischen Tragödie auftreten läßt,
sondern sie auch mitunter in menschlichen Verhältnissen zeigt,
in der Gestalt, wie sie unter uns leibten und lebten, wie
die Zeitgenossen sie Jahrzehnte lang an sich vorübergehen
sahen. Auf solche Weise wird die Erkenntnis geweckt, daß
es keine privilegierte Geistesaristokratie gibt, daß jeder ein=
zelne die ideellen Güter durch eigene Arbeit und Anstrengung
erwerben muß, eine Erkenntnis, welche der Menschenbrust
Mut einflößt und vor Selbstüberschätzung und Standes=
hochmut schützt. Philisterhaft oder trivial wird ein gerechter
Beurteiler die folgenden Abrisse nicht finden und nirgends
persönliche Affekte oder Parteiinteressen, nirgends individuelle
Sympathien oder Antipathien in den Vordergrund gestellt

sehen. Wollte man da oder dort einen Ausspruch oder ein Urteil zu scharf finden, so bedenke man, daß der Verfasser durch die Schule Schlossers gegangen ist, welcher, fern von vornehmer Objektivität, jeden Glorienschein, womit Wohldienerei oder Servilität einzelne Größen umgaben, zu zerreißen pflegte, um das wahre Antlitz unverhüllt sehen zu lassen. Wir sind uns bewußt, keine gute Seite übergangen, keine löbliche Eigenschaft verschwiegen zu haben. Aber der Spruch „de mortuis nil nisi bene" kann für den Historiker keine Geltung haben.

Man hat hie und da Namen vermißt, die zu ihrer Zeit im akademischen wie im bürgerlichen Leben eine hervorragende Stellung behauptet haben. Wir waren bemüht, einzelne Lücken nachträglich auszufüllen. Da wir aber nicht die Absicht hatten, weder eine Geschichte der Universität noch der Stadt Heidelberg zu schreiben, sondern nur in einigen Umrissen die vorherrschende Physiognomie zu bezeichnen, die Zustände und Persönlichkeiten zu skizzieren, die zu gewissen Zeiten bestimmend und maßgebend für den Charakter der Musenstadt am Neckar gewesen sind, so mußten manche Namen wegfallen, die in der Wissenschaft oder im Hörsaal eine bedeutsame Wirksamkeit geübt haben mögen, aber wenig Stoff lieferten für ein Gesamtbild, das auch Fernerstehenden einiges Interesse bieten, einigen Reiz gewähren könnte. Nur solche Persönlichkeiten, die einen Funken von Genialität oder Originalität in sich trugen, oder deren Lebenswege von der gewöhnlichen Heerstraße abwichen, sollten in dem Rahmen dieser Aufzeichnungen eine Stelle finden. Die stille, gewissenhafte Pflichterfüllung im gewählten oder zugewiesenen Beruf bringt Ehre und Achtung bei den Näherstehenden, aber sie übt, als normal und selbstverständlich, für die

Außenwelt keine besondere Anziehung. Der alte Spruch „bene vixit qui bene latuit" behält stets seine Geltung, vorab bei den Jüngern der Wissenschaft, die den Lohn ihres Forschens und Strebens in der eigenen inneren Befriedigung finden, deren Leistungen auf gelehrtem Gebiete in den Annalen der Wissenschaft selbst gewürdigt werden und deren Verdienste im Lehrsaale in den Herzen der dankbaren Zuhörerschaft fortleben.

Kleine markante und scherzhafte Farbentöne in der Lebenserscheinung einzelner Persönlichkeiten möge man mit Nachsicht aufnehmen. Sie sollten das Gesamtbild mit einigen heiteren Zügen beleben. Man wirft dem Alter oft eine morose und pessimistische Weltanschauung und eine grämliche Beurteilung der Gegenwart vor. Von diesem Vorwurf suchte sich der Verfasser frei zu halten. Die „Heidelberger Erinnerungen" sind nicht im Stile der strengen Geschichtschreibung oder im Nimbus von Nekrologen und Gedächtnisreden gehalten, sondern in der leichten Manier eines unbefangenen Beobachters, der bei dem Niederschreiben der Eindrücke und Erlebnisse seiner Jugend und seines jüngeren Mannesalters sich selbst wieder jugendlich angeweht fühlte und daher Scherz mit Ernst zu verbinden wagte. Wer in den harmlosen Späßchen oder in den ironisch-humoristischen Zügen, die hie und da eingestreut sind, schlimme Gedanken oder lieblose Absichten erblicken wollte, dem möchten wir den Spruch des ritterlichen englischen Königs ins Gedächtnis rufen: Hony soit qui mal y pense.

————

Eingang.

„Die Universität Heidelberg ist eröffnet worden am 18. Oktober 1386 mit einer feierlichen Messe in der bald darauf vergrößerten und zur königlichen Stiftskirche erhobenen Kirche zum Heiligen Geist. Die Universität Heidelberg, zu Anfang dieses Jahrhunderts von Karl Friedrich neu aufgerichtet und seitdem Ruperto-Carola genannt, wird im Jahre 1886, als erste und älteste im Deutschen Reiche, in der Lage sein, das Fest ihres fünfhundertjährigen Bestehens zu feiern. Bereits seit Jahren befinden wir uns im Bannkreise dieser bevorstehenden hohen Feier.“ Mit diesen Worten begann am 22. November 1883 der Prorektor des Jahres, Geheimerat Heinze, die akademische Gedächtnisrede, mit welcher der zweite Stiftungstag in einem feierlichen Akt in der schöngeschmückten Aula des Universitätsgebäudes zu Ehren des Großherzogs Karl Friedrich, des Neubegründers, alljährlich gefeiert zu werden pflegt. In früheren Jahren war es Sitte, diesen Festakt mit einem lateinischen Vortrag einzuweihen, in welchem der Redner ein gelehrtes Thema aus seiner speciellen Fachwissenschaft behandelte. Mit der Zeit ging man zu der deutschen Sprache über und griff auch wohl zeitweise weiter aus auf gewisse Zeit- und Streitfragen des Tages, ohne doch aus dem Rahmen gelehrter Untersuchung herauszutreten. Die Folge dieser Neuerung war eine größere Beteiligung an dem Fest aus den gebildeten Kreisen aller Stände. Noch einen Schritt weiter glaubte der Prorektor des Jahres 1883 gehen zu dürfen, indem er als Einleitung und Vorbereitung zu dem bevorstehenden großen Säkularfest Umschau hielt nach der Feier früherer Heidelberger Universitätsjubiläen, somit eine Aufgabe zum Vorwurf wählte, welche auf ein allgemeines, allseitiges Interesse Anspruch machen konnte. Nur in den der gedruckten Rede beigefügten Anmerkungen wurde zugleich der gelehrten Forschung und wissenschaftlichen Akribie Rechnung getragen. Es ist ein eigentümliches Zusammentreffen, daß fast zu derselben Zeit der Rektor der Universität Breslau, Dr. Richard Roepell, beim Antritte seines Amtes am 15. Oktober seine Aufmerksamkeit der andern Universität des Großherzogtums Baden, Freiburg im Breisgau, zuwandte, indem er in einer Festrede das Leben und die wissenschaftliche und politische Wirksamkeit des einst von der liberalen Volksgunst so hoch gefeierten Historikers, Professors und Landtagsabgeordneten Karl Wenzeslaus v. Rotteck beleuchtete, nicht gerade in polemischer Tendenz gegen ein hervorragendes Geschichtswerk unserer Tage, doch nicht ohne Beziehung auf die dort aufgestellte Charakteristik und Beurteilung des auf die öffentliche Meinung seiner Zeit so einflußreichen Geschichtschreibers und Parlamentariers und mit verschiedener Behandlung von Licht und Farbe.

Aus der Geschichte Alt-Heidelbergs.

1.

Die Romantik hat zu allen Zeiten an der Stätte, wo sich das heutige Heidelberg am linken Neckarufer hinzieht und das Schloß von der waldbekränzten Höhe in das Flußthal nieder= schaut, eine bedeutsame Rolle gespielt. Schon die Entstehungs= geschichte ist mit dem Glanze von Liebe und Rittertum, den wirksamsten Elementen der Romantik, umgeben, und der land= schaftliche Charakter mit den dunkelbeschatteten Berghöhen an beiden Flußufern, wo in „mondbeglänzten Zaubernächten" die Natur so ergreifend die Seele berührt, bot in allen Jahr= hunderten einen stimmungsvollen Boden für ideale und senti= mentale Empfindungen. Wie die rosenfingerige Eos den be= wegten Tag in die Menschenwelt einführt, so umschwebt auch eine reizende Liebesepisode die geschichtlichen Anfänge der Pfalz.

Konrad der Hohenstaufe, der Bruder und Waffengefährte Friedrichs I. des Rothbarts, darf als der eigentliche Begründer der rheinischen Pfalz angesehen werden. Eine kleine Burg auf dem „Jettenbühel", in der Folge „das alte Schloß" genannt, da wo heutzutage die Restauration zur Molkenkur den müden Wanderer zum Ausruhen und zu erhebendem Naturgenuß ein= ladet und der Blick mit Entzücken über Berg und Thal, über Fluß und Ebene hinschweift, wurde bald zum Hauptsitz, wo Konrad als mächtiger Fürst und Kriegsherr über große Be=

fitzungen am Rhein und im Moselgebiet herrschte und zahl=
reiche Vasallen in seinem Dienste hatte. Bis zur Stunde haben
sich Spuren erhalten, daß die Höhen auf beiden Ufern einst
römische Befestigungswerke getragen haben, die dann samt dem
Gebiete, zu dessen Schutz sie dienten, in den Besitz der Kirche
übergegangen sein mögen. Als ein Lehen des Wormser Bis=
tums scheint Konrad anfangs die Landschaft besessen zu haben.
Bald wuchs der Ort am Fuße des Berges, wo um die Kapelle,
„zur heiligen Jungfrau“ einige ärmliche Fischerhütten standen,
zu der Stadt Heidelberg heran; und auf einer sanften Anhöhe
am rechten Neckarufer wurde das Stift Neuburg gegründet, ein
adeliges Fräuleinkloster, wo nach einer Ueberlieferung eine von
Konrads Töchtern die erste Aebtissin ward.

Damals stand das hohenstaufische Haus auf dem Höhepunkt
der Macht und Herrlichkeit. Friedrich hatte den gewaltigen
Kampf wider Papst und Lombardenbund mit Ehre und ruhm=
voll zu Ende geführt; er hatte den großen Welfenherzog
Heinrich den Löwen, der für sich und sein Haus Reich und
Krone gewinnen wollte, im schweren Kampfe überwältigt; er
hatte im Mai 1184 in Mainz ein Reichsfest gefeiert, wo der
ganze Glanz des Mittelalters sich entfaltete, wo Rittertum und
Minnegesang mit ihren Gaben prangten, wo Fürsten und Edle
aus allen deutschen Gauen und aus dem Auslande und eine
Menge Volks „in Schiffen und in Straßen“ herbeiströmten, um
dem glorreichen Herrscher ihre Huldigungen darzubringen, und
hatte dann, ein anderer Moses, sein Volk über die Steppen
und Wüsten Europas und Asiens geführt, um schließlich als
siebenzigjähriger Greis sein Grab in den Fluten des Flusses
Seleph zu finden. Von diesem Glanze, der das Haupt des
Kaisers umstrahlte, fiel auch ein Teil auf den Bruder am Neckar.
Hatte er doch auf den meisten Feldzügen an dessen Seite ge=
fochten und Ehren und Gefahren geteilt. So ward denn Pfalz=
graf Konrad einer der reichsten und mächtigsten Herren des
Deutschen Reiches. Er führte das Amt und die Würde eines
Pfalzgrafen, und das weltliche Regiment, das zuerst mit ihm in
das Thal eintrat, war ausgestattet mit all den Interessen für
Handhabung des Rechts, für Schutz und Sicherheit, für Unter=

richt und seine Sitte, wie sie das hohenstaufische Kaiserhaus in
so glänzender Weise verfolgte.

Und wie Konrad treu zu dem Bruder gehalten hatte, so
hielt er auch unter dem Neffen Heinrich VI. zur hohenstaufischen
Fahne. Dieser Sohn des toten Barbarossa stand an Willens=
kraft, Geistesgaben und Unternehmungssinn dem Vater kaum
nach, wenn gleich sein Name bei der Nachwelt weniger gefeiert
ist. Er war ein gewaltiger Herrscher, der seinem Hause das
Königreich Sicilien als verhängnißvolle Gabe zuführte. In den
Geschichtsbüchern der Italiener erscheint der Staufer als „furcht=
bar prächtig wie blutiger Nordlichtschein"; aber nur ein Mann
von so eisernem Charakter und so energischem durchfahrenden
Herrschergeist war imstande, das Netz der konspiratorischen Be=
wegung zu zerreißen, deren Fäden von dem alten Heinrich
dem Löwen in Braunschweig, von seinem Schwager, Richard
Löwenherz, dem hochgefeierten Kreuzfahrer, und von dem Gegen=
könig Tankred in Sicilien geleitet wurden und sich vom Mittel=
meer bis an die Gestade der Ost= und Nordsee erstreckten. Es
war der letzte großartige Versuch, die hohenstaufische Kaisermacht
zu erdrücken, ehe sie den Charakter einer Erbmonarchie erlangen
würde. Diesen Plan vereitelte des Staufers starker Arm und
politischer Scharfblick. In seinen jungen Jahren hatte Heinrich
wohl mit eingestimmt in die Klänge des Minnegesangs, in zarten
Liedern die Geliebte gepriesen, „die er weniger missen möchte
als seine Krone". Aber früh genug entwand er sein Herz den
Banden der Minne: hinfort sann er auf ein Gedicht im höheren
Schwung, auf die Schöpfung eines Weltreichs. Er überwand
in Deutschland den alten Löwen und beschränkte ihn auf das
Herzogthum Braunschweig, die Söhne desselben führte er als
Geiseln mit sich und stellte sie unter die Obhut eines getreuen
Anhängers; er brachte den englischen König auf der Rückreise
vom heiligen Lande in seine Gewalt und hielt ihn auf der
Reichsfeste Trifels in strengem Gewahrsam, er warf die nor=
mannischen Edlen Siciliens, die Tankred als ihren nationalen
König anerkannt, unbarmherzig nieder und verhängte Straf=
gerichte von entsetzlicher Strenge und Grausamkeit. Und die
unendlichen Schätze, welche schwerbeladene Saumrosse aus Apulien

und Sicilien auf die hohenstaufischen Burgen trugen, gewährten
samt dem großen Lösegeld, durch welches Richard Löwenherz seine
Freiheit erkaufen mußte, dem gewaltigen König reiche Mittel,
die Freunde des Hauses zu lohnen, die Gegner zu entwaffnen.
In diesen kühnen Unternehmungen stand Pfalzgraf Konrad dem
Neffen fördernd zur Seite. Ging er doch auf den Plan ein,
seine liebliche Tochter Agnes dem ausschweifenden König Philipp
August in die Ehe zu geben, als der Kaiser den mächtigen Ri=
valen Richards noch enger an sein Haus zu knüpfen suchte!

Allein das diplomatische Gewebe wurde durch Frauenlist
zerschnitten. Konrads Tochter Agnes und Heinrichs des Löwen
Erstgeborener, Heinrich, waren einst in den Jahren ihrer Kind=
heit bestimmt gewesen, durch ihren Ehebund die lange Feindschaft
zwischen Welfen und Hohenstaufen zu versöhnen. Seitdem waren
viele Jahre verstrichen; neue Kriegsstürme waren zwischen beiden
Familien ausgebrochen, Heinrich war von dem Vater getrennt
und unter Aufsicht gestellt worden. Aber im Herzen der Jung=
frau hatte sich eine stille Neigung für den ritterlichen Welfen
gebildet. Jetzt, da Agnes das Opfer einer selbstsüchtigen Politik
werden und einen König heiraten sollte, dessen Ehegeschichten in
der ganzen Christenheit Aergernis erregt hatten, kamen die
Mütter, Frau Irmengard, die Gemahlin Konrads, und Frau
Mathilde, Heinrichs des Löwen Gattin, wieder auf den früheren
Plan zurück. Als der Pfalzgraf fern am Hofe des Kaisers
weilte, wurde Heinrich nach Stahleck beschieden und dort mit
der hohenstaufischen Erbtochter bei Rhein in aller Eile vermählt.

Mittlerweile hatte Kaiser Heinrich seine Ziele erreicht; der
Löwe war gezwungen worden, seinen hochfliegenden Entwürfen
zu entsagen, sein Schwager Richard hatte mit dem Hohenstaufen
seinen Frieden geschlossen, Tankred war in Sicilien in die ewige
Ruhe eingegangen. So sahen denn die beiden Staufer den
ohne ihre Mitwirkung geschlossenen Ehebund als eine Fügung
des Schicksals an. Es war das letzte glückliche Ereignis, das
den Lebensabend des alten Welfen erheiterte. Als er in stiller
Einsamkeit zu Braunschweig Hof hielt und seiner abwesenden
Söhne gedachte, die der mißtrauische Hohenstaufe unter strenge
Obhut gestellt hatte, ritt eines Tages Pfalzgraf Konrad in den

Schloßhof, um dem Löwen zu melden, daß dessen Sohn Heinrich
sich mit des Pfalzgrafen Tochter Agnes, der reichen Erbin am
Rhein, vermählt und der Kaiser nicht nur nach einigem Sträuben
seine Einwilligung gegeben, sondern auch versprochen habe, nach
dem Tode des Schwiegervaters den Eidam mit der Pfalzgraf=
schaft zu belehnen. So war denn der Plan, den die beiden
Frauen so klug ausgedacht und so entschlossen auf Burg Stableck
ausgeführt hatten, zu einem erfreulichen Ziele gelangt. Der
alte Löwe freute sich über die frohe Botschaft und machte sich
auf, um, der Einladung des Kaisers entsprechend, auf einem
Fürstentage die Versöhnung zu besiegeln. Zu Tilleda am Kyff=
häuser reichten sich die Häupter der beiden Häuser die Hände
und machten der Feindschaft, die fast zwanzig Jahre Deutsch=
land gespalten und verwirrt hatte, ein Ende.

Bald nachher rief der Tod den Welfen und den Hohen=
staufen Konrad in einem und demselben Jahre (1195) von der
Erde weg, und zwei Jahre später wurde auch die Leiche Kaiser
Heinrichs VI. in Palermo feierlich bestattet. Im zweiund=
dreißigsten Lebensjahr war er im fernen Sicilien von rascher
Todeshand dahingerafft worden. Heinrich der Welfe aber nannte
sich Herzog von Sachsen und Pfalzgraf bei Rhein und war als
Erbe der hohenstaufischen Güter seines Schwiegervaters am Rhein
und Neckar und als Inhaber des Herzogtums Braunschweig einer
der mächtigsten Reichsfürsten.

Nach Heinrichs VI. Tod trat im Deutschen Reiche jener
mächtige Thronstreit zwischen dem Welfen Otto und dem Hohen=
staufen Philipp ein, der die ganze Nation in zwei Heerlager
schied und in dem Fürstenstande eine Wandelbarkeit der Ge=
sinnung und einen Parteiwechsel zu Tage förderte, wie er noch
niemals zuvor gesehen worden. Walther von der Vogelweide,
der sich damals an Philipps Hofe aufhielt, rügt diese Charakter=
losigkeit in herben Versen:

„Dahin, daher" galt nie so viel in deutschen Landen:
Wer nun „dahin, daher" nicht kann, der wird im Spiel betrogen;
Sonst gab es Kön'ge welche nicht „dahin, daher" verstanden:
Nun haben sie die Kunst heraus: schnell um ein Eck gebogen!
Es hätten sonst die großen Fürsten nimmermehr gelogen —

Um Leute und um Land:
Nun ist den meisten nur zu wohl „dahin, daher" bekannt.

Papst Innocenz III. nährte durch sein Eingreifen in den
Thronstreit die Zwietracht, indem er sich bald dem einen, bald
dem andern der Bewerber zuwandte, je nachdem er größere
Vorteile für die Kurie zu gewinnen hoffte. Als nach Philipps
Ermordung in Bamberg sich der Sieg auf Ottos Seite wandte
und der Welfenkönig wieder die Rechte des Reiches gegenüber
dem römischen Stuhle zu wahren suchte, da erweckte der Papst
demselben einen neuen Gegenkönig in dem jungen Hohenstaufen,
Friedrich II., und rief, als sein Schützling rasch den größten
Teil der deutschen Fürsten auf seine Seite zog, nach des Dichters
Worten frohlockend aus:

Unter e i n e Krone habe ich gebracht
Zwei Alemannen, die mit Weh das Reich belasten,
Und unterdessen füllen wir die Kasten.
Ich habe sie an Not gefesselt, all ihr Gut ist mein.
Ihr deutsches Silber fährt in meinen welschen Schrein.
Ihr Pfaffen, esset Hühner, trinket Wein,
Und laßt die dummen Teutschen — fasten.

In diesen schweren Jahren geriet auch Pfalzgraf Heinrich
in Konflikt zwischen der angeerbten Loyalität, die ihn auf die
staufische Seite zog, und der Blutsverwandtschaft, die ihn die
Sache des Braunschweiger Bruders, des Welfen Otto, zu ergreifen mahnte. Anfangs hielt er sich zu dem Hohenstaufen,
dem Verwandten seiner Frau; als aber das blutige Ereignis
zu Bamberg dem Doppelkönigtum auf einige Zeit ein Ende
machte, schlug er sich auf Ottos IV. Seite. Aber die rheinische
Pfalzgrafschaft mit Heidelberg betrachtete er als ein staufisches
Erbland, daher er noch bei seinen Lebzeiten dem Sohne der
Agnes, der in der Geschichte den Namen Heinrich der Jüngere
führt, mit Einwilligung des Königs die Pfalzgrafschaft mit
allen Gütern und Rechten übertrug. Heinrich der Jüngere hielt
die hohenstaufische Fahne hoch und leistete dem jungen König
Friedrich II. den Eid der Treue. Aber sein Regiment war von
kurzer Dauer. Er starb am 1. Mai 1214. Seine junge Witwe

Mathilde reichte nach einiger Zeit einem Grafen von Holland die Hand zum zweiten Ehebund und ward die Mutter jenes Wilhelm von Holland, den die päpstliche Partei dem zweiten Friedrich als Gegenkönig aufstellte und der nach einer kurzen Scheinherrschaft ein gewaltsames Ende durch die Hand friesischer Bauern fand. Der Sohn der einstigen Pfalzgräfin Mathilde wurde unter der Thürschwelle eines Bauernhofes beigesetzt und seine Grabstätte erst nach einem halben Jahrhundert aufgefunden.

Von allen deutschen Fürstengeschlechtern trug das Haus Wittelsbach den größten Vorteil aus dem Kampfe der Welfen und Waiblinger davon. Die Nachkommen jenes Otto von Wittelsbach, der einst als kaiserlicher Bannerträger durch seine verwegene Kriegsthat in der „Veroneser Klause" dem Heere Barbarossas einen sicheren Rückweg gebahnt hatte (1158), waren stets treue Anhänger und Waffengefährten der Staufer gewesen und hatten zum Lohne viele Güter und Ehren erlangt. Wäre nicht im Laufe der Zeit das Haus durch Gebietsteilung in zu viele Linien zerschnitten worden, so hätte an Macht und Länderbesitz kaum eine andere echtdeutsche Dynastie mit den Wittelsbachern sich vergleichen können. Dem Sohne des ritterlichen und tapfern Feldherrn Otto, Namens Ludwig, verlieh nunmehr Kaiser Friedrich II. die pfalzgräfliche Würde samt den Reichslehen, und Ludwig war bedacht, auch die großen Allodialgüter der Vorgänger damit zu verbinden, indem er seinen Sohn Otto, der den Beinamen „der Erlauchte" führt, mit Agnes, der Erbtochter des älteren Heinrich, vermählte. Von der Zeit an waren die Geschicke des Herzogtums Bayern und der Pfalzgrafschaft bei Rhein mit dem Namen der Wittelsbacher verknüpft. Als Ludwig im Jahre 1231 auf einem Gange über die Brücke von Kelheim von einem Unbekannten meuchlings ermordet wurde, trat der Sohn in beiden Ländern das Erbe des Vaters und der Gemahlin an und war als Herzog von Bayern und Pfalzgraf bei Rhein bis zu seinem Tode 1252 einer der mächtigsten und reichsten Fürsten Deutschlands. Der Politik seines Hauses getreu, hielt er während der bürgerlichen Kämpfe stets zur hohenstaufischen Partei, so sehr auch Frau Agnes, „die ergebenste

Dienerin der Kirche", ihn auf die päpstliche Seite zu ziehen bemüht
war. Sein Töchterlein Elisabeth wurde mit Friedrichs II. Sohn
Konrad vermählt; der Sprößling dieser Ehe war der unglückliche Jüngling Konradin, der in Neapel auf dem Schafott
endigte. Der älteste Kaisersohn Heinrich, der sich gegen den
Vater empört hatte, lebte eine Zeitlang auf dem Bergschlosse
am Jettenbühel als Gefangener unter der Aufsicht des Pfalzgrafen. Otto der Erlauchte zählte erst siebenundvierzig Jahre,
als ein Schlagfluß seinem Leben ein Ende machte. Wie das
ganze hohenstaufische Geschlecht starb auch er im päpstlichen
Banne, so daß seine Leiche erst zwölf Jahre später in geweihter
Erde bestattet werden durfte.

Im April 1229 hatte Frau Agnes ihrem Eheherrn Otto
auf der alten Burg am Jettenbühel einen Sohn geboren, der den
Namen Ludwig erhielt und als Pfalzgraf bei Rhein und Herzog
von Oberbayern bald in Heidelberg, bald in Donauwörth residierte. Durch ihn wurden die Besitzungen des Hauses vermehrt.
War schon unter Otto dem Erlauchten Schloß und Stadt Heidelberg nebst dem Landstrich von der Bergstraße, der den Namen
Stahlbühel führte und lange Zeit zur Abhaltung von Gau-
gerichten und feierlichen Lehensverleihungen diente, als worm-
sisches Lehen der neuen Pfalzgrafenlinie übergeben worden (1225):
so vereinigte der Sohn die alten Sitze im Rheingau Stahleck und
Stahlberg, Bacharach, Caub und die reichen Landstriche am Hardt-
gebirg von Neustadt bis Wachenheim und Oggersheim mit dem
neuen Eigen zu einer ansehnlichen Hausmacht und erwarb noch
im Donaugebiet viele Burgen, Orte und Landschaften, die nachmals den Kern der Oberpfalz bildeten. Als nämlich Konradin,
der Sohn seiner Schwester Elisabeth, dem Rufe der hohenstaufischen Partei in Italien folgte und gleich einem jungen
Adler, dem noch kaum die Fittiche zu dem kühnen Flug gewachsen,
über die Alpen zog, da verpfändete er an den Oheim die letzten
Güter seines Hauses, um sich Mannschaft und Geld zu dem
Feldzuge zu verschaffen, der sein Todesgang werden sollte. In
Verona trennte sich Ludwig von dem Neffen und fügte dann,
nach Konradins tragischem Ausgange, die verpfändeten Besitzungen den wittelsbachischen Stammgütern bei.

Wenn Pfalzgraf Ludwig sich bei dieser Gelegenheit als einen selbstsüchtigen Herrn ohne Herz und Gemüt zeigte, so knüpft sich an seinen Namen noch eine gräßliche Blutthat, die von der Leidenschaftlichkeit seiner Seele Zeugnis gibt und ihm in der Geschichte den Beinamen „der Strenge" eingetragen hat. Bisher war Frau Minne, wie wir gesehen haben, dem pfalzgräflichen Geschlechte am Rhein und Neckar als holde Aphrodite erschienen, aber jetzt zeigte sie sich als gräßliche Megäre, die das wittelsbachische Haus durch eine Greuelthat befleckte, wie sie die hellenischen Dichter von dem Geschlechte des Tantalus und Atreus erzählen. Aber die Erinnyen, welche sich an die Fersen des Orestes hefteten, folgten auch den Spuren des deutschen Fürsten und straften seine wilde Natur.

Pfalzgraf Ludwig, so liest man in Häussers Geschichte der rheinischen Pfalz, nach alten Traditionen, war seit 1254 mit Maria von Brabant vermählt; sie besaß alle Tugenden ihres Geschlechts; aber ihre Mutter war eine Tochter des ermordeten Königs Philipp von Schwaben, und das böse Schicksal des hohenstaufischen Hauses schien sich auch auf sie zu übertragen. Mit Wohlwollen behandelte sie alle ihre Diener, duzte sie zum Teil und auch Ritter Ructo der Ottlinger bat sie einst um dies Zeichen des Vertrauens. Sie schwieg; aber als jetzt ihr Gemahl Ludwig im Felde war und ihre Bitten, er möge zurückkommen, fruchtlos blieben, da schrieb sie abermals bringend an ihn, er möge wiederkehren und sie nicht länger allein lassen; sie schrieb auch an Ritter Ructo, wenn er ihren Gemahl bewege, das Feld zu verlassen, wolle sie ihm die früher erbetene Gunst gewähren. Die Briefe wurden verwechselt, in Ludwig aber durch Marias dunkle Andeutung in dem Briefe an den Ritter eine furchtbare Eifersucht entzündet. Er stieß den Boten nieder, eilte sogleich in zügelloser Wuth nach Donauwörth, wo seine Gemahlin sich aufhielt, stürzte ins Schloß, ermordete den Burgvogt und klagte die schuldlose Herzogin des Ehebruchs an. Zwei ihrer Freundinen ermordete er mit wilder Grausamkeit auf der Stelle; die unglückliche Gattin hieß er sich zum Tode bereit halten. Vergebens waren ihre Bitten, wie die Beteuerungen ihrer Unschuld, ohne Erfolg das rührende Flehen seiner Schwester, der jungen Königin

Elisabeth. Die tierische Wildheit des schrecklichen Mannes kannte keine Grenzen, und die unglückliche Maria ward wie eine Verbrecherin vom Henker enthauptet! Freilich klärte sich alsbald das Mißverständnis auf; er sah die ungeheure That in ihrer schrecklichen Wahrheit; sein Haar sollte damals ergraut sein vor Schmerz in einer einzigen Nacht; er baute zur Sühne das Kloster Fürstenfeld und gab sich jetzt dem grenzenlosen Schmerze hin, wie früher der Wut. Aber weder der Klosterbau, noch die Kirchenbuße und die bittere Reue konnten den grausenvollen Mord von ihm abwälzen, und wir schaudern vor einer Zeit, wo solches ungestraft verübt werden konnte.

Die gräßliche That des Wittelsbachers fällt in die schreckliche Zeit, die sich als das deutsche Interregnum im Andenken der Nation mit blutigen Zügen eingegraben hat. Nie waren Leben und Eigentum weniger geschützt, nie trat die Verwilderung nackter zu Tage, nie schritt die Anarchie mit ihren frevelhaften Händen und grinsenden Mienen offener über die deutsche Erde als in jenen Jahren. Edle und Unedle, heißt es in Lehmanns Speierer Chronik, thaten ungestraft, was sie wollten, lebten vom Raub, richteten neue Zölle auf, griffen die freien Städte an und plagten sie nach eigenem Gefallen, also daß das römische Reich einer Mördergrube ähnlicher sah, als einem dem Gesetz unterworfenen Kaisertum. Des Sängers Wort: „Mein Dach ist faul, es triefen meine Wände", konnte damals auf den ganzen morschen Reichsbau angewendet werden. Während die Welt nach einem starken Oberhaupte schrie wie der lechzende Hirsch nach Wasser, übertrugen die deutschen Fürsten auf der Wahlversammlung zu Frankfurt die deutsche Kaiserwürde auf zwei fremde Häupter, die geneigt und imstande waren, ihre Wähler mit „Handsalben" zu belohnen. Auch Pfalzgraf Ludwig ließ sich nicht so sehr von seinem häuslichen Leid überwältigen, daß er die äußeren Vorteile außer acht gelassen hätte. Er unterstützte die Partei des englischen Thronbewerbers Richard von Cornwallis, der am meisten geneigt war, das goldene Füllhorn seines Reichtums auf die Wahlfürsten auszuschütten, und trug für seine Dienste manchen schönen Preis davon, solange die englischen Schätze flüssig waren. Doch

überzeugte er sich mit der Zeit, daß nur eine starke Hand dem
rechtlosen Zustande ein Ende bereiten und die Gewaltsamkeiten
der Ritter, die „vom Stegreif" lebten, zu bändigen vermöchte,
und beförderte daher die Wahl des Grafen Rudolf von Habs=
burg. Seine Stimme hatte um so mehr Gewicht, als nach Richards
Tod (1272) bis zur neuen Königswahl dem Pfalzgrafen bei
Rhein gesetzlich die Reichsverwesung zustand, ein Vorzug, den
nur noch Sachsen mit der Rheinpfalz teilte. Man sprach sogar
davon, ihm selbst die Krone zu übertragen. Diesem Plane stand
aber seine blutige Vergangenheit im Wege. Wie sehr auch die
Gemüter während der „kaiserlosen schrecklichen Zeit" verwildert
waren, einen Gattenmörder, der noch überdies als Verwandter
des „Otterngezüchts" der Hohenstaufen unter dem Bann gestanden,
mit der höchsten Ehre zu schmücken, widerstrebte doch den Wahl=
fürsten, und Ludwigs eigenes Schuldbewußtsein hatte seinen sonst
so energischen Geist gebrochen. Seit der gräßlichen Unthat war
die Ruhe seiner Seele dahin, und sein früherer Frohsinn und
Lebensmut wich oft einer finsteren Schwermut. So schloß er
denn seinen Bund mit dem Habsburger und stand ihm treu zur
Seite. Dieser war nicht unerkenntlich: er gab ihm seine Tochter
Mechthild in die Ehe und leistete ihm Vorschub in seiner Haus=
politik. Diese war auf Konsolidierung und Abrundung der Pfalz=
grafschaft gerichtet und dank dem staatsklugen und willens=
kräftigen Charakter des strengen und gewaltthätigen Mannes
vom besten Erfolg begleitet. Als Ludwig II. am 3. Februar 1294
aus dem Leben schied, wie gemeldet wird, in derselben Kemenate,
wo er das Licht der Welt erblickte, hatte der Herrschersitz in
Heidelberg bereits eine angesehene Stellung gewonnen. Die
pfalzgräfliche Würde wurde als erblich angesehen; der benach=
barte Adel am Neckar und Mittelrhein trat gerne in die Hof=
ämter des Pfalzgrafen und die Burgherren im Odenwald und
im Hardtgebirge standen im Lehensdienst des mächtigen Reichs=
fürsten am Jettenbühel. Zu den angesehensten Lehengeschlechtern
der Heidelberger Pfalzgrafen gehörten die Blikker von Steinach,
deren Stammburg in ihren malerischen Trümmern noch jetzt
auf das Neckarthal niederschaut. Einer derselben wird unter
den Minnesängern genannt; Gottfried von Straßburg rühmt

von ihm ein Gedicht, „Der Umhang“, wohl novellenartige Er=
zählungen unter dem Bilde eines Wandteppichs aneinander
gereiht.

2.

Nach Ludwigs II. Tod traten in der Pfalz schwere Zeiten
ein. Zwiespältige Königswahlen wirkten unheilvoll auf die Land=
schaften am Neckar und am Rhein. Pfalzgraf Rudolf, der Erst=
geborne, stand auf seiten des ritterlichen Königs Adolf von
Naſſau, deſſen Tochter er geehlicht hatte, und führte die Vorhut
in der Schlacht bei Göllheim (2. Juli 1298), wo sein Schwieger=
vater den Todesstoß empfing; seine Mutter dagegen und ihr
jüngerer Sohn Ludwig hielten zu Albrecht von Deſterreich. Die
Zwietracht in dem Fürstenhause wurde genährt durch den ver=
trauten Rat der Habsburgerin Mechthild, Konrad Ottlinger.
Es schwirrten ehrenrührige Gerüchte über das Verhältnis der
Pfalzgräfin zu ihrem Kanzler durch die Luft. Da überfiel Rudolf,
auf den des Vaters leidenschaftliches Temperament übergegangen
war, plötzlich (1302) das Schloß Schilbberg bei Aicha, wo sich
der Hof aufhielt, trieb Mutter und Bruder zur Flucht nach
Wien und ließ den gefangenen Ottlinger enthaupten. Aber die
ungerechte That trug dem Pfalzgrafen und seinem Lande schlimme
Früchte. Die Pfalz wurde von König Albrecht mit Verwüstung
heimgesucht, und auch nach dem blutigen Ende dieses länder=
gierigen harten Habsburgers durch Mörderhand (1308) wurde
in dem Wittelsbacher Hause Friede und Eintracht nicht her=
gestellt. Rudolf, der sich an den Luxemburger König Heinrich VII.
angeschloſſen und Zeuge gewesen, wie die italienischen Ghibellinen,
an ihrer Spitze der Sänger Dante, den „hohen Arrigho“ als
Erlöser feierten, wurde von seinem Bruder bekriegt und zur Ab=
dankung gezwungen und starb im Jahr 1319 in der Verbannung.
Sechs Jahre vorher (1313) war der ritterliche König, mit deſſen
Tochter der Pfalzgraf seinen ältesten Sohn verlobt hatte, im
fernen Toscana aus dem Leben geschieden und der feindliche
Bruder Ludwig „der Bayer“, mit dem Rudolf so manche Fehde

bestanden, wurde durch die Mehrzahl der Wahlfürsten auf den deutschen Königsthron erhoben. Er betrachtete sich als den alleinigen Besitzer des Wittelsbacher Erbes sowohl in der Pfalz als in Bayern; aber Rudolfs Witwe behauptete sich mit ihren Kindern in Heidelberg und unterhielt durch Graf Ludwig von Oettingen Verbindungen mit Herzog Leopold von Habsburg, dem tapfern und entschlossenen Gegner ihres königlichen Schwagers. Dadurch kam Ludwig nie zum vollen Besitz der Rheinpfalz. Er beschloß daher, als er sich in Italien die Kaiserkrone holte, durch den Vertrag von Pavia (August 1329) den Familienfehden ein Ende zu machen, um mit ungeteilten Kräften den feindlichen Stößen zu begegnen, die sowohl von Frankreich und den Avignonschen Päpsten als in Deutschland selbst gegen ihn geführt wurden. Durch diesen Familienvertrag wurden die ausgebreiteten Länder des Wittelsbacher Hauses, die bisher staatsrechtlich als Gesamtbesitz der Dynastie gegolten, in zwei Hauptlinien geschieden, in Bayern, welches dem Kaiser Ludwig und seinen Nachkommen verbleiben, und in die Pfalz, welche seinen Neffen, den Söhnen und dem Enkel seines Bruders Rudolf zufallen sollte. Dieser letztere Gebietsteil umfaßte die alten pfalzgräflichen Lande am Niederrhein, die schon Hermann von Stahleck zu eigen gehabt, die Besitzungen am Neckar und am Mittelrhein und endlich die Güter in Schwaben, welche Ludwig der Strenge aus dem hohenstaufischen Erbe erworben und die den Kern der späteren „Oberpfalz" mit Neuburg und Sulzbach bildeten. Doch wurde das dynastische Anrecht der Familie auf das Gesamtgebiet gewahrt. Die Kurwürde sollte zwischen beiden Linien wechseln. In der Folge aber wurde dieselbe der rheinischen Pfalzgrafschaft allein zugeteilt und diese Bestimmung durch die goldene Bulle sanktioniert.

Der Vertrag von Pavia trug dem Wittelsbacher Hause gute Früchte. Die Pfalzgrafen Rudolf und Ruprecht, welche das Land gemeinschaftlich regierten, hielten in allen Kämpfen und Anfechtungen treu zu ihrem Oheim Ludwig dem Bayer. Sie wohnten dem Kurverein von Rense bei. Selbst als der rüstige Kaiser auf einer Bärenjagd unweit München plötzlich infolge eines Schlagflusses starb (11. Oktober 1347), standen

sie noch eine Zeitlang in Opposition gegen Karl IV. Bald
wandten sie sich jedoch dem neu aufgehenden Gestirne des Luxem=
burger Hauses zu; Rudolf gab dem neuen König seine einzige
Tochter Anna in die Ehe und trat in ein enges Bündnis zu
dem mächtigen Herrschergeschlecht, das in Böhmen seinen Hauptsitz
hatte. Dadurch wuchs das Pfälzer Haus an Macht und Einfluß.
Die Hofhaltung wurde zahlreicher und glänzender; die Ansiede=
lungen im Thale mehrten sich; man mußte daran denken, einen
neuen Fürstensitz zu errichten, welcher der Stadt näher lag und
als Akropolis dienen konnte. Schon vor dem Hausvertrag von
Pavia war die untere Burg errichtet worden, der eigentliche
Hoffitz der Pfalzgrafen, während die obere fortan als die
schützende, das Kriegsmaterial enthaltende Feste diente, bis
Feuersbrunst und Kriegswut jede Spur vertilgten. Pfalzgraf
Rudolf hat wohl zuerst auf dem westlichen Abschluß des Schloß=
hofes seine kurfürstliche Residenz aufgeschlagen, an die sich dann
der Ruprechtsbau anschloß. Als Rudolf II. in einem Alter von
47 Jahren in Neustadt a. d. Hardt starb und in der von ihm
daselbst erbauten Kirche begraben ward (1353), übernahm der
jüngere Bruder Ruprecht die Regierung allein, die er bis zum
Jahre 1390 führte. Sein Neffe gleichen Namens wurde mit
einigen Abtretungen abgefunden, behielt sich aber das Recht der
Nachfolge vor.

Ruprecht blieb mit Karl IV. stets in gutem Einvernehmen.
Als der letztere über die Alpen zog, um die Kaiserkrone zu er=
langen, ernannte er den Pfalzgrafen zu seinem Stellvertreter,
damit derselbe während seiner Abwesenheit den Frieden wahre,
Recht und Gericht handhabe und die Zölle am Rhein dem Reich
erhalte. In dem berühmten Reichsgesetz, die „goldene Bulle"
genannt, wurden die Kurfürsten, die der Kaiser als „Teil
unseres Leibes" in der Urkunde bezeichnet und darunter in erster
Linie der Kurfürst bei Rhein sehr hoch gestellt in Rechten und
in Ehren. Nicht nur, daß, wie erwähnt, die Kurwürde als
unteilbares Eigentum der pfalzgräflichen Linie des Wittels=
bacher Hauses allein zu teil ward und Bayern in der kurfürst=
lichen Oligarchie keine Stelle fand; auch gewisse Ehrenvorrechte
wurden dem Pfälzer verliehen. In feierlichen Aufzügen trug der

Pfalzgraf den Reichsapfel, das Symbol der kaiserlichen Allgewalt, und beim Krönungsmahle versah er das Amt eines Erztruchseß. Die Kurfürsten waren für solche Zugeständnisse nicht undankbar. Sie kamen dem Wunsche des Königs, seinem Sohne Wenzel die Nachfolge im Reich zu verschaffen, wenn auch mit einigem Bedenken und Zögern, entgegen. Die Abtretungen und Vergabungen aus Reichsgut an Ruprecht, wie unter anderem der Stadt Kaiserslautern und Teile der Grafschaft Zweibrücken, waren der Lohn für die Wahlstimme. Im Juni 1376 wurde Wenzel in Frankfurt zum römischen König gewählt und darauf in Aachen gekrönt. Bei dieser Gelegenheit sah Karl IV. den Pfalzgrafen zum letztenmal in Heidelberg. Zwei Jahre später machte ein schleichendes Fieber seinem Leben ein Ende. Er starb auf dem Prager Schloß am 3. November 1378. Auch der Nachfolger Wenceslaus kam auf seinem ersten Königsritt durch Deutschland nach Heidelberg, um mit dem Pfalzgrafen und andern Fürsten und Städten Verabredungen zu treffen über eine Landfriedensordnung, welche dem zunehmenden Fehde- und Raubwesen Einhalt thun sollte. Aber die Beschlüsse der „Heidelberger Einigung" vermochten dem großen Krieg, der schon seit Jahren zwischen den verbündeten Städten und dem Fürsten- und Herrenstand wütete und sich über die fränkischen und schwäbischen Lande bis in die Schweiz erstreckte, nicht mit Nachdruck zu steuern. Es waren trübe Zeiten, da Gesetz und königliche Autorität ohne Ansehen waren und die wilden Leidenschaften ungebändigt walteten. Jedermann kennt aus den Uhlandschen Romanzen die Züge aus dem großen Städtekrieg, wo Eberhard der Greiner oder Rauschebart und der „gleißende Wolf" von Wunnenstein gegen die Bürgerschaften, „die Färber und die Gerber", im Feldstreit ihre Kräfte maßen. Auch der alte Ruprecht focht mit einem Fähnlein Pfälzer Reiter auf dem Kirchhof zu Döffingen an der Seite Eberhards. Aber die Fürsten erkannten bald, daß in dem niedern Adel am Rhein und in Schwaben, der sich in Ritterbündnissen geeinigt, ihnen gefährlichere Feinde erstanden, als in den Städten. Daher kehrten sie ihre Waffen noch entschiedener gegen die verbündeten Raubritter. Als Graf Eberhard bei Heimsen die Schlegelgenossenschaft aufs Haupt schlug und drei

„Schlegelkönige" gefangen nahm, da minderte sich die Kriegswut. In diesen Schreckenstagen nahm der alte Pfalzgraf Ruprecht sechzig Raubgesellen zwischen Worms und Ladenburg gefangen und ließ sie in einen brennenden Backofen werfen, mit der strengen Rede: „Ihr habt bei Nacht und Nebel meine armen Leute mit Feuer und Brand verheert, so will ich euch bei hellem Tag in Rauch schicken."

Am 16. Februar 1390 starb Ruprecht I. im einundachtzigsten Lebensjahr und ward in der Aegidienkirche zu Neustadt begraben. Siebenunddreißig Jahre lang hatte er als alleiniger Regent in der Pfalz gewaltet, in stürmischen Zeiten hatte der wohlwollende, weise Fürst sein Land nach innen und außen trefflich regiert. Durch mancherlei Gebietserweiterungen mittelst Kauf, Pfandschaft, kaiserlicher Schenkungen war das pfälzische Gebiet ausgedehnt worden und in den Reichsangelegenheiten hatte der alte erfahrene Kurfürst eine hervorragende Stelle eingenommen. Ihm folgte sein Neffe Ruprecht II., damals bereits ein Greis, der schon längere Zeit an der Regierung teilgenommen und den Oheim mit einträchtigem Sinn unterstützt hatte, ein strenger militärischer Mann, der seit seiner Uebersiedelung von Bamberg nach Heidelberg für die Mehrung und Konsolidierung seiner Stammlande bedacht war. Er vergrößerte die Hauptstadt am Neckar durch Verpflanzung der Dorfgemeinde Bergheim nach Heidelberg mit einer westlichen Vorstadt (1392) und suchte durch die „Rupertinische Konstitution" die fernere Teilung der pfälzischen Besitzungen zu verhindern und die Einheit des Territoriums nach dem Rechte der Erstgeburt zu erhalten. Dieser Hausvertrag kam zwar nie zur vollen Anwendung; doch hatte der wohlüberdachte Versuch einer gesetzlichen Erbordnung die Folge gehabt, daß das rheinische Kurfürstentum nicht in dem Maße durch Teilungen zersplittert und zerrissen ward, wie die bayrische Linie der Wittelsbacher, und wie das sächsische, brandenburgische und welfisch-braunschweigische Fürstenhaus.

Pfalzgraf Ruprecht I. teilte mit Kaiser Karl IV. den Ruhm, die erste allgemeine Bildungsstätte diesseits der Alpen errichtet zu haben. Wie sich der Luxemburger durch die Gründung der Universität Prag (1348) ein unvergängliches Verdienst erworben

hat, so Pfalzgraf Ruprecht durch die Universität Heidelberg.
Noch bis zur Stunde erinnert der Name „Ruperto-Carola" an
den ersten Stifter. Beide Fürsten haben durch ihr Bemühen
um Kultur und Wissenschaft den Beweis geliefert, daß sie auf
der Höhe der Zeit standen, ja daß sie ihrer Zeit vorangeeilt
waren. Von Karl IV. ist es weniger zu verwundern, daß er
seiner Residenzstadt Prag, die er auf alle Weise zu heben und
zu schmücken bemüht war, deren Herrlichkeiten er vom Radschin
herab den deutschen Fürsten so wohlgefällig zu zeigen pflegte,
auch eine Bildungsstätte zu schaffen bemüht war, welche sich
den hohen Schulen von Paris, Bologna und Padua als ebenbürtig an die Seite stellen könnte. Die Könige des Luxemburger
Hauses waren durch ihre Abstammung wie durch ihren Lebensgang kosmopolitisch angelegt; schon Karls Vater und Großvater
bewegten sich mehr in romanischen als in germanischen Ideenkreisen, redeten französisch als ihre Muttersprache und betrachteten
den König von Frankreich als ihren Lehensherrn, und dem klugen
Enkel, der die diplomatische Gewandtheit der Franzosen, die ihn
erzogen, mit den politischen Künsten der Italiener, die ihn ausgebildet hatten, in sich vereinigte und seinem großen, meist aus
slavischen Elementen zusammengesetzten Hausbesitz einen geistigen
Mittelpunkt schaffen wollte, mußte der Gedanke einer allgemeinen
Kulturstätte für den Norden und Osten nahe treten. Daß aber ein
Fürst von so mäßigem Ländergebiet, wie Ruprecht von Kurpfalz,
den Entschluß fassen konnte, im Südwesten des Reiches eine Bil-
dungsanstalt zu errichten, welche mit der kaiserlichen Hochschule
im Nordosten einen rivalisierenden Wettgang einzuhalten vermöchte, zeugt von der hohen Geistesanlage des Kurfürsten wie
von seinem vaterländischen Sinne und seiner Liebe für seine
Residenzstadt am Neckar, „die ganz geschaffen sei für einen
körperlich und geistig gleich erfrischenden Sitz der Musen". Wie
die Prager Universität wurde auch die Hochschule am Neckar
nach dem Vorbilde von Paris und nach den korporativen Ordnungen des Mittelalters eingerichtet und alle Universitätsan-
gehörige mit Privilegien ausgestattet. Die Stiftungsurkunde ist
vom 1. Oktober 1386 datiert und aus dem „Eingang" wissen wir,
daß die Anstalt am 18. Oktober mit einer feierlichen Messe

zum Zeichen der vorausgegangenen päpstlichen Approbation ein=
geweiht und eröffnet wurde. Am folgenden Tag begannen Mar=
filius von Inghen, der früher in Paris als scholastischer Philo=
soph der nominalistischen Richtung Vorträge gehalten und dessen
Rat und Einfluß bei der Gründung von großem Gewichte ge=
wesen zu sein scheint, und Heilmann Wunnenberg ihre philo=
sophischen, Reginald von Alva seine theologischen Vorlesungen;
die beiden andern Fakultäten wurden erst später besetzt. Die
Jurisdiktion über die Universität, die anfangs der Bischof von
Worms besaß, ging schon nach wenigen Jahren auf den Rektor
über, der viermal jährlich aus der Artistenfakultät gewählt ward.
Mit dem Akte der feierlichen Eröffnung war die Universität
Heidelberg, wie noch öfters in ihrem weiteren Lebensgang, dem
deutschen Kulturstande der Zeit um ein Jahrhundert voran=
geschritten. Die Hochschule am Neckar war die Avantgarde für
die Legionen der Ritter vom Geist, die nachfolgen sollten; aber
der Boden war noch unangebaut, mit Gestrüpp und Dornhecken
durchzogen, so daß der Marsch nur langsam und mit Hinder=
nissen und Beschwerden vor sich gehen konnte.

3.

Seitdem das edle Geschlecht der Hohenstaufen der welschen
Tücke und der deutschen Parteisucht zum Opfer gefallen, war
das Reich nicht mehr zu Ruhe und Frieden, das Königtum
nicht mehr zu Ehren und Ansehen gekommen. Karls IV. „goldene
Bulle" hatte vollends die monarchische Reichsgewalt abgeschwächt
und alle Macht in die Hände einer fürstlichen Oligarchie gelegt.
Die Folge waren ununterbrochene Parteikämpfe, verheerende Feh=
den zwischen Fürsten, Rittern und Städten, „Koalitionen" mit
egoistischen Tendenzen. Als König Wenzel, ein Fürst ohne
höhere Sittlichkeit, der seinen Leidenschaften und wilden Trieben
nicht zu gebieten wußte, Scepter und Krone trug, schien Ordnung
und Recht ganz von der deutschen Erde verschwunden zu sein.
Der Versuch des Königs Wenzel, auf dem Reichstag zu Heidelberg

am 25. Juli 1384 durch die „Heidelberger Stallung" einen Aus=
gleich zwischen den Fürsten und Herren einerseits und den Städte=
bündnissen anderseits zu bewirken, war ohne dauernden Erfolg.
Da tauchte unter den Reichsfürsten der Gedanke auf, man solle
sich von dem Luxemburger Hause, dessen Sinn und Interesse
mehr auf die außerdeutschen Länder im Osten gerichtet waren,
los machen und einen Sprößling aus einem andern echtdeutschen
Hause auf den Thron erheben. Die rheinischen Kurfürsten, vor
allem Erzbischof Johann von Mainz aus dem Hause Nassau, waren
der Meinung, Pfalzgraf Ruprecht III., der im Jahre 1398 seinem
Vater Ruprecht II. in der Regierung gefolgt war, sei würdig
und geeignet, das Reichsregiment zu führen. War doch die
Pfalzgrafschaft bei Rhein von dem Hause der Hohenstaufen aus=
gegangen, an deren Namen des Reiches Macht und Herrlichkeit
geknüpft gewesen. Aber nicht alle waren dieser Ansicht. Rudolf
von Sachsen schlug seinen Schwager, den Herzog Friedrich von
Braunschweig aus dem alten welfischen Hause vor, den man in
Norddeutschland für den würdigsten hielt, die Krone zu tragen.
Auf dem Reichstag in Frankfurt im Mai 1400 ging es stürmisch
zu. Die Versammlung löste sich ohne Ergebnis in Mißstimmung
auf. Unwillig verließ der Kurfürst von Sachsen mit den Herzögen
Friedrich und Bernhard von Braunschweig, dem Bischof von
Verden und andern Norddeutschen die Mainstadt. In einem
Hohlweg unfern Fritzlar wurden sie plötzlich von einer Reiterschar
überfallen. Es waren Mainzer Dienstmannen, an ihrer Spitze
Graf Heinrich von Waldeck, ein Verwandter des Erzbischofs
Johann, der am eifrigsten für die Erhebung des Pfalzgrafen wirkte.
Im Gefecht wurde Herzog Friedrich nebst mehreren Rittern
erschlagen, Bernhard und Kurfürst Rudolf gefangen genommen.
Zwar wurde der Ueberfall als die Folge einer Fehde zwischen
dem Grafen von Waldeck und Herzog Friedrich dargestellt; aber
den allgemeinen Verdacht, die blutige That angestiftet zu haben,
konnte der Erzbischof nicht entkräften, und sein Benehmen sowohl
gegen die Missethäter, die er in seinen Diensten behielt, als
gegen die Verwandten des Erschlagenen war nicht geeignet, die
öffentliche Meinung zu seinen Gunsten umzuwandeln. Es ging
ein Ruf des Zorns durch die deutschen Lande gegen Kurfürst

Johann, „den andern Pilatus“, und noch lange lagen die Angehörigen des getöteten Herzogs in blutiger Fehde mit Kurmainz.

In einer so bewegten Zeitströmung, unter so unglücklichen
Auspicien, wurde die Fürstenversammlung von Lahnstein abgehalten und auf dem Königstuhl bei Rense die Absetzung Wenzels
ausgesprochen und Pfalzgraf Ruprecht III. zum römischen König
gewählt (20. Aug. 1400). Einige Monate nachher erfolgte die
Krönung zu Köln, da Aachen seine Thore verschlossen hielt. Es
war ein gesetzloser Akt, der von einer Anzahl deutscher Fürsten
in Lahnstein und Rense vollzogen ward. Wer hatte ihnen die
Vollmacht erteilt, über ihren König zu Gericht zu sitzen, wie
durften einige Reichsglieder es sich herausnehmen, ohne Verneh-
mung und Verteidigung des Angeklagten, ohne Prüfung der ihm
zur Last gelegten Vergehen ein Strafurteil auszusprechen, sie, die
in vielen Punkten schuldiger waren als der Verklagte selbst?
Man mag immerhin geltend machen, daß der neue König, ein
frommer, gerechter und ehrenwerter Fürst von löblichen Sitten,
des Thrones würdiger war, als der jähzornige, trunksüchtige
Wenzel; aber es war ein schlechtes Mittel zur Abstellung der
Uebelstände im Reich eine neue Wahl vorzunehmen, zu dem Haber
allerwärts auch noch die Gefahr eines Thronkrieges zu gesellen,
einen unthätigen und unfähigen Herrn zu stürzen, einen ohn-
mächtigen zu erheben. Wie zwei Jahrhunderte später Pfalzgraf
Friedrich V. dem ehrgeizigen Streben nach einer Königskrone
das Glück seines Hauses und seines Landes zum Opfer brachte,
so hat auch dem dritten Ruprecht die neue Ehre nur Sorge und
Kummer eingetragen. Er war nicht der Haupturheber des ungerechten Gewaltaktes in Rense, aber er war nicht ohne Schuld,
und alle Schuld rächt sich auf Erden. Bisher waren die Pfälzer
Wittelsbacher mit den Luxemburgern Hand in Hand gegangen
und beide waren dabei wohlgefahren; jetzt gingen ihre Wege
auseinander und die Bundesgenossenschaft verwandelte sich in
Feindschaft.

Ruprechts Königtum war eine Tragödie, in welcher das
Schicksal die frühere Verschuldung strafte. Vergebens suchte er
dem schwankenden Thron, den ihm Wenzel streitig machte, durch
Romfahrt und Kaiserkrönung die legitime Weihe zu geben; wie

verständig und umsichtig der Zug nach Italien vorbereitet und
durchgeführt wurde, so scheiterte doch schließlich das Unternehmen;
mit Not dem Giftmorde entgangen, den ihm der Mailänder
Herzog durch den Leibarzt zugedacht, von den italienischen
Condottieri bei Brescia in der Feldschlacht überwunden, von
Abfall und Verrat umgeben, kehrte Ruprecht als geschlagener
Mann mit einem aufgelösten Heere zurück, ohne die gewünschte
Kaiserkrone erlangt oder die entfremdeten Besitzungen dem Reiche
wiedergewonnen zu haben. So sehr war er von Geldmangel
gedrückt, daß er den Erzbischof von Salzburg um ein Darlehen
zur Einlösung seiner versetzten Kleinodien und Silbergeschirre bat.
In den deutschen Städten sang man Spottlieder auf den König
„mit der leeren Tasche“. Selbst in Heidelberg hörte Ruprecht
solche Lieder, gestattete aber nicht, daß man die Sänger bestrafe.
Führte er doch den Beinamen Clem (Clemens) „der Milde“.
Eben so kläglich war Ruprechts Lage im Reich. Derselbe Erzbischof Johann, der die Seele der Fürstenverschwörung gegen
Wenzel gewesen, der intrigante Prälat, dem keiner an Ränkesucht,
Ehrgeiz und Gewissenlosigkeit gleichkam, setzte jetzt alle Hebel ein,
die Herrschaft seines einstigen Schützlings zu untergraben. Er
hatte gehofft, denselben leiten zu können und war nun sehr
ergrimmt, daß der gewissenhafte, charaktervolle Fürst den Anmaßungen und Gewaltsamkeiten des übermütigen geistlichen Herrn
energisch entgegentrat, die Reichsrechte schützte, der Verschenkung
von Privilegien und Zöllen, wie sie sein Vorgänger geübt, Einhalt that, Friede und Ordnung aufrecht erhielt. Auf Betreiben
des leidenschaftlichen Prälaten wurde zwischen einer Anzahl Fürsten
und Städten der Marbacher Bund vereinbart des Inhalts, mit
gemeinsamen Kräften jedem zu widerstehen, welcher sie in ihren
Rechten, Freiheiten, Landen und Leuten zu schädigen unternehme.
Schon sandte der Erzbischof dem König einen Absagebrief; ein einfacher Raubritter in der Wetterau, dem Ruprecht ein Schloß
zerstört hatte, durfte sich erdreisten dasselbe zu thun. Um den
gefährlichen Bund von der Annäherung an Wenzel abzuhalten,
sah sich Ruprecht in allen Dingen zum Nachgeben genötigt. Er
gestand den Reichsständen das Recht zu, ohne besondere Erlaubnis
Bündnisse und Einigungen untereinander zu schließen.

Der Marbacher Bund, der sich durch den Beitritt von
Fürsten und Städten immer mehr vergrößerte, bildete eine dem
Königtum weit überlegene unabhängige Macht, welcher gegenüber die monarchische Gewalt und Autorität gänzlich in Schatten
trat. Wie zum Hohn beschied der Erzbischof die Mitglieder des
Bundes auf einen Tag nach Heidelberg, wo die Vereinigung
erneuert werden sollte. Doch gelang es dem König, das Vorhaben zu hintertreiben. Als Ruprecht im November 1407 in
der alten Kaiserstadt Aachen, die ihm endlich die Thore geöffnet,
die Krone empfing, mochte er mit bitterem Schmerz auf die
Mißgeschicke seiner Herrschaft, auf die gescheiterten Pläne und
Unternehmungen blicken. Die große Kirchenspaltung, die bereits
begonnen hatte, ihre düstern Schatten über die Christenwelt zu
werfen, erhöhte die allgemeine Verwirrung und Gesetzlosigkeit.
Ruprecht sammelte seine letzten Kräfte, um gegen den Mainzer
Kurfürsten, der sich mit der ritterlichen Raubgesellschaft „vom
Luchs" eingelassen, an deren Spitze die Mörder des Welfen
Friedrich von Braunschweig standen, sein Königtum zu behaupten,
als er auf dem Schlosse Landskron bei Oppenheim vom Tode
abgerufen ward (18. Mai 1410). Im nächsten Jahr folgte ihm
seine treue Ehegenossin, Elisabeth, Tochter des Burggrafen
Friedrich von Nürnberg.

Es war eine Regierung ohne Frucht und ohne Dank gewesen, die mit Ruprechts Tod zu Ende ging. Und doch hatte
derselbe redlich gearbeitet, die Pflichten eines Reichsoberhaupts
gewissenhaft zu erfüllen. Wie er in seinem pfälzischen Lande,
das er zu erweitern und zu ordnen bemüht war, als trefflicher
Regent in Ehre und Achtung stand, so hat er sich auch nach
Kräften des Reiches angenommen. Aber als Herr eines kleinen
Landes, von seiner eigenen Partei verlassen, von dem Gegenkönig bedrängt, war alle seine Arbeit umsonst. Als er ins
Grab sank, war die Reichsgewalt gebrochen und verbraucht, denn
jedermann hatte „an dem Adler gerupft", der öffentliche Wohlstand krankte, denn die unaufhörlichen Fehden hatten blühende
Ortschaften in Brandstätten und fruchtbare Fluren in Wüstungen
verwandelt; Recht und Gerechtigkeit lag darnieder und die Welt
entbehrte der Tröstungen der Religion; man schrie laut nach

Brot und die entartete und gespaltene Kirche reichte einen Stein.

So wenig Pfalzgraf Ruprecht III. als deutscher König in der Geschichte glänzte, so rühmlich und ehrenvoll war seine Regierung in seinen Stammlanden und in Heidelberg. Mit dem Namen Ruprecht in den drei Generationen sind die Gründungen verbunden, denen Heidelberg neben seiner reizenden Landschaft seinen größten Ruhm verdankt. Wie der erste Ruprecht die Universität ins Leben gerufen, wie der zweite die Stadt erweitert und dem neuen Stadtteil in der Peterskirche, da wo bisher die Kapelle der heil. Maria in der Einöde gestanden, einen religiösen Mittelpunkt gegeben hat, so hat der dritte Ruprecht den westlichen Schloßteil durch den Bau vergrößert, der noch jetzt seinen Namen trägt und an dessen Außenseite, dem Hofe zu der deutsche Reichsadler in Stein gehauen die Würde des Erbauers verkündigt. Zugleich kann derselbe als der eigentliche Begründer der Heiliggeistkirche angesehen werden, indem er dieselbe in vergrößertem Maßstabe aufbauen ließ, sie zu einer unabhängigen Stiftskirche erhob und sie derart mit der Universität in Verbindung setzte, daß zwölf Stiftsherren aus der Reihe der Professoren gewählt werden sollten. Damit waren alle Fundamente für die künftige Blüte Heidelbergs gelegt: Eine würdige Residenz, eine aufstrebende Universität, eine stilvolle Kirche. Noch jetzt ist im Ruprechtsbau der einst prachtvolle Königssaal mit reichem Täfelwerk zu sehen, der bestimmt war, die vornehme Hofgesellschaft aufzunehmen, die zahlreichen Besucher zu empfangen, die dem Reichsoberhaupte in Heidelberg ihre Aufwartung machten. Als Symbol der göttlichen Gnade, die man für das Schloß und seine Bewohner erflehte, mag das anmutige Werk der Plastik des gotischen oder germanischen Stiles über der spitzbogigen Thürpforte gelten. Zwei Engelgestalten mit lockigem Haare und hochgehobenen Flügeln (Adlerfittigen) von einem weiten Mantel bekleidet schweben auf kleinen Wölkchen und halten gemeinsam einen Kranz mit fünf Rosen, in dessen Mitte ein etwas geöffneter Zirkel sich befindet. Man hatte alle Ursache den göttlichen Segen und Beistand für das pfalzgräfliche Haus zu erflehen, das eine Stellung errungen

hatte, die über seine Kräfte ging. Diesem Gefühl gab auch die
Hofkapelle Ausdruck, welche an der nordwestlichen Seite des
ältesten Schloßbaues errichtet den religiösen Mittelpunkt bilden
sollte für die Burgbewohner und für die im Schutze der Burg
von der Stadt westlich ganz getrennt lebenden Bewohner der
Bergstadt.

Wie wenig Glück und Befriedigung übrigens die Königswürde Ruprechts dem Inhaber selber gebracht haben mochte,
der Pfalz und dem Herrscherhaus trug sie Ehre und Vorteil
ein. Nicht nur, daß die Besitzungen vermehrt wurden, der königliche Rang führte auch viele Reichsglieder in den Hof- und Lehen-
dienst des Heidelberger Burgherrn und die hohe Geistlichkeit der
Nachbarschaft suchte seinen Schutz in den wilden Tagen des
Faustrechts. So die Bischöfe von Worms und Speier, die Aebte
von Lorsch, Schönau, Maulbronn. Viele edle Geschlechter, wie
die Leiningen, Sponheim, die Herren von Steinach, Hirschhorn u. a.
nahmen Ehrenämter vom kurfürstlichen Hofe an und bauten ihre
Herrenhäuser unten in der Stadt unter dem Schlosse.

Die Burggräfin Elisabeth, die in der Heiliggeistkirche neben
ihrem Gemahle ihre Grabstätte erhielt, hatte ihrem Eheherrn eine
reiche Nachkommenschaft von neun Kindern geboren: aber nicht
alle überlebten den Vater. Der älteste der Prinzen, Ruprecht,
mit dem dunkeln Beinamen Pipan, machte den unglücklichen
Kreuzzug gegen die Türken mit und kehrte, nachdem er sich vom
Schlachtfeld durch die Flucht gerettet, verkleidet als Bettler nach
Heidelberg zurück (1396), wo er zwei Jahre nachher kinderlos
verstarb. Durch seine Gemahlin erwarb er dem Pfälzer Haus
einen Teil der Grafschaft Sponheim. Da auch der zweite Sohn,
Pfalzgraf Friedrich, im Jünglingsalter gestorben war, so folgte
der dritte, Ludwig, dem Vater in der kurfürstlichen Würde und
in den altpfälzischen Besitzungen (Heidelberg, Mannheim, Bacharach u. a.). Die übrigen Prinzen teilten sich kraft eines von
König Ruprecht kurz vor seinem Tode erlassenen Hausgesetzes
derart in die andern Besitzungen, daß Johann den größten Teil
der Oberpfalz mit dem Hauptort Neumarkt erhielt, Stephan die
meisten pfälzischen Besitzungen links vom Rhein, insbesondere
Simmern und Zweibrücken, womit er noch die Grafschaft Vel-

benz und einen Teil der Grafschaft Sponheim als angefallenes
Erbe seiner Gemahlin verband: Otto empfing Besitzungen im
Odenwald, am Neckar und an der Bergstraße, darunter Mosbach
und Sinzheim. So wurde die Rupertinische Konstitution mit
der Primogenitur und der Gesamterbfolge zum Schaden der
Kurlande durchbrochen.

4.

Kurfürst Ludwig III. strebte nicht, wie der Vater, nach der
Königswürde. Er versöhnte sich unter Vermittlung seines Oheims,
des Burggrafen Friedrich von Nürnberg, mit dem Hause Luxem-
burg und begünstigte die Thronbesteigung Sigismunds. Ludwig hatte als Stellvertreter seines Vaters und als Reichsverweser in schwieriger Zeit sich Erfahrung und diplomatisches
Geschick angeeignet, so daß sein kluges Vorgehen bei der viel-
umstrittenen Königswahl den Ausschlag gab. Selbst der Mainzer
Erzbischof Johann vermochte mit seinen Ränken und Intriguen
dem gewandten Pfälzer nicht obzusiegen. Nachdem sich die Wahl
entschieden hatte, weilte Sigmund mehrere Wochen in Heidelberg
und zog von da aus nach Aachen zur Krönung, begleitet von
dem Pfalzgrafen Ludwig, der ihn mit 200 Lanzen nach der
Kaiserstadt geleitete (November 1414). Dafür bestätigte Sigmund alle Rechte und Privilegien, welche Karl IV. zu Gunsten
der rheinischen Pfalzgrafschaft erlassen. Von der Krönungsfeier
in Aachen begab sich Sigmund nach Konstanz zu der Kirchen-
versammlung. Der ganze Glanz des Abendlandes war in der
Stadt am Bodensee vereinigt, wo das große Werk der Einigung
und Reinigung der Kirche vollbracht werden sollte. Man zählte
über 15 000 Fremde, die sich alltäglich in Konstanz aufhielten,
die Zahl aller Besucher mag wohl die dreifache gewesen sein.
Neben den Karbinälen, Erzbischöfen und Bischöfen, neben den
Doktoren des Rechts und der Gottesgelehrtheit fanden sich die
deutschen Kur- und Reichsfürsten ein, zahllose Grafen, Herren
und Städteboten, Gesandte aller christlichen Fürsten, um mit

dem König Sigmund und dem Papst Johann XXIII. über Reich
und Kirche Raths zu pflegen. Dabei wimmelte es von Glücks=
rittern und Abenteurern, von Spielleuten, Dirnen und fahrendem
Volke aller Art. Bald nach dem König zog auch Pfalzgraf
Ludwig in die Stadt ein; in seinem Gefolge befanden sich pfäl=
zische Edle aus den bedeutendsten Geschlechtern: die Ritter von
Hirschhorn, Sickingen, Venningen, Rosenberg, Helmstädt und
viele andere werden als seine Begleiter genannt. Auch mehrere
Doktoren der Heidelberger Universität wohnten der Versammlung
bei. Der Pfalzgraf nahm vermöge seines Ranges und als Ver=
trauter des Königs eine wichtige Stellung ein. Ihm wurde
das schwere Amt übertragen, für die Sicherheit des Konzils und
der Stadt zu wachen. Papst Johann wurde zur Abdankung
gezwungen und als er mit Hilfe des Herzogs Friedrich von
Oesterreich in der Kleidung eines Reitknechts aus der Stadt
entfloh, wurde er von dem Konzil feierlich seines Amtes entsetzt
und von Sigmund dem Pfalzgrafen in Gewahrsam gegeben.
Sein Beschützer ward mit Acht und Bann belegt und seiner
meisten Besitzungen beraubt. Ludwig ließ seinen Gefangenen
nach Heidelberg bringen, wo er Muße hatte über sein vergangenes
Leben nachzudenken. „Dort saß er unter deutschen Wächtern,
denen er sich nur durch Zeichen konnte verständlich machen, und
sprach in poetischer Form die Vergänglichkeit alles Irdischen
aus." Als sich die Dinge in Konstanz mehr und mehr verwirrten,
wurde von dem Erzbischof von Mainz ein Anschlag gemacht,
den gefangenen Kirchenfürsten, den der Pfalzgraf nach Mann=
heim hatte bringen lassen, zu entführen. Der Versuch mißlang
jedoch. Aber im Jahr 1418 gab Ludwig selbst, der sich mittler=
weile mit Sigmund entzweit hatte, den Gefangenen frei gegen
ein Lösegeld von 30 000 Dukaten. Wenige Monate nachher
starb der ehemalige Papst als Kardinal von Tusculum.

Das ganze Mittelalter hatte keine so glänzende Versamm=
lung gesehen, wie das Konzilium von Konstanz. Und welche
Resultate gingen daraus hervor? Die Greuelthat gegen Hus
und seinen Anhänger Hieronymus, der einst in Heidelberg die
realistische Philosophie gelehrt, entzündete einen Religions= und
Nationalkrieg, der Jahrzehnte hindurch das östliche Deutschland

mit Mord, Brand und Verwüstung erfüllte. Auch Kurfürst Lud=
wig stellte 50 Gleven zu je 4 bis 5 Gewappneten zu dem Reichs=
heer, welches Sigmund gegen die Hussiten in Böhmen führte.
Wie wenige mögen davon aus der blutigen Feldschlacht bei
Aussig (16. Juni 1426) sich nach der schönen Pfalz gerettet
haben! Mit zackigen Lanzen wurden die deutschen Reiter von
den Pferden gerissen, mit Dreschflegeln und Kolben nieder=
gehauen! Und in welchem Zustand befand sich während dieser
Kriegsnot das deutsche Reich? Da Sigmund vollauf in seinen
Stamm= und Erblanden beschäftigt war, so war Deutschland
thatsächlich ohne Oberhaupt. Der zum Reichsverweser eingesetzte
Erzbischof Konrad von Mainz konnte sich nirgends Geltung
verschaffen und der Pfalzgraf protestierte mit Entschiedenheit
gegen den Eingriff in sein Vikariatsrecht. Grenzenlos war die
Anarchie des zerfallenden Reichs. Während die Hussiten die
Reichsheere auseinandertrieben und zermalmten, wüteten in
den südlichen und westlichen Gauen offene Fehden und Gewalt=
thaten zwischen den Fürsten unter sich und mit den Städten
und Ritterschaften. Da der Kaiser nicht die Macht und nicht
den Willen besaß, den unseligen Zuständen im Reich Abhilfe
zu schaffen, so war es Recht und Pflicht des „innersten Rates"
der Kurfürsten, zu retten, was zu retten war. Diese erkannten
die Notwendigkeit, die Zügel der Herrschaft, welche der Hand
des Kaisers entfallen waren, einem oligarchischen Reichsregiment
zu übertragen. In Boppart und Bingen traten die rheinischen
Kurfürsten in eine enge Verbindung zusammen und organisierten
eine Genossenschaft auf solidarischer Grundlage, mit dem Gelöb=
nis, unter sich Frieden und Treue zu halten, sich gegenseitig
ihre Lande und Herrschaften zu verbürgen und Reich und Kirche
gegen feindliche Angriffe zu schützen. So wurde thatsächlich die
kaiserliche Reichsgewalt einer Gemeinschaft der Kurfürsten über=
geben. Aber der Bund hatte keine Dauer. Sigmund wußte
einzelne Glieder zu gewinnen und die bürgerlichen Kämpfe hatten
ihren Fortgang. Vielleicht war es der Kummer über das Elend
der Zeit, was den Pfalzgrafen Ludwig bewog, im Jahre 1426
eine Pilgerfahrt ins heilige Land zu unternehmen, um die gött=
liche Gnade anzuflehen; denn er war den religiösen Dingen

eifrig zugethan. Die Sage berichtet, er habe den langen Bart, der ihm auf der Reise gewachsen, unverändert stehen lassen und deshalb von seinen Zeitgenossen den Namen des Bärtigen erhalten. Sein Begleiter war Graf Johann von Sponheim, ein dem Mysticismus, der Astrologie und alchymistischen Geheimkünsten ergebener Edelmann.

Bald nach der Rückkehr schwand Ludwigs Gesundheit und sein Augenlicht mehr und mehr dahin, so daß er noch vor seinem am 30. Dezember 1436 erfolgten Tode von den Regierungsgeschäften entbunden werden mußte. Ludwig III. war trotz der Vielgeschäftigkeit und kriegerischen Unruhe, die seine Thätigkeit in Anspruch nahmen, den geistigen Interessen zugethan. Lernte er doch während seines Aufenthaltes in Konstanz noch lateinisch, um den Verhandlungen im Konziliumssaal folgen zu können. Der Universität widmete er stets große Sorgfalt, und die nachmals so berühmte Heidelberger Bibliothek kann als seine Stiftung angesehen werden. Sie wurde wohl in der Heiligengeistkirche aufgestellt in den über den Seitenschiffen gewölbten Galerien. Von seiner Mutter Elisabeth und von seiner englischen Gemahlin Blanca rührt der Kirchenschatz her, bestehend aus Reliquien und wertvollen Kunstgegenständen, der wahrscheinlich unter dem Hochaltar geborgen ward und in hohem Ansehen stand. Wie fast alle Kurfürsten wurde auch Ludwig III. in der Kollegiatkirche zu Heilig Geist begraben.

Nicht lange nach dem Pfalzgrafen schied auch Kaiser Sigismund aus dem Leben und die deutsche Königskrone kam wieder an das habsburgisch-österreichische Haus, bei dem sie fortan verbleiben sollte. Als Albrecht II., der Eidam des verstorbenen Kaisers, den die Kurfürsten wegen seiner „weltkundigen Tugenden" in Frankfurt a. M. einstimmig zum König gewählt (März 1438), schon nach zwei Jahren aus dem Leben schied, wurde dessen Neffe Friedrich III. auf den Thron erhoben, den er 53 Jahre lang inne hatte. Nun kamen unglückliche Zeiten über das Reich, von denen kein Land ausgeschlossen war. Wenn die Pfalz unter Albrecht und während der ersten Regierungsjahre Friedrichs von den Notständen und den Kriegsverheerungen weniger betroffen ward, als so manches andere Land, so verdankte sie diesen Vorteil großenteils den trefflichen Eigenschaften des neuen Kurfürsten Ludwig IV., den die zweite Gemahlin Ludwigs III. ihrem Eheherrn im Jahre 1424 geboren hatte. Seine Regierung dauerte nur 12 Jahre (1437—1449), und die Jugend und Kränklichkeit des Fürsten, die in der ersten Zeit einen vormundschaftlichen Beistand notwendig machte, ließ nicht er= warten, daß in der stürmischen Periode, da das Reich durch die aufregenden Vorgänge auf dem Basler Konzil, durch die Nach= wirkungen der Hussitenkämpfe, durch die verwüstenden Einfälle der Armagnaken in die Landschaften des Oberrheins unsägliche Bedrängnis zu leiden hatte, Heidelberg und die Pfalz ohne Gefahr und erhebliche Schädigung bleiben würde. Aber die unermüdliche Thätigkeit des jungen Regenten für die Erhaltung des Friedens nach außen und der Wohlfahrt nach innen, sein Geschick, durch taktvolle Vermittelung die verwickelten Zeitverhält= nisse auf friedlichem Wege zu lösen und feindseligen Plänen vorzubeugen, hat manches Unheil abgewendet oder vermindert. Dieser löblichen Eigenschaft und seiner edlen milden Natur zollte die Mitwelt ihre Anerkennung durch den Beinamen „der Sanftmütige".

———

5.

Ein Jahr vor Ludwigs Tode hatte die Kurfürstin Mar= gareta, die schöne Tochter jenes Amadeus von Savoyen, den das Basler Konzil nach seiner freiwilligen Thronentsagung als Papst ausgerufen (Felix V.), einen Sohn geboren, der den Namen Philipp erhielt. Eine vieljährige vormundschaftliche Regierung war notwendig und niemand war mehr berechtigt und geeignet, als Pfalzgraf Friedrich, der Bruder des verstor= benen Kurfürsten Ludwig, ein männlicher, thatkräftiger Fürst von 24 Jahren. Ihm wurde denn auch die Administration des Landes bis zu der Volljährigkeit seines Neffen, der erst das zweite Lebensjahr angetreten hatte, zu teil. Wenige Perioden der deutschen Geschichte haben so viele Unfälle und Zerrüttungen,

so viele Schädigungen durch mächtige Feinde von außen und
so viele Gewaltthätigkeit und Rechtlosigkeit im Innern aufzuweisen, als die lange Regierung Kaiser Friedrichs III. Nicht
ohne Bildung und häusliche Tugenden, aber mit geringen
Herrschergaben ausgerüstet, setzte er den Schicksalsschlägen und
Trübsalen, von denen das Reich heimgesucht war, stumpfe Gleichgültigkeit, thatloses Gehenlassen oder ränkevolle Politik im persönlichen oder dynastischen Interesse entgegen. Während im
Reich die Kriegsstürme ungezügelt tobten, in den österreichischen
Landen der Aufruhr sein Haupt erhob, in Ungarn und Böhmen
Emporkömmlinge die Krone an sich rissen und der Kaiser selbst
aus seiner Hauptstadt fliehen mußte, während die Türken an
der Grenze drohten, der Burgunderherzog Karl der Kühne Landschaften und Städte vom Reich an sich riß und sogar nach der
Königskrone die Hand ausstreckte, grübelte Friedrich III. über
seinen astrologischen Träumereien, trieb Gartenzucht, sammelte
Juwelen, braute Heiltränke und tröstete sich über den schlimmen
Lauf der Welt. „Es straft und rächt sich alles mit der Zeit“,
damit beruhigte er sich in den Tagen der Not. Mit Gleichmut
und philosophischer Seelenruhe blickte er auf die sturmbewegte
Zeit, wenig bekümmert, daß alle Autorität seinen Händen ent-
rann, daß die Ehre des Reichs mißachtet ward, daß die deutschen
Fürsten sich gewöhnten, die Interessen und Bestrebungen des
Hauses Oesterreich als eine dem Reiche fremde Sache zu betrachten und der eigenen dynastischen und territorialen Angelegenheiten eigenmächtig zu walten. Da geschah es denn, daß
drei Fürsten von energischem Geist und Unternehmungssinn die
Ehre der deutschen Geschichte retteten, für die der Kaiser kein
Verständnis hatte — der Hohenzoller Albrecht, genannt Achilles,
und die zwei Wittelsbacher, Ludwig der Reiche von Landshut
und Pfalzgraf Friedrich von Heidelberg. Es ist für den Historiker eine traurige Pflicht, wenn er Fürsten von so leidenschaft-
lichem, gewaltthätigen Charakter wie die drei genannten, die mit
ehernem Fußtritte über Brandstätten und Verwüstungen dahin-
schritten, das Wort reden muß. Aber er ist in solchen Fällen
nur der Verkündiger des Volksurteiles, das mit instinktivem
Gefühl für alle männlichen und kräftigen Persönlichkeiten Partei

nimmt, auch wo sie den bestehenden Ordnungen Trotz bieten, gegen die legitime Autorität ankämpfen.

So ist Pfalzgraf Friedrich, den die Geschichte den „Siegreichen" nannte, während seine Feinde ihn den „bösen Fritz" schalten, der Stolz des Pfälzer Volks geblieben, solange es eine selbständige Pfalz gegeben hat. Mochte er immerhin im Kampf gegen den Kaiser und die kaiserliche Partei seine Lorbeeren erfochten haben, die Phantasie des Volkes haftete nur an der männlichen, heldenhaften Gestalt und seinen Thaten und Siegen: sie verherrlichte sein Andenken durch Sagen und mythische Züge, sie machte ihn zum Typus des Pfälzer Stammes und Naturells.

Die kleinen Dynasten suchten sich die Schwäche des Reichsregiments zu nutze zu machen, um ihre Besitzungen zu vergrößern oder sich von dem Lehensverbande der Fürsten zu lösen. Vormundschaftliche Regierungen pflegen meist mit äußeren und inneren Unruhen verbunden zu sein; jetzt schien die Zeit gekommen, wo die ewigen Streithändel und Grenzfehden aufs neue heranbrausen sollten. Gleich nach dem Tode Ludwigs war die lützelsteinisch-leiningische Fehde ausgebrochen, in welche ein großer Teil des linksrheinischen Adels verflochten ward. Selbst Verwandte des pfalzgräflichen Hauses traten in die Koalition gegen das Heidelberger Regiment. Man wollte sich unabhängig machen, dem Administrator die Landvogtei im Elsaß entreißen. Verbrannte Dörfer und verwüstete Felder gaben Zeugnis von dem feindlichen Vorgehen der Verbündeten. Da faßte der junge Pfalzgraf den Plan, die Regierung im eigenen Namen zu führen, um sich in den schwierigen Verhältnissen zu behaupten. Die Rechte des Mündels und das Wohl des Landes konnten besser und thatkräftiger gewahrt werden, wenn der, welcher die Herrschaft führte, auch den kurfürstlichen Rang und Namen trug und die damit verbundene volle Autorität besaß. Und war denn eine siebzehnjährige Vormundschaft, wie sie in Aussicht stand, viel von einer eigentlichen Regierung verschieden? Die Landstände, deren bei dieser Gelegenheit zum erstenmal in der Pfälzer Geschichte Erwähnung geschieht, bestehend aus den geistlichen Würdenträgern, dem Adel und den Hof- und Regierungsbeamten, sowie aus benachbarten Dynasten und Herren, die mit dem pfälzischen Hause in nahen Beziehungen oder in Lehensverband standen, gaben auf einem Tage in Heidelberg im September 1451 ihre Zustimmung zu diesem Abkommen, das von gegnerischer Seite als „Arrogation" bezeichnet ward. Danach sollte Friedrich die Regierung selbst führen und den Neffen an Kindesstatt annehmen, dagegen nie eine standesmäßige Ehe eingehen und seinen eigenen Besitz mit Kurpfalz vereinigen. Die Mutter des Kindes, die Kurfürsten, der Papst gaben ihre Einwilligung zu der ganz legalen Uebereinkunft; nur der Kaiser verweigerte die Autorisation hartnäckig. Was den starrsinnigen Herrn dazu bewog, läßt sich nicht ermitteln; vielleicht hat ihn das eigenmächtige Vorgehen des Pfalzgrafen, worin er eine Verletzung seiner kaiserlichen Rechte sah, gereizt; vielleicht hat auch die Rivalität zwischen dem Hohenzollern in Franken, der auf seiten des Kaisers stand, und den verbündeten Wittelsbachern, die mit dem „deutschen Achilles" in jahrelangen Fehden lagen, den Widerstand hervorgerufen. Von der Zeit an war Kurfürst Friedrich zeitlebens ein entschiedener Gegner des Habsburgers, eine für die Geschicke des Reichs hochwichtige Feindschaft.

Der junge Kurfürst ergriff alsbald das Regiment mit fester Hand. Zunächst galt es, den feindlichen Nachbarn Achtung einzuflößen. Wo es ging, suchte er sich in Frieden mit den Gegnern auseinander zu setzen; bald zeigte er aber auch, daß er das Schwert zu führen vermöge. Die trotzigen Grafen von Lützelstein, die sich der pfälzischen Lehenshoheit entzogen, wurden gedemütigt und die Grafschaft mit der Pfalz vereinigt. Die Stadt Amberg in der Oberpfalz, die dem neuen Kurfürsten die Anerkennung weigerte, wurde erobert und gezüchtigt. Dann zog Friedrich gegen seinen eifersüchtigen Vetter, den Pfalzgrafen Ludwig den Schwarzen von Veldenz, der die kurpfälzische Lehenshoheit über einige veldenzische Besitzungen nicht anerkennen wollte. Ein verheerender Krieg entbrannte in den überrheinischen Gauen. Bergzabern, die wichtigste Stadt der Grafschaft, wurde nach längerer Belagerung eingenommen (1455). Für den Haber der Fürsten mußten die Völker büßen. Nach der wilden Kriegsweise der Zeit wurden die Ortschaften verbrannt, Saatfelder und Weinberge zertreten, der Bauer seiner letzten Habe beraubt, oft auch tot geschlagen. Nach einigen Friedensjahren brach der Kampf von neuem los und nahm durch die Einmischung mächtigerer Nachbarn, wie des Erzbischofs von Mainz, Dieter von Isenburg und des Grafen Ulrich von Würtemberg, durch die gleichzeitigen Fehden in Franken und Bayern größere Dimensionen an. Fremde Soldscharen wurden in Dienst genommen und vermehrten die Kriegsgreuel. Wird doch dem Burggrafen von Nürnberg, dem unversöhnlichen Städtefeind, der Ausspruch in den Mund gelegt, „der Brand ziere den Krieg, wie das Magnifikat die Vesper". Das mainzische Schloß Schauenburg bei Dossenheim, das der Pfalzgraf zerstörte, erinnert noch jetzt in seinen Ruinen an die wilde Fehde des Jahres 1460. In dem fränkisch-bayerischen Krieg, wie am Rhein und an der Bergstraße errang das Wittels-bacher Banner den Sieg. Als Friedrich, unterstützt von Ludwig von Hessen, vor dem leiningischen Dorf Bockenheim lag, kamen der Erzbischof von Mainz, Ludwig von Veldenz und die Leininger zum Entsatz herbei. Da ließ der Pfälzer von dem Orte ab und zog den Feinden gen Pfeddersheim entgegen. Ein pfälzischer Haufen wurde zurückgeschlagen, als aber die Mainzischen un-bedacht nachsetzten, stürzte der Pfalzgraf mit 1200 Reitern über sie her. „Heut Kurfürst oder nie mehr!" war sein Schlachtruf. Da wurde heiß gefochten, bald aber wichen die Mainzer vor den pfälzischen und hessischen Reisigen. In wirrer Flucht ergossen sich die geschlagenen Truppen nach Pfeddersheim und Worms; viele Hunderte wurden gefangen genommen, erschlagen oder in die Pfrim gedrängt, wo sie ertranken. Dieter von Mainz mußte in einen nachteiligen Frieden willigen, worin unter anderem die Dörfer Handschuhsheim und Dossenheim an die Pfalz abgetreten wurden. Auch Ulrich von Würtemberg machte seinen Frieden, und im nächsten Jahre fügten sich auch die Leininger und der Veldenzer und traten in den pfälzischen Lehensverband zurück.

Der Friede war von kurzer Dauer. Noch ehe Markgraf Albrecht seinen neuen „Ritt mit Brand" ins Bayerland unter-nahm, hatte der Streit um den erzbischöflichen Stuhl von Mainz die Kriegsfurie am Rhein wieder entfesselt. Dieter von Mainz war bei der päpstlichen Kurie längst in Ungnade gefallen, weil er die Rechte des Reichs und des deutschen Episkopats gegen die römischen Anmaßungen zu wahren suchte. Man focht die Rechtmäßigkeit seiner Wahl an und entsetzte ihn „wegen seiner notorischen Sünden" ohne weiteren Prozeß seines Amtes. Kraft päpstlicher Provision sollte Adolf von Nassau sein Nachfolger sein. Der Kaiser, sowie der größte Teil des Domkapitels, gaben ihre Zustimmung; auch der Kurverein zeigte keine Neigung, insgesamt für ein bedrohtes Mitglied einzustehen. Die Mainzer Kirche war nun in offenkundigem Schisma, und jeder der beiden Bischöfe suchte sich im Lande festzusetzen und seine Ansprüche zu verfechten. Streitschriften und Proteste gingen hin und wieder. Alsbald nahmen auch die benachbarten Fürsten wieder Partei; Ludwig von Velbenz, Herzog Wilhelm von Sachsen, Graf Johann von Nassau, Markgraf Karl von Baden, Graf Ulrich von Würtemberg und die ganze kaiserliche Partei stand auf Seiten des Nassauers. Pfalzgraf Friedrich zögerte, trotz seiner Bundesverträge mit Dieter sich zu entscheiden und ließ sich von beiden Parteien umwerben. Erst als man im Begriff war, sich zu einigen auf Grund eines Vertrags, wonach Dieter seiner Würde entsagen und dafür die Städte und Schlösser an der Bergstraße als Fürstentum erhalten sollte, trat der schlaue Pfälzer, der die Bistumsfehde zu seinem Vorteil auszubeuten gedachte und sich nun die Beute entgehen sah, entschieden auf die Seite des Isenburgers. Zu Weinheim schloß er mit dem Erzbischof und dem Grafen Philipp von Katzenelnbogen einen Vertrag, worin Pfalz für seine Hilfe die reichen mainzischen Städte und Schlösser an der Bergstraße erhielt. Jetzt war Dieter, zu dem auch der Landgraf von Hessen stand, seinen Gegnern gewachsen und entschlossen, trotz Bann und Reichsacht sein Recht mit dem Schwert zu verfechten. Auch der Rat der Stadt Mainz trat nunmehr aus seiner unschlüssigen Haltung heraus und schloß sich, durch große Zugeständnisse gewonnen, an den alten Erzbischof an. So ward der Mainzer Bistumsstreit durch den Zündstoff, der allenthalben aufgehäuft lag, wiederum zum Reichs- und Bürgerkrieg.

Schon an der Neige des Jahres 1461 fiel Erzbischof Dieter mit pfälzischem Kriegsvolk ins Nassauische ein, der Pfalzgraf selbst versuchte sich am Rheingau; dann warfen wieder nassauische

Truppen die Kriegsfackel in das mainzische und pfälzische Gebiet; weiter im Süden um das Kloster Maulbronn heerten die
Scharen von Würtemberg und Baden. Die Winterkälte that
dem wilden Kriegsgetümmel kurzen Einhalt. Statt dessen bekämpfte man sich mit den Waffen des Geistes. Drohende Bullen
und Bannflüche des Papstes, Appellationen und Rechtfertigungs-
schreiben Dieters gingen hin und wieder; schon damals benützte
man zu Mainz die Druckerpresse zum Kampf gegen Rom. Mit
dem Beginn der milderen Jahreszeit fiel der Pfälzer dem Markgrafen von Baden und dem Würtemberger wieder ins Land,
und diese und der Bischof von Speier verheerten die pfälzischen
Besitzungen im Elsaß. Während der siegreiche Friedrich abermals gegen den Rheingau vordrang, wo sich Adolf von Nassau
und seine Verbündeten festgesetzt hatten, zogen badische und
würtembergische Truppen bis vor die Thore von Heidelberg und
brannten die Dörfer nieder. Ohne einheitlichen Plan und Zusammenhang zog sich die verheerende Fehde monatelang hin.
Endlich entschloß sich Markgraf Karl von Baden, mit seinem
Bruder Bischof Georg von Metz und dem Würtemberger vereinigt, zu einem entscheidenden Schlag gegen den Pfalzgrafen;
„sie wollten ihm die Weinreben an der kurfürstlichen Stammburg ausreißen," prahlten sie. Sie glaubten den Pfalzgrafen
mit seinem Kriegsvolk im Rheingau. So zogen sie mit entsetzlicher Verwüstungswut dem Neckar zu. Da sammelte der Pfälzer
in der Eile, was er an Kriegsvolk zusammenbringen konnte, und
rückte den Feinden nach, deren Weg der Feuerschein und Rauch
bezeichnete; unterwegs stieß der Erzbischof Dieter und der Graf
von Katzenelnbogen zu ihm. Arglos hatten die Feinde ihr Fuß-
volk zurückgelassen und waren mit etlichen hundert Reitern an
Heidelberg vorüber nordwärts gezogen; nicht eher wurden sie
des rächenden Pfalzgrafen gewahr, als bis er aus dem Walde
zwischen Seckenheim und Schwetzingen herausbrach. Mit Nuß-
laub die Sturmhauben geschmückt, zogen die Pfälzer in über-
legener Zahl gegen die abgeschnittenen, zwischen Rhein und
Neckar eingeengten Feinde. Mannhaft nahmen diese den Kampf
auf, und es entbrannte ein heißes Ringen mit Lanze, Schwert
und Kugel. Als sich jedoch die Sonne neigte, war die Schlacht

für Kurpfalz entschieden. Das feindliche Heer lag auf der Wal=
statt oder war gefangen. Die Führer selbst waren in die Hände
des Pfälzers gefallen, die beiden badischen Fürsten, schwer ver=
wundet, und der Graf von Würtemberg. In der Kirche zum
heiligen Geist in Heidelberg erschallte ein Tedeum für den herr=
lichen Sieg. Zu Mannheim wurde der Bischof in derselben
Feste untergebracht, wo ein halbes Jahrhundert zuvor Papst
Johann XXIII. eine trübe Zeit verlebt hatte; auf dem Heidel=
berger Schlosse wurden die Fürsten von Baden und Würtem=
berg in hartem Gewahrsam gehalten. Noch lange pries man
im Lied den siegreichen Pfalzgrafen, und eine alte Ueberlieferung
erzählt, wie er den Fürsten, die das Brot beim Mahle ver=
mißten, von den Schloßfenstern herab die zerstampften Felder
und die rauchenden Schutthaufen gezeigt. Auf dem Schlachtfelde
ließ Friedrich ein steinernes Kreuz mit Inschrift errichten. Als
aber die Pfalz badisch wurde, hielt man es in Karlsruhe für
unangemessen, daß eine Begebenheit, die für den Markgrafen
von Baden so unrühmlich gewesen war, im Gedächtnis der Nach=
geborenen erhalten werde, und entfernte das Denkmal. Allein
der Name des Dorfes Friedrichsfeld, das mehr als zwei Jahr=
hunderte nach der Schlacht auf der Walstatt entstand, erinnert
noch jetzt an die glorreiche That Friedrichs des Siegreichen.

Nach der Schlacht von Seckenheim stand der pfälzische Kur=
fürst auf der Höhe seiner Macht und seiner Ansprüche, und er
nutzte diese Stellung zu seinem Vorteil aus. Die überwundenen
Fürsten mußten ihre Freiheit durch harte Friedensbedingungen,
durch hohes Lösegeld und Landabtretungen erkaufen. Auch der
gebannte Erzbischof von Mainz frohlockte, und wo es in der
Ferne Gegner von Papst und Kaiser gab, herrschte Jubel über
den Sieg. Um so größer war der Schrecken bei der Kurie und
am kaiserlichen Hof, zumal als gleich danach auch in Franken
durch die Schlacht bei Giengen das Kriegsglück für die Wittels=
bacher entschied. Aber bald trat ein Ereignis ein, welches die
Lage der Dinge änderte. Die nassauische Partei bemächtigte sich
der Stadt Mainz durch einen kühnen und glücklichen Ueberfall.
Erzbischof Dieter flüchtete sich während eines heftigen und blu=
tigen Straßenkampfes aus der Stadt; Adolf von Nassau zog

als Sieger ein, trieb die Ratsherren und Bürger hinaus und vernichtete die Privilegien und Urkunden der alten Reichsstadt. So wurde das „goldene“ Mainz um einer unseligen Bischofs= fehde willen landsässig. Dieser unerwartete Schlag brach die Kraft des Isenburgers. Es gelang den Gegnern, ihm Miß= trauen in den Pfalzgrafen einzuflößen, als ob derselbe nur nach Landerwerb trachte. Und Friedrich selbst wünschte eine Bei= legung des Streits, seit die Aussicht geöffnet war, daß sein Bruder Ruprecht den erzbischöflichen Stuhl von Köln erwerben sollte. So kam denn ein Ausgleich zustande, kraft dessen Dieter seiner Würde entsagte und dafür einige Städte und Schlösser zu lebenslänglicher Nutznießung erhielt, der Nassauer das Erz= bistum mit dem Kurfürstenrang behauptete. Die Bergstraße blieb im Pfandbesitze der Pfalz.

Für das Reich und die Nation waren diese Kämpfe ohne alle Früchte. Je mehr die Tapferkeit und der Kriegsruhm eines Albrecht und Friedrich emporstrahlten, desto mehr trat die gänzliche Ohnmacht des Oberhauptes zu Tage. Das Reichs= banner war erlegen, und keiner hielt sich für verpflichtet, es zu schirmen und zu rächen. Reichsstädte wurden bezwungen, der Pfalzgraf durfte bis an sein Ende die Kurwürde behaupten, Reichsacht wie Kirchenbann waren stumpfe Waffen; im Norden fragte man schon lange nicht mehr nach dem Kaiser an der fernen Donau. Die fürstliche Nobilität trat immer selbst= bewußter, geschlossener und unabhängiger auf; kaum geht mehr ein zusammenfassendes Band durch das Wirken und Streben der einzelnen Landesherren, seit der Kaiser nichts weiter war als der Herzog von Oesterreich. Friedrich hat sich redlich um Versöhnung mit dem Habsburger bemüht, aber es liegt in der Natur schwacher Seelen, auf kleinen Dingen und Formen eigen= sinnig zu beharren. So kam es, daß der Pfalzgraf, auch nach= dem der große Sturm ausgetobt hatte, das Schwert nicht aus der Hand legen konnte. Als Landvogt vom Elsaß wurde Fried= rich im Jahre 1470 mit der Abtei und der Stadt Weißenburg in einen verheerenden Kampf verwickelt; auch Ludwig von Veldenz regte sich wieder, um unter kaiserlichem Panier seinen alten Haß an dem Pfalzgrafen auszulassen. Der Kaiser übertrug die Landvogtei im Elfaß an Ludwig, aber dieser vermochte sie nicht zu erkämpfen. Wiederum ging es wild her im Elfaß und in den veldenzischen Besitzungen, und die Pfalz hatte aufs neue unsäglich zu leiden. Ludwig mußte sich schließlich doch fügen, in den kurpfälzischen Lehensverband zurückkehren und eine Reihe von Ortschaften und Schlössern an den siegreichen Gegner abtreten. Auch die Weißenburger erkannten die Landvogtei Friedrichs wieder an. Mit dem Kaiser, der dem trotzigen Pfalzgrafen unversöhnlich zürnte, war kein Frieden möglich. Aber das kaiserliche Urteil, das den Pfälzer der Kurwürde entsetzte und mit der Reichsacht belegte, war ein nichtiger Schlag. Damals soll Friedrich bei Heidelberg eine Schanze angelegt und „Trutzkaiser“ genannt haben. Der Pfalzgraf, den die Waffen der Gegner von allen Seiten nicht hatten zwingen können, hielt ungebeugt die Acht des Reichs aus. Allein bald darauf, am 12. Dezember 1476, starb der Held in kräftigem Mannesalter.

Kein Name tritt in der Geschichte Heidelbergs und der Pfalz so glänzend hervor wie der des siegreichen Friedrich. Wir haben ihn in seiner vielbewegten, kampferfüllten Regierung fast nur als kriegsbereiten Feldherrn kennen gelernt und die ansehnliche Vergrößerung der kurpfälzischen Besitzungen gab Zeugnis von seinen Waffenerfolgen. Aber wenn er gleich in jener eisernen Zeit die Hand nicht vom Schwertgriff ziehen konnte, so war er doch auch nach Kräften bemüht, als tüchtiger Regent über sein Land zu walten und die Wunden, die der nimmer ruhende Krieg schlug, zu heilen. Sparsame und zweckmäßige Verwaltung, Fürsorge für das Gerichtswesen (Gründung des pfälzischen Hofgerichts), Schutz des Verkehrs und der öffentlichen Sicherheit, die ganze Organisation des Landes beweisen, daß der Landesfürst nicht ganz im Kriegshelden aufgegangen war. In seiner äußern Politik steht Friedrich nicht anders da als die andern Fürsten alle, fehdelustig, erwerbsüchtig, hart und zunächst auf den eigenen Vorteil bedacht; so brachte es der Geist der Zeit und der Zwang der Verhältnisse mit sich. Aber in seinem einfachen, prunklosen Wesen, seiner derben, unverdorbenen, thatkräftigen Natur, seiner ritterlichen, wohlwollenden, verständigen und von Grund aus gesunden Art ist er doch unter den Fürsten der besten und ehren-

wertesten einer, „frisch, munter und kräftig wie sein Volk".
Selbst für Wissenschaft und Kunst hatte man auf dem heiteren
Schloß zu Heidelberg unter all den Kriegswirren Sinn und
Liebe; der Kurfürst selbst beschäftigte sich mit Poesie und Alchimie.
Den Eid, den die Pfalzgrafen bei ihrem Regierungsantritt lei=
steten, die Universität zu erhalten und von den pfälzischen Landen
nichts zu veräußern, hat Friedrich redlich erfüllt. Er widmete
der Hochschule große Sorgfalt; man konnte schon jetzt einen
Schimmer des Glanzes wahrnehmen, der unter seinem Nach=
folger so herrlich aufstieg. Auch das Heidelberger Schloß erhielt
neue Anbauten. Die gotischen reichen Bauwerke, welche die
Vorgänger aufgeführt, sind mit einem Kranz gewaltiger Be=
festigungen umgeben worden, zu denen seine Kriege Veranlassung
gaben. Die ganze Süd= und Ostseite, so lernen wir von Bern=
hard Stark in der als Festschrift gedruckten kunstgeschichtlichen
Abhandlung „Das Heidelberger Schloß" vom Jahre 1881, wurde
damals in der noch erhaltenen Weise befestigt. Vor allem ist
es der gesprengte Turm, dessen Riesenmauern und innere Räume
jetzt so offen vor uns liegen, welchen Friedrich erbaute; aber
auch schon die Grundlagen zum achteckigen Turme wurden da=
mals gelegt. Die neue Befestigungsweise mit Kasematten und
Bastionen, bereits berechnet für die neue Kriegführung mit
Geschützen und Soldtruppen, ist dann unter den Nachfolgern
durch die Errichtung des dicken Turmes und des schweren vier=
eckigen Thorturmes fortgeführt worden. Der Geschichtschreiber
Matthias von Kemnat und der „Dichter von Weinsberg", Michael
Beheim, fanden Unterstützung am kurfürstlichen Hofe Friedrichs
des Siegreichen und vergalten die Gunst und Gnade durch Ver=
herrlichung der Thaten ihres Gönners. Wie tief war aber da=
mals die epische Ritterpoesie herabgesunken!

In den Zeiten, da Kaiser und Reich in Macht und Herrlich=
keit glänzten, waren auch die höfischen Dichter und Sänger an=
gesehene, bei allen Festlichkeiten wohlgelittene Leute. Mit dem
Verfall dieser Macht und Herrlichkeit war auch die fröhliche
Kunst der Dichter zu schwächlichen prosaischen Versbildungen
entartet. Als Wohldiener und Schmeichler der Großen zog
Michael Beheim von einem Fürstenhofe zum andern, ohne Lohn

ober dauernden Lebensunterhalt zu gewinnen. Ein hungernder Schmarotzer verweilte er am Hof Friedrichs des Siegreichen und der österreichischen Erzherzöge. Als Herolde und Wappendichter fristeten die fahrenden Sänger der Zeit ein kümmerliches Dasein, verachtet und vor die Thüre gestoßen. Das Rittertum des Mittelalters und der höfische Minnegesang waren dahin. Eine andere Zeitrichtung war bereits hereingebrochen, die Morgenröte der Renaissance in Kunst und Litteratur war schon aufgegangen. Der folgende Abschnitt wird lehren, wie die neuen Anschauungen, das frische künstlerische und geistige Leben unter Friedrichs Nachfolger, Kurfürst Philipp dem „Aufrichtigen“ (1476—1508), der während des unheilvollen bayerisch-pfälzischen Erbfolgekriegs nach dem Vorgange Friedrichs eine zweite Schanze „Trutz-Bayer“ aufgeführt haben soll, in Heidelberg Wurzel schlugen und kräftig emporwuchsen.

Wie sich Pfalzgraf Friedrich bei Uebernahme der Kurwürde verpflichtet, ging er keine standesmäßige Ehe ein; er lebte mit der schönen Augsburgerin Klara Detten, deren Reize, Geist und schöne Stimme ihn gefesselt, und ließ sich später mit ihr trauen. Sie gab ihm zwei Söhne, deren jüngster, Ludwig, der Stammvater der Fürsten von Löwenstein-Wertheim wurde.

II.

Heidelberg und die Ruperta in drei Jahrhunderten.

1.

Man würde sehr irren, wenn man von den verschiedenen Jubiläen, über welche die im Eingang erwähnte akademische Rede sich verbreitet, auf den mehr oder minder blühenden Stand der Heidelberger Universität selbst schließen wollte. Von dem Denkfest des Jahres 1586 hat sich nur eine lateinische Rede des damaligen Prorektors Georg Sohn erhalten, von der es noch überdies ungewiß ist, ob sie überhaupt öffentlich vorgetragen ward. Und doch war das sechzehnte Jahrhundert die glänzendste Periode der alten Ruperta. Seitdem der pfalzgräfliche Kanzler Dietrich von Plenningen und der Kurator der Universität, Johann von Dalberg, der edle, hochgebildete Bischof von Worms, den klassischen Studien an der Hochschule eine Heimat bereitet und den berühmten Rudolf Agricola, den sie einst in Italien kennen gelernt, herbeigerufen hatten, bildete Heidelberg den Mittelpunkt für die humanistische Welt am Rhein. Die von Konrad Celtes gegründete „rheinische litterarische Gesellschaft", deren Vorsteher Dalberg war, zählte berühmte Namen, wie Johann Reuchlin, Wilibald Pirkheimer, Eitelwolf vom Stein u. a., zu ihren Genossen. Im Hause Dalbergs, wo alles Geist und Leben war, gingen Freunde aus und ein, dort vereinigten sie sich zum traulichen Gespräch und zum gastlichen Mahl, wie zum gemeinsamen ernsten Studium, woran denn

auch der Pfalzgraf Philipp von Zeit zu Zeit persönlich teilnahm.
Dort war es auch, wo Reuchlin die Aufführung eines lateinischen
Schauspiels veranstaltete, des ersten in Deutschland; es war
eine dem Terenz nachgebildete Komödie, die zur Vermittelung
des Alten und Neuen trefflich geeignet war. Sie behandelte in
klassischer Form und Regelmäßigkeit einen neuen beliebten Pos-
senstoff im echten Volksgeschmack der Zeit. Auch Melanchthons
Name ist mit Heidelberg verknüpft. Es soll damit nicht gesagt
sein, daß die Universität selbst die Trägerin der neuen humanistischen Wissenschaft gewesen sei; gelehrte Institute von tradi-
tionellem Charakter verhalten sich gegen neue Richtungen in der
Regel argwöhnisch und ablehnend; auch die Reformation fand
nur langsam und allmählich Eingang in die Professorenkreise.
Selbst Reuchlin, dessen Streit mit den Kölner Dominikanern
eine welthistorische Bedeutung erlangte und weit über die Grenzen
eines gelehrten Federkriegs hinausging, blickte in seinen späteren
Lebensjahren mit einiger Besorgnis auf die reformatorische Bewegung und sah ungern seinen Großneffen Melanchthon, dessen
Studium er selbst eifrig gefördert hatte, so entschieden die Sache
Luthers ergreifen. Dennoch wurde auch die Musenstadt am Neckar
in die frische Atmosphäre gezogen, welche von den humanistischen
Studien ausging. Die neue wissenschaftliche Richtung, die man
nach ihrer Grundlage die klassische nannte, hatte das Princip der
freien Forschung, den Bruch mit der Autorität der scholastischen
und kirchlichen Grundsätze auf ihre Fahne geschrieben. Mit dem
Sieg dieser Richtung mußte das ganze Leben der Wissenschaft
eine neue Gestalt annehmen, der beengenden Fesseln ledig, frucht-
bringend aufsprießen. Alle Disciplinen verlassen nunmehr das
geistlose Formelwesen und den engen Kreis der Schule; sie suchen
Beziehungen zu Natur, Welt und Leben, Bildung des Geistes
und Herzens, und kleiden sich, anstatt der schwerfälligen Form,
in eine reine, klare und geschmackvolle Darstellung, und in diesem
Streben waren die Alten Vorbild und Muster. Zunächst herrschte
das philologische Interesse vor. Die klassischen Autoren wurden
durch Druckausgaben verbreitet, durch Anmerkungen erläutert,
die Griechen durch Uebersetzungen allgemein verständlich gemacht;
Wörterbücher, Grammatiken und Anleitungen zum Stil wirkten

für Verbesserung der lateinischen Sprache; pädagogische Werke förderten die wissenschaftliche und sittliche Erziehung der Jugend in der freien humanen Richtung. Die gemeinsame Kunst aller Humanisten, recht als Gegensatz gegen die dürre Spekulation der Scholastik, war die Poesie, die freilich nicht immer der Erguß dichterischer Begeisterung war, sondern häufig kunstmäßig gefertigte, den Alten in Sprache und Metrik mühsam nachgebildete Produktionen, die aber bei einigen, wie Celtes, Coban Hesse, Petrus Lotichius, Jakob Micyllus, der Dichterin Olympia Fulvia Morata, schöne Blüten erzeugte. Noch jetzt befindet sich in der Peterskirche das Grabmal der ideal gebildeten Italienerin, die um des Glaubens willen ihre Heimat Ferrara vertauscht hatte und im Jahre 1555 in Heidelberg gestorben ist. Wirkte das Studium der Alten zunächst auf die Form und äußere Darstellung, so wurden die wissenschaftlichen Disciplinen doch auch innerlich und sachlich umgestaltet und erneuert, und überall mit dem Bestreben, Natur und Leben im Gegensatz zu unfruchtbarer, abstrakter Spekulation zur Geltung zu bringen. Die Bekanntschaft mit dem echten Aristoteles und mit Plato, durch Johann Wessel und Reuchlin verbreitet, eröffnete der Philosophie neue Anschauungen, Ziele und Methoden. Die Theologie wurde durch griechische und hebräische Sprachstudien und freie wissenschaftliche Forschung in der Bibel und in den Kirchenvätern umgestaltet und aus dem Bannkreise der Scholastik gehoben.

Auch der Rechtswissenschaft kamen die humanistischen Studien zu gute, und die Naturkunde, die Mathematik und Astronomie, sowie die Heilkunde nahmen in dieser Periode teils durch die Bekanntschaft mit den alten griechischen Forschern, teils durch Beobachtung der natürlichen Vorgänge selbst einen großartigen Aufschwung. Wie stürzten vor der klaren Interpretation der Quellen die Truggebilde zusammen, welche die früheren Jahrhunderte geschaffen, die nachfolgenden Geschlechter als heiligen Schatz gehütet und gemehrt hatten! Ein lebhafter Briefwechsel, den die Humanisten aller Länder und Nationalitäten in lateinischer Sprache miteinander unterhielten, vermittelte den wissenschaftlichen, litterarischen und politischen Verkehr, wie heutzutage die Zeitungen und Zeitschriften. Auch die deutsche Geschichtsforschung empfing eine fruchtbare Anregung durch die Humanisten. Das Muster der Alten wirkte dabei sehr vorteilhaft, sowohl was die Schönheit der Form und die tiefere pragmatische Auffassung, als was die historische Kritik betrifft. Jetzt erst entstand eine deutsche Geschichte, seitdem Konrad Celtes, Jakob Wimpfeling, Heinrich Bebel, Konrad Peutinger, Wilibald Pirkheimer, Graf Hermann von Neuenaar u. a. Untersuchungen über die Wohnsitze und Zustände der alten deutschen Völker anstellten. Johannes Trithemius, der viel in Heidelberg weilte, und Johannes Aventin, der als „Vater der Geschichte" gepriesene Verfasser der bayerischen Annalen, gelten bis auf den heutigen Tag als Autoren ersten Ranges.

Der Humanismus war der fruchtbare Mutterschoß der Reformation. Aus beiden Faktoren setzte sich die geistige Atmosphäre zusammen, welche das ganze sechzehnte Jahrhundert hindurch über Stadt und Universität Heidelberg gelagert war.

Schon Ludwig V., der Nachfolger Philipps (1508—1544), führte der Hochschule neue Kräfte im Geiste der Zeit zu, indem er drei humanistisch gebildete Lehrer, Hermann von dem Busche, Simon Grynäus und Sebastian Münster, für die alten Sprachen berief. Auch der schon erwähnte Michllus, der den Sinn für die schönen Wissenschaften und für eine „züchtige Muse" weckte und belebte, vertauschte zweimal Frankfurt mit Heidelberg, wo er sich die Aufgabe stellte, „die Form mittelalterlicher Anstalten mit dem Geiste der neuen Bildung zu versöhnen". In gleichem Sinne handelte Ludwigs Bruder und Nachfolger, Friedrich II. (1544—1556), den man den „Weisen" nannte, so schwierig auch seine Stellung während des schmalkaldischen Krieges war. Er fügte dem Heidelberger Schlosse neue Prachtbauten hinzu, an denen man den durch große Reisen nach den romanischen Ländern gebildeten Kunstsinn erkennen kann. Er stiftete das Pädagogium und Sapienzkollegium zur Förderung der humanistischen Bildung, und traf bereits Vorkehrungen zur Einführung der Reformation, nachdem die Heidelberger Bürgerschaft in der Heiligengeistkirche durch Anstimmen des Liedes „Es ist das Heil uns kommen her" ihren Sympathien für die evangelische Lehre Ausdruck gegeben hatte (3. Januar 1545). Der Sieg Karls V. bei Mühlberg hemmte den Fortgang des Werks. Der Kaiser besuchte den Kur-

fürsten in Heidelberg und erneuerte den alten Freundschaftsbund.
Aber Friedrichs Neffe, Otto Heinrich, der nach ihm die Herrschaft
in der Pfalz übernahm, war trotz seiner kurzen Regierung
(1556—1559) der Begründer einer neuen Aera, sowohl in der
religiösen als wissenschaftlichen und künstlerischen Bildung. Durch
die offizielle Einführung der Reformation wurde dem Lande und
der Universität das Gepräge gegeben, das über ein Jahrhundert
ihre Geschicke und ihren Charakter bestimmte. Es war eine Zeit
hohen Glanzes, die aber auch viele Schatten und dunkle Punkte
im Gefolge hatte. Otto Heinrich führte die Pfälzer Kirche, die
unter dem in seinen religiösen Grundsätzen so wenig beständigen
Vorgänger in unsicherer und schwankender Verfassung gehalten
worden, der Augsburger Konfession zu, die er schon in seinem
Stammlande an der Donau zur Religionsform erhoben hatte.
Die katholischen Kirchengebräuche wurden abgeschafft, der Gottes=
dienst und die Sakramente nach der Augsburger Glaubensformel
geordnet, an die Universität, die sich unter ihm eines Besuches
von Melanchthon zu erfreuen hatte (Oktober 1557), evangelische
Lehrer berufen.

Von gegnerischer Seite wird der Reformation zum Vorwurf
gemacht, sie habe die schönen Künste, die damals in so herrlicher
Blüte gestanden, in Verfall gebracht und ihren Gang unter=
brochen, und habe die allgemein menschliche Bildung durch einen
starren Konfessionseifer verdrängt. Wie wenig zutreffend dieser
Vorwurf ist, lehrt das Heidelberger Schloß, dessen herrlichste
Denkmale gerade in dem humanistisch=reformatorischen Zeitalter
entstanden sind. Wer hat nicht im Schloßhofe den Otto=Heinrichs=
bau bewundert mit seinen feinen Architektur= und Skulpturarbeiten
aus der Blütezeit der Renaissance; nicht der weitherzigen
Gesinnung Anerkennung gezollt, die in den symbolischen Figuren
der reich geschmückten Außenwand zum Ausdruck kommen, wo die
Tugenden des hellenischen Altertums neben den Glaubenshelden
des Alten Testaments ihre Stelle finden?

Aber die lutherische Kirchenform sollte nicht auf die Dauer
den Charakterzug der Pfalz und ihrer Universität bilden. Der
Abendmahlsstreit, den der herrschsüchtige Theologe Heßhus, ein
hierokratischer Lutheraner von der strengsten Richtung, anfachte,

gab den Anstoß zu der allmählichen Einführung der Calvinischen
Kirchenform. Unter Kurfürst Friedrich III. von der Simmernschen
Linie, welcher dem unvermählt gestorbenen Otto Heinrich folgte
und bis zum Jahre 1576 von dem Heidelberger Schlosse aus die
schönen Lande der Pfalz beherrschte, neigten sich Hof und Uni=
versität mehr und mehr zu den Glaubenslehren und kirchlichen
Ordnungen, die ihnen von Genf, von Straßburg, von franzö=
sischen Hugenotten zugeführt wurden. Alles „Götzenwerk" ver=
schwand aus den Gotteshäusern; in Glaube, Kultus, Verfassung
und Sittenzucht schloß sich die Pfälzer Kirche jenem düsteren
ernsten Calvinismus an, wie er in Genf, in Südfrankreich, in
den Niederlanden und in der schärfsten Prägung bei den englischen
und schottischen Puritanern zur Ausgestaltung gekommen. Kirchen=
rat, Presbyterien und Synoden führten ein eisernes Regiment.
Als der gelehrte Arzt Erast in Heidelberg gegen die rigorose
Kirchendisciplin Menschenrecht und Humanität geltend machte
und den Kirchenbann als unevangelisch verwarf, wurde er von
den calvinistischen Strenggläubigen der Ketzerei beschuldigt und von
dem Glaubensgericht bedrängt. Bei einer Revision des Heidel=
berger Katechismus wurde die Lehre vom heiligen Abendmahl in
einer so schroffen Form dargestellt, daß nicht nur die Katholiken,
deren Glaubenssatz vom Meßopfer als „vermaledeite Abgötterei"
bezeichnet war, sondern auch die Augsburger Konfessionsver=
wandten sich verletzt fühlen mußten. Bei alledem war Friedrich III.
eine edle Fürstengestalt, einfach, gerecht, arbeitsam und von
aufrichtig religiöser Gesinnung. Auf dem Reichstage von Augsburg
im Jahre 1566, wo er sich von seinem Sohne Johann Kasimir
die Bibel in die Sitzung tragen ließ, verteidigte er seine Ansicht
mit solcher Ueberzeugungskraft, daß der Kurfürst von Sachsen,
der strenggläubigste Lutheraner, ausrief: „Fritz, du bist besser als
wir alle." Aber in einer leidenschaftlich erregten Zeit finden die
Tugenden der Milde, der Toleranz, der Menschenliebe keine Stätte.
Die Regierung Friedrichs III. ist entstellt durch ein Ketzergericht,
wie es nur noch in Genf zur Erscheinung gekommen ist. Am 23.
Dezember 1572, einige Monate nach der Pariser Bartholomäus=
nacht, sah man auf dem Marktplatze zu Heidelberg das greuliche
Schauspiel eines protestantischen Autodafés, indem der Inspector

Sylvan von Ladenburg wegen arianischer oder socinianischer Glaubensmeinungen in Gegenwart des Stadtrats öffentlich enthauptet wurde. Sein Mitangeklagter, Neuser, war entflohen; er begab sich nach Siebenbürgen und von da nach der Türkei, wo er zum Islam übertrat und im Elend verkam. „So bewährt sich der Calvinismus als der erste Schritt zur Hölle!" rief ein lutherischer Pharisäer triumphierend aus. In dem Heidelberger Stadtarchiv befindet sich auch ein altes Aquarellbild, die Enthauptung Sylvans darstellend mit einer Erzählung des Vorganges.

Es ging damals eine schneidige Luft durch die Welt, unter der auch Heidelberg und die Pfalz zu leiden hatte. Der vor einigen Jahren erschienene Roman „Alptia", von sach- und ortskundiger Hand, schildert mit gewandter Feder diese Zeit der schroffen Gegensätze und leidenschaftlichen Erregung, wo der Konfessionshaber der Protestanten mit den Intriguen, Ränken und Verführungskünsten der Jesuiten sich verband, um der Welt Aergernis zu bereiten und den Glauben an die edlere Menschennatur zu erschüttern.

Und doch war auch diese trübe Zeit, wo der religiöse Fanatismus um die Gemüter einen ehernen Panzer gezogen, nicht ohne Lichtblicke. Die Universität war in seltener Blüte; von allen Seiten strömte die studierende Jugend nach der Neckarstadt, und Professoren, wie Erast, Wilhelm Xylander, Petrus Ramus, Nikolaus Cisner u. a., erfreuten sich eines europäischen Rufes. Auch Olevianus und Ursinus, die Verfasser des Heidelberger Katechismus, waren von wissenschaftlicher Bedeutung. Die Heidelberger Bibliothek, die gegen Ende des Jahrhunderts der Aufsicht und Leitung des berühmten Janus Gruterus anvertraut wurde, enthielt einen reichen Schatz wertvoller Bücher und Handschriften. Der calvinistische Charakter, den Friedrich III. dem Lande und der Universität aufprägte und der durch seinen lutherischen Nachfolger Ludwig VI. (1559—1583) nur eine vorübergehende Unterbrechung erlitt, gab der schönen Neckarstadt eine kosmopolitische Bedeutung. Mit den Glaubensverwandten in Frankreich und in den Niederlanden wurden freundschaftliche Beziehungen unterhalten. Friedrichs III. Sohn, Johann Kasimir, den der Vater seinen „geistlichen Waffenträger" nannte, war in

ben Religionskriegen ben Hugenotten und den Oraniern mit
dem Schwerte beigestanden, ein anderer Sohn, Christoph, in
ritterlichen Künsten wie in klassischen Studien gleich hervorragend, hatte auf der Mokerheide sein junges Leben gelassen;
eine niederländische Flüchtlingsgemeinde, die im Kloster Frankenthal angesiedelt ward, legte, mit andern Konfessionsverwandten
und mit Wiedertäufern vereinigt, den Grund zu einer gewerb-
samen Stadt; verfolgte Hugenotten suchten eine Zuflucht in
Heidelberg und Schönau. Noch jetzt weisen manche Familien-
namen bald in der Ursprache, bald in deutscher Uebertragung
auf französischen Ursprung zurück. Derselbe Johann Kasimir
wurde nach dem Ableben seines Bruders Vormund von dessen
Sohn Friedrich IV. und Administrator der Pfalz während der
Minderjährigkeit des Erbprinzen. Er gab der reformierten Religionsform die Stellung zurück, die ihr sein Vater eingeräumt
hatte, und unterhielt das gute Einvernehmen mit Frankreich.
Heinrich von Bourbon vergaß nicht, welche treue Dienste einst
Johann Kasimir den Hugenotten während der religiösen und
bürgerlichen Kämpfe geleistet hatte, und blieb der Pfalz stets
gewogen, auch nachdem er zu der Einsicht gekommen war, „daß
Frankreichs Krone eine Messe wert sei".

Wie viele harte Schläge die Pfalz in den folgenden Jahr-
hunderten von dem Nachbarlande zu erleiden hatte, damals wirkte
der französische Einfluß vorteilhaft auf Kunst und Wissenschaft,
auf das öffentliche und gesellschaftliche Leben. Als bei Johann
Kasimirs Tod (1592) sein Neffe Friedrich IV. die Regierung
selbst übernahm, feierte die humanistisch-reformatorische Kultur
in Heidelberg ihre Blütezeit. Nicht nur, daß das Schloß durch
die großartigen Anbauten auf der Nordseite mit der Schloß-
kapelle und der herrlichen Altane verschönert und erweitert wurde,
die Wissenschaften fanden eine edle Pflege. Männer, wie der
erwähnte Janus Gruterus, wie Paul Melissus, Friedrich Syl-
burg, der Jurist Gothofredus, Bartholomäus Petiscus und
mehrere andere, wirkten damals an der Universität, in Ver-
waltungsämtern, an der Bibliothek und erhielten der Pfälzer
Musenstadt ihren hohen Ruf und internationalen Charakter.
Zugleich wurde Mannheim angelegt und gelangte rasch durch

fremde und heimische Ansiedelungen zu hoher Bedeutung für das merkantile Leben. Und dieser Glanz sollte noch erhöht werden, als Friedrichs IV. Sohn, Friedrich V., im Jahre 1610 das Heidelberger Schloß bezog und demselben noch in dem Elisabethenbau und dem schönen Ziergarten einen neuen Schmuck hinzufügte. „Nie hat die rheinische Pfalz, und insbesondere Heidelberg, glänzendere Tage gesehen," sagt Bernhard Stark in der erwähnten Festschrift, „als bei dem Einzuge des siebzehnjährigen Fürsten mit der jungen Gemahlin Elisabeth aus dem englischen Königsstamme der Stuarts im Sommer 1614, nie hat ritterliche Geschicklichkeit, französische Weltsitte, antike Gelehrsamkeit mehr gewetteifert in Festbauten, Aufzügen und Spielen, nie sind hochfliegendere Pläne für die Pfalz genährt worden als in den Jahren 1614—1619, aber auch nie stand der furchtbare Umsturz des Kurhauses näher, nie die Drangsale des Krieges für das ganze Land, nie die zerstörende rohe Gewalt für die Herrlichkeit des Heidelberger Schlosses."

Der Einzug des schönen jungen Ehepaares erinnerte an die glänzende Vermählungsfeier des Hohenstaufen Friedrich II. mit Isabella von England, an die festlichen Tage von Köln und Worms im Jahre 1235, von deren Pracht und Herrlichkeit sich noch die folgenden Geschlechter Wunderdinge erzählten. Auch darin gleichen die beiden Festereignisse einander, daß sie die letzten freudigen Erlebnisse bildeten für zwei fürstliche Persönlichkeiten, die, edel und hochsinnig angelegt, einen tragischen Ausgang nehmen sollten. Als Friedrich im Oktober 1619 mit seiner Gemahlin das Stammschloß in Heidelberg verließ, das er durch den prachtvollen englischen Bau mit dem herrlichen Ziergarten und der Elisabethenpforte erweitert und verschönert hatte, um in Prag die böhmische Königskrone zu erlangen, schied er auf immer von seinem Glück. Beide starben landesflüchtig in der Fremde. Die Pfalz wurde in eine Wüstenei verwandelt, die Universität zersprengt, die palatinische Bibliothek nach Rom entführt. Wie ein flüchtiger Schatten kam Friedrich im Gefolge von Gustav Adolf noch einmal in seine halbzerstörte Residenz. Zwölf Tage nach der Schlacht von Lützen folgte er seinem Beschützer ins Grab nach). Er starb den 19. November 1632 in

Mainz, kaum bemerkt und wenig beklagt. Seine Gemahlin lebte noch drei Jahrzehnte in stiller Zurückgezogenheit im Haag, bis sie, von ihrem Neffen Karl II. nach England zurückgerufen, im Lande ihrer Geburt ihr wechselvolles, schicksalschweres Leben beschloß. Noch sieht man in dem sogenannten Stückgarten, wo die herrliche Aussicht nach der Rheinebene und dem Hardtgebirge sich dem Blicke öffnet, die stolzen Außenwände des Prachtbaues, und vereinzelte Reste der feinsten Stuccaturarbeit in den Fensternischen lassen die einstige Schönheit des Innern ahnen, zu dessen Ausschmückung ein angesehener Maler aus Antwerpen berufen worden war.

Nach dem Abschlusse des westfälischen Friedens kehrte Friedrichs V. Sohn, Karl Ludwig, in das verarmte und verwüstete Heimatland zurück, das er als Kind in Glück und Wohlstand verlassen hatte. Er that alles, was ein edler, wohlgesinnter Fürst nur thun kann, um sein Land und Volk wieder aufzurichten von den entsetzlichen Notständen, in die es während der dreißigjährigen Drangsale geraten war. Unter den schweren Schicksalsschlägen seiner Eltern und Verwandten, die er miterlebt, war er früh zum Manne gereift; er brachte ein warmes Herz für das Volk, ein weites menschliches Gemüt für religiöse Ueberzeugungen in das Land seiner Väter am Rhein und Neckar zurück. Durch Nachlaß oder Befreiung von Steuern suchte er zum Anbau der Felder, zur Wiederherstellung der zerstörten Dörfer und Städte, zu neuen Anlagen zu ermuntern, Fleiß und frischen Lebensmut zu erwecken. Mit verständigen Räten im Finanzwesen, in der Verwaltung, im wirtschaftlichen Leben wurden zweckmäßige Reformen geschaffen, heilsame Anordnungen getroffen. Aus den schrecklichen Wirkungen des religiösen Fanatismus, deren Zeuge er gewesen, hatte er einen duldsamen Sinn gewonnen und war nun aufs eifrigste bedacht, seinem Volke den kirchlichen Frieden zu schaffen und zu erhalten. Durch religiöse Toleranz und Weitherzigkeit beförderte er die Niederlassung fremder Ansiedler. Er erlaubte den Lutheranern, die Providenzkirche in Heidelberg zu erbauen, er gestattete den Wiedertäufern, sich in Mannheim, den piemontesischen Waldensern, sich in Germersheim niederzulassen, er gewährte allen christlichen Konfes-

sionen freie Religionsübung. Die Professoren der weltlichen
Fakultäten der Universität Heidelberg verpflichtete Karl Ludwig
nur auf das Wort Gottes und die ältesten ökumenischen Sym=
bole; für den großen Rechtsgelehrten und Historiker Samuel
Pufendorf, der ihm seine Schrift „Elementa jurisprudentiae
universalis" widmete, errichtete er einen Lehrstuhl des Natur=
rechts und ging mit dem Gedanken um, den jüdischen Philo=
sophen Spinoza für die Universität zu gewinnen. Während
anderwärts der Verfolgungsgeist sich zu neuen Kämpfen rüstete,
wurde unter ihm die Heidelberger Hochschule „eine feste Burg
akademischer Freiheit inmitten der Lande des Krummstabs".
Durch Sparsamkeit und durch wohlgeordneten bürgerlichen
Haushalt hat er selbst wesentlich zu dem Emporkommen des
Landes beigetragen und dem Volke ein gutes Beispiel gegeben.
Zugleich wurde durch ihn die Rheinpfalz nach außen in die
ersten Fürstenhäuser eingereiht. Er selbst gehörte von mütterlicher
Seite dem Stuartschen Hause an, das nach so schweren Schicksals=
schlägen durch den politischen Umschwung des Jahres 1660 im
Triumphe auf den englischen Thron zurückgeführt ward. Seine
Tochter nahm als Herzogin von Orleans am Hofe Ludwigs XIV.
eine einflußreiche gesellschaftliche Stellung in Paris ein. In
Schweden führte das verwandte Haus Pfalz=Zweibrücken das
Regiment mit fester, starker Hand. Karl Ludwigs jüngste
Schwester, die ebenso schöne als geistreiche Sophie, hatte sich
auf dem Heidelberger Schlosse mit dem Herzog Ernst August
von Braunschweig=Lüneburg vermählt — eine Verbindung von
künftiger welthistorischer Bedeutung. Als sie um die Zeit, da
die englische Krone ihr zu teil werden sollte, aus der Welt
ging, trat ihr ältester Sohn Georg an ihre Stelle. Sophie,
die Gönnerin und Studiengenossin von Leibniz, war einst dem
älteren Bruder ihres Gemahls, Georg Wilhelm, verlobt ge=
wesen. Dieser hatte aber aus Liebe zu einem freien, unge=
bundenen Reiseleben in Italien seine Rechte an Ernst August
abgetreten und sich zugleich verpflichtet, keine Ehe einzugehen.
Georg Wilhelm blieb seiner Zusage lange treu, da er bei näherer
Bekanntschaft mit seiner geistreichen Schwägerin für Sophie
selbst große Neigung empfand; denn die Schwester des Pfalz=

grafen Karl Ludwig war eine durch körperliche und geistige Vorzüge hervorragende Fürstin. Noch im August 1701, als die englische Gesandtschaft der hochbejahrten Dame die Urkunde überreichte, wodurch ihr und ihren Nachkommen die Anwartschaft auf den Thron von Großbritannien zugesichert ward, bemerkten die Anwesenden mit Bewunderung, wie lebenskräftig und geistesfrisch die Herzogin noch immer auftrat. Ihr Schwager Georg Wilhelm änderte zwar später seinen Sinn, indem er eine französische adelige Dame von hoher Schönheit, Eleonore d'Olbreuse, zu seiner Gemahlin erhob; aber durch Familienverträge wurde dennoch infolge dieser Eheschließungen die Einheit des Hauses und das Wachstum der Dynastie begründet. Karl Ludwig verdiente den Beinamen „Wiederhersteller der Pfalz", den man ihm zuerkannte. Der Sinn religiöser Duldsamkeit ging auch auf seinen Sohn und Nachfolger Karl über, der sonst in allen andern Dingen wenig Aehnlichkeit mit dem Vater hatte. Als in Frankreich das Edikt von Nantes (Oktober 1685) aufgehoben wurde, fanden abermals flüchtige Hugenotten ein Asyl und neues Heim in der Pfalz. Der einzige dunkle Flecken in dem Regentendasein Karl Ludwigs war das zerrüttete Familienleben, das ihn zur Trennung von seiner hessischen Gemahlin und zur Ehe mit der „Raugräfin" Luise von Degenfeld führte. Aber daran trug die Kurfürstin den größeren Teil der Schuld.

Diese häuslichen und ehelichen Verhältnisse, die in der Geschichte der Pfalz vielfach entstellt worden sind, haben durch die Schriftstücke, welche Professor Holland im Jahre 1884 aus dem gräflich Degenfeldschen Hausarchiv als die jüngste Publikation des Litterarischen Vereins in Stuttgart zum erstenmal zum Abdruck bringen ließ, manches Licht erhalten. Es sei daher gestattet, die historischen Umrisse durch eine Familienepisode zu unterbrechen.

Karl Ludwig hatte die Prinzessin Charlotte Elisabeth, die Tochter des um die protestantische Sache und um das pfälzische Haus während des langen deutschen Krieges so hochverdienten Landgrafen Wilhelm von Hessen-Kassel und der hochsinnigen Amalia als Gattin heimgeführt. Aber die stolze Fürstentochter erwiderte die warme Liebe und Hingebung des Kurfürsten mit

Kälte und Zurückhaltung. Sie hatte, wie vermutet wird, bei
ihrer Verlobung eine andere Neigung im Herzen getragen und
in den Ehebund nur mit innerem Widerstreben gewilligt, und
sie besaß nicht Selbstbeherrschung genug, um sich mit ihrem
Schicksal auszusöhnen; ihre kalte strenge Natur war unempfänglich
für die Liebe des Gemahls, ihre Launenhaftigkeit und ihr wider=
strebender Sinn ließ kein harmonisches Zusammenleben auf=
kommen; ihr Hang zu glänzenden und rauschenden Vergnü=
gungen, zu Festlichkeiten und Jagdpartien fand an dem einfachen
sparsamen Hofe zu Heidelberg keine Befriedigung. Als sie ihren
Gatten einst auf den Reichstag nach Regensburg begleitete,
blieb sie gegen den ausdrücklichen Befehl des Kurfürsten noch
sechs Wochen nach seiner Abreise zurück und gab dadurch dem
sparsamen Gemahl Veranlassung, sich bitter über ihr Betragen
zu beklagen, wodurch die kurfürstliche Kasse geschädigt worden
wäre. Die Mißverhältnisse mehrten sich, als Karl Ludwig seine
Neigung einer schönen jungen Hofdame, Luise von Degenfeld,
aus altadeligem Geschlechte zuwandte. Die Kurfürstin entdeckte
die Sache, indem sie in Abwesenheit ihres Gemahls und der
Hofdame in das Kabinett der Degenfeld eindrang. Sie fand
dort neben einem kostbaren Ring und andern wertvollen Ge=
schenken „ein ganz cassett brief, worunter die Verschreibung, so
sie ihm geben und er ihr, wie auch ihre genzliche Vermächtniß,
des Inhalts, daß man mich verstoßen und mit ihr wollte haus=
halten". So meldet sie ihrem Bruder Ferdinand und bittet ihn
um seinen Rat in ihrer gefährlichen Lage. „In ihrem Accordt,"
schließt sie, „sei zu lesen, daß ich außer dem Haus, sie auch nicht
vor ein H. sollte passiren, sondern vor ein Ehfrau."

Nach dieser Entdeckung muß es stürmische Scenen im Schlosse
gegeben haben. Die Kurfürstin ließ die Hofdame ihren Groll
und ihre Eifersucht fühlen; dafür wurde sie von ihrem Gemahl
lieblos und hart behandelt. In den „Bildern aus der deutschen
Vergangenheit" von Gustav Freytag ist ein langatmiges Schrei=
ben Charlottens an den Kaiser Leopold abgedruckt. Dasselbe
trägt alle Spuren der Unechtheit und ist auch vor Jahren schon
von dem Degenfeldschen Archivrat Kazner als ein untergescho=
benes Schriftstück nachgewiesen worden; nichtsdestoweniger dürfen

wir den darin erhobenen Klagen über Mißhandlung von seiten
des Kurfürsten wohl Glauben schenken. Er sollte sie öffentlich
die „kahle Landgräfin" und eine „Landverderberin" genannt
und ihr einst bei der Tafel so heftige Maulschellen gegeben
haben, daß sie stark aus der Nase geblutet; in ihrem Vorgemach
seien einst vierzig Schweizer aufgestellt worden, um sie von allem
Verkehr abzuschneiden. Denn der Kurfürst war ein aufbrausender,
leidenschaftlicher Mann, und seine Gemahlin wird es an Vor=
würfen und verletzenden Reden nicht haben fehlen lassen. Den
Vorschlag einer Scheidung wies sie standhaft zurück. Sie wollte
sich und ihre Kinder nicht im Range und in ihren Rechten ver=
kürzt sehen.

So blieb denn dem Kurfürsten, der in die schöne und an=
mutige Hofdame sterblich verliebt war, nichts übrig, als zu einer
Doppelehe zu schreiten, wie einst Landgraf Philipp von Hessen.
Als summus episcopus erteilte er dem Hauptprediger Heyland
die Weisung, ihn mit Louisa Freyin von Degenfeld, der er den
altpfälzischen Titel und Rang einer „Raugräfin" beilegte, ehelich
zu verbinden.

In einer langen Pergamenturkunde mit Siegeln, welche
bei Holland Seite 368 ff. abgedruckt ist, wird der Vorgang samt
den Motiven, die ihn zu dem Entschlusse geführt, weitläufig be=
schrieben. Die Kurfürstin sei ihrem Gemahl, der sie stets gut
behandelt, mit beständiger Widersetzlichkeit begegnet, sie habe ihn
„verschimpffet", sei ungehorsam, halsstarrig, widerspenstig gegen
ihn gewesen, habe sowohl seiner Person, als auch deren nahen
Anverwandten Schandflecken anzuhängen gesucht und dadurch
die kurfürstlichen Häuser dergestalt zusammengehetzt, daß die Ruhe
des Landes, ja des ganzen Reiches in Gefahr gekommen. „Da
nun Seine Churfürstl. Dhlt.," heißt es darin, „auf vielfältig
beschehenes fleißiges nachforschen von niemand hetten erfahren,
oder berichtet werden können, wer eigentlich cognitionem in
causis matrimonialibus zwischen furstlichen häußern haben und
richter sein solte, sonderlich da Sie aus einem neulichen fürst=
lichen exempel vernommen, daß Ihre Kayßrl. May. in ehesachen
zu richten sich nicht einlassen, noch auch darin angenommen
werden wollen, Seine churf. Durchlaucht aber in ihren beschwer=

und verdrießlichen Geschäften außer einer anderen eheförmlichen Beiwohnung länger nicht zu leben vermochte, so hätte sie sich „zur Vermeidung größerer Scandalorum‘ die wohlgeborne Louyse Freyin von Degenfeld ‚erwehlet, abjungiret und beygelegt‘ und ihr mit Hand und Siegel versprochen, so lange er lebe, ‚sie getreulich zu lieben, zu ehren und zu halten wie ein Mann seiner Frau schuldig sei‘.“

Die kirchliche Vermählung wurde in Frankenthal im Jahre 1657 vollzogen. Die Kurfürstin Charlotte Elisabeth bezog einen abgesonderten Flügel des Heidelberger Schlosses, nahm aber nach fünf Jahren ihren Aufenthalt in ihrem Geburtslande Hessen-Kassel. Ihre Kinder behielten den kurfürstlichen Rang und Titel und ihr selbst wurde ein anständiger Unterhalt zugesichert.

Zwanzig Jahre lang lebte Kurfürst Karl Ludwig in ehelicher Gemeinschaft mit der Raugräfin Luise, die ihm während dieser Ehe vierzehn Kinder gebar, welche alle den raugräflichen Titel führten. Bei der Geburt des vierzehnten starb sie im 43. Lebensjahre. Bei dem Tode der Mutter 1677 waren von ihren Kindern noch acht am Leben — fünf Söhne und drei Töchter. Sie hatten eine treffliche Erziehung erhalten und waren tüchtige Leute. Von den Söhnen haben sich mehrere in den Kriegen der Zeit ausgezeichnet und auf dem Schlachtfelde ihren Tod gefunden. Von den Töchtern vermählte sich die älteste, Karoline, mit dem Grafen Meinhard von Schomberg oder Schönberg, dem Sohne des berühmten Marschalls unter Ludwig XIV. von Frankreich, welcher in den achtziger Jahren eine so hervorragende Rolle in dem großen Völkerkriege gespielt hat. In einem französischen Briefe meldet Kurfürst Karl dem Marschall, daß er dessen Sohn, den Gemahl der ältesten Raugräfin Karoline, Seiner allerchristlichsten Majestät empfohlen habe. Meinhard diente an der Seite seines Vaters in dem französischen Heere, bis die Aufhebung des Edikts von Nantes beide veranlaßte, ihren Abschied zu nehmen. Einer Pfälzer, vielleicht einer Heidelberger Familie entsprossen, gehörten die Schombergs der reformierten Religion an und wurden daher mit betroffen von dem Schlage, der die französischen Hugenotten ihres Glaubens beraubte oder in die Fremde trieb. Der Marschall verließ das schöne Frankreich, zu

dessen kriegerischem Ruhme er so wesentlich beigetragen hatte,
und trat in die Dienste des großen Kurfürsten in Berlin, dem
er bei der Einrichtung des Brandenburger Heerwesens durch seine
militärischen Kenntnisse und Erfahrungen von großem Werte
war. Auch bei dem Nachfolger, Friedrich III., stand Schomberg
in hohen Ehren, und es war ein starker Beweis von Hingebung
an die gemeinsame Sache, daß der Kurfürst von Brandenburg,
nachmals König Friedrich I. von Preußen, den geschickten Strategen dem Bundesgenossen in den Niederlanden, Wilhelm von
Oranien, abtrat, als dieser über den Kanal zog, um die ihm
von der englischen Nation übertragene Königskrone den Anhängern der Stuarts abzugewinnen. In der Entscheidungs-
schlacht an der Boyne (30. Juli 1690) stritten der Marschall
und sein tapferer Sohn Meinhard an der Seite des Oraniers
Wilhelm III. Mit jugendlichem Mute stürmte der alte Held
Schomberg voran, den flüchtigen Hugenotten, die sich zahlreich
unter seine Fahne gestellt, zurufend, im andern Lager würden
sie ihre Verfolger finden; da machten die Säbelhiebe einiger
Jakobiten seinem Leben ein Ende. Aber sein Sohn rächte den
Tod des Heldenvaters. Er schlug die beiden Führer der feindlichen Reihen, Lauzun und Tyrconnel, in die Flucht und teilte
mit dem König die Lorbeeren des Sieges an der Boyne. In
der Kirche von St. Patrick, wo am nächsten Sonntag Wilhelm
dem Gottesdienste anwohnte, wurde Marschall Schomberg mit
militärischen Ehren beigesetzt. Das war Heidelberger Protestanten-
blut! Kurfürst Karl Ludwig war damals bereits aus der
Welt geschieden. Gewiß hätte er mit innerer Befriedigung
die Ruhmesthaten des befreundeten und verwandten Geschlechts
Schomberg vernommen. Denn so wenig der sparsame und
haushälterische Herr es verschmähte, gleich so manchen andern
deutschen Fürsten, von dem Versailler Hof zuweilen Sub-
sidiengelder anzunehmen, einen „Judaslohn", wie man es bezeichnete, so hatte er doch ein patriotisches deutsches Herz.
Professor Holland teilt auf Seite 245 einen Brief mit, worin
der Kurfürst die denkwürdigen Worte schrieb: „Gott gebe nur,
daß wier so viel Verstandt und Einigkeit, als Völker hätten.
Wir wollten die Franzosen in die pyrenäische Gebirge hinein-

jagen!" Und bei einer andern Gelegenheit schreibt er an seine Gattin Luise (Seite 418): „Gott helff uns einmahl mit Ehren aus dem Lumpen=Krieg oder gebe den Teutschen so viel Witz als Valor, damit wir der Fremden Raub nicht werden, sondern sich ihrer entweder zu unserm Vortheil gebrauchen, oder ihrer nicht von nöhten haben mögen."

Der Briefwechsel zwischen dem Kurfürsten und seiner zweiten Gemahlin Luise von Degenfeld erinnert an die Pegnitz=Schäfer und an die Dichtungen des Palmen=Ordens oder der frucht= bringenden Gesellschaft von Weimar und Köthen. Die ersten Briefe und Poesien, die in italienischer Sprache zwischen „Ro= salinda" und „Montecelso" gewechselt werden mit erdichteten Namen, als aus einem italienischen Roman stammend, tragen das Gepräge der gezierten, sentimentalen Zeitrichtung, als der Marinische Geschmack, jene wundersame Mischung von Schwulst und Innigkeit, von übergeistigter und sinnlicher Bildlichkeit, von Pathos und spielendem Getändel, in die deutsche Litteratur, als Puder, Haarbeutel und Zopf in die Modetracht eindrangen.

Diese Liebespoesie, wie steif und ungelenk sie uns Modernen auch immer vorkommen mag, verschwindet auch noch nicht ganz nach der Eheschließung; denn ein so erregbarer, leidenschaftlich fühlender Mann, wie Karl Ludwig, wird auch in späteren Jahren immer noch jugendlich aufwallen, wenn die Herzens= neigungen sich stärker regen. Doch treten auch andere Gefühle in dem Briefwechsel hervor. Er gewährt uns einen Blick in das Familienleben, zeigt uns den Kurfürsten als treu besorgten Gatten und zärtlichsten Vater seiner Kinder, aber auch beherrscht von heftigster Leidenschaft, von maßloser unbegründeter Eifer= sucht, durch die er der sanftmütigen, still duldenden Gemahlin tiefen Kummer bereitet. Und damit zu dem Bilde dieser fürst= lichen Ehe nichts fehle, sehen wir schließlich noch, wie Karl Ludwig nach dem Tode der Raugräfin Luise, von unsagbarem Schmerz ergriffen, vergebens bei seinen getreuesten, würdigen Männern den Trost sucht, den er in sich selbst nicht finden kann. Von seiner Eifersucht liefern die Briefe 114 und 115 ein er= götzliches Pröbchen. Im Jahre 1660 ermahnt er seine illustris= sima signora von Durlach aus durch einen Expressen, „daß sie

des Nachts stets Feuer in dem Kamin unterhalten solle, damit
kein Bösewicht („Spazzocamino') dadurch hineinsteige, durch
einige Furien in der unteren Region dazu angestiftt, um mein
Engel zu schaden". Sie antwortet ihm mit einiger Ironie über
seine Sorgfalt, „daß alles in guter Ordre sei, auch so gut,
daß man des Nachts vor der Schildwache nicht schlafen kann,
und damit nicht der Belzebub durchs Kamin mich besuchen kann,
hab ich mich oben bei die Engelligen reterirt".

Daß das kurfürstliche Liebespaar die beiderseitigen Empfindungen, Gefühle und Gedanken in der Form eines fremd-
ländischen Romans aussprach, hat nichts Auffallendes in einer
Zeit der litterarischen Experimente, wo man sich mit fremden
Stützen aus der künstlerischen Oede und Versumpfung des
dreißigjährigen Krieges emporzuarbeiten suchte. Dazu war der
Roman mit seinen weitgedehnten Grenzen und seinem Personen-
reichtum vor allem geeignet. Bekanntlich hat um dieselbe Zeit
der geistreiche und schriftgelehrte Herzog Anton Ulrich von Braun-
schweig=Wolfenbüttel in dem Roman „Oktavia" eine Reihe von
Episoden eingeflochten, worin unter dem Titel „Geschichte der
Prinzessin Solane" (in der zweiten Auflage „Rhodogune") die
Liebestragödie der sogenannten Herzogin von Ahlden und des
Grafen Königsmark unter erdichtetem Namen verborgen liegt,
ein Werk, das trotz vieler Deutungsversuche noch immer die
Schlüssel zur vollständigen Erklärung der Kassandrareden oder
sibyllinischen Sprüche vermissen läßt. Bei dieser mysteriösen und
tragischen Liebes= und Ehestandsgeschichte des welfischen Fürsten-
hauses hat die Herzogin Sophie, die Schwester Karl Ludwigs,
nicht in wohlthuender Weise ihre Hände im Spiel gehabt.

Wie innig der Kurfürst die Luise von Degenfeld vor und
während der Ehe geliebt, geht aus den von Holland mitgeteilten
zärtlichen Briefen samt eingestreuten Gedichten und insbesondere
aus der tiefen Trauer bei ihrem Tode hervor. „Es war Wahrheit," heißt es darüber bei Häusser, „wenn er an Sophie von
Hannover schrieb, seine Thränen würden nie vertrocknen, als in
dem Sande von Mannheim, wo er selbst neben seiner Raugräfin
in der Konkordienkirche die leibliche Ruhe zu finden hoffte." Er
selbst hat auf einem Blatte die guten und schlimmen Seiten der

Verstorbenen aufgezeichnet. Er nannte das „Ehestandsabrech=
nung". Unter ihren Vorzügen rühmt er ihre Schönheit, Sauber=
keit, Anmut, ihre Devotion, ehrbare Sitten, Sorge und Mühe
für ihre Kinder, ihre Ordnungsliebe, Demut, Geduld und Mut
in schwierigen Lagen. Als Fehler werden aufgeführt, daß sie
im Anfang der Ehe oft kalt, nachher bisweilen mißtrauisch und
melancholisch gewesen sei. Die Aufzeichnung hebt die treue
Pflege hervor, die der Kurfürst während ihrer Krankheit ihr habe
zu teil werden lassen; ihre letzten Worte seien gewesen: „Es
gräme sie nichts, als daß sie mir nicht genugsam hätte gefallen
können, und daß sie festes Vertrauen hätte, ich würde als ein
getreuer Vater bei Ihren Kindern handeln." Wie tief ihm der
Todesfall zu Herzen ging, bewies auch noch der Auftrag an
Fabricius, „sich um der Verstorbenen letzte Reden, Thun und
Wesen zu erkundigen" und für ihn selbst nach Trostmitteln zu
suchen, da ihm sonst „Luft, Essen, Trinken, Schlafen und alle
Geschäfte und Pflege des Lebens zuwider seien".

Nach der Beisetzung der Leiche der Raugräfin Luise von
Degenfeld am 14. April 1677 „in der neuerbauten Gruft der
Kirche zur heiligen Eintracht in der Vestung Friedrichsburg am
Rheine" ließ der Kurfürst eine Gedächtnisrede aufsetzen „über
dero altfreiherrliche Abkunft, christlich und tugendhaft geführten
Lebenslauf und seligen Abschied von dieser Welt". In diesem
„Leyb= und Ehren=Grabmahl" wird zuerst des alten ruhmreichen
Geschlechtes der Freiherrn von Degenfeld gedacht, „dem schon
vor viel hundert Jahren Bischöff und Prälaten auch sonsten bei
großen Potentaten vornehme und hochangesehene Personen ent=
sprossen". Luisens Vater habe unter Friedland, Tilly und
Spinola in Teutsch= und Niederland, Böhmen und Ungarn die
ersten Proben seines unerschrockenen Heldenmutes abgelegt, her=
nach in schwedischen und französischen Diensten hohe Militär=
stellen bekleidet und endlich bei der Republik Venedig als General=
Gubernator von Dalmatien und Albanien sich großen Ruhm
und glänzende Ehren und Auszeichnungen erworben. Die Mutter
stammte aus dem uralten Geschlecht der Herren von Adelmans=
felden. Luise selbst habe durch diese trefflichen Eltern eine so
ausgezeichnete Erziehung und Ausbildung erlangt und sich der=

gestalt perfektioniert, „daß die Vollkommenheiten ihrer äußer=
lichen Schönheit mit den sonderbaren Gaben ihres Verstandes
und allen, hohem Frauenzimmer wohl anständigen Tugenden
noch vortrefflicher und scheinbarer gemacht wurden". Auch wird
als Vorzug gepriesen, daß sie sich nach dem Beispiele ihres
Vaters „in keine Religions=Controversien noch von denen de=
penbirende Nahmen gemischet", weil durch solche Parteilichkeiten
die Nächstenliebe, worinnen doch die Summe der Gebote Gottes
enthalten sei, sehr geschwächet würde. Die Grabinschrift, womit
die Gedächtnisrede schließt, beginnt mit dem Verse:

„Der Tugend Meisterstück wird hier gesenket ein,"

und endet mit der tröstlichen Hoffnung:

„Es wird am Untergang des großen Pau's der Erden
Aus dieser werthen Asch' ein neuer Phönix werden."

Die Kurfürstin Charlotte Elisabeth überlebte ihre glückliche
Rivalin und ihren Gemahl. Durch ihre Uebersiedelung nach
Kassel wurde ihr der Anblick des Ehepaares entrückt. Dies
scheint auch auf ihr Gemüt besänftigend gewirkt zu haben.
Wenigstens befinden sich unter den Schriftstücken, die Professor
Holland aus dem Degenfeldschen Archiv herausgegeben hat,
einige Briefe an die Tochter ihres Gemahls, die Raugräfin
Luise, welche einen herzlichen, liebevollen Ton anschlagen. Es
war dies dieselbe gebildete und anmutige Tochter Karl Lud=
wigs, an welche auch ihre Halbschwester, die Herzogin von Or=
leans, die meisten ihrer interessantesten Briefe gerichtet hat.
Auch an die Raugräfin Karoline, vermählte Gräfin von Schom=
berg, hat die Kurfürstin noch in den achtziger Jahren, als ihr
Sohn Karl bereits als Beherrscher der Pfalz das Heidelberger
Schloß bewohnte, drei Briefe geschrieben, die von einem ver=
söhnten Herzen Zeugnis geben.

In Heidelberg hat die Romantik, wie wir schon im Eingang
bemerkten, eine hervorragende Rolle gespielt und die wilden
Kriegsscenen, von denen die Geschichte der Rheinpfalz so viel
zu berichten hat, mit einigen sanften und gemütlichen Farben=
tönen gemildert und erheitert. Auch in das große und reiche
Regentenleben des Kurfürsten Karl Ludwig hat die Liebes=

episobe und die häusliche Idylle, die in dem erwähnten Werke mit neuen authentischen Urkunden beleuchtet ist, einige zarte, blumenreiche Züge gewoben. Mag auch das Ehebündnis, das Karl Ludwig mit der Raugräfin Luise einging, ohne daß die erste Ehe durch gesetzliche Scheidung gelöst war, von kirchen- und staatsrechtlicher Seite nicht in der Ordnung gewesen sein, von menschlicher und sittlicher Seite wird man den zwanzig- jährigen kinderreichen Ehestand des fürstlichen Paares, des Ritters Montecelso und der Signora Rosalinde mit Nachsicht beurteilen. Oder war es nicht ein Zeichen sittlicher und reli- giöser Gesinnung, wenn weder der Kurfürst noch die adelige Hofdame ein unerlaubtes und unevangelisches Verhältnis ein- gehen wollten? wenn Karl Ludwig das Recht eines summus episcopus, das ihm nach dem Gesetz und Herkommen der pro- testantischen Konfession in Ehesachen bei andern zustand, in Er- mangelung einer höchsten Gerichtsautorität auch in der eigenen Sache zur Geltung und Anwendung brachte?

Am 28. August 1680 starb der Pfalzgraf Karl Ludwig in einem Tragsessel unter freiem Himmel, als man ihn krank von Mannheim nach Heidelberg bringen wollte. Mit seiner Leiche wurde das Glück der Pfalz wieder zu Grabe getragen und neue unheilvolle Zeiten brachen herein, in denen die materielle Wohl- fahrt Schaden nahm und der freie humanistisch-reformatorische Geist von der Universität verscheucht ward. In der erwähnten Festrede führt Heinze einen prophetischen Ausspruch Karl Lud- wigs an, daß man vielleicht seine Gebeine im Chor zum Heiligen Geist nicht werde ruhen lassen. Was er als Ahnung ausgesprochen, sollte bald zur Wahrheit werden. Mit dem Regierungsantritt der neuburgischen Kurfürsten kam über die Pfalz eine lange Leidensperiode voll äußerer und innerer Bedrängnis. Mit bangen Gefühlen mögen die Bürger und Professoren Heidelbergs das dritte Säkularfest der Universität gefeiert haben, das nach mehrfachen Verschiebungen auf den 3. Dezember 1686 verlegt ward! Denn unter den Gästen befand sich bereits der französische Bevoll- mächtigte de Morvas, welcher die pfälzische Erbschaft im Namen der Herzogin von Orleans, der edeln und verständigen Elisabeth Charlotte, Karl Ludwigs Tochter, für Frankreich in Empfang

nehmen sollte, und in den Gassen der Stadt sah man schon
Jesuitenväter umherschleichen mit siegesfrohen Blicken und zuver=
sichtlicher Miene. Hatten sie doch bereits einen Weg entdeckt,
wie man den Vertrag, den der kinderlose Kurfürst Karl durch
seinen Hofprediger Langhanns mit seinem erbberechtigten Nach=
folger, dem katholischen Pfalzgrafen Philipp Wilhelm von Pfalz=
Neuburg, zur Sicherstellung der protestantischen Kirche abge=
schlossen hatte, durch sophistische Auslegung umgehen könne.
Und wie sehr dies im Sinne der neuen Regierung war, ging
schon daraus hervor, daß sich Kurfürst und Hof von dem
Universitätsfeste fern hielten, und daß im Schlosse eine Ge=
dächtnisfeier auf Franz Xaver, den eifrigen Jünger Loyolas,
angeordnet ward. Wie viele bange Sorgen man übrigens ge=
hegt haben mochte, die Wirklichkeit übertraf die schlimmsten
Befürchtungen. Wer ist noch nicht vor dem gesprengten Turm
des Heidelberger Schlosses gestanden oder hat noch nicht das
Bild von Feodor Dietz „Die Zerstörung Heidelbergs" gesehen,
ohne im Herzen empört zu sein über den Vandalismus, womit
der „allerchristlichste" König das arme Land und Volk heim=
suchte! Die unglückliche Liese Lotte, „das politische Lamm, das
dem Staate geopfert ward", mochte bei den Nachrichten aus
der Heimat manche kummervolle Nacht weinend in ihrem Bette
verbracht haben. Inmitten der Pracht und Herrlichkeit des
glänzendsten Hofes konnte sie doch nie das grüne Neckarthal
vergessen, wo sie ihre Jugend verlebte. In den Briefen an
ihre Verwandten hauchte sie den Schmerz ihrer Seele aus.
Sie machte sich Vorwürfe, daß sie selbst die Veranlassung zu
dem namenlosen Jammer gegeben. Sie maß sich in ihrem Ge=
wissen eine Schuld bei, von der sie völlig frei war. Die pfäl=
zische Erbschaft war nur der äußerliche Vorwand zu dem Kriege
und zu den Greuelscenen in den Jahren 1689 und 1693; als
Ludwig XIV. die Parole in die Welt schleuderte: „Brûlez
le Palatinat!" wälzte er größere Pläne in seinem autokratischen
Geiste. Der achtjährige Krieg, der mit seinen Flammen den
Ausgang des Jahrhunderts so grell beleuchtete, galt der Ver=
nichtung des Protestantismus in England, in Holland, in den
Rheinlanden. Und dieser Zweck sollte nicht nur durch Feuer

und Schwert erreicht werden, sondern auch durch geistige Mittel.
Kanzel, Schule und Hörsaal sollten die Lehre Roms verkündigen.
Wie um dieselbe Zeit in England unter König Jakob, zog ein
Schwarm von Priestern, von Jesuiten und andern Ordens=
geistlichen in die Pfälzer Städte ein und begann eine Gegen=
reformation, die über ein Jahrhundert das Volksleben vergiftete,
die Universität in eine klerikale Anstalt verwandelte, Recht und
Gericht nach Willkür und parteiischen Interessen beugte. Wo
man nicht Gewalt anwenden konnte, griff man zur Heimtücke,
zur Verführung, zu Trugkünsten. Die Religionsklausel, die
Frankreich dem Friedensvertrag von Ryswick (Oktober 1697)
aufdrängte, war ein scharf geschliffenes Schwert gegen die Pfälzer
Reformierten. Nach dieser dem Reiche „obtrudierten" Klausel
sollte in allen protestantischen Ortschaften, welche die Franzosen
während des Krieges vorübergehend oder dauernd im Besitz ge=
habt, der katholische Kultus zu Recht bestehen. Wo also inner=
halb der acht Kriegsjahre einmal eine Messe gehalten worden
war, mußte der katholische Gottesdienst für alle Zukunft ge=
stattet sein. Elisabeth Charlotte verabscheute diese von der Frau
von Maintenon genährte und gepflegte Hofbigotterie, und ob=
wohl sie bei ihrer Verheiratung zur katholischen Kirche über=
getreten war, hegte sie doch die tolerante Gesinnung, die sie in
dem Vaterhause eingesogen. In einem Briefe an ihre Tante,
die Kurfürstin Sophie von Hannover, spricht sie ihren Unmut
über den am Hofe herrschenden Zelotismus aus: „Ich muß
gestehen, daß, wenn ich in den Predigten höre, wie man den
großen Mann (Ludwig XIV.) lobt, die Reformierten verfolgt
zu haben, so werde ich immer ungeduldig darüber; ich kann
nicht leiden, daß man lobt, was übel gethan ist."

Während des ganzen achtzehnten Jahrhunderts, vier Fürsten=
generationen hindurch (Kurfürst Philipp Wilhelm [1685—1690],
Johann Wilhelm [1690—1716], Karl Philipp [1716—1742], Karl
Theodor [1742—1799]), war der Universität Heidelberg ein klerikal=
hierarchischer Charakter aufgeprägt. Mit Ausnahme der protestan=
tischen Theologie, welche dem reformierten Kirchenrat übertragen
war, wurden alle Lehrstühle mit Jesuiten und andern Ordens=
geistlichen besetzt. Der freie wissenschaftliche Hauch, der durch

zwei Jahrhunderte über der Ruperta geschwebt und der unter
Karl Ludwig noch einmal einen frischen Aufschwung genommen
hatte, wurde weggefegt von der kirchlich-scholastischen Lehrauto-
rität. Der philosophische und kritische Forschungssinn, der in
England und Frankreich die dunkle Nebeldecke zerriß und erobernd
die Welt durchzog, fand in Heidelberg, fand auf den meisten
süddeutschen Universitäten keine Stätte. War es da zu verwundern, daß die freie Wissenschaft und die künstlerische und
litterarische Geistesthätigkeit, die in Frankreich einen so mächtigen
Flug nahm, andere Wirkungskreise und andere Werkzeuge auf=
suchten als die Universitäten? Wurden doch damals alle Rich=
tungen und Lebensformen, die in Frankreich zur Erscheinung
kamen, die Vorbilder für ganz Europa und insonderheit für das
nachahmungssüchtige weltbürgerliche Deutschland. So kam es,
daß die neue Bildung sich neue Organe schuf, daß die fürstlichen
Residenzstädte den Universitäten den Rang abliefen, daß Aka=
demien und Fürstenschulen die jüngeren Kräfte aufnahmen, daß
die Schöpfer unserer klassischen Litteratur von gebildeten deutschen
Höfen angezogen wurden. Lessing wählte keine Universität zur
Entfaltung seiner kritisch-archäologischen Gelehrsamkeit; Herder
und Wieland zogen es vor, mit dem Musenhofe in Weimar, im
Umgang mit Goethe zu verkehren, als in Göttingen und Erfurt
an der Hochschule zu wirken. Schiller, der seine Erziehung in
der Karlsschule genossen hatte und in den Jahren 1782 und 1783
in Mannheim und im dürftigen Stübchen zu Oggersheim lebte,
fühlte keinen Zug nach der nahen Universitätsstadt. Und doch
erging er sich so gern an dem schönen Neckarufer zwischen den
beiden Städten mit dem Ausblick auf die Bergstraße. Für sein
phantasievolles Gemüt und seine philosophisch-künstlerische Welt=
anschauung hatte die trübe Dämmerluft am Fuße der Schloß=
ruinen keine Anziehungskraft. Auch unter Karl Theodor, dessen
Regierungszeit wir in einem zweiten Abschnitt mit einigen
Federstrichen beleuchten wollen, stand die altertümliche Hoch=
schule weit zurück hinter den neuen Schöpfungen Mannheims.

Und doch wurde das vierte Säkularfest der Universität vom
6. bis 9. November 1786 mit dem größten Glanz gefeiert. Man
wollte nicht zurückbleiben hinter der Pracht, womit vier Jahre

zuvor die Erhebung der Stuttgarter Karlsschule zur Hochschule verherrlicht worden war. Prunkvolle Feste und Aufzüge waren zu jener Zeit die Modeliebhaberei der Fürsten; an Geld und Luxusaufwand hat es damals in den hohen Kreisen nie gefehlt. Karl Theodor, der seit acht Jahren in München residierte, stellte seinem Statthalter, dem Grafen von Oberndorf, 10000 Gulden zur Verfügung, um die Feier mit liberaler Hand begehen zu können — eine für jene Zeit sehr ansehnliche Summe. Das Fest, für das man den Segen des Papstes einholte in einer Bitt- schrift, die mit „unterthänigsten Fußküssen" begann, galt in erster Linie dem abwesenden Kurfürsten, dessen Namenstag zugleich damit verherrlicht werden sollte, und seinem anwesenden Stell- vertreter, der mit einem Dienertroß von mindestens zwanzig Köpfen aufgezogen war und in einem sechsspännigen Hofwagen einherfuhr. In der erwähnten Rede von Heinze kann man lesen, mit welchem Pomp die Tage und die Nächte verbracht wurden: reichliche Festessen mit ausgesuchten Weinen, Bälle und Unter- haltungen aller Art, Illuminationen, Stadtbeleuchtung und Fackel- züge unterbrachen in reizender Abwechselung die akademischen Handlungen, die Doktorpromotionen und Redeakte. Nie hat es die fürstliche und aristokratische Welt besser verstanden, das Dasein in Genuß und Pracht, in gesellschaftlichen Vergnügungen und eitlem Schaugepränge, in Flitter und hohlem Formwesen zu verbringen, als in jenen Jahren, die der Revolution voran- gingen. Als ob ein dunkles Gefühl von der dräuenden Sünd- flut die Menschenbrust erfüllt hätte, stürzte man sich mit fieberhafter Hast in den Strudel der Zerstreuungen und der Weltlust. Das ganze Fest glich einem Schauspiel mit Figuren von Pappendeckel. „Alle öffentlichen Aeußerungen," bemerkt Heinze, „sind nach der Sitte jener Zeit gesättigt mit Lob- preisungen des Kurfürsten, mit Unterwürfigkeit gegen den Minister." Nur die Rede des bekannten Schriftstellers Jung- Stilling, des Straßburger Freundes von Goethe, der damals als Professor an der kurz zuvor mit der Heidelberger Universität ver- einigten Kameralschule angestellt war, brachte, wie er wenigstens selbst in seiner Lebensgeschichte versichert, eine lebhafte Wirkung hervor. Aber auch sie erinnert in ihrer gekünstelten bilder-

und blumenreichen Form an die Ziergärten von Versailles und
Schwetzingen. Das ganze Jubiläumsfest war eine Prachtparade
voll äußeren Glanzes, aber ohne innere Harmonie und ideale Seelen=
stimmung. Am ersten Tage ließ der Minister eine Stunde auf
sich warten, wohl in der Absicht, daß der protestantische Extra=
ordinarius der Eloquenz nicht mehr Zeit fände, seine im Programm
festgesetzte akademische Rede zu halten. Ein Festgottesdienst in der
reformierten Abteilung der Kirche zum Heiligen Geist wurde von
dem Kurfürsten erst nachträglich gestattet und in die Festordnung
aufgenommen. Graf Oberndorf wohnte demselben nicht bei.
Karl Theodor war in seinen späteren Jahren sehr bigott geworden
und stand ganz unter dem Einfluß seines jesuitischen Beicht=
vaters. Darum fanden die Reformierten der Pfalz wenig Gnade
vor seinen Augen. Eine lateinische Festschrift von 628 Quart=
seiten mit allen Aktenstücken sollte das große Ereignis bei Mit=
und Nachwelt im Gedächtnis erhalten. Das Werk war von dem
damaligen Prorektor Zentner, der später die höchsten Staats=
ämter in Bayern bekleidete und zu dem Gelingen des Festes
das meiste beigetragen hatte, durchgesehen worden. Die Adresse
der Universität in Duisburg war darin unterdrückt, „augenscheinlich
darum," bemerkt Heinze, „weil diese und nur diese mit Trauer
und Verehrung daran erinnerte, daß am 17. August 1786
Friedrich der Große die Augen geschlossen hatte. Offenbar trug
man Bedenken, dem Kurfürsten, dem das Werk gewidmet war,
mit einer Erinnerung an den großen König, den Gründer des
Fürstenbundes, unter die Augen zu treten."

Das vierte Säkularfest der Universität Heidelberg war das
schimmernde Abendrot der alten Ruperta. Der Kurfürst selbst
und sein Minister erlebten noch die Katastrophen, die den
Einsturz der alten Ordnungen und die Auflösung des römischen
Reiches deutscher Nation verkündigten. Es möge daher gestattet
sein, mit einigen Strichen die Zustände der Pfalz unter Karl
Theodor zu beleuchten und in einigen Zügen die Persönlichkeit
eines Fürsten zu zeichnen, der den Pfälzern so wert und teuer
war und dessen ganzes Wesen als der typische Ausdruck des
absolutistischen und patriarchalischen deutschen Fürstentums in
der zweiten Hälfte des achtzehnten Jahrhunderts gelten kann.

2.

Wenn man über die Neckarbrücke geht, in welcher am Jubi-
läumsfeste noch vor ihrer Vollendung durch den Minister Oberndorf
der Schlußstein eingefügt wurde, so erblickt man an der unteren
Brüstung zwei Monumente, welche für die Geschichte der Pfalz
unter Kurfürst Karl Theodor als Marksteine dienen können:
zunächst der Stadt prangt das Standbild des Kurfürsten selbst
in majestätischer Haltung, im ausgebreiteten Fürstenmantel, den
stolzen Blick auf das Schloß, den prachtvollen Herrschersitz seiner
Vorfahren, gerichtet, zu seinen Füßen die mythologischen und
symbolischen Figuren, welche die Flüsse und den dadurch erzeugten
wirtschaftlichen Wohlstand des Landes andeuten sollen; weiter
hin, nahe dem rechten Ufer des Flusses, erhebt sich die Bildsäule
der Minerva über andern allegorischen Frauengestalten, welche die
Wissenschaften repräsentieren, die an der Hochschule gelehrt werden.
Fügt man zu diesen beiden Denkmälern noch die Sphinxe im
Schwetzinger Garten mit den schönen Frauenköpfen, welche nach
der Volksüberlieferung Porträte der kurfürstlichen Maitressen
sein sollen, so hat man die Grundlagen zu der Charakterzeichnung
Karl Theodors und seiner Regierung beisammen, namentlich
wenn man dabei noch in Betracht zieht, daß von den Gestalten,
die unter der Minerva hingelagert sind, die Theologie als blinder
Glaube mit verhülltem Angesicht, das schwere Kreuz im Arm,
abgebildet ist; die Themis aber mit der Wage in der Hand und
auf dicken Folianten gelagert, offenen Auges die Personen nach
Rang und Stand prüfend anblickt, über die sie ihren Richter-
spruch zu fällen hat. Die Geschichte der Pfalz unter Karl
Theodor ist vielfach beschrieben worden, bald im schmeichlerischen
Hofstil, bald im Tone ernster Historiographie. Unsere Aufgabe
soll es sein, an der Hand dieser monumentalen Grundlagen
einige Streiflichter auf das Leben und die Regierung dieses bald
hoch gefeierten, bald scharf getadelten Fürsten fallen zu lassen.

Das kurfürstliche Standbild macht auf den Beschauer den
Eindruck, daß es einen Fürsten darstellt, der sich seiner Würde
und erhabenen Stellung bewußt ist, der zu herrschen und zu

repräsentieren versteht, dem sich Hof, Adel und Volk dienend anschmiegen, wie die allegorischen Wesen zu seinen Füßen. Einem geschichtskundigen Betrachter mag leicht das Bild Karls II. Stuart von England in den Sinn kommen, von dem Ranke sagt, er erinnere an Goethesche Charaktere, wie er das Leben nahm und genoß; oder die bourbonischen Könige Ludwig XIV. und Lud= wig XV., die dem pfälzischen Kurfürsten, wie so vielen seiner zeit= genössischen Regenten, als Vorbilder dienten. Mit diesen hatte Karl Theodor auch die Glorie der Volksgunst gemein, die ihn in den ersten Jahrzehnten seiner Regierung umschwebte und die in der Pfalz auch dann noch seinem Namen und seinem Andenken gezollt ward, als er selbst in München seine Residenz aufschlug; mit diesen teilte er das Gefallen an Prunk, Luxus und üppigem Hofleben; wie diese war er ein ergebener Anhänger des römisch= katholischen Kirchenwesens, der mit seinen reformierten Unterthanen wenig Sympathie hatte. War er auch von Natur mehr genuß= süchtig und wollüstig als fanatisch oder bigott, so war er doch durch seine jesuitische Erziehung, durch die Atmosphäre, in die er als Erbe Karl Philipps schon vor seiner Thronbesteigung im Jahre 1742 eingetreten war, durch die Hof= und Beamtenkreise, die er vorfand und beibehielt, und durch die ganze Tradition der Neuburg=Sulzbacher Linie der Wittelsbacher Dynastie auf die römische Kirchenpolitik seiner beiden Vorgänger Johann Wilhelm und Karl Philipp hingewiesen. Wie die Neuburger und Zwei= brücker Pfalzgrafen, so waren auch die Sulzbacher einst dem evangelischen Glaubensbekenntnis zugethan, aber der Großvater Karl Theodors hatte der Zeitströmung gehuldigt, und die Jesuiten, denen Karl Philipp die Erziehung seines künftigen Erben und Gemahls seiner Enkelin Elisabeth übertragen, hatten dafür gesorgt, daß der Enkel fest zu der Fahne Roms hielt und den Lehren und Ratschlägen der Ordensbrüder ein williges Ohr lieh. Die An= weisungen, die sie dem achtzehnjährigen Fürsten als Richtschnur für seine Regierung gaben, wurden getreulich befolgt. Er sollte für Erweiterung und Fortpflanzung der katholischen Kirche sich thätig erweisen, dabei aber „öffentliche Aergernisse“ vermeiden, alle höheren Aemter nur mit Katholiken besetzen, im übrigen aber gegen die Protestanten nachsichtig verfahren, damit die

andern Regierungen keine Veranlassung zu Beschwerden oder
Interventionen erhielten, „bis die katholischen Potentaten durch
göttliche Schickung die Oberhand gewännen". In Beziehung auf
die auswärtige Politik wird empfohlen: Notdürftige Erfüllung
der Reichspflichten, gutes Einvernehmen mit Frankreich, in Kriegs=
fällen soviel als möglich Neutralität. Diesen Grundzügen entsprach
die ganze Regierung Karl Theodors: die gewaltsamen Bedrückungen
der Reformierten, die unter Johann Wilhelm auf Grund der
„Ryswicker Klausel" in so Aergernis erregender Weise vorge=
kommen waren, wurden möglichst vermieden, damit nicht Preußen,
Holland, Hannover=England Repressalien übten; aber nach wie
vor wurden die protestantischen Pfarreien von den Klostervor=
stehern in Mannheim und Heidelberg an die Meistbietenden ver=
kauft, die entrissenen oder in Simultaneen umgewandelten Kirchen
wurden nicht zurückgegeben, die Aemter und Gerichtsstellen, die
Lehrstühle an der Universität und in den höheren Schulen blieben
den Katholiken vorbehalten. Und wie sehr das Hof= und Gesell=
schaftswesen der französischen Hauptstadt, die monarchische Pracht
und Herrlichkeit von Versailles, die Ueppigkeit und das Lust= und
Freudeleben der aristokratischen Gesellschaft des Nachbarlandes in
der rheinischen Pfalz zum Vorbild dienten, davon geben noch jetzt
die Prachtgebäude und Gartenanlagen in Schwetzingen mit den
Wasserkünsten, den von Wohlgerüchen duftenden Alleen, den mytho=
logischen Bildwerken, den Statuen und Marmorköpfen, das Theater
und Schloß in Mannheim und so manche Anstalten für Kunst
und Lebensgenüsse Zeugnis. Wie sollte auch in einem Zeitalter,
da die eleganten Lebensformen der vornehmen Welt Frankreichs
von dem ganzen gebildeten Europa nachgeahmt wurden, unter
einem so prachtliebenden, genußsüchtigen Fürsten wie Karl Theodor
das rheinische Land sich von französischen Einflüssen fern halten?
So darf man sich nicht wundern, wenn in dem Kurfürstentum alle
Schäden und Gebrechen der Gesellschaft und des Staatslebens
zur Erscheinung kamen, wie sie in dem großen linksrheinischen
Reiche der Revolution vorangingen: eine glänzende Hofhaltung
mit einer zahlreichen adeligen Hofdienerschaft verschiedenen Ranges,
kostspielige Hof= und Abelsjagden der Ordensritter vom heiligen
Hubertus, Privilegien und Steuerbefreiungen der höheren Stände,

Verkauf von Aemtern und Anwartschaften, von Pfarr- und Schul-
stellen mit allen daran geknüpften Korruptionen, Mißbräuchen
und Bedrückungen, ein Militärstand mit einem Uebermaß adeliger
Offiziere und verachteten Soldaten, Vererbung einträglicher Hof-
ämter, Gerichts- und Regierungsstellen oder Professuren in gewissen
Familien. „So wie es in Frankreich Stabsoffiziere in den
Windeln oder Aebte und Domherren in der Wiege gab," sagt
Häusser in der Geschichte der rheinischen Pfalz, „so bildeten auch
in der Pfalz manche Dikasterien eine patriarchalische Folge von
Söhnen und Schwiegersöhnen; das Hofgericht z. B. zählte lange
Zeit so viele Minderjährige, daß man es spottend das „jüngste
Gericht" nannte, und es war keine Fabel, daß mancher zum
Professor an der Heidelberger Universität designiert war, bevor
er seine Schulstudien absolviert hatte." Besonders dienten solche
Beförderungen zu religiösen Zwecken. Nie war das System der
Bekehrungen so sehr in Blüte als unter der Regierung Karl
Theodors und seines Ministers, des Marquis d'Ittre. Nur ging
man, wie schon in der erwähnten Jesuiteninstruktion geraten
war, vorsichtiger zu Werke als unter den vorhergehenden Regie-
rungen. Gewaltsame Reaktionen und Gewissenszwang wider-
strebten dem Zeitgeiste; um so eifriger betrat man die Wege der
Verführung: die Richter- und Verwaltungsstellen, selbst die
Gemeindeämter wurden nur an Katholiken vergeben; eine Bekeh-
rungskasse gewährte, wie in Frankreich vor der Aufhebung des
Edikts von Nantes, die Mittel zur Erkaufung Armer und Leicht-
sinniger; Auszeichnungen, Versorgungen mit Hof- und Regierungsstellen, mit militärischen Aemtern waren für Ehrgeizige lockende
Preise zum Uebertritt. Der Jesuitenorden in Heidelberg, der in
den sechziger Jahren auf mehr als vierzig Glieder stieg, hatte
ein fruchtbares Arbeitsfeld. Hundertfach verschlungen waren die
Fäden, aus denen sie das Netz ihrer Seelenfischerei flochten. Die
häufigen Auswanderungen aus dem schönen Lande, über die schon
Schlözer seine Verwunderung aussprach, hatten ihre Hauptquelle
in den religiösen Bedrängnissen. Unter den bethörten Kolonisten,
welche sich im Jahre 1768 durch die marktschreierischen Verkün-
digungen des Seelenverkäufers Thürriegel zur Auswanderung
nach Karolina in Spanien verlocken ließen, waren viele Pfälzer

Protestanten, denen man Religionsfreiheit in Aussicht gestellt hatte. Sie gingen dort durch katholischen Fanatismus elend zu Grunde.

Aber trotz aller dieser grellen Schlagschatten galt den Pfälzern die Regierung Karl Theodors als das goldene Zeitalter. Die Heidelberger Bürgerschaft errichtete ihm zu Ehren das Karls= thor in Form eines Triumphbogens und das erwähnte Standbild auf der Neckarbrücke, und im Schloßkeller wird noch jetzt den Fremden das große Faß als Wahrzeichen des damaligen Reich= tums gezeigt, das mit edlem Rheinwein gefüllt war. Und wenn man noch ein Jahrzehnt und mehr nach seinem Tode den Volks= spruch hören konnte: „Unter Karl Theodor war die Pfalz in Flor, unter Maximilian ging es auch noch an, unter Karl Friedrich ging dann alles hinter sich," so hatte diese Verherrlichung ihren Grund nicht bloß in der historischen Sentimentalität, in dem partikularistischen Stammesgefühl, womit jedes Volk auf seine Geschichte, auf seine untergegangene staatliche Selbständigkeit zurückblickt, nicht bloß in dem Geiste des Jesuitismus und Ultra= montanismus, von dem ein großer Teil der Bevölkerung erfüllt war; die Persönlichkeit wie die Regierungshandlungen Karl Theodors hatten auch einige rühmliche Seiten aufzuweisen, wenigstens in den früheren Jahren, ehe er nach München über= siedelte und Weiber, Günstlinge und Exjesuiten Meister über ihn wurden und sein Beichtvater, der vielgeschäftige und ränkevolle Pater Ignatius Frank, ihn beherrschte und lenkte. Die poli= tischen Ansichten des Volkes gehen meistens aus Gefühlsrichtungen, aus Jugendeindrücken, aus Anhänglichkeit an gewohnte Lebens= formen hervor; erst wenn Vernunft, Ueberlegung und Erfahrung ein besseres Verständnis erzeugen, kommt dasselbe zur richtigen Einsicht. Und so hat man sich denn auch in der Pfalz sehr bald mit den neuen Zuständen versöhnt und gefunden, daß die Wahr= heit jenes Volksspruches in der umgekehrten Reihenfolge liege. Die kleinen Staaten des vorigen Jahrhunderts trugen noch vielfach einen patriarchalischen Charakter; die Persönlichkeit des Landesvaters hatte noch eine vorwiegende Bedeutung. Und diese Persönlichkeit Karl Theodors war eine höchst gewinnende; er besaß Eigenschaften, welche die Sympathien des Volkes erregten

und es geneigt machten, die Fehler und Flecken möglichst zu
übersehen. „Von der Natur mit einem wohlwollenden, milden
und sorglosen Gemüt begabt," so schildert ihn Häusser in einer
kulturhistorischen Skizze in Raumers historischem Taschenbuche
vom Jahre 1865, „verband Karl Theodor mit einem scharfen
und durchbringenden, wenn auch nicht umfassenden Geiste einen
lebhaften Sinn für das Schöne. Nach dem frühen Tode seiner
Mutter durch weibliche Anverwandte sorgfältig erzogen, hatte er
unter ihrem Einflusse die feinen und gewinnenden Manieren angenommen, welche im Verein mit seiner angeborenen Liebenswürdigkeit und lebendigen Unterhaltungsgabe ihm den Ruf jener
bezaubernden Anmut erwarben, der ihn bis in sein hohes Alter
begleitete." Eine schöne Fürstengestalt voll Jugendkraft und
Gesundheit, eine vornehme Würde, in der sich sein hohes Selbstgefühl über die von Gott ihm verliehene Machtfülle spiegelte,
erhöhte den Reiz seiner Erscheinung und fesselte die Phantasie
seines Volkes. Er war der erste Kavalier in seiner adeligen
Umgebung und teilte mit der französischen Aristokratie die Liebe
für Kunst, für wissenschaftliche Bildung und Litteratur, für Ver-
schönerung und Bereicherung des Lebens. Und wenn auch die
Universität Heidelberg der geistlichen Atmosphäre nicht entzogen
ward, so hat doch Karl Theodor, der mit Voltaire in Verbindung
stand, an den geistigen Bestrebungen der Encyklopädisten Gefallen
fand und die französische Bildung bewunderte, durch Gründung
von wissenschaftlichen Anstalten nach dem Muster des Nachbar-
staates auch die Pfalz in den Kreis der Kultur und Zeitbildung
zu ziehen gesucht. So entstand die pfälzische Akademie der Wissenschaften, durch welche die ältere Landeskunde gefördert ward;
so trug die physikalisch-ökonomische Gesellschaft, die in der Folge
als staatswirtschaftliche hohe Schule neben die Heidelberger Universität trat, viel zur Hebung des Landbaues und der Kameral-
wissenschaft bei; so nahm die „Deutsche Gesellschaft" in Mannheim
regen Anteil an der litterarischen Bildung der Nation. Die
Sternwarte, die Hofbibliothek, die wissenschaftlichen Sammlungen
aller Art, die Bildergalerien und Kunstkabinette, die Schloß-
kapelle, das Theater für Oper und Schauspiel erfreuten sich eines
großen Rufes. Von den trefflichen Gipsabgüssen haben Goethe

und Schiller die ersten Eindrücke antiker Kunstidealität empfangen.
Alle diese Schöpfungen rechnete das Volk dem Verdienste des
Kurfürsten an; das Schlimme, das unter ihm geschah, wurde
seinen Ratgebern und Beamten zugeschrieben. Daß der junge,
sinnlich angelegte Fürst sich mit Maitressen und Schauspielerinnen
vergnügte, nahm die damalige Welt nicht so hoch auf; man war
daran gewöhnt, daß die Damen mit ihren Reizen nicht spröde
waren. Bei Karl Theodor lag noch ein Entschuldigungsgrund
vor, weil die Kurfürstin nach einer schweren Entbindung den
festen Entschluß gefaßt hatte, sich fortan alles ehelichen Umgangs
zu enthalten. Der Fürst von Bretzenheim, auf dem des Vaters
hohe Gunst vor allen andern Kindern ruhte, hatte die zur Gräfin
von Haydeck erhobene Schauspielerin Seyffert zur Mutter. Für
ihn ward eine bayerische Zunge des Malteserordens geschaffen,
damit er als Großprior eine glänzende und unabhängige Existenz
hätte. Für die hohen Kosten mußten in erster Linie die Güter des
durch das bekannte Breve von Papst Clemens XIV. aufgehobenen
Jesuitenordens in Pfalz-Bayern eintreten. Und nicht nur für
Kunst und Hofleben zeigte der Kurfürst Sinn und Interesse, auch
die wirtschaftlichen Angelegenheiten wurden nicht vernachlässigt.
In Frankenthal erhoben sich blühende Fabriken; der Fluß- und
Landhandel wurde gefördert, für die Hebung des Ackerbaues war
das physiokratische System, dem damals die ganze vornehme Welt
huldigte, nicht ohne gute Wirkung. Es ist daher nicht bloß
schmeichlerische Wohldienerei, wenn die Inschrift am Fuße des
kurfürstlichen Standbildes angibt: „Dem Karl Theodor, dem
Vater der Pfälzer, hat dieses Denkmal der Dankbarkeit Rat und
Einwohnerschaft von Heidelberg setzen lassen,“ und wenigstens
teilweise wahr, wenn er in der Inschrift an dem Minerva-
monument bezeichnet wird als „Schutzherr der Frömmigkeit und
Gerechtigkeit, Gönner des Landbaues und Handels, Freund der
Musen“.

Als der Kurfürst im Jahre 1777 nach München übersiedelte,
„der Not gehorchend, nicht dem eigenen Trieb“, gingen die Tage
des Glückes für ihn zu Ende. Er konnte an der Isar und auf
der unwirtlichen bayerischen Hochebene niemals die grünen Wellen
des Rheins und Neckars, nie die linden Lüfte und Wohlgerüche

des Schwetzinger Gartens vergessen, und die schwerfällige, ernste, phlegmatisch-schweigsame Bevölkerung, die mit den leichtlebigen, geschwätzigen, beweglichen Bewohnern der „fröhlichen Pfalz" den größten Kontrast bildete, kam dem schöngeistigen Fürsten wie Barbaren vor. Und wie mußte er in dem damaligen München mit seinen engen, krummen Gassen, seinem rauhen Klima, seiner unfreundlichen, störrischen Bürgerschaft das heitere, volksbelebte Mannheim mit seinen breiten, geraden Straßen, das schattige Schwetzingen, das prächtige Heidelberg vermissen! Und wie groß war erst der Abstand in der Gesinnung und Stimmung der Völker! Während die Pfälzer ihrem frohmutigen Landesfürsten bei jeder Gelegenheit die freudigsten Sympathien entgegen= brachten, blickten die Bayern mit Mißtrauen und Abneigung auf den fremden Monarchen. Und Karl Theodor gab auch oft genug zu erkennen, wie unbehaglich er sich in ihrer Mitte fühle. Seine Umgebung war fast ausschließlich aus Pfälzer Hofleuten zusam= mengesetzt; es ist bekannt, daß er zweimal mit dem Erzhause Oesterreich sich in Unterhandlungen und Verträge einließ, um die bayerischen Kurlande in habsburgische Hände zu liefern und dadurch für die Versorgung seiner zahlreichen Kinder mehr Geld= mittel zu erhalten — ein Vorhaben, das nur durch das energische Eingreifen Friedrichs II. von Preußen vereitelt ward. Ist es da zu verwundern, daß die Antipathie zwischen dem Kurfürsten und seinen bayerischen Unterthanen mit den Jahren wuchs, daß Mißtrauen, Verbitterung und Streitigkeiten aller Art das öffentliche Leben vergifteten! Wie verschieden war das Auftreten des Münchener Magistrats im Vergleich zu den Huldigungen, die dem Kur= fürsten in der Pfalz dargebracht worden waren! Mehr und mehr wuchs seine Sehnsucht nach dem schönen Lande, wo er seine Jugendjahre so froh verbracht hatte.

Nach einem lebhaften Auftritt zwischen Magistrat und Re= gierung reiste Karl Theodor am 11. Oktober 1788, zwei Jahre nach dem Heidelberger Jubiläum, nach Mannheim ab, wo er mit offenen Armen empfangen ward. In Heidelberg wohnte er der Einweihung der Neckarbrücke bei, die nach dreijähriger Arbeit vollendet worden war — ein würdiges Denkmal des kunst= sinnigen Fürsten. „Wie der Vogel des Walds über die Gipfel fliegt," so besang der unglückliche Hölderlin in dem Gedichte, „Heidelberg" bald nachher den stolzen Bau, „schwingt sich über den Strom, wo er vorbei dir glänzt, leicht und freudig die Brücke, die von Wagen und Menschen tönt." Aber die Erwartung der Pfälzer, Karl Theodor würde seine Residenz wieder auf die Dauer in ihrer Mitte aufschlagen, ging nicht in Erfüllung. Nach acht Monaten (im Juni 1789) kehrte er wieder nach München zurück, zu einer Zeit, da im Westen bereits die dunklen Gewitter= wolken drohten, die bald die Pfalz mit unheilbringenden Stürmen heimsuchen sollten. Um dieselbe Zeit, da man in Mannheim das Fest der fünfzigjährigen Regierung Karl Theodors mit großer Pracht feierte, waren die Landesteile auf der linken Rheinseite bereits im Besitze der Franzosen, und bald wurde auch die rechts= rheinische Pfalz von dem ehernen Arm der Republikaner getroffen. Als General Pichegru von der Rheinschanze aus Mannheim be= drohte, lieferte derselbe Graf Oberndorf, welcher bei dem Heidel= berger Universitätsfest wie ein Triumphator aufgetreten war, am 20. September 1794 die feste, mit Munition und Vorräten reichlich versehene Stadt auf die erste Aufforderung in die Hände des Reichs= feindes durch eine Kapitulation, die an Feigheit und Ehrlosigkeit nur in der Kriegsgeschichte des Jahres 1806 bei einigen preußischen Festungskommandanten ihresgleichen hatte. Und als zwei Monate nachher die kaiserlichen Truppen unter Wurmser nach einem furcht= baren Bombardement die Stadt zurückeroberten, hatte derselbe Mann, den die öffentliche Stimme des Verrats und der Bestech= lichkeit beschuldigte, die Stirn, an den österreichischen Feldherrn die Forderung zu richten, daß Mannheim als neutrale Stadt erklärt und von Reichstruppen besetzt werden sollte. Nachdem der kombi= nierte Feldzug Jourdans und Moreaus gegen Teutschland bereits durch Erzherzog Karl vereitelt worden war, ließ die kurfürstliche Re= gierung sich im September 1796 zu einem Waffenstillstand bewegen, welcher der geschlagenen Armee Bedingungen stellte, wie man sie einem in siegreichem Vorgehen begriffenen Feldherrn kaum vor= teilhafter hätte gewähren können. War es unter solchen Um= ständen zu verwundern, daß im Volke der finstere Verdacht aufkam, Graf Oberndorf und sein Kollege Hompesch, welcher bei der Uebergabe von Düsseldorf ebenso schmachvoll gehandelt hatte,

seien geheimen Weisungen von München gefolgt? In den fol=
genden Jahren waren die Fluten des Rheins und des Neckars
wiederholt der Schauplatz verheerender Völkerkämpfe, bis der
Rastatter Kongreß eine kurze Unterbrechung herbeiführte, aber
nur um dem erbitterten Weltkrieg im Jahre 1799 neuen Zünd=
stoff zu liefern. Als schon das Schwert gezückt war und sich das
blutige Ereignis von Rastatt vorbereitete, schied Karl Theodor
aus der Welt (am 16. Februar 1799), ohne einen legitimen Thron=
erben zu hinterlassen. Wenige Jahre zuvor hatte der einund=
siebzigjährige Greis nach dem Tode der Kurfürstin Elisabeth
(August 1794) eine zweite Ehe geschlossen mit der kaum neun=
zehnjährigen Erzherzogin Marie Leopoldine, in der Hoffnung,
noch eine Dynastie zu begründen. Denn er haßte die Zweibrücker
Vettern, denen nach den Hausgesetzen die Erbfolge zustand, weil
einst Herzog Karl seine Absichten, Bayern an Oesterreich zu
bringen, durchkreuzt und sich von Friedrich II. für den Fürsten=
bund hatte gewinnen lassen. Aber seine Hoffnung ging nicht in
Erfüllung. Er starb einsam, von wenigen betrauert. Das Stand=
bild auf der Neckarbrücke wies in vergangene Zeiten zurück.

Und dieses Standbild schaute gerade in dem Todesjahre des
Kurfürsten auf blutige Ereignisse herab, auf den Kampf um die
Neckarbrücke am 16. Oktober 1799, der noch heute im Gedächt=
nis und im Munde der Bewohner Heidelbergs fortlebt. Ein
vorgeschobener Posten der kaiserlichen Truppen hatte die Neckar=
stadt besetzt, während die Franzosen an der Bergstraße heranrückten.
Mehrere Stürme auf die durch eine Barrikade gesperrte Brücke
wurden von der geringen Mannschaft unter der Führung eines
jungen Oberlieutenants, des Grafen Albrecht von Pappenheim,
tapfer zurückgeschlagen. Erst als die kleine Schar während der
Nacht abzog, um sich mit der Hauptarmee wieder zu vereinigen,
rückte der Feind in die Stadt ein. Die Zahl der Gefallenen war
nicht gering, manche fanden ihr Grab in den Fluten des Neckars,
andere wurden an der Stelle eingesenkt, wo sich heute der schöne
Bismarckplatz nach dem Flußufer hinzieht. Hinter dem Stand=
bilde Karl Theodors hatte ein junger Trommler das Sturmzeichen
gegeben, bis ihn eine Kugel niederstreckte. Heidelberg mußte nach
dem „Brückensturm" eine französische Besatzung aufnehmen. Erst

mit dem Waffenstillstand von Parsdorf am 15. Juli 1800 hörte der Krieg in Süddeutschland auf. Aber schwere Gewitterwolken hingen über Heidelberg und der rheinischen Pfalz.

3.

Bei Karl Theodors Tod war Kurpfalz gleichsam ein herren= loses Land. Wohl trat Herzog Maximilian Joseph, der Bruder und Nachfolger des am 1. April 1795 gestorbenen Karl August von Zweibrücken, in das Gesamterbe des Kurfürsten ein; allein wer konnte voraussagen, welche territorialen Veränderungen der große Völkerkrieg, der damals Europa durchzog und erschütterte, zur Folge haben würde? Die Weltgeschichte kennt kaum eine ereignisvollere Periode als die Monate zwischen dem 28. März 1799, da der Rastatter Friedenskongreß mit dem Gesandtenmord endigte, und dem 9. November oder 18. Brumaire, da die fran= zösische Direktorialregierung im Schloßgarten von St. Cloud durch den General Napoleon Bonaparte gesprengt wurde und der Mann des gelungenen Staatsstreiches als Erster Konsul an die Spitze der Republik trat. In dieser ereignisvollen Zeit, die in Deutschland am 3. Dezember durch die blutige Schlacht auf den Schneefeldern von Hohenlinden, in Italien am 14. Juni des folgenden Jahres durch den Tag von Marengo ihren Ab= schluß fand, wurden in den durchwühlten Boden die Keime ein= gesenkt, aus welchen eine neue Weltordnung emporwachsen sollte. Daß das römische Reich deutscher Nation seinen tausendjährigen Bestand nicht lange mehr überleben würde, ging aus allen An= zeichen hervor. War doch schon der ganze Norden bis zum Main= strom seit dem Baseler Frieden neutrales Gebiet geworden, das dem Völkerkampf im Frieden teilnahmlos zusah! In Rastatt wurde von den französischen Gesandten der Grundsatz geltend gemacht, der neue Krieg sei nur gegen Oesterreich und seine Bundesgenossen gerichtet, nicht aber gegen das Deutsche Reich und die parteilosen Reichsglieder; mit diesen könnte der Friedens= stand noch immer aufrecht erhalten, könnten noch immer Einzel=

abkommen getroffen werden. So blieben denn die Bevollmäch=
tigten der deutschen Fürsten und Stände in Rastatt zurück, auch
als die Würfel des Krieges bereits gefallen waren und die
Szekler Husaren des Erzherzogs Karl bereits das obere Rhein=
thal durchstreiften. Das waren schwere Tage für die kleineren
Staaten im südwestlichen Deutschland. Traten sie der Koalition
gegen Frankreich bei, so wurden sie zunächst von den Schlägen
des übermütigen und mächtigen Feindes betroffen; verständigten
sie sich mit der republikanischen Regierung in Frankreich durch
Separatabkommen, so galten sie den Koalitionsmächten Oester=
reich, Rußland und England als Feinde und mußten der
Besetzung ihrer Länder mit allen daran geknüpften Kriegsdrang=
salen gewärtig sein. Am schlimmsten war die Lage des Kur=
fürsten Maximilian Joseph. Während Karl Friedrich von Baden
in Triesdorf unweit Ansbach auf dem neutralen Gebiet des
Königs von Preußen Schutz fand und von dort aus durch
diplomatische Verhandlungen den schwebenden Zustand in seinen
Landen zu verlängern suchte, waren die beiden Teile des Kur=
fürstentums Pfalz=Bayern gefährdet. Im Westen hatten die
Republikaner bereits die ganze linke Rheinseite in Besitz ge=
nommen und auch auf dem rechten Ufer an einigen Orten Fuß
gefaßt; an der Ostgrenze von Bayern aber standen die Oester=
reicher und lauerten auf den ersten günstigen Augenblick, um
das Kurfürstentum zu occupieren und es in einem künftigen
Frieden mit Frankreich als Kompensationsgebiet gegen ander=
weitige Abtretungen einzutauschen. Wie würde sich der öster=
reichische Minister Thugut gefreut haben, wenn der Kurfürst
durch offenen Anschluß an Frankreich einen stichhaltigen Vor=
wand zur feindlichen Besetzung durch österreichische und russische
Truppen gegeben hätte! So hätte das alte Tauschprojekt zwi=
schen Karl Theodor und Kaiser Joseph schließlich doch noch zur
Ausführung kommen und der neue Kurfürst, dessen französische
Sympathien bekannt waren, beseitigt werden können, ehe er
noch in den sicheren Besitz des Landes gekommen. Dieser Gefahr
konnte Maximilian Joseph nur dadurch entgehen, daß er sich
der Koalition anschloß und den russischen Heeren sein Land
öffnete. Dadurch wurde der Begehrlichkeit Oesterreichs ein Riegel

vorgeschoben und Kaiser Paul für die bayerische Dynastie günstig
gestimmt.

Unter großen Schmerzen vollzog sich der Uebergang vom acht=
zehnten zum neunzehnten Jahrhundert. Zu den Ländern, die von
der Kriegsfurie am schwersten betroffen wurden, gehörten Kurpfalz
und die Markgrafschaft Baden, die beide von ihren Fürsten ver=
lassen waren. Freund und Feind durchzogen mit ihren Armeen die
Länder, und aus ihrem Thun konnte man kaum erkennen, auf
welcher Seite die einen oder die andern standen. Requisitionen
und Gewaltthaten aller Art wurden von beiden geübt. Die
Rheinpfalz, die der neue Kurfürst noch nicht betreten hatte,
glich einem zerrissenen Körper. Die Gebietsteile auf dem linken
Stromufer waren schon seit Jahren im Besitze der Franzosen,
Mannheim glich mehr einer Ruine als einer bewohnten Stadt,
Heidelberg und seine Universität waren schwer geschädigt. Dabei
lag die Unsicherheit der kommenden Dinge wie ein Alp auf dem
Herzen der Einwohner. Es ist oft genug geschildert worden,
wie schmachvoll das alte Reich in Rastatt und Lüneville zu
Grabe getragen ward. Um dieselbe Zeit, da die neuromantische
Dichtung und Weltanschauung, von deren namhaftesten Häuptern
gerade damals etliche am Fuße des Heidelberger Schloßberges
sich häuslich niedergelassen hatten, in ihrer Phantasie ein mittel=
alterliches Idealreich mit hierarchischen und imperialen Ober=
häuptern gestalteten, in welchem die Menschheit in religiöser
Innigkeit und Einigkeit um Thron und Altar geschart gewesen
sei, wurde das wirkliche Reich in seinen letzten verwitterten
Ueberresten zerstoßen und zerschlagen. Daß die hohlen Formen,
denen aller Geist und Inhalt abhanden gekommen war, zer=
trümmert wurden und zusammenstürzten, daran war wenig
gelegen; was nicht mehr lebensfähig ist, hat keine Berechtigung
zur Existenz. Daß aber die Grablegung in so unwürdiger Weise
vor sich ging, wirft einen dunklen Schatten auf die deutsche
Nation und ihre Häupter. Preußen glaubte schon lange nicht
mehr an das Dogma von der Integrität des heiligen römischen
Reiches; Oesterreich setzte den Kampf nur fort, um aus dem
Schiffbruche für sich selbst eine möglichst ansehnliche Beute
davonzutragen; und wie sehr immer die kleineren Reichsstände

sich die patriotische Miene gaben, für das gesamte Reichsgebiet einzustehen, so war es doch kein Geheimnis, daß mehrere derselben in Sonderverträgen die Abtretung ihrer linksrheinischen Territorien gegen Kompensationen auf der rechten Seite zugesagt hatten. Allenthalben Täuschung und Lüge, allenthalben betrogene Betrüger, allenthalben selbstsüchtige Tendenzen und Zwecke auf Kosten der Gesamtheit, Egoismus ohne Nationalgefühl. Dieser Vorwurf trifft alle Mächte und Stände, die das Deutsche Reich bildeten, ohne Ausnahme. In allen Schichten war das deutsche Nationalbewußtsein durch partikularistischen Sondergeist, durch feudal-hierarchischen Despotismus und durch verschwommenes Weltbürgertum von Grund aus erschüttert und verblaßt. In Paris begann ein Handel mit deutschen Bistümern, Abteien, freien Reichsstädten in so unwürdiger Weise, daß man nicht weiß, soll man mehr über die Niederträchtigkeit und Servilität der fürstlichen Bewerber oder über den Uebermut, die Käuflichkeit, die Frivolität der französischen Unterhändler zürnen. Mancher hochgestellte Diplomat, äußert sich ein Staatsmann der Zeit, erlitt damals freiwillig und geduldig „die altdeutsche Strafe des Hundetragens". Der Erste Konsul wußte die Lage der Dinge vortrefflich auszunützen, um die einzelnen Fürsten und Staaten zu trennen und sie zu Sonderverträgen mit Frankreich zu bringen. Während er nicht müde ward, seine Friedensliebe, sein Interesse für Deutschlands Wohlfahrt, sein Wohlwollen und seine Großmut zu beteuern, unterließ er keine Gelegenheit, die Zwietracht zu nähren, den Groll und das Mißtrauen zu schärfen, den Ehrgeiz und die Habsucht aufzustacheln. Die Folge dieser schlauen Politik war, daß die deutschen Fürsten sich vertrauensselig dem Pariser Machthaber in die Arme warfen, durch unbedingte Hingebung sich seine Gunst zu erwerben und durch Separatverträge sich Entschädigungen und Kompensationsgebiete zu sichern suchten. Zu diesen gehörten auch die beiden Fürsten, die unser Interesse vor allem in Anspruch nehmen, der Markgraf Karl Friedrich von Baden und der Kurfürst Maximilian Joseph von Pfalz-Bayern. In dem am 24. August 1801 in Paris abgeschlossenen Vertrag entsagte Max Joseph allen Ansprüchen an das linke Rheinufer unter Vorbehalt einer Entschädigung an Land, „die so günstig als möglich gelegen wäre und als Ersatz für alle Verluste jeder Art dienen könnte".

Auf Grund dieser Separatverträge mit dem Ersten Konsul Napoleon Bonaparte wurde im Mai 1802 der Lüneviller Friede vereinbart, der jedoch erst in Vollzug treten konnte, nachdem der Regensburger Reichstag und die von demselben aufgestellte „Reichsdeputation" von acht Mitgliedern ihre Zustimmung gegeben haben würden. Da diese Versammlung ihrer Gewohnheit nach umständlich und bedächtig zu Werke ging und die Kommission viel Zeit brauchte, „um die in dem Lüneviller Friedensschluß einer besonderen Uebereinkunft vorbehaltenen Gegenstände im Einvernehmen mit der französischen Regierung zu untersuchen, zu prüfen und zu erledigen", so drangen Gerüchte von bevorstehenden politischen und territorialen Veränderungen in die Oeffentlichkeit, ehe die Reichsdeputation zu dem berühmten Hauptschluß oder Receß kam. Es war begreiflich, daß während dieses Zustandes der Ungewißheit, der ein ganzes Jahr (bis in den Mai 1803) andauerte, die Gemüter in großer Erregung waren, die einen voll Bangen, die andern voll Hoffen, alle voll unruhiger Erwartungen. Daß die Länder auf der linken Rheinseite von dem deutschen Reichskörper getrennt bleiben würden, darüber hegte niemand Zweifel, und die große Mehrheit der Bevölkerung begrüßte mit Freuden die Proklamation der Konsularregierung, die dem rheinländischen Volke verkündete, daß es fortan unter Frankreichs Schutz, Verwaltung und Rechtspflege gestellt sei und aller Errungenschaften der Revolution, deren sich die französische Nation zu erfreuen habe, teilhaftig sein werde. Kaum ein anderes Land war so zerhackt, zerstückelt und zersetzt gewesen wie die Territorien, die heutzutage die bayerische Pfalz bilden. Jetzt wurden sie erlöst von den Jämmerlichkeiten kleinstaatlicher Misere und einem großen Staatsganzen angeschlossen. Zudem waren in den wechselvollen Jahren seit 1792 die französischen Staats- und Rechtsformen in den „cisrhenanischen" Gebietsteilen der Republik thatsächlich eingeführt worden, die Bevölkerung hatte sich bereits in die neue Ordnung eingelebt, sie fügte sich schnell und leichten Herzens in Zustände, welche in politischen und socialen Dingen den Grund zu einem

menschenwürdigen Dasein, zu staatsbürgerlicher und religiöser
Rechtsgleichheit, zu einem aufgeklärten freien Kulturleben legten,
und begrüßte mit mehr Freude als Schmerz ein Regiment, das
die Wohlthaten einer festen Ordnung und den Schutz einer starken
Militärmacht brachte. Wie viele Domänen und Herrschaftsgüter,
wie viele Liegenschaften adeliger Herren und Emigranten waren
in den Besitz von Gemeinden und Privaten gekommen, die nun
nichts mehr fürchteten, als daß die ehemaligen Eigentümer wieder
zurückkommen und ihre Ansprüche geltend machen möchten. Die
Konsularregierung bestellte zum Generalkommissär der vier De-
partements am linken Rheinufer den ehemaligen Konvents-
deputierten Jean Bon de Saint-Andrée, „der eine wilde politische Vergangenheit durch sein fähiges und schöpferisches Wirken
in diesem neuen Lebenskreise fast vergessen gemacht hat".

Nicht ganz so war die Stimmung auf der rechten Rheinseite. Mannheim und Heidelberg hatten von dem neuen Kurfürsten und seinem Minister Montgelas nur Gutes erfahren.
Schon im Mai 1799 wurde durch die Religionsdeklaration,
welche allen christlichen Konfessionen Rechts- und Glaubens-
freiheit zusagte, ein hundertjähriges Unrecht abgestellt, das Be-
amtenwesen wurde umgestaltet, viele Mißbräuche wurden beseitigt,
der Herrschaft der Mönche ein Ende gemacht. Max Joseph und
noch mehr sein Minister waren Kinder der Aufklärungszeit, in
einer helleren Atmosphäre herangewachsen, von dem Geiste der
Duldung und einer weitherzigen religiösen und politischen Weltanschauung erfüllt. Man hatte alle Ursache, in den Pfälzer
Landen unter ihrem Regiment eine neue Aera zu erwarten, und
sah mit Bangigkeit einer Zukunft entgegen, die noch von Dunkel
umhüllt war. Denn noch wußte man nicht, welche Bestimmungen
in Paris und Lüneville getroffen wären, wie über die rechtsrheinischen Uferländer verfügt werden würde. In dieser Stimmung wendete sich der Mannheimer Stadtrat an den Kurfürsten
und bat um Beruhigung über die umlaufenden Gerüchte. „Man
könne sich denken," hieß es in der Adresse, „wie erschütternd
dies dem Herzen und dem Gefühl eines jeden Pfälzers sein
müsse und wie schreckbar eine Zukunft erscheine, die vielleicht
Verhältnisse erzeugt, wo die Verheißungen einer besseren Existenz

verschwinden." Max Joseph gab eine freundliche, aber aus-
weichende Antwort; er konnte ja nichts mehr an der Sachlage
ändern, die so gut wie entschieden war. Es mochte ihn ebenso
schwer ankommen, sein Heimatland aufzugeben, wie vor 25 Jahren
dem König Viktor Emanuel von Piemont auf Savoyen zu ver-
zichten. Aber wo höhere politische Ziele in Frage stehen, müssen
die Gemütsregungen zurücktreten. Wie die Lage der Dinge damals beschaffen war, mußten die kleineren Reichsglieder sich
fügen oder von der Bildfläche verschwinden.

Maximilian Joseph war ein Pfälzer von Abstammung,
wenn er gleich in Straßburg am 27. Mai 1756 das Licht der
Welt erblickt hatte. Noch zeigt man in der Nähe von Heidelberg und Schwetzingen das Waldschlößchen, wo er seine Kindheit
verbrachte. Sein Vater, Pfalzgraf Friedrich Michael, öster-
reichischer Feldmarschall, hatte viel am Mannheimer Hof gelebt,
war dort von der reformierten Kirche, welcher die Birkenfeldisch-
Zweibrücker Linie des Wittelsbacher Hauses viele Generationen
hindurch angehört hatte, zu der römisch-katholischen übergetreten
und hatte seine beiden Söhne Karl August und Maximilian
Joseph in derselben Religion erziehen lassen. Herzog Karl gehörte zu den wunderlichen Persönlichkeiten, an denen die fürstlichen Dynastien jener Zeit so reich waren. Er führte mit ge-
liehenem Gelde Prachtbauten auf, wie den Karlsberg, beschäftigte
sich mehr mit der Kaninchenjagd und mit Hoffesten als mit
den Regierungsangelegenheiten und ahmte im kleinen das gesellschaftliche Leben und die Hoffitten von Versailles nach. Sein
Bruder Maximilian Joseph diente als Oberst und Generalmajor
in der französischen Armee, meistens in Straßburg sich auf-
haltend. Die Revolution beraubte ihn seiner militärischen Würde
und bald auch seines Herzogtums Zweibrücken, das ihm nach
dem Tod seines Bruders Karl zugefallen war. Ein wohlwol-
lender leichtlebiger Herr, der stets eine offene Hand, aber oft
eine leere Tasche hatte, war er nicht selten in Geldnot, wo ihm
dann ein Pfälzer Jude aus einem Dorfe bei Heidelberg Dienste
leistete. Er machte denselben später in München zum Hofbanquier,
verlieh ihm das Salzregal und hob ihn in den Adelstand mit
dem schön klingenden Namen von Eichthal. Bekanntlich verdankt

das Haus Rothschild den Ursprung seiner finanziellen Größe ähnlichen Beziehungen, nämlich den Verbindungen des Gründers mit dem Kurfürsten von Hessen-Kassel vor und während der bonapartisch-westfälischen Zeit. Auch der nachmalige Fürst und bayerische Feldmarschall Wrede war in Heidelberg geboren, wo ihm König Ludwig vor etwa 25 Jahren ein ehernes Standbild errichten ließ. Bei dem großen Jubiläum der Universität im Jahre 1786 wird sein Name unter den Studierenden genannt, die als „Marschälle" sich an dem Zuge beteiligten. Man könnte darin ein Vorzeichen für den künftigen Lebensberuf des Feld-herrn erkennen.

Mit noch größeren Beklemmungen und Sorgen blickte Heidel-berg und die Universität auf die unsichere Lage der Dinge, in welcher der Wendepunkt der beiden Jahrhunderte sich vollzog. Hofrat Winkelmann hat vor einigen Jahren aus den Münchener und den Speierer Archiven eine Abhandlung veröffentlicht, in welcher die schwierigen äußeren Verhältnisse, womit die Ruperta in dem letzten Jahrzehnt vor ihrer Verjüngung zu kämpfen hatte, die wirtschaftliche Kalamität und die finanzielle Bedrängnis während der Kriegsjahre aktenmäßig dargestellt sind. Die Ein-künfte der Hochschule bestanden zum großen Teil aus den Natu-ralien, die aus den überrheinischen Gütern, Waldungen und Weinbergen bezogen wurden. Als nun seit der Occupation des Landes durch die Franzosen die Lieferungen ins Stocken kamen, die Besitzungen unter Zustimmung der republikanischen Kommissäre in andere Hände fielen, alle Einzahlungen ausblieben, da geriet die Hochschule bald in große Bedrängnis. Solange man noch die Hoffnung einer Wiedereroberung und Rückerstattung hegte, griff man zu dem schon früher angewendeten Mittel, die Bedürfnisse des Augenblicks durch Anweisungen auf die Zukunft zu befrie-digen, den Ausfall durch Anleihen zu decken. Aber jene Hoffnung wurde mit jedem Jahr geringer, ein Kapital von 35 000 Gul-den, das Karl Theodor der Universität geschenkt hatte und das unter dem Namen „Schenkungsgelder" angelegt war, reichte nicht weit, so daß schon im Dezember 1798 der Schuldenstand sich auf 79 000 Gulden belief. Die Lage verschlimmerte sich noch, als die Aussicht auf Wiedergewinnung der verlorenen

Einkünfte mehr und mehr dahinschwand. Die Besoldungen der Professoren konnten nicht ausbezahlt werden, der Besuch der Universität war auf ein sehr geringes Maß herabgesunken. Noch zu Lebzeiten Karl Theodors machte die Universität verschiedene Versuche, die Notstände zu heben, zuerst durch den Rektor des Jahres 1798, Franz Anton Mai, den berühmten Arzt und Professor der Medizin, dann durch den geistlichen Rat, Pater Kaspar Schmitt. Ihre Vorschläge gingen im wesentlichen dahin, das Vermögen der in Verfall geratenen Akademie der Wissenschaften zu Mannheim, sowie die dortigen Sammlungen der Universität Heidelberg zuzuweisen, die Kapitalien der aufgelösten Lazaristenkongregation und anderer Stifter für Universitätszwecke zu verwenden, die Schulden als Landesschuld anzuerkennen, die Besitzurkunden auf die überrheinischen Güter und die Schenkungsgelder zu veräußern. Es wurde viel verhandelt und hin und her geschrieben, ohne daß man zu einem Resultat kam. Die zur Prüfung der Sachlage niedergesetzte Kommission gab ihr Gutachten dahin ab, „daß bei den dermaligen Umständen, wo die Universität ihrer künftigen Existenz nicht versichert und ihr Erhaltungsfonds erschöpft sei, eine weitere Behandlung der Sache ganz überflüssig wäre", das heißt, bemerkt Winkelmann, man betrachtete die alte Hochschule als einen hoffnungslosen Kranken, den man am besten ruhig sterben läßt. „Und so wäre es auch wohl gekommen und die Ruperta würde das Schicksal so mancher Schwester, welche nach langem, zum Teil ruhmvollem Bestande an Entkräftung zu Grunde ging, geteilt haben, wenn sie nicht an oberster Stelle in München einen warmen Freund gehabt hätte, der immer wieder darauf drängte, daß ihre Erhaltung wenigstens versucht würde." Dieser warme Freund war ohne allen Zweifel, wie auch Winkelmann annimmt, der ehemalige Heidelberger Professor Georg Friedrich von Zentner, den wir früher als Prorektor bei dem Jubiläum vom Jahre 1786 kennen gelernt haben. Er war damals vortragender Rat bei dem Kurfürsten und hat sich auch nach dem bayerischen Thronwechsel bei Maximilian Joseph und dem Minister Montgelas stets als Gönner und Fürsprecher der Heidelberger Universität bewährt. Wenn man erwägt, wie wenig Pietät das damalige

Geschlecht für die Anstalten und Werke der Vergangenheit hegte,
wie in den Kreisen der Machthaber, welchem Stande sie auch
angehören mochten, die Habsucht und der gemeinste Egoismus
in rücksichtsloscster Gestalt hervortraten, so wird man leicht er=
messen, wie sehr damals die künftige Existenz der Hochschule am
Neckar gefährdet war. Sie hatte während ihrer mehr als vier=
hundertjährigen Lebensdauer viele Schläge und vorübergehende
Todesschrecken erlitten, aber damals war die Gefahr der Ver=
nichtung drohender denn je. War es nicht wie eine Ironie des
Schicksals, daß zu derselben Zeit, da die Häupter und Stimm=
führer der neuromantischen Schule für die Gebilde des Mittel=
alters schwärmten, die Schöpfungen desselben von den domi=
nierenden Gewalten mit roher Hand und frivolem Sinn zerstört
wurden, daß der herrschende Vandalismus selbst die künstlerischen
Symbole und Denkmale der Vergangenheit, alles Geschichtliche
und Ueberlieferte dem Moloch einer selbstsüchtigen Zeit ohne
Ideale zum Opfer brachte? So allgemein waren diese Befürch=
tungen, daß am 26. Februar 1802 die sämtlichen bürgerlichen
Zünfte Heidelbergs an den Kurfürsten eine Adresse richteten,
worin sie die Bitte um Beibehaltung der Universität vortrugen.
Maximilian Joseph griff der bedrängten Hochschule noch einmal
hilfreich unter die Arme. Einst war vor den Franzosen eine
Anzahl Kisten nach München geflüchtet worden, berichtet Winkel=
mann, welche Gold, Silber und Gerätschaften der Oggersheimer
und Mannheimer Kapellen enthielten (man schätzte ihren Wert
auf 42 000 Gulden, in Wirklichkeit war er viel höher). Zentner
und Montgelas bestimmten nun den Kurfürsten, diesen Schatz
nach Mannheim zurückzuschicken und zu verfügen, daß aus dem=
selben so viel vermünzt werden solle, als zur Erhaltung der
Universität und der staatswirtschaftlichen Schule, zur Bezahlung
der gekündigten Kapitalien und der Besoldungsrückstände not=
wendig sei. Durch diese hochherzige Bestimmung wurden die
Professoren mit einem Schlage aus aller Not befreit. Sie hatten
den Kampf gegen die Ungunst der Zeit mutig durchgeführt und
unter den schwierigsten Verhältnissen ihre Pflicht erfüllt.

Und diesen Akt der Großmut vollzog der Kurfürst zu einer
Zeit, da er schon wußte, daß die Pfalz nicht den Wittelsbachern

verbleiben würde. Es war die letzte Wohlthat, die er dem Lande seiner Geburt, dem alten Stammsitze seines Hauses, darbrachte. Denn mittlerweile waren die Verhandlungen in Regensburg so weit vorgeschritten, daß nach zahllosen Abänderungen und Ausgleichungen einzelner Bestimmungen im Mai 1803 durch den „Reichsdeputationshauptschluß" die neue territoriale und politische Verteilung der rheinischen Gebiete verkündet werden konnte. Den Hauptinhalt dieses Recesses bildeten neben der Säkularisation der geistlichen Staaten und der kleineren Reichs= städte die Entschädigungen der durch die Abtretung der linken Rheinseite an Frankreich zu Verlust gekommenen Reichsstände und die Gebietsvergrößerungen einzelner deutscher Fürsten, welche der erste Konsul gewinnen wollte oder der Kaiserhof von Ruß= land begünstigte.

Der Lüneviller Frieden und das darauf gegründete poli= tische Ausgleichungswerk der Reichsdeputation war die Frucht des Sieges von Marengo. Napoleon legte damit den Grund zu seiner künftigen Weltherrschaft. Noch in jugendlichem Mannes= alter stehend, umstrahlt von dem Kriegsruhm der italienischen Feldzüge, gehoben von dem romantischen Glanze der ägyptischen und syrischen Expedition, trat er in den Vollbesitz aller Errungen= schaften der Revolution und der Republik. Wie konnte er da= mals liebenswürdig sein, wenn es galt, große politische Zwecke zu erreichen, Verbündete zu gewinnen, Sympathien zu wecken! Vorab wurden die süddeutschen und westdeutschen Fürsten reichlich ausgestattet. Der erste Konsul wollte sich Gehilfen schaffen für seinen künftigen Triumphzug. Maximilian von Bayern wurde für den Verlust der Pfälzer Lande durch die schönen geistlichen Fürstentümer Würzburg, Bamberg, Augsburg u. a. und durch die blühenden Reichsstädte in Franken und Bayern mehr als entschädigt; mit dem Herzog Friedrich von Württemberg wurden damals die Fäden eines Bundes geknüpft, der die Schlacht bei Leipzig überdauerte; Markgraf Karl Friedrich von Baden erhielt den größten Teil der rechtsrheinischen Pfalz mit Mannheim und Heidelberg, nebst der Würde eines Kurfürsten, und der Erste Konsul erhöhte noch den Wert der Gabe durch die Begründung „wegen der Regententugenden, die dem Markgrafen seit lange

die Achtung Europas erworben". Es war die volle Wahrheit,
aber selten handelte Napoleon nach solchen ethischen Motiven.
Dem badischen Fürsten kam es zu gute, daß die Wünsche des
Kaisers Alexander für das verwandte Haus und das Interesse
des französischen Machthabers, einen befreundeten und ergebenen
Nachbar zu haben, zusammentrafen.

Die Universität Heidelberg war durch Maximilian Josephs
großmütige Hilfe von der drohenden Auflösung bewahrt worden,
aber die Reorganisation und der Wiederaufbau der in alten
Formen sich bewegenden und tief gesunkenen Ruperta sollte nicht
von den Wittelsbachern ausgehen, sondern von einem Abkömm-
ling der Zähringer, dem neuen Kurfürsten, nachmals Großherzog
Karl Friedrich. „Als ein zweiter Ruprecht I.," sagt Hautz am
Schlusse seiner Geschichte der Universität Heidelberg, „sprach er
aufs neue das ‚Werde‘ über die Anstalt und weckte sie aus
leiblichem Elende und geistigem Tode." Dieses Urteil ist in der
letzteren Hälfte nicht ganz gerechtfertigt. Auch an der alten
Ruperta war der Geist der Zeit nicht wirkungslos geblieben.
Hatte auch im allgemeinen die Hochschule immer noch den katholischen, klerikalen und scholastischen Charakter bewahrt, bildeten
auch Exjesuiten und Ordensgeistliche immer noch das Haupt-
kontingent der Professorenschaft, so war doch die Kantische Philosophie, so waren doch die Rousseauschen Phantasiegebilde von
Natur- und Menschenrechten, so waren doch die Josephinischen
Reformbestrebungen und die Ideen der französischen Revolution
nicht spurlos vorübergegangen; auch auf der rechten Rheinseite
schlug manche Brust mit reineren Pulsen, „als man hörte vom
Rechte der Menschen, das allen gemein sei, von der begeisternden
Freiheit und von der löblichen Gleichheit"; auch auf der rechten
Rheinseite waren einige Zöpfe gefallen, einige Perücken weg-
geworfen worden. Vor allem hatte der reformierte Kirchenrat,
dem die Lehrer der protestantischen Theologie entnommen wurden, einige Namen aufzuweisen, welche, wie Mieg, Wundt,
Hebbäus, durch ihre Persönlichkeit und ihre wissenschaftlichen
Leistungen in hoher Achtung standen. Und schon im Jahre 1795
war ein Mann in ihre Mitte eingetreten, welcher vierzig Jahre
lang eine Zierde der Universität geblieben ist und erst im Jahre

1836, wie ein siegreicher Feldherr auf dem Schlachtfeld, auf seinem Katheder von einem plötzlichen Tode hingerafft wurde — Karl Daub, einer der ersten Hessen, die sich um die Hochschule am Neckar unsterbliche Verdienste erworben haben. Von einigen Zeloten und Neidern verdächtigt, war er seiner Lehrthätigkeit in Marburg enthoben worden und unter dem Geleite der Studentenschaft weggezogen, um in Heidelberg einen großartigeren Wirkungskreis zu finden. In der Reihe der Studierenden, die ihm das Ehrengeleit gaben, war auch Georg Becher, nachmals ein ausgezeichneter Advokat in Frankfurt a. M. zur Dalbergschen Zeit, einer der ersten Uebersetzer des Tacitus und hervorragend auf verschiedenen Gebieten der Wissenschaft und der Litteratur. Noch hat sich in der Familie ein Gedicht erhalten, in welchem er den Wegziehenden gefeiert hat. Auch in der katholischen Fakultät der Theologie, die bis zum Jahre 1806 neben der reformierten in Heidelberg fortbestand, begann sich ein neuer wissenschaftlicher Geist zu regen. Daubs Schwiegersohn, Professor Dittenberger, nachmals Generalsuperintendent in Weimar, hatte im Jahre 1844 zum vierzigjährigen Dienstjubiläum Creuzers ein Schriftchen veröffentlicht: „Die Universität Heidelberg im Jahre 1804". In diesem Festschriftchen werden die Persönlichkeiten und die Zustände der Ruperta in der Uebergangszeit zur Ruperto-Carola in kurzen Zügen dargestellt und an zwei Professoren der katholischen Theologie, an Dereser und Schnappinger, die neue und die alte Zeit charakterisiert. Beide waren Ordensgeistliche gewesen, aber während der erstere mit übergroßem Eifer und einer unruhigen Hast sich dem Zeitgeiste hingab, verharrte der andere bei der herkömmlichen scholastischen Methode. Von dem ehemaligen Karmelitermönch Dereser, der in seinem wechselvollen Leben auch eine Zeit lang in Straßburg angestellt und dort mit dem berüchtigten Jakobiner und Terroristen Eulogius Schneider in Verbindung gekommen war, gibt das erwähnte Schriftchen folgende Schilderung: „Dereser war bei großer innerer und gelehrter Bildung auch äußerlich ein Mann von hoher männlicher Schönheit, den trotz seiner ascetischen Strenge und dem melancholischen Ernst, welche über seinem Wesen ausgebreitet waren, namentlich früher die Heidelberger

Damen in seinem poetischen Mönchsgewand besonders gern
sahen und der noch jetzt durch sein deutsches Frauenbrevier
manche stille Verehrerin hat. In diesem versuchte er, und das
ist ein Hauptverdienst seines Gebetbuchs, namentlich die Psalmen,
von denen er eine große Anzahl in einer für die damalige Zeit
guten Uebersetzung einfügte, der häuslichen Erbauung zugänglich
zu machen." Darin konnte er als Vorläufer Umbreits gelten.
Beide folgten den Fußstapfen Herders. Derefers beweglicher
Geist führte ihn zu manchen Taktlosigkeiten, die seine besonneneren
Kollegen bedenklich machten und endlich seine Entfernung von
Heidelberg und Uebersiedelung nach Breslau zur Folge hatten.
Dort ist er im Jahre 1827 gestorben. Von Schnappinger, zur
kurpfälzischen Zeit als Karmelitermönch unter dem Namen Boni-
facius bekannt, führt Dittenberger ein Histörchen an, das zur
Bezeichnung des Mannes hier wiederholt werden mag. Nach
der Verlegung der katholischen Fakultät nach Freiburg beschrieb
einst Schnappinger einem seiner Universitätsgenossen seine tägliche
Lebensweise und sagte dabei, daß er nach Tische sich in seinen
bequemen Lehnstuhl setze und an gar nichts denke, worauf der
andere mit sarkastischem Lächeln erwiderte: „Lieber Herr Kollege,
in diesen Stunden haben Sie gewiß Ihre Dogmatik geschrieben!"

Heidelberg und die Pfalz fühlten bald, daß ein neuer Geist
zu wehen begann, als Kurfürst Karl Friedrich im Jahre 1803
Besitz von den neu erworbenen Landen nahm und die Organi-
sationsedikte ausgehen ließ, die auch die Universität Heidelberg
einer neuen Blüte entgegenführten. Die Regierung stand längere
Zeit mit Savigny wegen einer Berufung in Unterhandlung, die
aber schließlich doch nicht zustande kam. Dafür übernahm im
Jahre 1805 Thibaut den Lehrstuhl des römischen Rechts. In ihm
und in dem zwölf Jahre später berufenen Historiker Fr. Ch. Schlosser
erhielt die Ruperto-Carola auf mehr als drei Decennien ihre Imperatoren. Neben ihnen wirkten Paulus und Voß in einer finsteren,
reaktionären Zeit im Sinne des Fortschritts und einer liberalen,
rationalistischen Weltanschauung.

Traten die Pfälzer anfangs mit wenig Sympathie in die
neuen Verhältnisse ein und ertrugen es mit Schmerz und Betrübnis, daß die geschichtliche Existenz des pfalzbayerischen Kur-

fürstentums ausgelöscht war und sie fortan als „Badenser"
fortleben sollten, so gewannen sie bald der Notwendigkeit eine
befriedigende Seite ab, und ihr leichtlebiges Naturell versöhnte
sich rasch mit der veränderten Lage. Und die Persönlichkeit des
neuen Herrschers erleichterte die Umwandlung. Das früher er=
wähnte Urteil Napoleons über Karl Friedrichs Regententugenden
war ein wohlbegründetes. Er war seit mehr als dreißig Jahren
ein pflichtgetreuer Haushalter im kleinen gewesen und sollte nun
auch dieselben Tugenden und Herrschergaben im großen entfalten.
Er hatte die Fesseln der Leibeigenschaft gelöst, er hatte das
wirtschaftliche Gedeihen seiner Unterthanen mit Einsicht und
Großmut gefördert, er hatte mit tolerantem Sinne und zugleich
mit Ehrfurcht vor der Religion und mit Gerechtigkeit die kirch=
lichen Angelegenheiten aller Konfessionen zu ordnen gesucht, er
hatte ein warmes Interesse für Bildung, Unterricht und Wis=
senschaft gezeigt, er war empfänglich für alles Gute und Schöne
und besaß ein Herz für das Volk. So fiel es denn den Pfälzern
nicht gar schwer, der Gegenwart zu leben und die Vergangenheit
nicht länger als das verlorene Paradies zu betrauern. Man fühlte
sich in Mannheim und Heidelberg als „Badenser" ganz wohl
und trat im Laufe der Jahre mit Eifer in das politische Leben
ein, das die freisinnige Verfassung in der Folge dem Großher=
zogtum gewährte. Nur in Dorfschenken hörte man noch das
alte Volkslied „Ein Jäger aus Kurpfalz" erschallen. Um so
weniger konnte man in München den Verlust der schönen rheinischen
Stammlande der Wittelsbacher verschmerzen. Noch jahrelang
nach Karl Friedrichs Tod beschäftigte die badisch=bayerische Erb=
folgefrage die Diplomatie und die Presse und hielt die Gemüter
in Aufregung. Selbst der Volkswitz mischte sich ein durch das
Rätselspiel, welches der reinlichste Fürst in Deutschland sei,
worauf dann die Antwort war: Der König von Bayern, denn
er will immer baden. Für das Verfassungsleben des Großher=
zogtums war diese schwebende und unsichere Erbfolgefrage von
Vorteil, weil die Dynastie bemüht war, in der Volksgunst eine
Stütze zu gewinnen. Erst auf dem Kongreß von Aachen im
Herbst 1818 wurde nach langen Verhandlungen, die Talleyrand
in einem seiner witzigen Schlagwörter als „bavardages et badi-

nages" bezeichnet haben soll, der Streit zu gunsten der Zähringer entschieden, und zwar, wie wir aus den Denkwürdigkeiten Varnhagens erfahren, durch ein drastisches diplomatisches Mittel, indem der Minister Berstett durch seine Bitten und Thränen das weiche Herz des Kaisers Alexander so sehr in Rührung setzte, daß sich dieser für die Aufrechterhaltung des badischen Länderbesitzes gegen die Ansprüche Bayerns gewinnen ließ.

Es mag etwa vierzig Jahre her sein, daß eine Anzahl jüngerer Männer, meistens Angehörige der Ruperto-Carola, in heiterem Gesellschaftskreise in Heidelberg versammelt waren. Gervinus, von Vangerow, Röder u. a. waren darunter. Da machte im Laufe der Unterhaltung einer der Anwesenden den Vorschlag, sie wollten sich vornehmen, nicht vor der fünften Säkularfeier der Universität aus dem Leben zu scheiden. Im Gefühle der Gesundheit und der jugendlichen Manneskraft stimmten die übrigen dem Einfalle bei. Nun ruhen bereits alle unter der Erde; nur einer der Gesellschaft, der jetzt zu den Senioren der Münchener Hochschule gehört, „atmet noch im rosigen Licht" und kann die Hoffnung hegen, dem Gelübde treu zu bleiben *) und an einem Feste sich zu beteiligen, von dem wir alle wünschen,

---

*) Diese Hoffnung sollte leider nicht in Erfüllung gehen. Am 25. Dezember 1884 brachte die „Allgemeine Zeitung" die unerwartete Todesanzeige: „Gestern abend halb elf Uhr starb unser lieber Vater, Geheimerat Professor Dr. Philipp von Jolly, nach kurzer Krankheit im 76. Lebensjahre." Der älteste Sohn, Professor Ludwig Jolly in Tübingen, richtete in seinem und seiner Brüder Namen ein Antwortschreiben an den Verfasser dieser Zeilen, worin es in Beziehung auf den Verstorbenen hieß: „Wie Sie meinen Vater als jungen Mann schildern: lebhaft, selbstlos und für alles Gute begeistert, so ist er bis ins hohe Alter, ja bis zur letzten Stunde gewesen. Je länger er uns mit diesen Eigenschaften erhalten geblieben ist und je fester wir infolgedessen mit ihm verwachsen sind, um so größer und schmerzlicher ist die Lücke, die sein Tod reißt. Aber er hat sich oft gewünscht, mitten aus dem Leben abgerufen zu werden. In der Erfüllung dieses seines Wunsches und in der Verehrung und Anhänglichkeit, die ihm bei seinem Tod von so vielen Seiten und von so hervorragenden Männern bezeugt wurden, liegt der beste Trost, den wir von München mit fortgenommen haben. Er hat mir

daß es nicht, wie die beiden vorausgegangenen, ein Vorläufer schlimmer Tage sein, sondern daß eine heitere Friedenssonne dasselbe beleuchten und sich lange am Horizont erhalten möge. Auch dem Schreiber dieser Zeilen war es vom Schicksal vergönnt, wenigstens die Vorbereitungen zu dem Feste zu erleben. Ihm ist das Glück beschieden worden, über vierzig Jahre von seinem Haus und Garten auf dem rechten Neckarufer aus die schöne Landschaft zu überblicken und seine Augen über Schloß und bewaldete Berghöhen, über Fluß und Stadt schweifen zu lassen. Er weiß daher die wunderbaren Reize der Gegend und ihre ergreifende Wirkung auf Herz und Gemüt zu würdigen und stimmt mit voller Seele dem Scheffelschen Gedichte bei, das in der Pfalz bereits zum Volkslied geworden ist:

> „Alt Heidelberg, du feine,
> Du Stadt an Ehren reich,
> Am Neckar und am Rheine
> Kein' andre kommt dir gleich."

---

noch im Herbst, als ich ihn in München besuchte, mit großer Freude von Ihrem ‚Rückblick auf Heidelberg‘ gesprochen, der in ihm eine Menge schöner Erinnerungen wachgerufen hat. Möchte es Ihnen, hochverehrter Herr Professor, vergönnt sein, diese Erinnerungen bei dem Heidelberger Jubiläum an der Spitze Ihrer Kinder und Enkel aufzufrischen, und möchten Sie sich derselben in der körperlichen und geistigen Frische, in der Sie meinem Vater immer ebenbürtig waren, noch während langer Jahre erfreuen dürfen!"

III.

Heidelberg und die Ruperto-Carola in den Jugendtagen ihrer Regeneration.

1.

In dem 13. Organisationsedikt vom 9. Mai 1803 traf Karl Friedrich unter Mitwirkung des Ministers von Reizenstein Bestimmungen über sämtliche Lehranstalten der zum Kurfürstentum erhobenen badischen Lande. An die Spitze derselben stellte er die Universität Heidelberg als hohe Landesschule, wendete ihr eine Dotation von 50000 Gulden zu und erklärte am Schluß: „Rektor der Universität wollen wir selbst sein und unseren Nachfolgern in der Kur diese Würde hinterlassen." Eine zweite Verordnung vom 25. April 1804 brachte dann noch weitere Bestimmungen über Besoldungen und Wittwengehalte und gab eine Reihe von Punktationen für den Entwurf der akademischen Gesetze.

Durch diese Verfügungen wurde der Universität Heidelberg ein frischer Lebensodem eingehaucht, der in kurzem die edelsten Früchte erzeugte. Der Doppelname Ruperto-Carola, den die Hochschule fortan führte, deutete an, daß sie auf den alten Grundlagen fortbestehen, aber verjüngt und von einem neuen Geiste beseelt ihre fernere Bahn verfolgen sollte. Unter einem so hochsinnigen Fürsten wie Karl Friedrich und einem so intelligenten, wissenschaftlich gebildeten Staatsmann wie Freiherr von Reizenstein, der, zum Kurator der Universität ernannt, noch in

seinem Alter Griechisch lernte, wurde der Musenstadt am Neckar
die Aufgabe erleichtert, als Hochwarte deutscher Wissenschaft an
der Westgrenze emporzuragen und den weltbürgerlichen Charakter
zu bewahren. Sie machte auf den Besucher einen Eindruck wie
Wallensteins Lager auf den ersten Jäger:

> „Da hat alles 'nen großen Schnitt,
> Und der Geist, der im ganzen Corps thut leben,
> Reißet gewaltig wie Windesweben
> Auch den untersten Reiter mit."

Heidelberg war in den zwei ersten Jahrzehnten des neunzehnten Jahrhunderts im kleinen ein Bild des gesamten Lebens-
zustandes im südwestlichen Deutschland. Das Schloß in seinen
älteren Teilen, die gotische Kirche zum Heiligen Geist, die Türme,
welche die Thore schützten und die innere Stadt von der Vorstadt trennten, so manche Reste alter Mauern und Bauwerke
wiesen auf das Mittelalter mit seinem abgeschlossenen Kleinleben
zurück; die Zeit der Renaissance und der Reformation mit ihrer
schaffenden Werdelust hatte ihr edelstes Gepräge in den jüngeren
Teilen des Schlosses; das Universitätsgebäude und so manche
klösterlichen Räumlichkeiten, von denen mehrere in akademische
Anstalten und Hörsäle verwandelt wurden, erinnerten noch an
die klerikale Herrschaft unter den Kurfürsten des Neuburger und
Sulzbacher Hauses, während alles andere einer Verjüngung
entgegenging. Wenn die Prozessionen, welche noch durch die
Stadt zogen, bis zu Anfang der dreißiger Jahre ein ärgerlicher
Auftritt sie in das Innere der katholischen Kirche und in das
nahe Handschuhsheim verwies; wenn einige alte geistliche Gestalten, welche in den weiten Räumen des Jesuitenkollegiums
wohnten und für die jüngere Generation ein Gegenstand der
Neugierde waren, noch als Ueberbleibsel der verschwundenen
kurpfälzischen Zeit mit ihrem glänzenden Pomp der Kirchenfeste
fortbestanden, so wurde gleichzeitig der botanische Garten angelegt und das Schloß unter der Direktion des Oberforstrats
Gatterer mit Anlagen geschmückt und zu einem der reizendsten
Punkte Heidelbergs umgeschaffen. Wer vorher die Schloßruine
besuchen wollte, heißt es in der früher erwähnten Schrift von

Weber, Heidelberger Erinnerungen.   7

Dittenberger, der mußte sich über Schutthaufen und durch wildes Gebüsch den Weg zu den schönsten Aussichten selber bahnen; nur die alten Linden des Stückgartens und wenige Spuren einer früheren Anlage auf der Terrasse erinnerten noch an die alte Herrlichkeit. Die übrigen Teile des ehemaligen Gartens waren verpachtet und in Getreide= und Kartoffelfelder verwandelt worden. Nun entstand auch hier neues, schönes Leben, und wie drunten in der Stadt allenthalben die Blüten und Früchte geistiger Be= strebungen hervorbrachen und reiften, so sollten auf der Höhe tausend neue Pflanzen und Bäume Heidelbergs Frühling ver= künden. „Sträuche blühen herab,“ singt Hölderlin, „bis wo im heitern Thal an den Hügel gelehnt oder dem Ufer hold deine fröhlichen Gassen unter duftenden Gärten ruhn.“ Die Roman= tiker von der strikten Observanz beklagten die Umwandlung. Sie mochten eine Rückkehr zu den Ziergärten des achtzehnten Jahrhun= derts befürchten. Wenigstens spricht sich Tieck im „Phantasus“ sehr unzufrieden aus, daß die prachtvolle Heidelberger Ruine, die in ihrer poetischen und wilden Einsamkeit so schön mit den ver= fallenen Türmen, den großen Höfen und der herrlichen Natur in Harmonie stand und auf das Gemüt wie ein vollendetes Gedicht aus dem Mittelalter wirkte, in eine Art Park um= geschaffen werden sollte. Auch vor dem Mannheimer Thor wurde aufgeräumt. Wo in der Folge die freundlichen Anlagen mit dem botanischen und Landwirtschaftsgarten das Auge erfreuten, verhinderten damals die Ueberbleibsel der alten Wälle und Stadtmauern, an deren Fuß ein häßlicher Sumpf lag, jeden gefälligen Anblick.

Ueber allen diesen Elementen, den Denkmälern der Ver= gangenheit und des Werdens, waltete die regenerierte Hochschule mit ihrem Schöpfungs= und Eroberungstrieb. Und traten denn nicht in allen Rheinbundsstaaten ähnliche Erscheinungen zu Tage? Was Schiller drei Jahrzehnte zuvor mit dichterischem Seherblick ausgesprochen: „Das Alte stürzt, es ändert sich die Zeit und neues Leben blüht aus den Ruinen,“ das vollzog sich damals vor den Augen der Menschen. Die Revolutionsstürme und die napoleonische Gewaltherrschaft zerschlugen die mittelalterlichen Gebilde; aber es bedurfte einer längeren Uebergangszeit, ehe die

schöpferische Kraft dem veröbeten Feld neue Lebensfrüchte zeitigen
konnte. Und als endlich der Wiener Kongreß aus den halb=
vermoderten Scherben neue Staatengebilde zusammensetzte, wurde
den Wünschen und Neigungen der deutschen Nation so wenig
Rechnung getragen, daß die Völker des Rheinbundes sich zurück=
sehnten nach den Zuständen der Vergangenheit. Während dieser
Uebergangszeit erstarkte die Ruperto=Carola zu männlicher Reife
und entfaltete eine geistige Thätigkeit, die ihr den Ehrensitz unter
Deutschlands Hochschulen auf längere Zeit sicherte. Der oft
citierte Ausspruch: „Es wächst der Mensch mit seinen größern
Zwecken," ist keine leere Phrase. Kleine, engherzige Verhältnisse
und beschränkte einseitige Gesichtspunkte schlingen um die Seele
eine spröde Rinde, welche allen höheren Gefühlen und An=
schauungen, allem idealen Aufschwung den Zugang verschließt,
welche den jungen Menschen vom Geisterreich fern hält und
ihn verhindert, „die volle Brust im Morgenrot zu baden".
Wie sehr auch später die Rheinbundszeit in Verruf gekommen
ist, wie sehr in den Jahren des erwachten Nationalgefühls der
deutsche Mann mit Schamröte einer Geschichtsperiode gedenken
mochte, da die Fürsten und Staaten des südlichen und westlichen
Deutschlands von den Winken und der Willkür eines fremden
Machthabers abhängig waren — es war eine Zeit der Jugend
und der Hoffnung; ein großartiges Geschichtsleben hob den Sinn
über das Besondere und Alltägliche zum Allgemeinen empor;
das Völkerleben glich einem Strome, der immer neue Wellen
dahinführt. Die Wirklichkeit selbst, das reale Leben lenkte den
Blick auf das Bleibende, das Ideale; in der unaufhörlichen Be=
wegung, die vor den Augen der Menschen vorüberzog, fühlte sich
der Geist hingewiesen nach der Welt des Ewigen, des im Kreislauf
der Dinge ruhig beharrenden Geistes. Nicht als ob man von
der Wirklichkeit aus Verdruß und Widerwillen sich hätte ab=
wenden wollen und in das Reich der Phantasie und der Spe=
kulation flüchten: man wollte mitwirken am Webstuhle der Zeit,
wenn auch nicht praktisch, so doch in den Regionen des Geistes.

Aus solchen Empfindungs= und Anschauungskreisen, ob be=
wußt oder instinktiv, gingen die „Heidelberger Jahrbücher der
Litteratur" hervor. Sie wurden im Jahre 1808 gegründet und

starben im Jahre 1872. Sie überdauerten somit das biblische
Menschenalter und wurden erst zu Grabe getragen, als sie schon
längere Zeit mumienartig im Sarge gelegen. Es ist schade, daß
das Los des Schönen auf der Erde in allen Erscheinungen
flüchtig und vergänglich ist. Die „Heidelberger Jahrbücher der
Litteratur" waren Decennien hindurch eine Bundeslade der
Wissenschaft, ein Schrein der schönen Formen und endeten als
Totenlade. Der erste Jahrgang wurde eingeweiht von zwei
Fahnenträgern, wie man sie würdiger und trefflicher nirgends
hätte finden können, von Daub mit einer Abhandlung: „Ueber
das theologische Element in den Wissenschaften, besonders in der
Theologie selbst", und von Thibaut: „Ueber das Studium der
römischen Rechtsgeschichte". In den späteren Jahrgängen ließ
man die Form der Abhandlungen fallen und beschränkte sich auf
Recensionen. Aber unter diesen war eine große Anzahl von
solchem Umfang, daß sie teilweise den Rahmen einer Abhand=
lung überschritten und für ein eigenes kleines Buch gelten konnten.
Die „Jahrbücher" sollten ein Organ der vier Fakultäten sein und
alle Professoren der Ruperto=Carola, von denen wir noch einige
Häupter im Laufe dieser Erinnerungen werden kennen lernen,
hielten es für eine Ehrensache, die Früchte ihrer Studien und
Forschungen darin niederzulegen. Aber wie weit ging die Zahl
der Mitarbeiter über die Hochschule am Neckar hinaus! Man
wird kaum einen bedeutenden Namen unter den „Rittern vom
Geist" in Deutschland während der zwei ersten Jahrzehnte des
Bestehens der Jahrbücher finden, der nicht unter den Teilnehmern
genannt wäre. Manche der Beiträge, wie A. W. Schlegels
Recensionen der römischen Geschichte Niebuhrs und der Werke
Winckelmanns sind von wissenschaftlicher Bedeutung gewesen.
Männer, die später in ihren Richtungen weit auseinander gingen,
waren in diesen Jahren des Suchens und Werdens zu einer
Schar von Arbeitern in dem gemeinsamen Weinberg vereinigt.
Neben den Häuptern der romantischen Schule, Friedrich und
A. W. Schlegel, Arnim, Görres, Brentano, Windischmann, Jean
Paul u. a., gehörten die Gebrüder Grimm, die aus dem Schoße
der Romantik zu höheren vaterländischen Ideenkreisen empor=
stiegen, gehörten Oken, Schlosser u. a. zu den Mitarbeitern.

Dem künftigen Geschichtschreiber der Ruperto=Carola werden die „Heidelberger Jahrbücher der Litteratur" eine reiche Fundgrube bieten, nicht nur zur Beurteilung der heimischen Gelehrten, sondern auch über den Stand und den Forschungsgang aller Wissenschaften. Die Zeitschrift war eines der ersten Organe der neuen Aera des Strebens und Hoffens. Sie segelte wie ein junger Schwan dem frischen Zeitstrom entgegen. Später, als andere ähnliche Organe ins Leben traten und selbst die Heidel=berger Professoren ihre bedeutenderen Arbeiten den Fachzeit=schriften zuwandten, sank der Wert und die Bedeutung der Jahr=bücher. Die Methode der „Arbeitsteilung", die mehr und mehr in den einzelnen Wissenschaften zur Geltung kam und sich immer weiter zur Specialforschung zuspitzte, war der philosophisch=historischen Behandlung der Litteratur nicht günstig. Sie hemmte den Flug ins Weite und in die höheren Regionen, der in den ersten Jahrgängen der Heidelberger Zeitschrift so mächtig hervor=trat, und schränkte dem Falkenauge, das dem Lichte und dem Aether zustrebte, den Horizont ein. Seitdem der Partikularismus aus dem politischen Leben des alten römischen Reiches deutscher Nation seinen Weg in das Gebiet der Litteratur und Wissen=schaft gefunden hat, war auch den „Heidelberger Jahrbüchern", die stets dem Ganzen und Allgemeinen zustrebten, der Boden unter den Füßen weggezogen. Es war kein Herkules, der dem akademi=schen Antäus den Lebensboden raubte und den Sohn der Erde in der Luft erwürgte, es war der enge, beschränkte Gesichtskreis der alten Denkweise in anderer Gestalt, auf anderem Lebens=gebiet.

Neben den Jahrbüchern, die vorzugsweise durch die Kritik die Luft reinigten und den Boden für die Saat fruchtbringender Geistesarbeit bestellten, gingen die „Studien" von Daub und Creuzer einher, die mehr belehrend und aufbauend wirken sollten — eine periodische Schrift, welche, wie das Programm lautete, auf solche Leser berechnet war, „die, nicht unbekannt mit dem Ernst des Denkens, das ernstlich Dargebotene ohne Vorurteil aufnehmen und den Sinn für eine Poesie, die das Ewige in der Idee zu symbolisieren vermag, nicht für unvereinbar halten mit den würdigsten Bestrebungen in der Wissenschaft".

Beide Zeitschriften waren auf das Universelle gerichtet, das wie der Lebensodem alle geistige Produktion durchdringen, wie ein Leitstern allem Schaffen die Richtung zeigen sollte. Sie erschienen im Verlag von Mohr und Zimmer und bildeten das Fundament dieser angesehenen Buchhandlung, die bald die bedeutendsten Schriftsteller und Gelehrten der Zeit, wie Savigny, die beiden Schlegel, Arnim und Brentano, Böckh und viele andere, zu ihren Autoren zählte. Auch die Theologen Marheinecke und De Wette, welche nach der Begründung der Universität Berlin der Neckarstadt entführt wurden, wählten die Mohrsche Verlagshandlung zur Veröffentlichung ihrer Werke. Von der Bibelübersetzung De Wettes sind vier Auflagen erschienen, zu einer Zeit, da der Verfasser selbst wegen seines bekannten Trostbriefes an die Mutter Sands Deutschland zu verlassen genötigt war und in Basel einen neuen Wirkungskreis gefunden hatte.

Es war kein leichtes Joch, das Napoleon seinen Schutzbefohlenen auf den deutschen Fürstenthronen auferlegte. Sie mußten ihm Geld und Soldaten liefern, welche die Kräfte des Landes stark in Anspruch nahmen. Wie mancher leichtblütige Pfälzer, wie mancher hochstämmige Schwarzwälder hat in dem heißen fanatischen Spanien, in den Gebirgsländern Oesterreichs, auf den Schneefeldern Rußlands sein junges Leben lassen müssen! Dafür ließ der kaiserliche Schutzherr den verbündeten Fürsten freie Hand im Ordnen und Regieren ihrer Staaten und sah es gern, wenn sie nach dem Vorbilde Frankreichs den Grundsätzen religiöser und bürgerlicher Freiheit huldigten und die Errungenschaften der Revolution und die Institutionen des Kaiserreichs bei sich einführten. Wieviel Kehricht ist während dieser Jahre der „Fremdherrschaft“ aus den Ecken gefegt worden! Einem so wohlwollenden, humanen und aufgeklärten Fürsten wie Karl Friedrich war dadurch ein großer Spielraum zu Handlungen und Anordnungen von bleibendem Werte gegeben. Im Jahre 1810 wurde der Code Napoléon mit manchen den Verhältnissen des Großherzogtums entsprechenden Modifikationen als Landrecht eingeführt — ein wirksamer Schritt zur Verschmelzung der Landesteile und Völkerschaften. Für die schweren Kriegsopfer empfing das badische Militär einen moralischen Ersatz, indem von dem Siegesruhm der großen kaiserlichen Armee auch ein Abglanz auf die deutschen Kampfgenossen fiel. Dieser freien Stellung des Großherzogs im eigenen Lande hatte die Universität Heidelberg manche Beweise von Gunst zu verdanken. Es wurde ihr möglich gemacht, alljährlich goldene Denkmünzen für gekrönte Preisschriften zu verteilen, was bis zur Stunde den Schluß des Festaktes am 22. November bildet, und hervorragende Männer der Wissenschaft zu berufen.

Karl Friedrich erlebte nicht mehr die große Weltkatastrophe, die dem russischen Feldzuge auf dem Fuße folgte. Erschöpft und lebensmüde verschied er in der Nacht vom 10. auf den 11. Juni 1811 in einem Alter von 83 Jahren. Sein Nachfolger war sein Enkel, Großherzog Karl, Gemahl der Stephanie Beauharnais, einer Nichte der Kaiserin Josephine; denn Napoleon suchte die süddeutschen Fürstenhäuser durch die Bande der Blutsverwandtschaft noch enger an seine Dynastie zu knüpfen. Dem Großherzog Karl, der am 8. Dezember 1818 aus der Welt ging, verdankt Baden seine freisinnige Verfassung. Drei Monate vor seinem Tode wurde sie veröffentlicht. Mag man dieselbe loben oder tadeln: daß sie aus den zu einem Großherzogtume vereinigten verschiedenartigen Landesteilen einen einheitlichen Staat geschaffen hat, ist zweifellos ein erfreuliches verdienstvolles Resultat. Wie man bei der Vereinigung zweier Flüsse noch eine Zeitlang die Verschiedenartigkeit der Gewässer erkennen kann, und erst die Macht der vollen Strömung den Ausgleich herbeiführt, so konnte man auch in der Bevölkerung Badens zwischen den Unterländern und Oberländern noch einige Zeit ein sprödes Nebeneinandergehen wahrnehmen. Erst seit der Zeit des gemeinsamen Verfassungslebens verschwanden die letzten Reste des partikularistischen Stammesgefühls, verbanden sich die verschiedenartigen Glieder zu einem gesunden Organismus, traten die Heidelberger und Mannheimer mit den Freiburgern und Konstanzern zu gemeinschaftlichen politischen Interessen zusammen. Die verwitwete Großherzogin Stephanie, die ihren Gemahl über vierzig Jahre überlebte (sie starb 20. Januar 1860), nahm meistens in Baden und Mannheim Aufenthalt, wo sie noch jetzt im besten

Andenken steht. Auch das Heidelberger Schloß besuchte sie häufig und unterhielt mit mehreren Professoren der Universität freund= schaftliche Beziehungen. Der Historiker Schlosser stand im Brief= wechsel mit ihr und hat ihr seine „Geschichte des achtzehnten Jahr= hunderts" gewidmet, und dem Kirchenrat Abegg, Prediger zum Heiligen Geist und akademischer Lehrer, erwies sie, die katholische Fürstin, die ehrerbietige Aufmerksamkeit, welche dem würdigen geistlichen Herrn von allen, die ihn kannten, dargebracht wurde. Abegg war eine auf das Beschauliche und auf innere Selbst= bildung angelegte Natur, welche, durch christliche Frömmigkeit verklärt und geheiligt, das schöne Bild einer reinen, mit sich selbst einigen, in sich geschlossenen und harmonischen Persönlich= keit darstellte, voll Innigkeit des Gemüts, voll Humanität gegen andere und einem sittlichen Lebensideal nachstrebend. Bescheiden und zurückhaltend nach außen, war er ein reicher und beweglicher Geist im stillen, vertraulichen Umgang. Er handelte und urteilte nach dem biblischen Spruch: Alles ist Euer, Ihr aber seid Christi. Als Abegg am 19. Dezember 1840 starb und neben der alt= ehrwürdigen St. Peterskirche in die Erde gesenkt wurde, hielt Rothe, einst sein Schüler, dann sein Kollege, mit sympathischer Seele die Grabrede, in welcher er hervorhob, daß man auf seinem freundlich=ehrwürdigen Antlitz den tiefen Frieden Gottes ausgegossen sah.

Mit den obigen Umrissen und Andeutungen sind wir in eine Periode eingetreten, die man als die Jugendzeit der Heidel= berger Universität bezeichnen kann. So trüb und ernst das erste Jahrzehnt unseres Jahrhunderts für den vaterländisch gesinnten Mann sein mochte, in der Musenstadt am Neckar nahm man das Leben von der heiteren und anmutigen Seite. Solange das napoleonische Kaiserreich in seiner Macht und Größe bestand, war in den Rheinbundsstaaten kein Feld für öffentliche politische Thätigkeit. Selbst die großartigen organisatorischen Reformen, die sich in Preußen in der Stein=Hardenbergischen Zeit vollzogen, fanden wenig Beachtung. Was in dem nordöstlichen Deutsch= land vorging, betrachtete man als eine fremde Sache. Hatte man doch in den Rheinbundsstaaten die Schlachten von Jena und Auerstädt, von Preußisch Eylau und Friedland in manchen

Volkskreisen als eigene Siege gefeiert! Und wie vieles, was dort noch schwer auf Land und Volk lastete und jetzt erst durch reformatorische Hände abgestellt ward, war in Baden und Hessen, in Württemberg und Bayern durch den Einfluß der Revolution und durch die durchfahrende Gewalt der Bureaukratie schon längst weggeschafft! So konnten denn die Männer der Universität ihre ganze Muße dem Gebiete der Wissenschaft, der Kunst, der Litteratur widmen. Die „Heidelberger Jahrbücher" waren ihr Arbeitsfeld und ihre Arena; sie bildeten das Tribunal und das Forum für die Werke des Geistes in Deutschland, in Europa. Der Goethesche Zauberspruch: „Tages Arbeit, abends Gäste" war ihre Parole.

Es war die Blütezeit der Romantik, die in Heidelberg damals ihren Hauptsitz hatte. Görres, Klemens Brentano, Arnim hielten sich mehrere Jahre hindurch dauernd oder vorübergehend dort auf; Tieck und Windischmann kamen öfters besuchsweise hinzu; A. W. Schlegel holte sich im Paulusschen Hause seine zweite Gattin; Joseph von Eichendorff studierte daselbst in den Jahren 1807 und 1808. Hier erklang „Des Knaben Wunderhorn", hier erschien die kurzlebige Zeitschrift für Einsiedler, „Trösteinsamkeit", welche Eichendorff das „Programm der Romantik" nennt. Vom Jahre 1810 ab war die Sammlung der altdeutschen Bilder der Gebrüder Boisserée und ihres Freundes Bertram, die jetzt die Seitenkabinette der alten Pinakothek in München schmücken und durch ihre auf Goldgrund hervortauchende Farbenpracht einen feierlich-ernsten Eindruck machen, in dem Heidelberger Amthause aufgestellt, wie man noch jetzt durch eine Gedenktafel erinnert wird. „Schon die Oertlichkeit von Heidelberg," bemerkt Herbst in dem Leben von J. H. Voß, „erscheint wie prädestiniert für das schwärmende Dämmerleben einer Poesie, die aus Natur und Geschichte und Sage ihre regellosen Kränze windet. Reben und Wald auf den Höhen, drunten der Neckarfluß mit der Brücke und den ‚mondbeglänzten Zaubernächten‘, oben thronend die schönste Ruine des Vaterlandes, in ihren Umgebungen damals noch unberührt von verschönernder Gartenkunst, jene ganze ‚Mystik des Thals‘ — kein Wunder, daß die Romantik von Brentano bis auf Scheffel herab hier gern Hütten gebaut hat." Mit noch mehr poetischem Schwung spricht sich Görres über den Zauber der Neckarstadt aus, indem er sagt: „Heidelberg ist ja selbst eine prächtige Romantik; da umschlingt der Frühling Haus und Hof und alles Gewöhnliche mit Reben und Blumen, und erzählen Burgen und Wälder ein wunderbares Märchen der Vorzeit, als gebe es nichts Gemeines auf der Welt."

Professor Bartsch hat vor einigen Jahren in einer Prorektoratsrede diese Zeit der „Romantiker und germanistischen Studien in Heidelberg 1804—1808" behandelt. Görres, der den Uebergang aus seiner jakobinisch-republikanischen Jugendzeit zum späteren Ultramontanismus durch die Romantik machte, hielt in diesen Jahren vielbesuchte Vorlesungen, ohne der Universität als Professor anzugehören. Von diesen Vorlesungen, aus welchen die „Mythengeschichte der asiatischen Welt" erwuchs, macht Eichendorff, einer der Zuhörer, folgende Beschreibung: „Sein durchaus freier Vortrag war monoton, fast wie fernes Meeresrauschen, schwellend und sinkend, aber durch dies einförmige Gemurmel leuchteten zwei wunderbare Augen und zuckten Gedankenblitze beständig hin und her; es war wie ein prächtiges nächtliches Gewitter, hier verhüllte Abgründe, dort neue ungeahnte Landschaften plötzlich aufdeckend, und überall gewaltig weckend und zündend für das ganze Leben." Arnim und Brentano, zwei schöne, wohlgestaltete junge Männer, bewohnten gemeinschaftlich „einen großen luftigen Saal in einer Bierkneipe am Fuße des Schloßberges", ohne Zweifel das alte, in Heidelberg wohlbekannte Wirtshaus „Zum faulen Pelz". Auch Goethe erneuerte die Eindrücke, welche die herrliche Landschaft, die sich nach seinem eigenen Ausdruck der idealistischen nähert, schon früher auf ihn gemacht hatte. Im Thibaut'schen Garten, am Fuße des Schloßberges, fanden ihn die Tischgenossen einst an einem Felsen sitzen, mit einem Hammer, den er stets bei sich trug, das Gestein prüfend. An einem vorspringenden Mauerstein im Elisabethgarten liest man die Inschrift: „An diesem Orte weilte Goethe mit Vorliebe sinnend und dichtend in den Herbsttagen 1814 und 1815." Mit diesem Besuche wird die Frau Marianne Willemer und der „West-östliche Diwan" in Beziehung gesetzt. Eine Reihe der schönsten

Gedichte dieser Sammlung sind am Fuße des Schlosses und in seinen Ruinen entstanden.

Der romantische Kreis in Heidelberg hat viele schöne Ideen erzeugt und den Sinn geweckt für vaterländisches Wesen, für altdeutsche Poesie und Sage, für Natur und Volksleben; aber seine produktive Thätigkeit war wesentlich dilettantisch. Erst durch den Hinzutritt der Gebrüder Grimm kam in die Schule eine Wendung zu ernster wissenschaftlicher Behandlung der vater= ländischen Studien. Sie besaßen, wie Wilhelm Scherer urteilt, jene Genügsamkeit der Phantasie, die sich an das Enge und Kleine hält und dieses mit verweilender Liebe durchdringt. Die alte Philologentugend der Genauigkeit übertrugen sie auf das Naheliegende und Heimische. Sie ließen sich zu den geringsten Thatsachen herab und behandelten einen sinnlos klingenden Kinderreim so ernsthaft, als ob er die tiefsten Offenbarungen der Urzeit enthalten könnte. Ihre „Andacht zum Unbedeutenden", die Wilhelm Schlegel verspottete, bildet die Grundlage ihrer wissenschaftlichen Größe und die Quelle ihrer Popularität.

Seit J. J. Rousseau war die Schwärmerei für Natur und naturgemäße Erziehung in die Welt gedrungen; und wie wenig auch die Romantiker in ihrer religiösen und politischen Welt= anschauung mit dem Genfer Philosophen gemein hatten, diese Seite seines Gefühls= und Geisteslebens teilten sie mit demselben. Und welche deutsche Landschaft war mehr geeignet, diesen Natur= sinn zu wecken und zu beleben, die sentimental= Seelenstimmung für landschaftliche Reize, für rauschende Wälder und bemooste Felswände zu befriedigen, als Heidelberg und seine Umgebung, als die Schloßruine mit ihren epheuumrankten Mauern und Türmen und dem historischen Hauch, der den Wanderer allent= halben berührte? Den lebendigsten Ausdruck dieser Seelen= stimmung gibt die bekannte Elegie von Matthisson: „Auf den Ruinen des Heidelberger Schlosses"; und wie tief diese elegischen Töne dem damaligen Geschlechte in das Herz drangen, erkennt man daraus, daß seitdem die wildromantische Schlucht am Fuße des gesprengten Turmes als „Matthissonsthälchen" bezeichnet wird. Das ganze Leben der gebildeten Kreise hatte einen idyl= lischen Anstrich. Die Gesellschaften waren von einer Einfachheit und harmlosen Gemütlichkeit, die den Kindern einer verfeinerten, anspruchsvolleren Zeit ein Lächeln abzwingen. Spaziergänge in die benachbarten Dörfer über Berghöhen und Waldwege, ländliche Feste und Picknicks mit Spiel und Gesang von seiten der jüngeren Gesellschaftsglieder, Abendunterhaltungen, die nicht über zehn Uhr dauerten, mit frugaler Bewirtung bildeten die Würze des Daseins, die Erholung neben der angestrengten Arbeit. Noch in den dreißiger Jahren belächelte die spätere Generation ein Nachspiel jener naiven und sentimentalen Romantik, als sie bisweilen einen Privatdocenten, der sich in der Folge einen Namen als Professor der Philosophie in Jena gemacht hat, mit der jungen Frau eines befreundeten Kollegen Hand in Hand über die Brücke wandeln sah nach einem Kaffeegarten jenseits des Flusses, wo beide sich mit ihren Vornamen anredeten und zuriefen. Man bezeichnete sie scherzend als „Karl und Jette“.

Und nicht bloß die Naturbegeisterung entnahm man dem Genfer Weltweisen, auch die Erziehungsmethode, die er in seinem „Emil“ aufgestellt, wurde nachgeahmt. Es war die Zeit der pädagogischen Experimente, der Reformation des Unterrichtswesens. Ein Geschlecht sollte herangebildet werden, gesund an Körper und Seele; Erweckung der natürlichen Anlagen durch geistige Selbstthätigkeit, nicht unfruchtbare Vielwisserei durch Gedächtnisübung war die Losung der Zeit. Neben die Gymnasien und Gelehrtenschulen traten Pensionate und Philanthropine. Auch der Mädchenerziehung wurde mehr Pflege und Sorgfalt gewidmet. Die pädagogische Litteratur nahm einen großen Raum ein. Und auch auf diesem Gebiet hat sich Heidelberg einen Namen gemacht. Im Jahre 1804 wurde der Prediger Schwarz, Schwiegersohn von Jung-Stilling, als Professor der Theologie berufen. Er vermehrte sein Knabeninstitut, das er aus seinem bisherigen Wohnort in die Neckarstadt verpflanzte, und erwarb sich als praktischer und theoretischer Pädagog einen ausgebreiteten Ruf. Wie einst Gellert, war er der gesuchte Ratgeber vieler Familien von nah und fern in allen Erziehungssachen. Nicht minder berühmt war Heidelberg durch das treffliche Mädcheninstitut, das Karoline Rudolphi, Dichterin und Schriftstellerin, gründete und das noch viele Jahre nach ihrem

Tode unter der Leitung ihrer Pflegetöchter Emilie Heins und
Elise Bartholomäy fortbestand. Die große Zahl auswärtiger
Schülerinnen rief bald noch andere weibliche Schulanstalten,
wie das Institut der Frau Dapping, ins Dasein, so daß Heidelberg einen hervorragenden Namen als Erziehungsort erhielt.
Sie alle waren auf die Verwirklichung des Menschenideals gerichtet, wie es in Rousseau und Pestalozzi und den edelsten
Trägern der Humanitätsideen lebendig ausgesprochen war.
„Die Dichterin Karoline Rudolphi," sagt Bernhard Stark
in den Erinnerungen an seine Mutter, Tochter des Juristen
Martin und Schülerin der Anstalt, „durch Reichhardt und Campe
in die litterarische Welt eingeführt, ist eine der erfreulichsten
und rein weiblichen Erscheinungen in diesem Berufe. Ein ent-
sagungsvolles Jugendleben war durchzogen von einer goldenen
Ader der Poesie, die sie nicht bloß am Schreibtisch, sondern auch
in Wirklichkeit in dem Unterricht, in der Gestaltung der Haus-
ordnung, in ihren Festen und regelmäßigen geselligen Zusammenkünften bewährte."

Auch die Kunst war damals in Heidelberg würdig vertreten.
Wie sollte auch in einer Zeit, wo der Natursinn so lebendig
war, wo man mit andachtsvoller Begeisterung auf die Kunst-
erzeugnisse des Mittelalters und der Renaissance blickte, der
Kunsttrieb nicht geweckt worden sein? Heidelberg hat zu allen
Zeiten namhafte Landschaftsmaler hervorgebracht — ein Vorzug,
den es sicherlich zum großen Teil der anregenden Wirkung der
Gegend zu danken hat. Damals wirkte als akademischer Zeichen-
lehrer Rottmann aus dem nahen Handschuhsheim, der Vater
des berühmten Landschaftsmalers Karl Rottmann, der in der
Folge viele Jahre hindurch zu den ersten Größen der Münchener
Kunstschule gehörte. Seine Mitschüler in der väterlichen Werkstätte waren Ernst Fries, Karl und Daniel Fohr. Der erste,
einem angesehenen Heidelberger Bürgerhause entstammt, in
welchem die Liebe zur Kunst sich wie ein Familiengut forterbte,
war der Schöpfer der Landschaftsbilder von Heidelberg mit seiner
Schloßruine, welche als typisch gelten können und die Neckarstadt mit ihren Umgebungen in der ganzen Welt bekannt gemacht haben. Auch sein jüngerer Bruder, Bernhard Fries, hat

sich als Landschaftsmaler einen Namen erworben. Mehr als zwei Decennien bildete das Haus Fries, worin eine große Zahl schöner und stattlicher Söhne und Töchter heranwuchsen, einen geselligen Mittelpunkt, mit dem auch mehrere Professorenfamilien verkehrten. Vater Fries war ein enthusiastischer Bewunderer alles Schönen in der Kunst wie in der Natur und Menschen= welt. Einst, so erzählte man sich, fiel ihm in einer Gesellschaft eine schöne Frauengestalt in die Augen, die sein Wohlgefallen erregte. Kurz darauf wurde er des Gatten ansichtig, welcher einen wenig vorteilhaften Eindruck machte. Da rief der alte Herr erzürnt aus: „Na, nun ist auch diese Rasse verdorben!"

Karl Fohr war ein Genosse des deutschen Künstlerkreises, der sich damals in Rom zusammenschloß. Er gehörte der roman= tischen Schule an, und sein Porträt mit dem düsteren, melancho= lischen Ausdruck deutet an, daß er Leben und Kunst von der strengen ernsten Seite erfaßte. Ein früher Tod in den Wellen der Tiber beim Baden entriß ihn schon im Jahre 1818 den Freunden und entwurzelte den Baum, ehe er sein volles Wachs= tum erreicht hatte.

2.

Wie zwei Jahrhunderte früher die humanistisch=reformato= rische Weltanschauung den charakteristischen Grundzug der Univer= sität Heidelberg bildete, so war in unserer Periode die Romantik die Lebensluft, die über der verjüngten Hochschule schwebte; aber, wie damals hervorgehoben wurde, daß nicht die Universität in ihrer Gesamtheit dieser Richtung huldigte, daß nicht sie als die eigentliche Trägerin der neuen wissenschaftlichen Methode bezeichnet werden konnte, so tritt für diese Periode eine gleiche Beschränkung ein. Wir werden bald erfahren, daß ein Kreis von bedeutsamen Männern der romantischen Anschauungsweise fern blieb, sich ab= lehnend und widerstrebend gegen dieselbe verhielt. Aber dennoch darf im allgemeinen behauptet werden, daß wie damals die humanistisch=reformatorische Lebensauffassung den dominierenden Charakter bildete, so jetzt die romantische Weltanschauung. Sie war die Atmosphäre, die über dem geistigen Sein und Thun schwebte, die Urteile und Sympathien bestimmte, der allgemeinen gesellschaftlichen Bildung Richtung und Farbe gab. Auch die Studentenschaft bewegte sich in dieser Lebensluft. Nicht nur die landsmannschaftlichen Vereine oder Corps, deren Begriff und Existenz in dem Festhalten territorialer Eigentümlichkeiten, überlieferter Sitten und Gebräuche, ritterlicher, chevaleresker Lebensformen vergangener Zeiten wurzelt, auch die Burschenschaft, die sich nach den Befreiungskriegen bildete und in Heidelberg rasch einen breiten Boden faßte, trug neben den nationalen Tendenzen einen scharf ausgeprägten romantischen Zug an sich.

Die Seele dieser romantisch-idealen Weltanschauung und das wissenschaftliche Haupt derselben war Friedrich Creuzer, der an der Gründung und Leitung der „Heidelberger Jahrbücher" den wesentlichsten Anteil hatte und mit Daub die „Studien" herausgab. Er selbst hat in den „Zeitgenossen" vom Jahre 1822 seine Jugend und seinen Bildungsgang beschrieben und die Biographie unter dem Titel: „Aus dem Leben eines alten Professors" im Jahre 1848 in die Sammlung seiner „Deutschen Schriften" aufgenommen. Sohn eines Marburger Buchbinders, hat er in dem Gymnasium seiner Vaterstadt den Grund zu einer klassischen Bildung gelegt, hat in der gotischen Elisabethenkirche die ersten Eindrücke kirchlicher Baukunst und religiösen Gesanges in sich aufgenommen, hat in der schönen Umgebung auf großen Gängen den Körper gestärkt und die Macht der Natur auf sein Gemüt einwirken lassen, hat aus den Erzählungen einer Großtante über den dreißigjährigen Krieg, die sich meistens an Strophen aus Volksliedern anlehnten, die Ueberzeugung gewonnen, daß die Niebuhrsche Ansicht von der Entstehung der ältesten römischen Geschichte aus epischen Gesängen zu Recht bestehe. Nachdem er als Bürgerlicher durch eine Taxe sich die Erlaubnis zum Studieren erkauft, hatte er auf der Universität Jena durch angestrengten Fleiß sich einen reichen Schatz philologischer und philosophischer Kenntnisse erworben; er hatte aus den griechischen und römischen Klassikern und aus Lessings Werken, die er eifrig las, die Waffen gewonnen, den ihm angeborenen und durch seine bibelfeste Mutter genährten „mystischen Keim" im überwuchernden Wachstum zu hemmen;

er hat als begeisterter Zuhörer zu Schillers Füßen gesessen und keine seiner universalgeschichtlichen Vorlesungen versäumt. Der Spruch, den ihm der gefeierte Dichter und Geschichtsphilosoph in das Stammbuch schrieb: „Die Natur gab uns nur Dasein, Leben gibt uns die Kunst, und die Vollendung die Weisheit," ist ihm nie aus dem Gedächtnis geschwunden. Novalis-Hardenberg war sein Studiengenosse. Dabei eignete sich Creuzer eine solche Fertigkeit im Lateinsprechen und Lateinschreiben an, daß er, wie die Humanisten des fünfzehnten und sechzehnten Jahrhunderts und die großen holländischen Philologen, die klassische Sprache mit mehr Gewandtheit beherrschte als die Muttersprache.

Wer erkennt nicht aus diesen wenigen Zügen des Jugend-lebens und Bildungsganges die Elemente, aus welchen Creuzers geistiges Wesen zusammengesetzt war? Ein mystischer Hang, der in der Welt der Erscheinungen den tiefen geheimnisvollen Urgrund zu erforschen strebt, in der konkreten Gestaltung der Begriffe und Vorstellungen eine ewige allgemeine Idee ahnt und zu erkennen sucht; ein solides, auf der gründlichen Kenntnis der antiken Klassiker beruhendes Wissen, das der Phantasie Halt und Richtung gab und den Geist auf der geraden Bahn hielt, daß er nicht irrlichtelierend hin und her schweifte, und endlich Gefühl und Ver-ständnis für das Schöne, wie es sich in der Kunst, in der Mythen- und Sagenbildung, in der historischen Entwickelung der Menschheit offenbart.

Mit diesen Anlagen ausgerüstet und bereits durch mehrere gehaltvolle Schriften aus dem Kreise des antiken Kunst- und Geisteslebens bekannt, wurde Creuzer im Jahre 1804 auf An-regung von Daub und unter Vermittelung seines intimen Freundes Savigny nach Heidelberg berufen, das über ein halbes Jahr-hundert seine Wohn- und Werkstätte werden sollte. Er war bereits in Marburg in den Ehestand getreten mit der Witwe des Professors Leske, in dessen Haus er Erzieher gewesen. Sie war dreizehn Jahre älter als er und brachte ihm mehrere Kinder zu. Ihr Sohn wurde später der Verleger der Creuzerschen Werke. Es war natürlich, daß der junge Professor in Heidelberg bald der Mittelpunkt eines Kreises von Männern wurde, die gleiche Gesinnung und gleiches Streben zusammenführte. Zu den schon vorhandenen Kollegen und Freunden kamen in den nächsten Jahren noch der Historiker und Bibliothekar Wilcken und der Philolog Böckh, einer badischen Beamtenfamilie entstammt. Moser, der nachmals in der württembergischen Schulwelt eine hervorragende Stellung einnahm, war im philologischen Seminar „der erste Grenadier unter den Kommilitonen", wie ihn Creuzer seiner hohen Gestalt wegen zu nennen pflegte, und durchs ganze Leben ein treu ergebener Anhänger und Freund des Meisters. Böckh, der einige Jahre nachher an die neugegründete Universität Berlin berufen ward, nannte die vier Jahre seiner akademischen Thätigkeit in der Neckarstadt „eine schöne Zeit jugendlicher Frische" und bezeichnete noch am Ende seines Lebens jene Periode als seine „goldbekränzte Jugend". Böckh und Creuzer ergänzten einander: jener wandte seinen Fleiß und Scharfsinn der realistischen Seite der Altertumskunde zu und war Rechner und Haushalter; dieser pflegte die idealistische Seite, die sich in den Gebilden der Kunst und Mythologie abspiegelt, und blieb dem praktischen Leben stets fremd und abgewandt. Hat er sich doch niemals zum Prorektor wählen lassen. Und so sehr fühlte sich Creuzer in der Heidel=berger Atmosphäre heimisch, daß ein glänzender Ruf nach Leiden mit einer dreifach größeren Besoldung, der durch die Vermittelung Wyttenbachs im Jahre 1809 an ihn gelangte, wie ein Traum in seinem Leben vorüberschwand. Er sagte zu und reiste um Ostern in Begleitung Mosers ab. In Koblenz verweilten sie einige Tage bei Görres, in Köln verkehrten sie mit den Brüdern Boisserée und mit Bertram. Kaum hatten sie aber Leiden erreicht, so wurde Creuzer wie von einem Heimweh befallen. „Feine Städte, hübsche Leute," heißt es in seinem biographischen Abriß, „aber ich konnte keinen mythologischen Gedanken fassen in dem flachen Lande. Auch an dem Gestade der sonst so poetischen See waren die französischen Telegraphen keine Obelisken der Sonne und die englischen Wachtschiffe keine Delphine." Er schrieb sofort an Reizenstein, wenn seine Stelle in Heidelberg noch offen sei, so stehe er um denselben Gehalt wieder zu Diensten. Im Oktober war er wieder am Neckarstrande. Mit Wyttenbach und dessen geistreicher Nichte und Gattin blieb er jedoch stets in freundschaftlicher Verbindung. Von der Zeit an gehörte Creuzer

bis zu seinem Tode der Universität Heidelberg an. Verschiedene
Anerbietungen von andern Hochschulen wies er von der Hand.
Ihn hielt, wie er einst einem Freunde schrieb, der Zauber der
Gegend, treue, enge Freundschaft mit geistvollen Männern und
Frauen, der freie, ungezwungene, von Hochmut und Luxus
gleichweit entfernte Ton der Gesellschaft an Heidelberg fest. Nur
einmal machte er mit einigen Alumnen des philologischen Se=
minars eine Reise nach Paris, wo man sie wie Scholaren aus
dem sechzehnten Jahrhundert, um einen Meister geschart, an=
staunte.

Mit der Rückkehr aus Holland begann für Creuzer die
glänzendste Zeit seiner akademischen Thätigkeit. Seine Vor=
lesungen über Kunstgeschichte und noch mehr die über Symbolik
und Mythologie zogen jahrelang eine solche Menge von Zuhörern
aus allen Fakultäten herbei, daß nur der große Pandektensaal
sie zu fassen vermochte. Viel trug zu diesem Erfolge die Zeit=
strömung bei. Denn Creuzers Vortrag war weder fließend noch
gewählt, und das archäologische Material, über das er verfügte,
bestand in einigen Kupferwerken und Abdrücken von Münzen und
Antikaglien. Von einer Sammlung antiker Bildwerke in Gips,
wie sie heutzutage in den weiten hellen Sälen prangen, hatte
man keine Ahnung. Das mehrbändige Buch über Symbolik und
Mythologie der alten Völker, das aus den Vorlesungen heraus=
wuchs, ist Creuzers Lebenswerk. Es war der Ausdruck der
dominierenden Geistesrichtung, die in geheimnisvoller Mystik und
in symbolischen Formen die Idee des Absoluten suchte und ahnte;
der die Erscheinungen nur als Hülle und Gefäß des Ewigen
gelten, alles Vergängliche nur ein Gleichnis war.

„Den alten Religionen,“ sagt Ulrichs in der „Allgemeinen
deutschen Biographie,“ „lag nach Creuzer der Kern einer reineren
monotheistischen Urreligion zu Grunde, der von priesterlichen
Lehrern in der Form von Zeichen (Symbolen) und Erzählungen
(Mythen) mitgeteilt, durch die Einmischung volkstümlicher Sagen,
durch die poetisch gestaltende Kraft und durch die Empfindung
der belebten Natur zu einer polytheistischen Gliederung auswuchs,
aber in den Mysterien am reinsten erhalten war.“ Diesen Kern
durch Vergleichung der orientalischen Grundformen mit den

Umgestaltungen der Griechen und anderer Völker, durch Ana=
logien und Deutungen ans Licht zu ziehen, sei die Aufgabe der
Wissenschaft.

Ein Gespräch Goethes mit Creuzer auf dem Schlosse über
den Doppelsinn, der allen antiken Mythen innewohne, gab Veran=
lassung zu dem Gedicht im „Westöstlichen Divan": Ginko biloba.

> „Dieses Baums Blatt, der von Osten
> Unserm Garten anvertraut,
> Gibt geheimen Sinn zu kosten,
> Wie's den Wissenden erbaut.
>
> Ist es ein lebendig Wesen,
> Das sich in sich selbst getrennt?
> Sind es zwei, die sich erlesen,
> Daß man sie als eines kennt?
>
> Solche Frage zu erwidern,
> Fand ich wohl den rechten Sinn;
> Fühlst du nicht an meinen Liedern,
> Daß ich eins und doppelt bin?"

Mit diesen mythologischen und symbolischen Studien standen
die Arbeiten über Plotin in naher innerer Beziehung. Der
neuplatonische Philosoph des dritten Jahrhunderts der christ=
lichen Aera, der in Rom fast drei Jahrzehnte lang wie Pythagoras
und Plato eine edle Jüngerschar um sich versammelte und in
seine Weisheitslehre einweihte, der als Prophet, Heiliger und
Wunderthäter von seinen Anhängern verehrt ward, so daß, wie
bezeugt wird, „seine Altäre nicht erkalteten", fand in Creuzer
einen kongenialen sympathischen Interpreten.

Diese Auffassung der religiösen Dinge fühlte sich zum Katho=
lizismus hingezogen. In seinem Lebensabriß verwahrt sich
Creuzer mit Eifer und Entschiedenheit gegen den Vorwurf des
Kryptokatholizismus, und man hat keinen Grund, seiner Ver=
sicherung zu mißtrauen, „daß er im evangelisch=protestantischen
Glauben ferner zu leben und auch zu sterben gedenke". Er war
ein zu ehrliches hessisches Blut, als daß er von dem lutherischen
Glauben seines Elternhauses hätte abfallen oder etwa, wie der
ihm vielfach befreundete und geistesverwandte Hofprediger Stark

in Darmstadt, der nebst seiner Frau in der abgeschlossenen Woh=
nung das Ordenskleid trug, mit heuchlerischer Zweideutigkeit katho=
lische Gesinnung unter protestantischer Außenseite hätte verbergen
sollen. Aber die zahlreichen Beispiele des Konfessionswechsels,
denen man bei so manchen Häuptern der Romantik begegnete,
gaben doch der Verdächtigung des Katholisierens einigen Anhalt.
In der Künstlerwelt war damals der Uebertritt zu der katholischen
Kirche so häufig, daß Peter Cornelius, der von Haus aus
katholisch war, unmutig ausrief: Wenn das so fortgehe, werde
er in Versuchung kommen, protestantisch zu werden. Mag auch
bei einigen, wie bei A. W. Schlegel, bei L. Tieck u. a., die Hin=
neigung zum Katholizismus nur auf künstlerischer und ästhetischer
Grundlage beruht haben, auch ihr förmlicher Uebertritt nie ganz
sicher hervorgetreten sein, so war doch Friedrich Schlegel, Creuzers
Freund und Mitarbeiter an den „Heidelberger Jahrbüchern",
der eigentliche Fahnenträger der Partei, so waren doch die
Maler Overbeck und Veit, die sich in Symbolik und Allegorie
so nahe mit dem Heidelberger Professor berührten, eifrige Kon=
vertiten.

Und gerade um diese Zeit erhielt die romantisch=katholische
Weltanschauung in Heidelberg einen bedeutsamen Mittelpunkt
und Versammlungsort in dem Stift Neuburg, einem ehemaligen
adeligen Frauenkloster, das in den Jahren der Säkularisation
eingezogen worden und dann durch Kauf in den Besitz einer
reichen Konvertitenfamilie aus Frankfurt gekommen war. Die
herrliche Lage auf einem Hügel der rechten Neckarseite, umgeben
von Wald, Wiesen und Weinbergen, verlieh der Stätte einen
hohen Reiz und die geringe Entfernung von der Stadt erleichterte
den Verkehr. Christian Schlosser, Neffe des bekannten Schrift=
stellers und Schwagers von Goethe, Johann Georg Schlosser,
ein geistvoller, aber überspannter Mann, war in Rom katholisch
geworden, und seiner Einwirkung, sowie der propagandistischen
Gewandtheit eines Wiener Priesters war es gelungen, auch den
jüngeren Bruder, Johann Friedrich Heinrich Schlosser und dessen
Gattin Sophie, geborene Du Fay aus einer alten hugenottischen
Refugiésfamilie, gleichfalls zum Uebertritt zu bewegen. Ihr
Einzug in das Stift Neuburg, wo sie die Sommermonate zu=

brachten und das sie mit Prachtwerken der Kunst und Litteratur
ausschmückten, war in jenen Tagen, wo die Romantik ihre Glanzperiode hatte, ein bedeutungsvolles Ereignis. Die Professoren
der Universität besuchten oft und gern das gastfreie Haus, wo
eine konservativ-aristokratische Luft wehte, gehoben durch Kunst
und Poesie. In den kleineren vertraulichen Zirkeln wurde den
romantischen und katholischen Sympathien gehuldigt, doch könnte
man nicht behaupten, daß die Schlossersche Familie, namentlich solange der Hausherr selbst, mehr ein Mann der Phantasie und
poetischer Dilettant als religiöser Eiferer, am Leben war, Anders-
gläubige von ihren Räumen ausgeschlossen hätte. Alle Gäste
waren willkommen, die nicht gerade der gegnerischen Richtung
angehörten; aber alle, die in den Sälen verkehrten oder unter den
schattigen Alleen des ehemaligen Klostergartens mit seiner prachtvollen Aussicht auf Schloß und Stadt, auf Fluß und Berge
einherwandelten, atmeten doch die Luft der Romantik, die Wohlgerüche des katholischen Kultus mit einem gewissen Behagen und
innerem Verständnis ein. Nach dem Tode des Hausherrn, als
die Ansichten schärfer auseinander traten und eine schneidigere
Luft durch die Welt zu ziehen begann, wurde das Stift Neuburg
mehr und mehr ein Sammelplatz der Ultramontanen. Bei der
Witwe ging Verstand und katholische Tendenz über Phantasie
und Kunstinteresse. Jetzt sah man häufig die Bischöfe und Domherren von Speier und Mainz am Neckarstrande verkehren. Auch
wurden wohl hie und da im stillen Versuche gemacht, sympathische Seelen in den Schoß der alleinseligmachenden Kirche zu
ziehen. Von einem jüngeren Kollegen Creuzers, Mitherausgeber
des Herodot und in späteren Jahren Redakteur der „Heidelberger
Jahrbücher," Christian Felix Bähr, der stets ein eifriger Besucher
des Stifts geblieben ist, wollte die Universitätswelt wissen, daß
er, sowie auch seine Frau insgeheim katholisch geworden seien.
Zu den intimeren Gästen des Stifts gehörte die Familie Nägele.
Franz Karl Nägele, 1778 in Düsseldorf geboren, entstammte
einer altpfälzischen katholischen Familie. Als Schwiegersohn des
berühmten Mediziners May kam er früh in eine angenehme
Stellung bei der Heidelberger Universität, der er bis zu seinem
Tode angehörte. Er zählte zu den Notabilitäten der medizinischen

Fakultät und erlangte durch seinen Verstand, durch seine Kennt=
nisse und durch seinen anregenden, beredten Vortrag eine bedeu=
tende Wirksamkeit und großen Beifall bei seinen Zuhörern. Er
rühmte sich seiner Erziehung bei den Jesuiten und blieb auch im
Leben ihrer Moral zugethan. Aber als gescheiter, feiner Weltmann
wußte er in profanen Kreisen mit Selbstironie sich über seine
Jugenderlebnisse in gesprächiger, amüsanter Weise zu ergehen.
Er war der Typus eines kulanten Zöglings der Jünger Loyolas,
der im äußeren Leben sich sicher bewegte, mit Witz und Humor
die Unterhaltung zu beleben wußte, im Innern aber stramm zu
der Fahne hielt und sich persönlich manche Freiheit gestattete.

Creuzer war häßlich wie Sokrates. Sein rothaariges Haupt,
das in späteren Jahren mit einer Perücke bedeckt war, seine
herabhängende Unterlippe, die an den habsburgischen Typus
erinnerte, seine nachlässige vorgebeugte Haltung zeigten keine
Spur von einem Kavalier. Und dennoch hat er nicht bloß wie
Sokrates edle Jünglinge an sich gefesselt, damit er sie „schön
von Innen" mache; er hat auch bei den Frauen Gunst gefunden.
Es ist bekannt und oft genug in Briefen und Biographien dar=
gestellt worden, wie locker die ehelichen Verhältnisse bei den
Romantikern genommen wurden. Es galt als natürlicher Grund=
satz, daß man keinem Wesen in seinen Neigungen Zwang anthun
dürfe. Der ganze Schwerpunkt der sittlichen Berechtigung wurde
in das Gefühl, in den Kultus der Persönlichkeit gelegt. Man
kann nicht sagen, daß in den höheren Gesellschaftskreisen Heidel=
bergs diese laxe Moral zur Anwendung gekommen wäre, daß
die Musenstadt am Neckar die Chronik der Skandale bereichert
hätte: auch in der Periode der Romantik ging das Neigen von
Herzen zu Herzen nicht über die Grenzlinie platonischer Liebe
hinaus, blieben die Affekte auf sympathische Seelenstimmung
beschränkt. Dennoch spielt in Creuzers Lebensgang eine Episode
herein, welche diesen Zug der Romantik in schärfster Prägung
an sich trägt und dazu noch mit einem tragischen Ausgang endigte.
In dem Daub'schen Hause hielt sich in den Jahren 1804—1808
eine junge Frankfurter Stiftsdame, Karoline von Günderode,
auf, die sich als Schriftstellerin und Dichterin bekannt gemacht
hatte. Sie war befreundet mit Klemens und Bettina Brentano,

mit Arnim und Savigny. Karoline von Günderode faßte zu
Creuzer, der viel mit der Familie verkehrte und in traulichen
Abendzirkeln die griechischen Tragiker vorlas und erklärte, eine
leidenschaftliche Liebe, die von Creuzer erwidert ward. Er nannte
in einem Briefe die Schloßaltane, wo er sie zuerst sah, „den
Ehrensaal seines inneren Daseins, wo das volle Herz überströmen
möchte in die zeitlose Unendlichkeit". Es spielte sich eine Herzens-
tragödie ab; man besprach den Plan einer Scheidung der
Creuzerschen Ehe. Aeußerliche Schwierigkeiten verzögerten das
Vorhaben. Da siegte das Gefühl der Pflicht und Pietät gegen
die treue, bewährte Hausfrau, die ihn, als er von einer schweren
Krankheit ergriffen ward, liebevoll pflegte; der Gedanke einer
Lösung der langebestehenden Familienbande wurde im entscheidenden Wendepunkt aufgegeben. Wir kennen aus Bettina den
Ausgang der schwärmerischen Freundin Günderode. Sie hat sich
am Ufer des Rheins den Dolch in die Brust gestoßen und in
die Fluten des Stromes gestürzt. Ihre Gedichte, von Fr. Goetz
in Mannheim im Jahre 1857 unter dem Namen „Tian" gesammelt und herausgegeben, zeugen von einem Hang zu schwermütiger
Mystik. Charakteristisch für ihre in der Antike und dem Glauben
an die beseelte Natur wurzelnde Weltanschauung ist die Grabschrift,
die sie sich selbst bestimmte als „Abschied des Einsiedlers". Wenn
Creuzer in seiner Selbstbiographie die ersten Jahre seines Heidelberger Aufenthalts als eine „Periode schwerer Seelen- und
Körperleiden" bezeichnet, so kann sich diese „ernste Erinnerung"
nur auf die Seelenkämpfe beziehen, die ihm das Verhältnis zu
der heißgeliebten Stiftsdame und die Unmöglichkeit einer ehelichen
Verbindung mit ihr bereitete. In einem vertraulichen Brief an
Savigny schüttete er sein tiefbewegtes Herz dem Freunde in folgenden Worten aus: „Denke nicht, daß ich das Lebensende suche,
so wenig, daß ich sogar Karoline, welche Ideen der Art gern
nährt, stark widersprochen habe und fortfahre, zu widersprechen.
Aber wenn gewisse Schritte gethan sind, hören die übrigen Handlungen auf, ganz frei zu sein. Sie sind Werke des Schicksals.
So ist es mit mir in jeder Hinsicht. Das Uebermaß ist Gebot
und Sinn meines Lebens geworden. Das fühlte ich schon
längst, jetzt aber weiß ich's. Ohne Maß lieben, hoffen ohne Maß,

verzagen ohne Maß ist der Ton meines Lebens innerlich be=
trachtet, und ohne Maß arbeiten, ist das äußerliche Gebot. So
viel siehst Du aus meiner dürftigen Mitteilung, daß ich in der
Seligkeit unglücklich bin." Er schließt mit den bitteren Worten:
„Ist es recht, oder ist es grausam, daß eine Frau, die ihre Ge=
schichte naturgemäß durchgelebt hat, in Liebe mit einem ernsten
Mann von gleichem Alter, in Kindern, die sie auf den Händen
tragen, in Enkeln, denen sie entgegensieht, daß diese begehrt und
nicht davon abläßt, ein junger Mann solle den Sinn seines
Lebens darin finden, den späten Herbst, den nahenden Winter
als ihre Wintersonne noch ein wenig warm und hell zu machen?
Es ist recht! Letzterer konnte ja das voraus wissen. Ja es ist recht!
Opfer fallen hier, weder Lamm noch Stier, aber Menschenopfer
unerhört. Stille, meine Seele! Stille, es ist recht!" In seinem
Unmuthe thut Creuzer der braven Frau Unrecht. Sie war bereit,
in die Scheidung zu willigen; er selbst erkannte bald die Un=
möglichkeit, einen neuen Ehestand zu gründen, und fügte sich in
die Notwendigkeit. Er entsagte seiner „Poesie", wie er die
Günderode nannte, und führte dadurch das tragische Ereignis ihres
freiwilligen Todes herbei. Mit ihr entwich auch für Creuzer
sein guter Genius, die Poesie seines Lebens war seitdem dahin.
Wie Karoline dachte und fühlte, mögen die Strophen eines Ge=
dichtes verkünden, das wir am Rande mitteilen wollen*). Es

---

*)

An meinen Heiligen.

Den Weisen aus dem Morgenlande
Ging einst ein heller Stern voran,
Und führte treu sie ferne Pfade,
Bis sie das Haus des Heilands sahn.
So leuchte über meinem Leben,
Laß glaubensvoll nach dir mich schaun,
In Schmerzen, Tod und in Gefahren
Laß mich auf deine Liebe traun!
Mein Auge hab' ich abgewendet
Von allem, was die Erde gibt,
Und über alles, was sie bietet,
Hab' ich dich, Trost und Heil, geliebt.
Dem Tod schon bin ich ganz gestorben,

ist das Uebermaß von Gefühl und Liebesaffekt in einer über=
schäumenden Seele, das sich in ein ideales Objekt auszugießen
strebt. Von persönlichen Beziehungen muß man bei der roman=
tischen Ueberschwenglichkeit ebenso absehen, wie bei den erotischen
Ergüssen der Troubadoure des Mittelalters.

Wir werden später des Streits mit Voß gedenken. Dieser
bildete einen bedeutsamen Abschnitt in dem Leben des Philo=
logen. Seitdem fehlte ihm die Sicherheit und das Selbstver=
trauen. In seinen späteren Jahren verkehrte er viel in dem
Hause des Gymnasialdirektors Kayser, dessen stattliche, schlanke
Frau eine begeisterte Anhängerin der Romantik war. Nach dem
Tode ihres Mannes gründete sie mit ihren beiden Söhnen ein
Knabeninstitut und unterhielt ein vielbesuchtes Haus, wo Creuzer
fast der tägliche Gast war. Die lebhafte, stark empfindende
Frau, die das Glas, aus dem einst Tieck getrunken, wie eine
Reliquie aufbewahrte und den Hausfreund enthusiastisch verehrte,
erheiterte durch ihre Unterhaltungsgabe seine Abende. Nach dem
Tode seiner Frau vermählte sich Creuzer in vorgerücktem Alter
mit einer Wittwe von hübschem Aeußeren und noch ziemlich jung
an Jahren. Ein bibelkundiger Freund wandte die Worte auf
ihn an, welche im ersten Buch der Könige von dem hochbetagten
König David und der schönen Abisag von Sunem geschrieben

Zu leben zwiefach nun in dir,
Ich habe Wunsch und Furcht verlassen,
Kein eitles Hoffen ist in mir.
Mein Herz ist still, die Stürme schweigen,
Mir g'nügt es, dich im Geist zu schaun;
Dich ewig liebend zu betrachten,
Auf deine Liebe still zu baun.
Dir lebe ich, dir werd' ich sterben,
Drum lasse meine Seele nicht
Und sende in der Erde Dunkel
Mir deiner Liebe tröstlich Licht.
C, wandle über meinem Leben,
Ein Morgenstern der Heimat mir,
Und führe mich den Weg zum Frieden,
Denn Gottes Friede ist in dir.

stehen: „Sie pflegte ihn, lag an seinem Busen und hielt ihn warm!"

Die Vorlesungen machten Creuzer nie große Freude. Als die Erfolge schwanden und die Zahl der Zuhörer gering ward, nahm er seinen Abschied von der akademischen Thätigkeit und verlebte die letzten Jahre im Ruhestand, nicht gerade in behaglicher sorgenfreier Existenz, denn die Haushaltung war, wie früher bemerkt, nie seine Sache. Man erzählte sich, daß seine ausgebreitete Korrespondenz mit den berühmtesten Zeitgenossen für Antiquare und Autographensammler eine Fundgrube, für ihn selbst eine Einnahmequelle gewesen. Anselm Feuerbach, der geistreiche Verfasser des „Vatikanischen Apollo", damals Professor der Archäologie in Freiburg, hoffte die erledigte Stelle zu erhalten; aber die Regierung ernannte einen andern Philologen, Karl Zell, der als Mitglied des Oberstudienrats durch seine ultramontane Gesinnung in Karlsruhe unbequem geworden war. Jenem hat die Enttäuschung das Herz entzweigedrückt, er starb noch vor Creuzer; diesem war die Stelle eine Last, die er bald abschüttelte, um seine Feder ausschließlich dem Dienste der Kirche zu weihen und das „mystische Band" mit Rom immer enger zu flechten.

Creuzer starb am 1. Februar 1858 im höchsten Greisenalter. Sein zweiter Nachfolger auf dem archäologischen Lehrstuhl, Bernhard Stark, schließt die Prorektoratsrede, die er im Jahre 1874 über den Bildungsgang und die wissenschaftliche und akademische Bedeutung des „alten Professors" hielt, mit folgenden ergreifenden Worten der Sehnsucht, die Creuzer nachts während einer Krankheit im 84. Jahre dichtete:

„Die müden Lebensgeister,
Sie schweifen hin und her,
Sie suchen ihren Meister,
Den Schlaf — wo weilet er?
Komm' lieber Schlaf, komm wieder,
Berühre Haupt und Glieder
Und stell' die Ruhe her."

Im Sommer 1817 feierte die Romantik noch einmal einen Triumph durch die Anwesenheit Jean Paul Fr. Richters. Der

Romanschriftsteller aus dem gemütlichen Frankenland, der aus seiner eigenen inneren Welt die Liebe schöpfte zu dem Klein- und Stillleben, zu der sentimentalen Gefühlsschwärmerei und zu den idealen Menschengestalten, die er so lebendig und humoristisch zu schildern wußte, war der bewunderte Schriftsteller der jüngeren Geschlechter, in deren enthusiastische Empfindungswelt er sich versenkte. Besonders war er der Liebling der Frauen und Mädchen, die über die Nachricht seiner Ankunft in der Neckar-stadt so freudig erregt waren, wie einst die Frankfurter Frauen bei dem Besuche Lavaters in der Mainstadt, die nach Goethes Schilderung eifrig forschten, ob man den Heiland auch gut ge-bettet habe. Die Institutionsfräulein brannten vor Verlangen, den Dichter zu sehen und zu bewundern, der in ihrer Seele so zarte Empfindungen, so süße, elegische Stimmungen geweckt hatte, der die empfindsamen Leser in den Zustand zahnender Kinder versetzte, wo Weinen und Lachen nebeneinander herlaufen oder miteinander abwechseln. Machte auch weder seine wohlbeleibte Gestalt noch sein Hang zum Biertrinken den ästhetischen Ein-druck, den der schöne und salbungsvolle Verfasser der „Physiogno-mischen Fragmente" erweckte, so waren die Tage seines Heidel-berger Aufenthalts doch eine Reihe von Ovationen von seiten der Universität, der gebildeten Stadtbewohner, der Studentenschaft.

Wenn Gervinus sagt, daß Jean Paul nur enthusiastische Lober und kalte Tadler gefunden habe, daß es sentimentale Damen gegeben, welche die Locken seines Pudels auf der Brust trugen, und dürre Weltmänner, denen ihre Frauen witzig nach-sagten, sie liebten den Dichter so wenig, daß sie nie eine Zeile von ihm gelesen hätten, so gilt dies in erster Linie von Heidel-berg; nur daß in jener Zeit der schwärmenden Romantik und der jungen Burschenschaft mit ihren nationalen und freiheitlichen Tendenzen die Zeichen der Bewunderung und Verherrlichung stärker und ostentativer hervortraten. Damals studierte Richard Rothe in Heidelberg, nachmals eine Zierde der theologischen Fa-kultät. In dessen Lebensbild von Nippold findet man Briefe, worin er seinen Eltern mit jugendlicher Begeisterung die Hul-digungen schildert, die dem gefeierten Mann dargebracht wurden. Er war zum Doktor der Philosophie kreiert mit der ehrenvollsten

Hervorhebung seiner Vorzüge und Verdienste und der Tag dieser Huldigung mit einem Festmahle gefeiert im Gasthof zum goldenen Hecht an der Neckarbrücke. Die hiesigen Professoren, versichert Rothe, genießen ihn förmlich ab. Den Höhepunkt dieser Ovation bildete ein Fackelzug, den die Studenten dem gefeierten Gast vor seiner Herberge in der Nacht des 12. Juli darbrachten. Ein Auszug aus dem Briefe gibt ein deutlicheres und frischeres Bild des Vorganges und der Stimmung, als die sorgfältigste Beschreibung zu geben vermöchte. Es sei daher gestattet, in des jungen Rothe eigenen Worten zu reden: „In unserem Festsaale in der Hirschgasse vor dem Neckarthore versammelten wir uns, zogen still und feierlich nach dem dicht am Neckarthore gelegenen goldenen Hecht hinein, wo uns ein Kreis von Fackeln erwartete, sangen hier das auf Jean Paul anpassend abgeänderte ‚Heil dir im Siegerkranz‘ und brachten dem herrlichen Manne vielfache Lebehochs aus, zum Aergerniß der erbitterten Landsmannschaften, welche alles ruhig mit ansehen mußten. Jean Paul kam herunter zu uns: ‚Wo sind Hände?‘ war sein erstes Wort, ‚Kinder, gebt die Hände her, daß ich sie drücken kann; jede Hand ist ein Herz.‘ Und die Hände häuften sich so sehr, daß er oft sechse und mehrere zugleich umfaßte. Die Rührung war wirklich von beiden Seiten außerordentlich; Jean Paul hatte so etwas nicht erwartet. Schwarz und der alte Voß waren bei ihm oben, und Schwarz hat sich auch bei dieser Gelegenheit wieder als den alten gezeigt. Sein Herz kann sich nie verleugnen. Aber, um wieder auf Richter zu kommen, so kann ich wohl sagen, daß ich nie eine so unaussprechliche Gemütlichkeit gesehen wie in ihm. Mit der innersten Leutseligkeit mischte er sich unter uns: ‚Wenn Sie mir,‘ sagte er, ‚dieses Lebehoch bringen, weil ich ein Deutscher bin, wohl, so nehme ich es freudigst an; aber wenn Sie es dem Dichter bringen, dann sei es fern von mir, mich dessen würdig zu achten. Doch wahrlich, einen solchen Abend erlebe ich in diesem Jahre, ja gewiß in diesem Leben nicht mehr; auch konnte eine solche Scene nur in Heidelberg erlebt werden; nicht in Jena, nicht in Göttingen, nirgends anders.‘ Dies waren seine Worte. Er erkundigte sich nun, wo wir hinzögen. Wir erwiderten, daß wir nach unserem

Festhause zurückkehren würden. ‚Nun wohl,‘ sagte er, ‚so begleite
ich Sie wenigstens ein Stück.‘ Wir nahmen ihn an die Spitze
des Zuges, der, die Hüte mit Eichenlaub bekränzt, paarweise
Arm in Arm einherschritt. Er selbst war im bloßen Haupte;
es regnete sanft, und mit der ersten besten Mütze bedeckten wir
ihn. Bis auf die Mitte der Neckarbrücke zog er mit uns, dann
kehrte er um; wir teilten uns und bildeten zwei Reihen, durch
die er mitten hindurch ging. Habe ich je die Rührung einem
Menschen auf dem heitersten Gesichte angesehen, so war es Jean
Paul. Seine Herzlichkeit, verbunden mit der kindlichen Natürlichkeit, ist ganz unbeschreiblich: ich kann nicht mehr sagen, als
er war wahrhaft Jean Paul. Durch und durch und allgemein
begeistert kehrten wir in unseren Festsaal zurück, und ein wahrhaft fröhliches Lustgelage beschloß den seltenen Abend. Wir
sangen das rührende, durch Mark und Bein dringende Schweizer-
lied: ‚Wie wir so treu beisammen sitzen u. s. w.‘, und riefen
uns immer wieder den Herrlichen, der uns diesen Abend bereitet,
ins Gedächtnis zurück.“

3.

Der Uebergang aus einer altgewohnten Lebensordnung in
eine neue geht nie ohne Schmerzen und Gewaltsamkeiten ab.
Dies sollte auch Heidelberg erfahren. Wie im sechzehnten Jahrhundert die Reformation zu Auswüchsen und Zerrbildern führte
und ein blutiges Glaubensgericht zur Folge hatte, so hat auch
das politisch-sociale Dogma „Freiheit und Gleichheit“ manches
häßliche Schauspiel zu Tage gefördert. Wie sollte nicht der
Umsturz des alten Staatswesens, die Niederwerfung der alten
Dynastien und Regierungen, die Abschaffung so mancher Gesetze
in den Vorstellungen der Menge eine Verwirrung der Begriffe,
ein Mißverständnis der alten Rechtsbestimmungen über Leben
und Eigentum, eine zügellose Steigerung der individuellen Freiheit zur rücksichtslosesten Selbstsucht erzeugt haben? Wie im
großen, wie in der Staatsorganisation und in den gesellschaft-

lichen Verbänden der ungebändigte Naturtrieb sich geltend machte,
so glaubte auch der einzelne berechtigt zu sein, sich über die
Grenzen, die Gesetz, Recht und Herkommen der menschlichen
Gesellschaft gezogen, wegsetzen und die wilde Naturkraft walten
lassen zu dürfen. In den Jahren der Auflösung und Zersetzung
der alten Staats- und Rechtsbestände erlosch der Glaube an
die Fortdauer des Reiches, an die Gültigkeit der menschlichen
Ordnungen, an die Haltbarkeit der öffentlichen Zustände; verwegene Gesellen rotteten sich zusammen, um ihre wilden Be-
gierden und Leidenschaften zu befriedigen. An den Ufern des
Rheins und Mains, in den Schluchten und Waldesgründen
des Odenwaldes und Spessarts und an der Bergstraße bildeten
sich Räuberbanden, die zu kleinen Heerabteilungen heranwuchsen
und sich eine militärische Organisation unter kühnen und ver-
schmitzten Hauptleuten gaben. Es wurde Jagd auf sie gemacht,
sie wurden zersprengt, manche gefangen und enthauptet. Lange
erzählte sich das Volk von den verwegenen Thaten und Un-
thaten eines Schinderhannes und Hölzerlips, und noch heute
erinnert sich mancher der älteren Bürger Heidelbergs des grauen-
vollen Schauspiels einer Massenhinrichtung am 31. Juli 1812,
an der Stelle, wo jetzt die Bahnhöfe liegen, als Hölzerlips und
drei seiner Gefährten mit dem Richtschwert enthauptet wurden.
Vier andere fanden gleichzeitig in Gießen und andern Orten
des Großherzogtums Hessen ihr blutiges Ende, wie wir aus
der aktenmäßigen Darstellung des Gerichtsganges durch den
Stadtdirektor Pfister erfahren. Zwei Teilnehmer wurden auf
dem Richtplatz begnadigt. Einer derselben, der noch im Knaben-
alter stand, wurde in das Zuchthaus verwiesen und nach Jahren
als gebessert in Freiheit gesetzt. Er lebte noch lange als Handwerker in einem benachbarten Dorfe, aber der unheimliche Blick
verriet seine wilde Vergangenheit. Er wurde gemieden und
wanderte zuletzt nach Amerika aus. Auch solche Erscheinungen
hatten neben den verlotterten Zuständen des Reichs ihre Wurzeln und ihren Ausgangspunkt in der Sphäre der Romantik.
Seit Schillers „Räuber" weilte die Phantasie des Volkes mit
Vorliebe bei den Schauerscenen, die sich in des Waldes tiefsten
Gründen abspielten, und folgte mit Interesse und geheimer

Neigung den Thaten und dem ritterlichen Wesen der edeln Räuber. Der „Rinaldo Rinaldini" von Vulpius wurde mit Begeisterung gelesen und gab den Anstoß zu einer Flut von Räuberromanen, wie einige Jahrzehnte zuvor die „Leiden des jungen Werther" eine Sturmflut von Liebesgeschichten hervorgerufen hatten. Die im „Rinaldini" eingestreuten Gesänge wurden zu Volksliedern, wie früher Schillers Räuberlied.

Die Freiheitskriege gaben der Lebensanschauung wie in ganz Deutschland, so auch im Lande Baden, und insbesondere in Heidelberg, einen andern Charakter. Nicht als ob der romantische Gefühls= und Gedankenkreis verschwunden wäre — dazu war er zu tief eingedrungen, hatte zu viel Boden gewonnen —, aber es traten andere Faktoren hinzu, die seine Wirksamkeit ablenkten und schwächten: die nationalen, vaterländischen, freiheitlichen Ideen drangen über die Kreislinie herein und brachten neue Erscheinungen, neue geistige Gebilde hervor. Der Strom der Romantik hatte seinen weiteren Lauf; aber die Nebenflüsse und Kanäle verminderten seine Gewalt und seine dominierende Flut. War bisher das Gebiet der Kunst, der Wissenschaft, der religiösen Geistesrichtung die ausschließliche Domäne und Werkstätte gewesen, so trat nun auch die Politik hinzu und forderte ihren Anteil an den Gütern und Interessen der Menschheit.

Wir glauben nicht zu irren, wenn wir in der großartigen kriegerischen und vaterländischen Erhebung des deutschen Volkes gegen die napoleonische Gewaltherrschaft auch das romantische Element als einen mitwirkenden Faktor anerkennen; und in hervorragender Weise werden wir die Romantik als solche mitwirkende Kraft in der Schließung der heiligen Allianz erkennen, welche den Grundstein zu einer neuen christlich=politischen Lebensordnung legen sollte. Und dieser welthistorische Akt hatte in Heidelberg seine Entstehung und seine Geburtsstätte.

Die Botschaft von der Landung Napoleons an der französischen Südküste wirkte wie ein Donnerschlag auf den Wiener Kongreß. Die Heere rückten ins Feld, die Monarchen folgten ihnen nach. Um die Zeit, da bei Ligny und Waterloo die Entscheidungsschlachten geliefert wurden, befanden sich die Kaiser von Rußland und Oesterreich und der König von Preußen in

Heidelberg. Zar Alexander hatte sich eine romantisch gelegene Villa vor dem Karlsthor am Fuße des Bergzuges zwischen Schloß und Wolfsbrunnen zur Wohnung ausgewählt. Nicht weit davon, in einem Bauernhause des Dorfes Schlierbach, hielt sich Frau von Krüdener auf. Juliane von Vietinghoff, geboren 1764 in Riga, vermählt mit dem reichen Baron von Krüdener, einem in russischen Staatsdiensten vielfach verwendeten Diplomaten, hatte nach einem bewegten Weltleben in den Großstädten Europas und nach einer Vergangenheit, die nicht ohne Schuld und Sünde war, in einer mystisch-christlichen Religionsschwärmerei Befriedigung gesucht für ihr stark empfindendes und Liebe bedürftiges Herz. Ihrem vornehm kalten Ehegatten, dem sie mit sechzehn Jahren angetraut worden war, innerlich entfremdet und jahrelang von ihm getrennt, hatte sie sich in allerlei Verhältnisse eingelassen, welche die Grundzüge ihres Briefromans „Valérie" bilden, wie Goethes eigene Erlebnisse in „Werthers Leiden" durchleuchteten. Aber dem leeren Weltleben konnte sie nicht abgewinnen, was ihre sehnsüchtige Seele begehrte. Sie trug ihre Liebe auf Gott und Christus über. Ihre Briefe und Gebete atmen eine Inbrunst, die an sinnliche Liebesglut grenzt. In diesen Jahren der Erweckung hat sie die Mühseligen und Beladenen getröstet, die Kranken gepflegt, die Armen und Notleidenden unterstützt. Sie war in den schweren Tagen nach der Schlacht bei Jena in die Umgebung der Königin Luise von Preußen getreten und hatte sie mit religiösen Tröstungen aufgerichtet. Während des Wiener Kongresses hatte sie durch einen überspannten Briefwechsel voll mystisch-prophetischer Begeisterung mit einer Hofdame der russischen Kaiserin die Aufmerksamkeit Alexanders auf sich zu lenken gewußt. Sie hatte sich dann nach Heidelberg begeben, als sich das Hauptquartier dort befand. Hier überraschte sie den Kaiser durch einen persönlichen Besuch zu nächtlicher Stunde in weißem Gewande und bekränzten Hauptes und verkündete im Tone einer Seherin dem Zaren, er sei von der Vorsehung auserkoren, die religiös-christliche Weltordnung, wie sie Franz Baader zur Heilung der verführten und verirrten Menschheit in Schriften und Briefen dargelegt und empfohlen, als die neue Staatskunst der Zukunft zu begründen.

Die prophetischen Worte und die phantastische Erscheinung der
Frau machten um so mehr Eindruck auf die empfindsame, weiche
Seele des russischen Monarchen, als sie seiner eigenen Ueber=
zeugung von einer göttlichen Notwendigkeit und Vorausbestim=
mung entsprachen und seinem stolzen Selbstgefühl mit der Vor=
stellung einer höheren Mission schmeichelten. Frau von Krüdener
zählte damals 51 Lebensjahre, Alexander 38. Von einem Liebes=
verhältnis, wie es so oft aufgefaßt wird, konnte kaum mehr die
Rede sein. Wenn der Bewohner des Bauernhauses in Schlierbach
einem Fremden, der ihn um die Bedeutung einer unleserlich
gewordenen Inschrift befragte, zur Antwort gab: „Hier hat die
‚Matraß‘ des Kaisers Alexander gewohnt,“ so zeigt dies nur,
mit welchem Mißtrauen und mit wie profanem Auge das Volk
auf alles blickt, was dem Hofe nahesteht.

Als der Zar nach Paris reiste, um den Friedensverhand=
lungen beizuwohnen, folgte ihm Frau von Krüdener dahin, wo
sie im Vereine mit einigen französischen Gleichgesinnten in dem=
selben Sinne wirkte. Bei ihrem mystisch=schwärmerischen Naturell
mochte sich die erregbare Frau in Wahrheit für eine vom Geiste
des Herrn erfüllte Prophetin halten, berufen, die Fürsten und
Völker dieser Welt zu einem echt christlichen Leben zu bekehren,
und ihr Auftreten machte einen gewinnenden Eindruck. Wenn
auch nicht gerade schön, war sie eine distinguierte Erscheinung,
von eleganter Bildung, sprachgewandt und weltkundig. Ein
solches christliches Leben und Denken, wie sie es sich aus den
Schriften Baaders zurechtgelegt, war an keine bestimmt ausge=
prägte Konfession gebunden, daher auch das theosophische System
des Münchener Weltweisen, der wohl die von den Konzilen fest=
gesetzte Dogmatik als philosophische Wahrheit faßte, aber die
Autorität des Papsttums als eine Weltherrschaft in geistlichen
Dingen verwarf und Rom ein mit Christentum übertünchtes
Heidentum nannte, sich besonders zur fundamentalen Unterlage
dieser dehnbaren christlich=religiösen Anschauung eignete. In
Sendschreiben an die drei Monarchen und in einer Denkschrift
hatte Baader bereits den Gedanken eines christlichen Bundes
empfohlen, der von dem Spruche des Römerbriefes ausgehe:
„Die Liebe thut dem Nächsten nichts Böses“, das Wesen eines

von der Liebe zusammengehaltenen gesellschaftlichen und staat=
lichen Verbandes entworfen, in dem sowohl Despotie als Skla=
verei ausgeschlossen sei, und bewiesen, daß die „Dämonokratie"
der Revolution nur durch die „Theokratie" einer von göttlicher
Politik erfüllten Monarchie überwunden werden könne. Baader
hat einmal eine kleine Schrift verfaßt: „Der Blitz, der Vater
des Lichts." Ein solches „elektrisches Blitzgenie", das die ganze
Umgebung plötzlich durchleuchtet, war nach Görres auch der
Münchener philosophische Seher.

So bildete sich denn in der Seele der schwärmerischen Frau
von Krüdener das Ideal einer über die Formen und Dogmen
der einzelnen Konfessionen hinausgehenden christlich=politischen
Gemeinschaft aus, das, mit Propheteneifer verkündigt, in der
Phantasie des russischen Zaren, dessen Geist damals mit humanen
und liberalen Ideen erfüllt war, Wurzel faßte und konkrete
Gestalt nahm. Nach lebhaften Gesprächen mit der gottbegeisterten
Frau und dem magnetisierenden Wunderthäter Bergasse entwarf
Alexander eigenhändig die Grundzüge des heiligen Bundes, mit
dem eine neue christlich=politische Aera anbrechen sollte.

„Aller Edelsinn und alle Glaubensinbrunst," urteilt von
Treitschke, „aber auch die ganze unklare Gefühlseligkeit dieses
schwammigen Charakters waren in dem wundersamen Aktenstücke
niedergelegt." König Friedrich Wilhelm III. wurde leicht zum
Beitritte bewogen, hatte er doch selbst in den sorgenvollen Tagen
nach der Schlacht von Bautzen auf einem einsamen Ritt zu dem
kaiserlichen Freunde gesagt: „Jetzt kann uns nur Gott allein
noch retten; siegen wir, so wollen wir ihm vor aller Welt die
Ehre geben," und war doch der neue Bund in demselben Geiste
geboren, der einst die nächtliche Scene bei dem Grabe Friedrichs
des Großen in der Garnisonskirche zu Potsdam hervorgerufen
hatte. Zurückhaltender benahm sich Kaiser Franz, dem die
kühneren Schwingungen der Phantasie durchaus fern lagen.
„Handelt es sich bei dem Geheimnis um Religion," sagte er zu
Alexander, „so muß ich meinen Beichtvater, handelt es sich um
Politik, so muß ich meinen Kanzler fragen." Erst als ihn Met=
ternich durch die Versicherung beruhigte, der Vertrag enthalte
nur harmlose Redensarten, gab auch er seine Zustimmung.

So unterzeichneten denn die drei Monarchen, die sich einige
Monate zuvor in Heidelberg zusammengefunden hatten, vor
ihrem Abgange von Paris die Urkunde des heiligen Bundes,
der nach Alexanders Ansicht nur den regierenden Staatsober=
häuptern mitgeteilt, der profanen Welt und selbst den Ministern
vorenthalten werden sollte. In diesem ohne Rücksicht auf Kon=
fessionsunterschiede geschlossenen Bunde mit mystisch=patriarcha=
lischer Färbung gelobten die drei Herrscher: „Gemäß den Worten
der heiligen Schrift, die allen Menschen befiehlt, sich als Brüder
zu lieben, durch die Bande der wahren und unauflöslichen Bruder=
liebe verbunden zu bleiben, sich stets Beistand und Hilfe zu
leisten, ihre Unterthanen als Familienväter zu beherrschen, die
Religion, den Frieden und die Gerechtigkeit aufrecht zu erhalten.
Sie betrachteten sich nur als Glieder einer und derselben christ=
lichen Nation, von der Vorsehung beauftragt, die Zweige einer
Familie zu regieren und die Völker in den Grundsätzen und in
der Ausübung der Pflichten zu bestärken, welche der göttliche
Erlöser den Menschen gelehrt hat." Alle Mächte, die diese
geheiligten Grundsätze anerkennen wollten, wurden zum Beitritt
aufgefordert, und alle Souveräne traten allmählich bei, mit
Ausnahme des Prinzregenten von England, der nach den Ge=
setzen des Landes nicht in eigener Person selbsthandelnd einen
Staatsakt verrichten durfte, aber seine persönliche Beistimmung
gab, des Sultans, den Alexander von vornherein aus religiösen
und politischen Gründen fernhielt, und des Papstes, der die
rechtgläubige Ausschließlichkeit der katholischen Kirche nicht einer
christlich=mystischen Weltanschauung opfern wollte.

Dies war der Ursprung des denkwürdigen Bundes, dessen
erster Keim in jener erregten Nacht zu Heidelberg in Alexanders
Seele gesenkt worden war. Mehr als ein Jahrzehnt stand
Europa unter dessen Einfluß, und die reaktionären und absolu=
tistischen Tendenzen, die sich unter der mystisch=patriarchalischen
Hülle bargen, haben ihm den Haß der Völker zugezogen und
das ganze Machwerk als ein Gewebe der Heuchelei erscheinen
lassen. In seinem Entstehen lag eine solche bewußte Unlauterkeit
und Täuschung sicherlich fern. Die heilige Allianz war ein Kind
der überschäumenden christlich=romantischen Weltanschauung jener

Tage; sie trug das Gepräge der Zeitrichtung und Zeitbildung an sich.

Durch die Revolution und Napoleons Militärherrschaft waren die höchsten Schichten der Gesellschaft, die im gewöhnlichen Laufe der Dinge von den äußeren Wechselfällen des Lebens wenig betroffen werden, von schweren Schicksalsschlägen heimgesucht worden. Eine tiefere Betrachtung der ganzen Revolutionsbewegung von ihrer Quelle bis zu ihrer endlichen Beruhigung deutete auf das Walten einer höheren Macht hin, die jedes frevelhafte Trachten, jedes vermessene Selbstvertrauen zu Falle bringt. Hatte denn nicht die Geschichte der letzten Jahre Ereignisse und Schicksale von erschütternder Großartigkeit zur Erscheinung gebracht? Noch nie hat eine tragische Dichtung in schärferen Zügen, als es hier die wirkliche Historie that, die Lehre von der selbsträchenden Verschuldung dargestellt, daß des Menschen Natur und Wandel die eigenste Werkstätte seiner Geschicke ist; noch nie hat die Herodotsche Geschichtsanschauung von der Nemesis und dem Neide der Götter so eindringliche und ergreifende Bestätigung erfahren. Es war daher ein natürlicher Umschwung in der Gedanken- und Empfindungswelt, daß religiöses Gefühl und Gottesfurcht wieder in die Herzen der Menschen einkehrten, daß in den höheren Kreisen Frömmigkeit und christliche Gläubigkeit bald ebenso die Oberhand erlangten, wie früher Zweifelsucht, Unglaube und Freigeisterei.

Dies war der berechtigte und geheiligte Boden, auf dem die neuromantische Schule emporwuchs, auf dem so erregbare und elastische Naturen, wie die Stifter der heiligen Allianz, ihren Aufschwung nahmen. Aber alles Menschliche und Erschaffene ist der Entartung unterworfen und wird leicht zu verwerflichen Zwecken mißbraucht. Die Stifter des heiligen Bundes wie die Häupter und Träger der Romantik haben einen edlen Stoff, eine ideale Unterlage, ein höheres Bedürfnis der Menschenseele zu fremdartigen profanen Gebilden ausarten lassen, entstellt, verzettelt und verächtlich gemacht.

Mit dem Abschluß der Pariser Friedensverträge fand die einflußreiche gesellschaftliche Stellung der Frau von Krüdener ihr Ende. Aber ihr unruhiger, beweglicher Geist bedurfte eines neuen Arbeitsfeldes. Sie begab sich nach der Schweiz, wo sie durch ihr religiös=propagandistisches Treiben Spaltungen und Unfrieden in Familien und Gemeinden erzeugte. Sie mußte das Land verlassen. Mittlerweile hatte sich in Europa der Metternichsche Hauch über die stillen Wasser gelegt und die aufgeregten Geister zum Schweigen gebracht. Da war kein Raum mehr für prophetische Ergüsse und religiöse Konventikel. In Oesterreich und Frankreich wurde der Schwärmerin der Eintritt versagt und die der Regierung unbequeme Frau unter polizeilicher Bedeckung über die russische Grenze gebracht. Aber auch Alexander war unterdessen in den Hafen der Ruhe unter Metternichscher Flagge eingesegelt. Er wollte von der Seherin, die einst in Heidelberg so großen Eindruck auf sein Herz gemacht hatte, nichts mehr wissen. Sie begab sich zuerst nach Riga, ihrer Geburtsstadt, und später nach der Krim, wo viele deutsche Auswanderer aus der Pfalz und Württemberg angesiedelt waren, die sie zu einer Kirchengemeinde nach ihrem Sinne zu sammeln gedachte. Dort starb sie am 24. Dezember 1824. Sie hat viel erlebt, vielleicht auch viel gesündigt; aber sie hat auch die Füße des Heilandes mit ihren Thränen genetzt und mit den Haaren ihres Hauptes getrocknet. Und so mag denn der Ausspruch Jesu: „Ihr sind viele Sünden vergeben, denn sie hat viel geliebt," auch auf die Frau von Krüdener seine Anwendung finden. In dem kleinen Haus vor dem Karlsthor zu Heidelberg hat sie den erhabensten und bedeutungsvollsten Moment ihres Missionslebens vollbracht.

Die Tage, da sich das Hauptquartier in Heidelberg befand, blieben den Einwohnern lange im Gedächtnis. War es doch die Zeit von Belle=Alliance, die den harrenden Völkern den lange ersehnten Frieden bringen sollte und in welcher die Hoffnung auf würdige politische Zustände noch nicht in der Brust erstickt war. Es gibt ein eigenes Schriftchen von einem der damaligen Stadtgeistlichen, worin alle die Festlichkeiten und Aufzüge beschrieben sind, zu denen die Anwesenheit der Monarchen und so vieler Prinzen, Fürsten und hochgebietender Persönlichkeiten, wie Schwarzenberg, Metternich u. a., Veranlassung gab. Die Sprache kommt uns heutzutage fremdartig vor; sie erinnert an den Hofstil früherer Tage, wo man nicht überschwenglich genug sein konnte in Huldigungen und Ovationen, in Verherrlichung der Hohen und in serviler Demut von seiten der Untergebenen, wo man die Mächtigen in den Himmel erhob und sich selbst in den Staub niederwarf, wo die Wogen der Loyalität alle Dämme und Ufer überschwemmten.

Der erste Brief des erwähnten Schriftchens ist bezeichnend für die herrschende Stimmung und Auffassung: „O, könnten doch alle Jünglinge, Männer und Greise in Deutschlands Gauen das Ernste und Milde, das Herrliche und Freundliche, das Kräftige und Ruhige, das Würdevolle und Anspruchslose mit uns in der Nähe der Erhabenen schauen, die in diesen Tagen unter uns weilen, so würde jeder mit uns tief ergriffen, sich recht bewußt werden, wie die Liebe zu seinem Regenten dem Deutschen angeboren ist, und alle würden mit uns innig gerührt die Vorsehung preisen, daß sie solche Stellvertreter auf Erden hat!"

Zum Andenken, daß Kaiser Franz den höchsten Berggipfel besucht, errichtete man nicht bloß einen Denkstein mit Inschrift und Datum, man verwandelte auch den alten Namen Königsstuhl in „Kaiserstuhl". Vielleicht war es eine Ironie gegenüber solcher Ueberschwenglichkeit, daß sich lange in Heidelberg das Histörchen erhielt, der österreichische Kaiser habe einst geäußert, das Schloß sei sehr schön, er wolle es abreißen lassen und nach Wien mitnehmen. Später habe es sich dann herausgestellt, daß er nur gemeint habe, er wolle sich einen „Abriß" davon machen lassen.

In den Jahren, da die erschütternden Ereignisse und Katastrophen die Welt in erwartungsvoller Aufregung hielten, war Anton Friedrich Justus Thibaut das Haupt der Heidelberger Universität, eine imperatorische Gestalt, wie wir ihn früher bezeichnet haben. Geboren am 4. Januar 1774 zu Hameln, zuerst in Kiel, dann in Jena als Professor der Jurisprudenz thätig, war er im Jahre 1805 nach Heidelberg berufen worden, wo er 35 Jahre lang lebte und wirkte, jedes anderweitige Anerbieten ablehnend, bis er nach kurzer Krankheit am 28. März 1840 vom Tode abgerufen ward, der praeceptor Germaniae, wie ihn ein kurzer Nachruf nannte. „Nun bin ich ganz fertig," hatte er

wenige Tage vorher zu seiner Tochter Bertha gesagt, als er
nach Beendigung der Wintervorlesungen noch eine juristische Abhandlung in die Druckerei abgesandt hatte; und am 1. April
geleitete ein Trauerzug, wie Heidelberg noch nie einen erlebt
hatte, den Leichnam nach dem St. Annakirchhof. Auf jedem
Angesicht drückte sich das Gefühl aus, daß nicht bloß die Universität und die Wissenschaft, daß die Stadt und das ganze
Vaterland einen ihrer bedeutendsten Männer verloren habe.
Wer jemals die hohe Gestalt im langen dunkelblauen Ueberrock
in der aufrechten majestätischen Haltung mit dem großen feurigen
Auge über die Straßen schreiten sah, der konnte sogleich erkennen,
daß ein Heidelberger Professor ersten Ranges an ihm vorüber-
gehe. Mit Thibauts Ankunft erhielt die Musenstadt am Neckar
so sehr den Charakter einer Juristenuniversität, daß im Munde
der bürgerlichen Einwohner die Begriffe von Student und Jurist
sich deckten, und ein günstiges Geschick fügte es, daß dieser Flor
des Rechtsstudiums auch unter Thibauts Nachfolger, von Vangerow, ein ganzes Menschenalter hindurch der Universität erhalten
blieb. Thibauts System des Pandektenrechts erlebte neun Auflagen und war von bahnbrechender Wirkung, mag dasselbe auch
immerhin von der heutigen Wissenschaft überholt sein. Aber
nicht in den schriftstellerischen Arbeiten lag die große Bedeutung
des Mannes, sondern in seiner akademischen Lehrthätigkeit und
in der Genialität seiner Persönlichkeit und seines ganzen Wesens.
„Der männliche Geist des Wollens und Denkens,“ urteilt
Stintzing, einer seiner verständnisvollsten Verehrer, „die einfache,
ungekünstelte Verständlichkeit und Klarheit der Resultate, der
frische, lebhafte, oft witzig sprudelnde Ausdruck hinterließ un-
auslöschliche Eindrücke in der Seele des jugendlichen Zuhörers,
der sich schon durch die schöne und mächtige äußere Erscheinung
des kräftigen Mannes und rüstigen Greises gefesselt fühlte.“
Und eine andere kundige Feder rühmte bei seinem Tode in der
„Allg. Ztg.“, daß er sich als akademischer Lehrer ebensosehr
durch die Genialität des Dargestellten als durch die Lebendigkeit,
Gewandtheit und Anschaulichkeit der Darstellung in seltenem
Grade auszeichnete. Seine ehrenhafte väterliche Gesinnung, wie
sein oft von witzigen Bemerkungen durchflochtener Vortrag gewann

ihm die Herzen der Zuhörer. Wie Creuzers Name im Gegensatz
zu Voß, den wir in dem folgenden Abschnitt besprechen werden,
in der gesamten Gelehrtenwelt bekannt geworden ist, so hat
Thibaut durch den Streit mit Savigny eine über die Universitäts=
kreise hinausgehende Bedeutung gewonnen, zwei Männer von
französischer Abkunft als Bannerträger im Kampfe um eine
praktische Zeitfrage deutscher Rechtswissenschaft und Gesetzgebung!
Zwei Männer, die mit ihrem inneren Wesen in den Gedanken=
kreisen der Romantik wurzelten, der eine, Savigny, seiner ganzen
Individualität nach, der andere, Thibaut, mit der Hälfte seiner
Natur, als Stifter von Rechtsschulen, die in ihren Principien
und Ausgängen entgegengesetzte Grundsätze befolgten. Wir
sagen: mit der Hälfte seiner Natur; denn in Thibaut waren
zwei Elemente innig verbunden, die vereinigt die herrschende
Persönlichkeit ausmachten. Während er als eifriger Kantianer
dem Rationalismus und dem Naturrecht huldigte, war er durch
seine Hinneigung zur alten Kunst und Poesie auf denselben
Boden gewiesen, auf dem die Romantik stand. Als mit dem
Falle Napoleons und der Aufrichtung des Deutschen Bundes
neue Ziele und Richtungen in das Rechtsleben eintraten, empfahl
Thibaut im Sommer 1814 in einer Flugschrift „Ueber die Not=
wendigkeit eines allgemeinen bürgerlichen Rechts für Deutsch=
land“, „so recht aus der vollen Wärme seines Herzens heraus“,
wie er selbst bezeugt, die Aufstellung eines gemeinschaftlichen
deutschen Gesetzbuches des bürgerlichen Rechts. Dieser Ansicht,
daß jetzt der günstige Moment zur Abfassung eines nationalen
Werkes gekommen sei, das zugleich einen klaren und sicheren
Rechtszustand und ein dauerhaftes Band nationaler Einheit
schaffen sollte, trat Savigny mit der kleinen Schrift „Ueber den
Beruf unserer Zeit zur Gesetzgebung und Rechtswissenschaft“
scharf entgegen und mahnte ab von einem Verfahren, in welchem
er eine Rückkehr zu den Ideen der Aufklärungszeit, zu den
Rechtsanschauungen und Verstandestheorien des achtzehnten Jahr=
hunderts erblickte. In der Schrift war nachgewiesen, daß das
wahre nationale Recht eines Volkes nicht ein Erzeugnis gesetz=
geberischer Weisheit, sondern gleich seiner Sprache, seiner Kunst,
seiner gesamten Sitte ein organisches Produkt des Volksgeistes,

der Inbegriff der Rechtsthätigkeit aller Jahrhunderte sei. Die Savignyaner bezeichneten sich als die „historische Rechtsschule" und warfen dadurch auf die Anhänger Thibauts den Schein des unhistorischen Verfahrens — eine Spaltung, die durch Eifer und Mißverstand im Laufe der Jahre sich vergrößerte. Die Zeitströmung war den Savignyanern günstiger als der Gegenpartei. Man bezeichnete diese als die „nichthistorische", und wo man es für unzulässig fand, eine negative Bezeichnung als Parteikriterion aufzustellen, legte man ihr den Namen der „philosophischen" Rechtsschule bei. Und doch hat Thibaut den Wert, ja die Notwendigkeit rechtsgeschichtlicher Kenntnisse so wenig abgelehnt, daß er, wie erwähnt, die „Heidelberger Jahrbücher" mit einer Abhandlung zur Empfehlung des Studiums der römischen Rechtsgeschichte eröffnet hatte. Aber sein philosophischer Geist war mehr auf rationelle und praktische Behandlung des Rechts, als auf historische Forschung und Kombination angelegt. Durch den Eifer der Schüler wurden die Meister selbst einander mehr entfremdet; und doch waren beide auf einer wissenschaftlichen Höhe angelangt, wo eine Versöhnung und Verständigung ermöglicht und angebahnt war. Beide Anschauungen fußten, wie ihre Vertreter, auf dem Boden umfassender wissenschaftlicher Bildung und Rechtskunde, beide verfolgten eine wissenschaftliche philosophisch-historische Methode, beide strebten nach einem patriotischen Ziele; nur über den Begriff und die Beschaffenheit des höchsten Gutes im Rechtsleben gingen die Ansichten auseinander: ob die Summe des in der Volkssitte, im Gewohnheitsrecht, in den Traditionen und überlieferten Instituten der Nation lebenden Rechtsbewußtseins der höchste Ausdruck des nationalen Rechts, das wahre Ziel und Objekt der Rechtswissenschaft sein solle, oder das Produkt einer durch das Zusammenwirken von Wissenschaft und Staatsgewalt mit allen Mitteln der Vernunft, Erfahrung und Intelligenz unterstützten gesetzgeberischen Thätigkeit.

Der Streit der beiden Meister und ihrer Jünger war übrigens ein Bürgerkrieg, welcher der Jurisprudenz selbst die besten Früchte eintrug, indem nur Siege zu feiern, keine Niederlagen zu betrauern waren. Man hatte das Schlachtfeld gemeinschaftlich behauptet, nun brachte man auch die gewonnene Beute gemeinschaftlich in Sicherheit. Man hatte die Waffen kennen gelernt und erprobt, nun benutzte man sie zu weiteren Erobe=rungen. Diente die Historie mit ihren Hilfswissenschaften zum Beschaffen, Ordnen und Klären des Stoffes, so blieb der Ver=nunft und Philosophie die große Aufgabe, die Ausbeute der geistigen Arbeit, die Ergebnisse sorgfältiger und emsiger Studien für das praktische Leben zu verwerten.

Es dauerte noch viele Jahrzehnte, ehe an eine Verwirklichung des Vorschlags des Heidelberger Professors gedacht wurde, und die deutsche Nation hatte zuvor noch viele Umwege und Irrwege zu durchlaufen; aber eine große gesunde Idee geht nie unter; was Thibaut im Jahre 1814 vorgeschlagen, wird im neuen Reiche unter günstigeren Auspicien zur Ausführung kommen.

Wenn Thibaut in seinem wissenschaftlichen Denken der Kantischen Philosophie huldigte, so bewegte er sich in seinen künst=lerischen und musikalischen Neigungen auf dem Boden der Ro=mantik. In seinem Hause am Fuße des Schloßberges wurde viele Jahre hindurch von einem gemischten Chor jeden Donners=tag Abend alte klassische Musik vorgetragen, wobei er selbst die Gesänge mit Klavierspiel begleitete. Der kleine, verwachsene Landschaftsmaler Christian Köster, der einst in Berlin in Ver=bindung mit seinem Schwager Schlesinger die Kunst des Re=staurierens alter Bilder mit geschickter Hand geübt, schlug dabei den Takt mit einer Papierrolle, ein geistreicher, witziger Mann, durch und durch eine Künstlernatur romantischer Richtung von wissenschaftlicher Bildung und belebender Unterhaltungsgabe, in allen Familien und Gesellschaftskreisen gern gesehen. Was sein Grabstein den überlebenden Freunden zurief: „Suchet mich nicht hier, suchet mich in euren Herzen!" haben die Angesprochenen treu bewahrt.

Feine Kenner der Musik hatten an der Korrektheit der Aus=führung allerlei auszusetzen. Aber Sinn und Liebe für klassische Musik wurde in diesen Zirkeln, wo die liebenswürdige Frau mit ihren beiden Töchtern in Anmut waltete, geweckt und genährt. Thibaut hatte sie einst in Kiel als sechzehnjähriges Mädchen zu seiner Ehegenossin erkoren und sie dann über Jena, wo beide mit den großen Dichtern in lebhaftem Verkehr standen, nach der

Neckarstadt geführt. Sie überlebte den Gatten viele Jahre, und das Andenken an die edle, feinfühlende Frau, der das Böse ein unbekannter Begriff war, ist noch bis zur Stunde nicht erloschen. Für diese musikalischen Abendunterhaltungen brachte Thibaut große Geldopfer, indem er in allen Ländern, namentlich in Italien, Musikstücke ankaufen oder abschreiben ließ. Die Samm= lung wurde nach seinem Tode weit unter ihrem ursprünglichen Werte an die Münchener Hofbibliothek abgegeben. Auch schrift= stellerisch hat Thibaut den Sinn für edle, erhabene Musik zu wecken gesucht. Sein Buch „Ueber Reinheit der Tonkunst" hat fünf Auflagen erlebt und ist noch jetzt ein klassisches Werk. Es trägt den Stempel seines Geistes auf dem Titel wie im Text. Die tadelnden Stimmen, die das von ihm so stark gerügte „Musikantentum" gegen das Buch erhob, sind längst verstummt. Geheimerat Baumstark in Greifswald, der zwölf Jahre lang als Student und Privatdocent viel in dem Thibautschen Haus ver= kehrte und ein thätiges Mitglied der Musikabende war, hat bald nach dem Tode des Meisters „Blätter der Erinnerung für seine Verehrer und für die Freunde der reinen Tonkunst" verfaßt, worin mit aller Wärme jugendlicher Begeisterung die ganze Persönlichkeit und großartige Natur des Verstorbenen geschildert ist. In diesem Schriftchen heißt es: „Im Freundeskreise pflegte Thibaut manchmal zu sagen: Die Jurisprudenz ist mein Ge= schäft, mein Musiksaal ist mein Tempel, da liefert mir Marcello den Schrifttext zur Erbauung. Händel hält mir die Predigt, mit Palestrina verehre ich meinen Gott, und unsere religiöse Sprache, unsere sich bethätigende Religion ist die Musik. In den Stunden der nächtlichen Einsamkeit, wenn ich bei diesen Freunden am Klavier sitze, könnte ich keinem Menschen gram sein." Und in der That waren Wohlwollen und Menschenliebe die herrschenden Tugenden seiner Seele. Nur dem Unreinen und Gemeinen gegenüber verwandelte sich die heitere Milde des Mannes in den Ernst unerbittlicher Strenge und in die Ent= rüstung aufwallenden Zornes. „Denn so ist es die Art sittlich adeliger Naturen."

Thibauts Einnahmen waren sehr beträchtlich; dennoch sam= melte er keine Schätze. Er war, wie seine geistreiche jüngste

Tochter ihn einst nannte, „eine Saladinsnatur". Seine Hand war immer offen, wenn es galt, Bedürftige oder Notleidende zu unterstützen, Bedrängten unter die Arme zu greifen, Studien und wissenschaftliche Bestrebungen zu fördern. Mißbrauch seines Wohlthätigkeitssinnes stumpfte seine großmütige Neigung nicht ab. Sein Hauswesen, wenn auch bürgerlich einfach, hatte einen vornehmen, man möchte sagen patriarchalischen Anstrich. Und wie ihm jede Erwerbsucht, jede Geldgier fremd war, so war er auch ohne Ehrgeiz auf äußere Stellung, Rang und Titel, am wenigsten strebend nach politischer Bedeutung. Auf dem Stift Neuburg waren Thibaut und seine Familie gern gesehene Gäste. Man prunkte mit seinem Namen und seiner Freundschaft; aber zu dem kleinen Zirkel der Eingeweihten gehörte er nicht. Er stand nie im Rufe des Katholisierens; und wie sehr auch die um Voß und Paulus gescharte Gruppe der Liberalen und Rationalisten, die wir in einem späteren Abschnitt kennen lernen werden, über seine romantischen und konservativen Sympathien sich ärgern mochte, auch sie hütete sich, ihn vor den Kopf zu stoßen, auch sie konnte ihn nicht entbehren. Er war die imponierende Persönlichkeit, an die man in jeder kritischen Lage sich wandte; wo es galt, einen Konflikt zwischen Universität und Regierung auszugleichen, tumultuarische Auftritte in der Studentenwelt zu beruhigen, da übertrug man Thibaut das Amt der Vermittelung und Versöhnung.

Er hat nicht bloß seine wissenschaftliche Thätigkeit der Universität mit nie ermüdender Kraft gewidmet, sondern, wie Richard Rothe an seinem Grabe sagte, „auch die volle Liebe seines Herzens, sich selbst hat er ihr hingegeben, so daß er in entscheidenden Augenblicken kein irdisches Interesse kannte, das ihm höher gestanden hätte als ihr Gedeihen, keine Furcht und keine Rücksicht auf seine Person. Er war zusammengewachsen mit der Hochschule. Solchen Persönlichkeiten sind noch in besonders kenntlicher Weise die Spuren der schöpferischen Hand aufgedrückt, die sie gebildet hat."

Thibaut war kein Kirchengänger und kein Symbolgläubiger. Dennoch konnte Rothe am Sarge seiner christlichen Frömmigkeit gedenken, die sich zwar nicht in verständigen Formeln ausgedrückt

habe, darum aber doch nicht stumm gewesen sei. „Er hatte für
sie eine andere, gar gewaltige Sprache gefunden, die Tonkunst,
und zwar die heilige, die christliche Tonkunst. In dieser Sprache
vor allem andern vernahm er das Heilige, verstand er seinen
Gott und seinen Erlöser; in dieser Sprache betete er Christum
an aus der Fülle des Herzens; in dieser Sprache predigte er
ihn, für einen weiten Kreis der Zeitgenossen ein kräftiger Retter
der Reinheit und Heiligkeit seiner geliebten Tonkunst. Aus
diesem lebendigen Verkehr mit der Welt des Heiligen floß der
Adel seines Wesens, floß die unverwelkliche Jugendfrische seines
Geistes.“

Noch jetzt gedenken die älteren Einwohner Heidelbergs des
Mannes, der unter seinen Kollegen hervorragte, wie Saul unter
den Propheten. „Wer sah ihn nicht bescheiden still am Neckar
hinwandeln,“ so fragte ein junger Freund des Hauses bald nach
seinem Hinscheiden in einem kurzen Nachruf, „nicht selten einen
Zipfel seines Taschentuchs im Munde, da einen Studenten, dort
einen Freund, hier einen Landmann, dann wieder einen reisenden
Handwerksburschen an der Seite, gleich freundlich und gleich ge=
sprächig?“

Zu der Zeit, da die Monarchen sich in Heidelberg befanden
und Thibaut auf dem Höhepunkt seines akademischen Ruhmes
stand, weilte Karl Witte, bekannt unter dem Namen „das
Wunderkind“, in der Musenstadt am Neckar. Geboren am
1. Juli 1800 war er erst 15 Jahre alt und stand doch bereits
am Ende seiner vielseitigen Studien. In Heidelberg sollte er
sich den juristischen Doktorhut erwerben. In der Beilage zur
„Allg. Ztg.“ vom 23. Dezember 1884 hat Franz von Löher
einen Nekrolog des im 83. Lebensjahr in Halle verstorbenen
Professors veröffentlicht, in welchem auch des Heidelberger Aufent=
haltes gedacht wird. Bekanntlich hatte der Vater, Karl Witte,
Pastor in Lochau, den Versuch gemacht, durch eine rationelle
Erziehung nach den Grundsätzen Rousseaus, Salzmanns, Pe=
stalozzis und anderer Pädagogen den Sohn schon in jungen
Jahren auf die Höhe der Wissenschaft und Geistesbildung zu
führen. Bereits hatte der Knabe verschiedene Universitäten ab=
solviert und in Gießen die philosophische Doktorwürde erhalten,

als der Vater mit ihm nach Heidelberg zog. Diese Universität,
heißt es in dem erwähnten Nekrolog, hatte der Alte ausgesucht,
weil an ihr die juristische Fakultät blühte und weil man dort
in die herrliche Umgegend, nach der Schweiz und Italien, nach
Wien und Paris schöne Fußreisen unternehmen konnte. Auch
in der Musenstadt am Neckar trieb der alte Witte wieder sein
Wesen vom frühen Morgen bis zum späten Abend. Mit seiner
eigentümlichen Geistesmacht arbeitete er sich in alle Studien des
Sohnes selbst hinein, jede Viertelstunde wurde streng geregelt.
War an der Universität ein Kolleg gehört, gleich setzte sich zu
Hause der Vater zum Sohn und ging mit ihm Hefte und Bücher
durch, und das wiederholte sich täglich mehreremal. Der Pro=
fessor Witte erzählte später, wie oft es ihm in den Gliedern
gezuckt hätte, wenn er in Göttingen oder Heidelberg durchs
Fenster gesehen, wie seine Altersgenossen draußen Ball spielten
oder miteinander rangen und sprangen und er neben dem Vater
vor dem Corpus juris sitzen mußte.

Es konnte aber nicht ausbleiben, daß in Heidelberg über
das Leben der Wittes viel gesprochen wurde. Man bedauerte
den Sohn, dessen jugendliche Schönheit, noch mehr dessen fröh=
liches und liebevolles Gemüt aller Herzen für ihn einnahm, und
er bekam von andern Studenten Andeutungen genug über den
„harten Vater" zu hören. Tiefen Eindruck machte, daß Thibaut,
das Haupt der Juristenfakultät, gar nicht einverstanden war
mit der Art und Weise, wie der junge Witte früh reif gemacht
wurde. Tiefen belehrten auch ein paar hübsche Mädchenaugen,
daß es noch Köstlicheres auf der Welt gebe als Staatswissen=
schaften. Eine andere Lockung wurde leichter überwunden. Auf
ihrem Kriegszuge gegen Frankreich hielten im Sommer 1815
sich die Monarchen von Rußland und Oesterreich ein paar Tage
in Heidelberg auf, ließen sich den vielberühmten kindlichen Ge=
lehrten vorstellen, und Kaiser Alexander, der sich viel mit ihm
unterhielt, fand ihn so reinen Herzens und im Benehmen so
heiter und liebenswürdig, daß er beschloß, sich dieses seltene
Menschenkind für immer zum Begleiter und Freunde zu gewinnen.
Allein der Jüngling wollte lieber bei seinen Studien bleiben,
und nach langen Verhandlungen mit dem Adjutanten mußte der

ruffiſche Selbſtherrſcher von ſeinem Wunſche abſtehen. Bald
wurde nun der juriſtiſche Doktorhut erobert, und zwar geziert
mit der höchſten Note (summa cum laude), am 20. Auguſt 1816
geſchah die feierliche Promotion. Thibaut, der in ſeinem ge=
ſunden Sinne die Treibhauspflege mißbilligte, war dabei nicht
erſchienen, deſſen ſtiller Gegner aber, Zachariä, hielt als Dekan
eine prächtige lateiniſche Rede und ſagte: „Die höchſte Ehre,
welche die Wiſſenſchaften erteilen können, wird heute einem
Jüngling, ja, wenn ich mit Cicero reden darf, einem Knaben
von 16 Jahren erteilt, welcher durch ſein gelehrtes Wiſſen, durch
ſeine Rechtskenntniſſe mit Männern wetteifert, ihm, der zwar
von Natur mit herrlichen Anlagen des Geiſtes und Gemütes
ausgeſtattet, jedoch das meiſte, ja alles ſich ſelbſt, d. h. ſeinem
eifrigen Studieren verdankt, in welchem ihm ſein verehrungs=
würdiger Vater den Weg wies und voranging, ſo daß an ihm nicht
ſowohl die Natur, als die Erziehung zeigte, was ſie leiſten könne.“

Der weitere Lebensgang des vielgenannten und vielgewan=
derten deutſchen Gelehrten hat mit den Heidelberger Erinne=
rungen nichts mehr zu ſchaffen, außer daß bald nach Thibauts
Tod der alte Witte noch eine Apologie ſeines Syſtems gegen
den berühmten Juriſten ausgehen ließ. Es mag uns nur ge=
ſtattet ſein, mit den Worten zu ſchließen, mit denen Herr von
Löher ſeinen Nekrolog einleitete: „Selten gab es wohl einen
Menſchen wie das ſogenannte Wunderkind, von welchem in
ſeinen Knabenjahren die einen ſich ſo ganz Unerhörtes ver=
ſprachen, während die andern mit derſelben Sicherheit ihm
frühes Hinwelken prophezeiten, und deſſen hohes Alter doch ſo
gründlich die einen wie die andern täuſchte. Geheimerat Dr. Karl
Witte, ord. öff. Profeſſor des römiſchen Rechts und Ordinarius
des Spruchkollegiums der Juriſtenfakultät in Halle, ſtarb im
vorigen Jahre dortſelbſt, beinahe 83 Jahre alt, als hochverdienter
Univerſitätslehrer, wiſſenſchaftlicher Forſcher und anmutiger
Schriftſteller, als der erſte unter allen Dante=Kennern, bedeckt
mit Orden der Großkomture, Komture und Ritter, jedoch ohne
jemals auf der Höhe genialer bahnbrechender Leiſtungen ge=
ſtanden zu haben.“

4.

Um die Zeit, da Schiller in Weimar im Sterben lag, erhielt
Johann Heinrich Voß, der Freund und Genoße der beiden größten
deutschen Dichter, in Jena einen Brief aus Karlsruhe mit der
Meldung, der Kurfürst hege den Wunsch, ihn für Heidelberg zu
gewinnen. Voß ging auf den Vorschlag ein. Er antwortete am
15. März 1805: „Schon um die Augen der Welt anzulocken, muß eine
neue Akademie wie ein neues Gebäude ein wenig Blankes vom
Giebel herschimmern laßen, wenn auch übrigens kein sonderlicher
Wert an dem Schimmer ist. Wird jemand, der in der Achtung
eines redlichen Liebhabers der Wißenschaft steht, als solcher am
Sitze der Gelehrsamkeit ausgezeichnet, so hält man die Wißenschaft selbst für geehrt, Auswärtige drängen heran und der Ein-
heimische wird von etwas Edlerem als der Aussicht auf Versorgung,
von inniger Liebe zur Wißenschaft, gehoben.“ Diese Worte
stimmten ganz mit der Denkweise Karl Friedrichs überein. Liebe
zur Wißenschaft, zur Dichtung und zu allem höheren geistigen
Streben war eine hervorstechende Eigenschaft seines Wesens.
In der Biographie desselben von Nebenius-Weech sind im An-
hange Briefe an Herder, an den Herzog Karl August, an Lavater
mitgeteilt, welche davon die sprechendsten Zeugniße geben. Er trug
sich mit dem Gedanken der Gründung eines „Instituts für den
Allgemeingeist Deutschlands“, einer Art Nationalakademie im
großen Maßstab, ähnlich der französischen Akademie; er berief
den Dichter der Meffiade nach Karlsruhe; er bereitete dem
Schriftsteller Jung-Stilling einen sorgenfreien, heiteren Lebensabend. So führten denn auch die Unterhandlungen mit Voß zu
dem erwünschten Ziele. Als der Kurator einen zu geringen
Gehalt bot, verdoppelte der Kurfürst die Summe und traf die
Anordnung, daß dieselbe nach einiger Zeit auf die Staatskaße
übertragen ward. Denn Voß wurde nicht für eine bestimmte
Profeßur nach Heidelberg berufen, sondern, wie er selbst sich
ausdrückte, „zu thatloser Mitwirkung für die erneuerte Universität“; sein Name sollte der Hochschule zum Schmuck und zur
Zierde dienen; er hat nie Vorlesungen gehalten und hat dennoch

bis zu seinem Tode den größten Einfluß auf den Gang und
Charakter des akademischen Lebens geübt.

Es wäre eine überflüssige Arbeit, wenn wir nach dem ge=
lehrten und gründlichen Werk, das Wilhelm Herbst in den Jahren
1872—1876 in zwei oder, wenn man will, in drei Bänden bei
Teubner in Leipzig hat erscheinen lassen, auf das Vorleben des
berühmten Mannes eingehen wollten, welcher der deutschen Nation
den Homer gegeben und die Welt in die Häuslichkeit und das
idyllische Leben des norddeutschen Volkes eingeführt hat. Unsere
Aufgabe kann es nur sein, in einigen Zügen die Stellung und
die Wirksamkeit anzudeuten, welche der formgewandte Dichter,
der sprachkundige Uebersetzer, der kenntnisreiche Altertumsforscher
nach seinen Lehr= und Wanderjahren in Mecklenburg, in Hannover
und Holstein, in der thüringischen Universitätsstadt Jena seit
seiner Uebersiedelung in Heidelberg eingenommen und geübt hat.
Er erwarb sich nach kurzem Aufenthalt ein eigenes Haus mit
Garten, einst im Besitze von Klostergeistlichen. Es ragte turm=
artig empor zwischen Peterskirche und Hauptstraße und ist noch
jetzt als Hintergebäude des neuen Schulhauses erhalten; aber
die blätterreichen Ahorne und Platanen und die ergiebigen Obst=
bäume, die er selbst gepflanzt, gehegt und gepflegt, sind längst
gefällt. In dieser poetischen Behausung und Umgebung lebte
Voß mit seiner Ehefrau Ernestine, Schwester des Dichters Boie,
und mit seinem Sohne Heinrich, der als jüngerer Kollege von
Creuzer philologische Vorlesungen an der Universität hielt und
den Vater in den Uebersetzungsarbeiten unterstützte. Die übrigen
Söhne waren an andern Orten angestellt und kamen nur besuchs=
weise in das Elternhaus. Voß selbst verließ fast nie die Wohnung,
wo er ein hausväterliches Leben in patriarchalischer Sitte und
Einfachheit führte, seine Stunden teilend zwischen wissenschaft=
lichen und litterarischen Arbeiten und der Pflege und Wartung
seines Gartens. Desto häufiger fanden sich Gäste ein aus der
Stadt und Universität, und alle Reisenden von Distinktion, welche
durch Heidelberg kamen, pflegten bei Voß und Ernestine vorzu=
sprechen. Dort wurde in den früheren Jahren am Sylvester=
abend im Kreise nahestehender Freunde des Dichters bekanntes

Lied gesungen „Des Jahres letzte Stunde". Darunter war auch
die Familie Thibaut.

Wer in der kleinen Heidelberger Bildersammlung das Porträt
aufmerksam ansieht, das der Maler Roux in den späteren Lebens=
jahren des Dichters Voß ausgeführt hat, der gewinnt leicht den
Eindruck, daß in diesem langgezogenen Gesicht mit der hohen breiten
Stirn und dem strengen, starren Blick ein Geist gewohnt haben
müsse, der wie ein Gepanzerter mit hartem, unbeweglichem Sinn
durch das Leben schritt, das Auge in engbegrenzter Umrahmung
gerade nach vorn gerichtet, alles, was im Wege steht, nieder=
werfend. „Von mehr als hagerer Gestalt," so schildert ihn
Parthey in den Jugenderinnerungen vom Jahre 1819, „von
eckigen Bewegungen, von scharfen Gesichtszügen, von langsamer,
deutlicher Sprache, wobei er etwas mit der Zunge anstieß, machte
Voß den Eindruck eines festen, innerlich kerngesunden, auf sich
ruhenden Charakters, dem nur Milde abging." Voß hatte keine
Kollegen, sondern nur Sekundanten oder Gegner; er machte
keinen Unterschied zwischen Person und Sache; er kannte keine
Kompromisse. Er war zum Rufer im Streit, zum Vorkämpfer
und Parteihaupt geboren und ging dem Feinde kühn und rück=
sichtslos zu Leibe. In seinem ganzen Auftreten ward man an
die brausende Ost= und Nordsee erinnert, an deren Küsten er sein
bisheriges Leben verbracht hatte. Alles, was er in harter Arbeit,
im Schweiße seines Angesichtes erworben, suchte er mit der
„Dornhecke der Polemik" zu vertheidigen und zu schützen.

Die größten Feinde erblickte Voß in den Romantikern mit
ihren katholisierenden Richtungen. Schon in Jena waren ihm
mehrere ihrer Häupter in den Weg getreten, und nun sah er in
der Musenstadt am Neckar die ganze Schule auf dem Throne
sitzen. Görres und Creuzer waren ihm schon darum zuwider,
weil sie sich auf dem mythologischen Gebiete bewegten, das auch
er als sein Ackerfeld ansah, und weil der ältere Professor der
Philologie den Sohn Heinrich Voß als untergeordneten Kollegen
behandelte. Besonders aber ärgerte er sich über Klemens Brentano,
der als fahrender Troubadour mit der Guitarre im Arm am
Neckar und Rhein umherschwärmte, durch seine Gedichte und
Erzählungen die kunstbegeisterte junge Welt entzückte und die

Gunst und das Wohlgefallen der Frauen eroberte. „Des Knaben
Wunderhorn" nannte er „einen zusammengeschaufelten Wust von
mutwilliger Verfälschung", einen „heillosen Mischmasch von allerlei bugigen, schmutzigen, trutzigen und nichtsnutzigen Gassen-
hauern, samt einigen abgestandenen Kirchenhauern". Der Kampf
gegen die Romantik, gegen Kryptokatholiken und Konvertiten,
gegen das „moderne Maulchristentum" und gegen die „üppigen
Phantasten, die das Heilige besudeln", durchzieht sein ganzes
späteres Leben. Gegen Stolberg, den alten Genossen des Göttinger Barbenhains, schleuderte er das schneidige Büchlein:
„Wie ward Fritz Stolberg ein Unfreier?" worin er den ganzen
Lebensgang des ihm früher so befreundeten Dichters in der ab-
steigenden Linie darlegte — eine Schrift, die in ganz Deutschland
das größte Aufsehen erregte und Tadel wie Beifall in reicher
Fülle auf das Haupt des Verfassers häufte. Noch bekannter und
nachhaltiger war der Federkrieg gegen Creuzer. In einer Anzahl kritischer Abhandlungen, die als „Antisymbolik" zusammen-
gefaßt wurden, zog er gegen das ganze Creuzer-Görressche
religionsgeschichtliche System zu Felde und zerriß das mystische
Gewebe von einer Urreligion, die aus dem Orient nach Hellas
verbracht worden sei und in Mysterien und Symbolen verborgen
liege. Es wurde erwähnt, daß die Schrift in Heidelberg großen
Eindruck machte. Sie vergrößerte die Parteispaltung, und wenngleich die Studentenschaft dem Angegriffenen einen Fackelzug brachte,
den Schlag hat Creuzer doch nie überwunden. Die Romantiker
blieben nicht zurück; sie setzten auf den groben Klotz einen groben
Keil. Wie viele Hiebe und Stiche sind damals in der Litteratur
geführt worden, die heutzutage nicht mehr bekannt sind oder nicht
mehr verstanden werden. Wie hat der boshaft witzige A. W. Schlegel
in dem Gedicht „Wettgesang" die hausbackene, holperige Lyrik des
Heidelberger Poeten verspottet, der den Pindus mit Kartoffel-
knollen bepflanze als wohlschmeckende Speise für Apollo, der Verse
im Cyklopentakt hämmere und die löblich-nützliche Verrichtung des
Dichters fertig bringe, wie man Kuchen backt! Und in der „Zeitung
für Einsiedler" wird er in einer dramatischen Idylle „Des Dichters
Krönung" als der hyperboreische Horribilistribifax dargestellt, den
die Unhexameter verdrießlich machen, der überall Muckertum wittert.

Wie in einer kleinen Residenz das fürstliche Palais, so war das turmartige Haus inmitten des mäßigen von einer Mauer umhegten Gartens ein von der Welt abgeschlossenes Gebäude, wo zahlreiche Besucher und Gäste ein und aus gingen, die von Voß und Ernestine freundlich empfangen wurden. „Am oberen Ende der langen Tafel," so schildert Parthey einen solchen Abend, „saß der Patriarch im einfachen Schlafrock, neben ihm seine Frau, dann einige Fremde, ganz zu unterst der Sohn, der zu seinem Vater in einer wahrhaft kindlichen Unterwürfigkeit stand." Aber der Verkehr war wie in einem Fürstenpalais kein gegenseitiger. Das Voßsche Ehepaar ging fast nie aus, verließ fast nie das Haus, kleine Reisen abgerechnet. Gar viele distinguierte Personen, sowohl Angehörige der Universität und der Stadt als zugewanderte Fremde, suchten den Umgang. Zu den intimeren Freunden gehörten die Professoren Tiedemann, Paulus, Martin, der Historiker Schlosser, der Philosoph und der Banquier Fries, der Buchhändler Winter. Der Anatom Tiedemann und seine Frau waren ein schönes stattliches Ehepaar mit einer Anzahl ebenso schöner und stattlicher Söhne und Töchter. Frau Tiedemann wurde wie die Tochter des Hauses angesehen. Einer katholischen Adelsfamilie Badens (von Holzing) entsprossen, trug sie wie der Jüngling von Sais in ihrer empfänglichen Seele das Verlangen, die von der Kirche verschleierte Wahrheit in ihrer Lauterkeit zu erkennen. Sie gehörte in ihrer Jugend zu den Anhängern des Bischofs Sailer von Regensburg, deren Christentum Erlösung, deren Religion ein warmes Gefühlsleben war, welche auf die kirchlichen Werke weniger Wert legten als auf innige Gottes- und Menschenliebe im Geiste Fénelons. In Heidelberg hing sie mit Verehrung an Voß, dessen aufrichtiges Streben nach Wahrheit und Klarheit sie mit feinem weiblichen Blick erkannte. Als die jüngere Schwester sich mit ihrem Schwager Justus Tiedemann in Bremen verheiratete, schrieb Ernestine Voß „ein herzlich gemeintes Wort an die liebe Welly bei ihrer neuen Laufbahn durchs Leben". Noch jetzt bewahrt Frau Geheimerat Kopp, die Tochter der im 34. Lebensjahre verstorbenen jungen Ehefrau, den Brief, der mit den Worten beginnt: „Die arme Mutter ist wortarm geworden und kann im Gespräch nicht mehr geben, was ihr Herz gern geben möchte; sie hofft aber bis an ihr Ende reich zu bleiben an herzlichen Gefühlen gegen alle, die ihr Herz liebt, und kann die geliebte Schwester ihres Herzenskindes nicht ohne einen ausgesprochenen Segen in die Welt ziehen lassen." Der Brief enthält liebevolle Lehren und Lebensregeln für den beginnenden Ehestand. Nicht gerade von umfassendem Verstande, aber mit einem warmen, aufrichtigen Herzen und redlichem Bemühen, ist Frau Tiedemann nach des Dichters Tod durch die Einflüsse der Familie Schlosser vom Stift mehr auf die strengkatholische Seite gezogen worden. Ihr Gemahl stand dieser Richtung ferner, teilte aber die Hinneigung zu Voß. Tiedemann war eine hohe, ritterliche Gestalt von männlicher Schönheit, eine stolze, aristokratische Erscheinung.

Tiedemann war wie Thibaut zum Prorektor geschaffen, und kein anderer Professor wurde so oft zu dem hohen Amte ausersehen als diese beiden. Als Voß starb, bekleidete jener wieder die Würde und hielt die akademische Grabrede, die dann mit den beiden andern niedergeschriebenen, aber nicht gehaltenen Gedächtnisreden von Paulus und Schlosser gedruckt wurde. Einst bearbeitete er in Gemeinschaft mit dem Chemiker Gmelin eine von der Pariser Akademie gestellte medizinisch-naturwissenschaftliche Preisfrage über die Vorgänge bei der Verdauung. Sie wurde nicht gekrönt, sondern eine gleichzeitig eingereichte Bewerbungsschrift zweier französischen Gelehrten vorgezogen. Doch wurde den Verfassern eine ehrenvolle Erwähnung und „à titre d'encouragement" der halbe Preis mit 1500 Franks zuerkannt. Im stolzen Selbstgefühl lehnten die Herren die Belohnung ab mit der Bemerkung, „die deutschen Professoren bedürften keiner Aufmunterung zu litterarischen Arbeiten von seiten der französischen Akademie. Entweder hätten sie den Preis ganz oder gar nicht verdient." Als die Untersuchung später gedruckt wurde, erkannte die gesamte gelehrte Welt die Vortrefflichkeit der Schrift an. Noch steht auf dem rebenbelaubten Bergabhange unterhalb des sogenannten Philosophenweges das freundliche, geschmackvolle Landhaus, das Tiedemann mit seiner Familie im Sommer zu bewohnen pflegte und wo er so gern Freunde und Kollegen im kleinen Kreise um sich sammelte und bewirtete. Dem Ehepaar

war leider ein trüber Lebensabend beschieden. Der mittlere seiner
Söhne, durch seine Verheiratung mit dem Demagogen Hecker
verschwägert, begab sich nach Amerika und zog auch den jüngeren
Bruder nach. Der älteste, der mit dem Ritter von der Mancha
die edlen wie die verkehrten Eigenschaften gemein hatte, trat
unter König Otto in griechischen Militärdienst. Als die edlen
Hellenen in den vierziger Jahren Jagd auf die Fremden machten,
kehrte er als Major nach Deutschland zurück und ließ sich dann
von seinem Jugendfreund Brentano bewegen, das Kommando
über die aufständischen badischen Truppen zu übernehmen. Von
Preußen geschlagen, schloß sich der Ueberrest der Insurgenten mit
dem Befehlshaber in die Festung Rastatt. Eine rechtzeitige
Uebergabe hätte Rettung bringen können; aber ehrlich und treu
dem gegebenen Wort hielt Tiedemann, trotz eines rührenden
Mahnschreibens des Vaters, bis zu Ende aus und wurde dann
als Gefangener in dem Festungsraum erschossen. Dies brach
den Eltern das Herz. Der alte Herr nahm seinen Abschied von
der Universität, verkaufte sein Landhaus über dem Neckar und
zog zuerst nach Frankfurt, dann nach München, wo eine Tochter
und ein Schwiegersohn in der ehrenvollsten Stellung lebten.
Dort sind beide in hohem Alter gestorben. Als der stattliche
Professor noch in jungen Jahren stand, war er ein galanter
Herr, der an schönen Frauengestalten Gefallen fand.

Der entschiedenste Mitstreiter und Adjutant des Dichters
und Altertumsforschers Voß war der Theologe Heinrich Eberhard
Gottlob Paulus, geboren am 1. September 1761 zu Leonberg in
Württemberg, in demselben Hause, wo vierzehn Jahre später Schelling das Licht der Welt erblickte, sein größter Gegner, den er
bis zu seinem Tode aufs heftigste bekämpfte. Als nach dem Abgange Marheineckes und de Wettes nach Berlin eine neue theologische Lehrkraft nötig war, setzte Voß alle Hebel ein, um
Paulus, den er schon von Jena aus kannte und der damals
nach einer kurzen akademischen Wirksamkeit in Würzburg als
Schulrat in Franken ein ihm widerwärtiges Amt bekleidete, für
Heidelberg zu gewinnen. Da Voß stets nach dem Spruche handelte: „Wer nicht für uns ist, ist wider uns,“ so hatte er gegen
Daub eine Abneigung, so sehr auch dieser Mann, „die klassische

Erscheinung der zum Charakter gewordenen Wissenschaft", über den Parteien stand und, wie sein Freund Thibaut, der Ansicht war, daß es viele Wege gebe, die nach dem Himmelreich der Wahrheit führten. Schon daß er mit Creuzer sich zu den „Studien" vereinigt hatte, daß er in der spekulativen Philosophie eine Stütze für seine dogmatischen Probleme und theologischen Forschungen suchte und für das Hegelsche System, das während des Heidelberger Aufenthalts des Meisters seinen jungen Adlerflug begann, Propaganda machte, war in den Augen des schroffen Rationalisten Voß eine Sünde wider den heiligen Geist der Aufklärung. Der Tageswitz der Gegner nannte Daub den Talleyrand der deutschen Theologie, welcher von der Kantischen Revolution zu Schellings Kaisertum und von ihm zu Hegels Restaurationsideen übergegangen sei. Den Konstitutionalismus Louis Philipps und das System der „rechten Mitte" konnten sie noch nicht zum Vergleich herbeiziehen.

„Wenn man die hohe, markige, vom Alter wenig gebeugte Gestalt Daubs über das Katheder hingelehnt sah," so schildert ihn einer seiner Zuhörer im Jahre 1840, „die Züge des Gesichtes starr, kaum merklich beim Sprechen bewegt, die Bewegungen abgemessen, die Stimme verhalten, feierlich monoton — so hatte man in der That vor sich die treueste Personifikation des Hegelschen Begriffs, der sich selbst denkt." Daub befolgte den Spruch: „Prüfet alles und das Gute behaltet," aber vor Voß' nüchterner Verständigkeit fand dieses Suchen, dieses Schweifen in dunklen Regionen keine Gnade. Die spekulative Theologie erschien ihm als nebulose, gedankenbare Mystik. „Und wenn die Welt bedäubet wär', es soll uns doch gelingen", schrieb der Mecklenburger dem Schwaben. Und es gelang in der That. Paulus zog im Jahre 1811 als Professor der Kirchengeschichte und Exegese in Heidelberg ein, um es nie mehr zu verlassen. Der kleine Mann mit den mächtigen flammenden blauen Augen, denen, wie es in einem biographischen Abriß heißt, „das kleine, magere Antlitz nur zur Einfassung zu dienen schien", entwickelte bald eine Thätigkeit, die alles andere in Schatten stellte. Nie hat Heidelberg so viele Theologen gezählt als in den Jahren, da Paulus in seinem schwäbelnden Dialekt mit beredtem Munde

bei der Erklärung der Evangelien die Zuhörer belehrte, wie die
neutestamentlichen Wunder auf natürlichem Wege verrichtet
worden, und zu beweisen suchte, daß alles, was von der Ge=
schichte Jesu in den Evangelien erzählt werde, als wahr und
geschichtlich festzuhalten sei, aber so zu deuten, daß das „Ge=
schehene" mit dem „nunmehr Denkbaren" sich decke. Das „Leben
Jesu" war das Evangelium aller Freisinnigen, wozu fast der
ganze Mittelstand gehörte; aus der Zeitschrift „Sophronizon",
wo auch zuerst die Kriegserklärung von Voß gegen Stolberg
abgedruckt war, schöpfte der ganze vulgäre Rationalismus und
Liberalismus, die große Menge der „Denkgläubigen", ihre Lebens=
ansichten und ihre religiöse „Ueberzeugungstreue", wie Paulus das
biblische Wort „Glauben" übersetzte. Und nicht bloß auf kirch=
lichem Gebiet war Paulus jahrzehntelang die erste Autorität,
er galt auch als politischer Fahnenträger. Er mußte erleben,
daß er im Jahre 1819 wegen seiner Einmischung in den würt=
tembergischen Verfassungsstreit auf einer Reise zu seinem ster=
benden Sohne aus seinem alten Heimatlande ausgewiesen ward.

Dem Dichter Voß, der mit andern Weltanschauungen
herangewachsen war und sich stets in der litterarischen Arena
bewegt hatte, lag die Politik fern. Desto eifriger wandten meh=
rere seiner Freunde ihr ganzes Interesse derselben zu.

Es ist bekannt genug, wie sehr die Hoffnungen und Gefühle
der Patrioten in Beziehung auf die politische Gestaltung Deutsch=
lands durch die Beschlüsse des Wiener Kongresses getäuscht und
verletzt wurden. Man hatte eine Erneuerung des Kaiserreichs
mit zeitgemäßen Reformen, mit Beteiligung des Volkes an der
Gesetzgebung und am Staatshaushalt gehofft und gewünscht,
und betrachtete daher mit Mißvergnügen das zerstückelte und
gespaltene Deutschland, aus dem sich statt der erwarteten Staats=
einheit mit entscheidender Stimme nach außen, ein aus einer
Vielheit souveräner Herrschaften zusammengesetzter Staatenbund
mit machtloser Bundesvertretung der Regierungen ohne alle
Volksrepräsentation herausgebildet hatte.

Auch die unbestimmte Fassung des dreizehnten Artikels der
Bundesakte, worin im allgemeinen die Einführung landständischer
Verfassungen verheißen war ohne Angabe der Principien und

der Art und Zeit der Ausführung, verstimmte alle freisinnigen Gemüter. Dennoch sah man in der Einführung dieser verheißenen Landstände den einzigen Anker eines würdigen Staatslebens der Zukunft; mußte man dem Gedanken nationaler Einheit entsagen, so sollte wenigstens ein freies Rechts= und Verfassungsleben in den Einzelstaaten einigen Ersatz gewähren. Aber nicht alle dachten so. Der durch die Revolution und die Freiheitskriege erweckte demokratische Geist erschreckte die Regierungen und die höheren Stände. So trat denn den Männern des Fortschritts, für welche nach einigen Jahren während der spanischen Verfassungskämpfe der Name „Liberale" aufkam, eine Partei der Erhaltung oder des Rückschritts entgegen, die man als Servile, Konservative, Reaktionäre bezeichnete. Diese Parteispaltung vollzog sich am schärfsten in Süddeutschland. Auch in Heidelberg sah man bald deutliche Symptome. Die um Voß und Paulus gescharte Gruppe huldigte dem Geiste des Fortschritts und konnte sich dabei auf die Sympathien der Mehrheit der Bürgerschaft stützen. Da auch in dem Großherzogtum Baden noch keine Spuren sichtbar wurden, daß man die in der Bundesakte verheißene landständische Verfassung einführen wolle, wie doch bereits der Großherzog Karl August von Sachsen=Weimar, nicht gerade unter Zustimmung seines Freundes Goethe, gethan, so glaubten einige Professoren durch eine Petition auf Beschleunigung hinwirken zu sollen. Dieser Schritt erregte großes Mißfallen in Karlsruhe. Die Haupturheber, der Jurist Martin und der Philosoph Fries, wurden in Untersuchung gezogen und sahen sich in Folge derselben veranlaßt, im Jahre 1816 von der Universität Heidelberg auszuscheiden. Sie fanden beide eine neue Wirkungsstätte in Jena unter dem Schutze Karl Augusts. Fries, der schon seit Jahren in Rede und Schrift für Wiederbelebung echt deutscher Sitte, Vernichtung alles Scheinwesens und Neugestaltung des öffentlichen Lebens unter alleiniger Herrschaft der Wahrheit und der Gerechtigkeit gewirkt hatte, wurde bekanntlich wegen Teilnahme an dem Wartburgfeste von neuem in Untersuchung gezogen und auf mehrere Jahre suspendiert, bis der Zorn der Staatslenker unter Metternichs Fahne über die „demagogischen Umtriebe" und ihre Leiter ein wenig verdampft war und der edle, freigesinnte Großherzog von Weimar sich wieder getraute, den patriotischen Philosophen in seiner akademischen Thätigkeit herzustellen.

Ein Jahr nach dem Wartburgfeste wurde im Bade Gries= bach die Verfassungsurkunde von dem erkrankten Großherzog Karl unterzeichnet, und dem neuen Landesfürsten Ludwig fiel als erste Regierungshandlung die schwierige und ihm unliebsame Aufgabe zu, dieselbe ins Leben einzuführen. Da trug sich in Mannheim das blutige Ereignis zu, durch welches das badische Verfassungsleben im Keime geschädigt ward, wie eine Frühlings= pflanze durch einen Nachtfrost.

Ueber der Schloßkirche in Heidelberg befindet sich eine Samm= lung von Altertümern und Merkwürdigkeiten, die sich großenteils auf die Geschichte der Pfalz beziehen. Da wird der Fremde nicht ohne Interesse ein Gestell erblicken, das mit dem Brustbilde Karl Ludwig Sands und mit allerlei Reliquien aus dem blutigen Vorfall in Mannheim bedeckt ist. Kein Heiligenbild wurde im Anfange der zwanziger Jahre in Bürger= und Bauernhäusern des südlichen Deutschlands so verehrt wie das Porträt des Jenaer Studenten mit dem langen, herabwallenden Haar, mit dem blassen und schwärmerischen Gesicht, im altdeutschen Rock und Barett; kein Heiligenschrein genoß einer solchen Verehrung wie die verborgene Stelle, wo man irgend ein Andenken an den „teutonischen Jüng= ling" und seine nationale Großthat, sei es ein Stück von seinem Kleide, ein mit einem Blutstropfen getränktes Tuch, einen Splitter von dem Schafott, heimlich aufbewahrte. In ganz besonderer Weise wurde Heidelberg von dem Ereignis berührt. Der Scharf= richter, dem die Hinrichtung oblag, gehörte einer Heidelberger Familie an, in der das Blutrichteramt erblich war. Ein libe= raler Mann, teilte er die Sympathien seiner Mitbürger aus vollem Herzen und verehrte den Jüngling, der durch seine Hand fallen sollte. Alle Welt erwartete eine Begnadigung. Umsonst. Als Sand von der Wunde, die er sich selbst beigebracht hatte, nach dem Gutachten eines berühmten Heidelberger Mediziners hinlänglich genesen war, wurde das Strafgericht ausgeführt. An dem Tage der Exekution zog eine Schar Heidelberger Bürger nach Mannheim und umstellte in erster Reihe das Blutgerüst.

Der Scharfrichter verabschiedete sich mit Thränen von dem Gefangenen, der ihm als Zeichen des inneren Verständnisses die
Bruderhand reichte. Nachdem das Bluturteil vollzogen war,
gab der Heidelberger Bürger den Stuhl, auf welchem Sand den
Todesstreich erlitten, den untenstehenden Freunden, die denselben
wie eine Trophäe nach ihrer Stadt brachten. Auf dem Haarlaß,
unfern des Stifts Neuburg, wo zwei Brüder eine große Gerberei
besaßen, wurde das teure Unterpfand aufbewahrt. Nach einiger
Zeit kam ein amtliches Schreiben an den Stadtdirektor, er solle
den Stuhl wegnehmen lassen und ausliefern. Als der eine der
Brüder, der in seinen politischen Ansichten gemäßigter war, von
der Weisung unterrichtet wurde, sagte er: „Herr Stadtdirektor, den
Stuhl bekommen Sie nicht, eher schießt Sie mein Bruder tot.
Aber ich will dafür sorgen, daß kein Mißbrauch damit geschieht".
Nach einiger Zeit wanderte der malkontente Besitzer nach Amerika
aus und nahm den Stuhl als Familieneigentum mit. Aus den
Brettern des Schafotts aber ließ der Scharfrichter auf der westlichen Berghöhe ein Gartenhäuschen errichten, das jahrelang
von den Gliedern der Burschenschaft zu nächtlichen Zusammenkünften benützt wurde. Es ist noch jetzt als „Sandhäuschen"
allgemein bekannt. Damals war die Burschenschaft weitaus die
zahlreichste Studentenverbindung in Heidelberg. Vor seiner Reise
nach Mannheim war Sand bei den Bundesbrüdern abgestiegen
und hatte mit einem Studiengenossen in mondbeglänzter Früh-
lingsnacht einen Spaziergang am Neckarufer gemacht. Der Begleiter, der von dem Vorhaben keine Ahnung hatte, war der
Theologe und nachmalige Prälat Ullmann. Man hat in neuerer
Zeit der deutschen Burschenschaft konspiratorische Tendenzen zugeschrieben. Vielleicht, daß einzelne an demagogischen Künsten
Gefallen fanden; die große Mehrheit waren harmlose Gemüter,
die ihre nationalen und patriotischen Gefühle in elegischen Liedern
ertönen ließen. Viele haben in der Folge für ihre jugendlichen
Träume und Schwärmereien schwer gebüßt. Aber das schwarz-
rotgoldene Band ist schließlich doch zu Ehren gekommen!

Niemand triumphierte mehr über die blutigen Ereignisse in
Mannheim als der Staatskanzler Metternich. Er hatte ja schon
nach dem Wartburgfest den Gedanken ausgesprochen, daß man in

Wien ein gemeinsames „Foyer" zur Ueberwachung der jugend=
lichen Revolutionäre und der liberalen Professoren auf den Uni=
versitäten errichten solle. Nun waren seine Warnungen und
Voraussagungen eingetroffen; die Welt hielt ihn für einen un=
trüglichen Propheten, und er selbst schlug sich im pharisäischen
Hochgefühl auf die Brust und schrieb selbstgefällig das Geständnis
nieder: „Mein Geist begreift nichts Enges; ich beherrsche ein
unendlich weiteres Gebiet, als die andern Staatsmänner sehen
oder sehen wollen. Ich kann mich nicht enthalten, mir zwanzig=
mal am Tage zu sagen: Guter Gott, wie sehr habe ich recht
und wie sehr haben sie unrecht." Und wie mußte sich dieses
Selbstgefühl steigern, als die deutschen Fürsten und Regierungen
im durchbohrenden Gefühle seines Scharfblickes unter seiner
Aegide Schutz suchten gegen den revolutionären Geist, den sie
allenthalben zu bemerken glaubten. So kam es denn zu der
traurigen Reaktionsperiode der zwanziger Jahre, die sich nicht
bloß über Deutschland, sondern in Folge der italienischen und
spanischen Verfassungskämpfe über ganz Europa lagerte. Die
eingeschüchterten Regierungen flüchteten sämtlich in den Schoß
der Metternichschen Erhaltungspolitik, die in den Karlsbader
Beschlüssen ihren schärfsten Ausdruck fand. Die ganze Staats=
gewalt wurde zur Unterdrückung der „demagogischen Umtriebe"
in Bewegung gesetzt.

Es gibt wenig Zeitläufte der deutschen Geschichte, die eine
so häßliche Physiognomie an sich tragen wie das Decennium
zwischen Kotzebues Ermordung und der Pariser Julirevolution.
Es war die Zeit eines übermütigen Beamtentums gegenüber
dem „beschränkten Unterthanenverstand"; der brutalen Polizei=
despotie, gegen die man nicht „mucksen" durfte, des schleichenden
Spioniersystems, das in jedem fremden Gesichte einen politisch
Verdächtigen sah. Wo die Gewalt offen auftritt, da beugt man
sich unter die Notwendigkeit, eingedenk des Spruches, daß allzu
gestrenge Herren nicht lange regieren, oder man ballt die Faust
in der Tasche in der Hoffnung, sie einst offen gebrauchen zu
können; aber ein System der Spioniererei und Ueberwachung,
der Willkür, der Heimtücke, der Angeberei untergräbt alles Ver=
trauen in der Menschenbrust, vergiftet das bürgerliche Leben und

erzeugt Zwietracht und Parteiung. Besonders wurden die Uni=
versitäten mit Argusaugen bewacht. Arndt wurde seines Lehr=
amts enthoben, Oken und De Wette zur Flucht in die Schweiz
gezwungen, die Burschenschaft aufgelöst. Seitdem bargen die
ihr angehörenden Studenten ihre politischen und nationalen An=
sichten und Träume unter dem Schleier von Geheimbünden,
wodurch die burschenschaftlichen Verbindungen einen sektenartigen,
konventikelhaften Anstrich erhielten.

Auch in Baden machte sich der schneidende Luftzug bald
fühlbar. Großherzog Ludwig, ein fünfundfünfzigjähriger unver=
mählter Herr, der aus seiner Dienstzeit im Fridericianischen Heere
Vorliebe für soldatische Art und insbesondere für das preußische
Militärwesen eingesogen, der dann zur Rheinbundszeit durch
Napoleons Ungnade auf das Schloß Salem verwiesen, in dieser
Einsamkeit sich einer harten Menschenverachtung hingegeben und
an das wüste Leben eines ausschweifenden Junggesellen gewöhnt
hatte, war seiner ganzen Natur nach einem landständischen Neben=
regiment abgeneigt. Klug, energisch und voll Eifersucht auf
seine landesherrliche Würde, hatte er nur mit innerem Wider=
streben in die Einberufung der Landstände gewilligt, sich mit der
stillen Hoffnung tröstend, „daß der Landtag sich mit der unschein=
baren Rolle eines Familienrats begnügen und nichts unternehmen
werde, was über diese Sphäre hinausliege". Aber es kam anders.
Unter der Führung von Liebenstein, Rotteck, Itzstein, Welcker u. a.,
denen sich auch der Heidelberger Buchhändler Winter, Verleger
der Paulusschen Werke, anschloß, nahm die Versammlung, na=
mentlich die zweite Kammer, bald den Charakter einer schroffen
Opposition an, der ihr mehrere Jahrzehnte hindurch geblieben ist
und den Karlsruher Landtag zum Fahnenträger des gesamten
deutschen Liberalismus gemacht hat. Die Folge war eine wachsende
Spaltung zwischen Regierung und Volksvertretung, Vertagungen
und Auflösungen der Landtage, Konflikte und Wortgefechte in
beiden Faktoren der Staatsgewalt. Die Strömung der Zeit kam
der Regierung zu statten. Durch allerlei Mittel brachte sie es
dahin, daß die badischen Landtage sich stumm und gefügig zeigten
und der Scheinkonstitutionalismus in Karlsruhe wie in andern
deutschen Residenzen in voller Blüte stand. Metternich mochte

mit dem Großherzog Ludwig zufrieden sein, aber bei dem badischen Volke blieb er in schlimmem Andenken. Es mag uns gestattet sein, eine Stelle aus dem zweiten Bande der deutschen Geschichte des Professors von Treitschke zur Charakterisierung dieses eigenartigen badischen Landesfürsten anzuführen: „Im Hause führte der Großherzog das Leben eines wüsten Junggesellen; ein guter Kopf, aber ohne Sinn für edle Bildung, hatte er sich früh geschmacklosen Ausschweifungen ergeben. Als allbereiter Helfer stand ihm bei seinen kleinen Abenteuern, wie bei den politischen Verhandlungen der Major Hennenhofer zur Seite, der Ueberall und Nirgends der Salons, der sich durch cynischen Witz und einschmeichelnde Gewandtheit vom Feldjäger zum militärischen Diplomaten aufgeschwungen hatte, ein mit allen Hunden gehetzter Mensch, dem es nicht darauf ankam, in amtlichen Aktenstücken Citate aus Tristram Shandy anzubringen, mit jedermann bekannt, in alle Geheimnisse eingeweiht, trotz seiner abschreckenden Häßlichkeit als Vermittler und Zwischenträger immer willkommen. Durch die Schuld dieses neuen Hofes wurde die ehrbare Stadt Karl Friedrichs auf lange Zeit hinaus neben München die sittenloseste der deutschen Residenzen."

Es war ein ironischer Zufall, daß in einer Recension der „Heidelberger Jahrbücher" über einen Reisebericht nach dem Berge Athos und nach Konstantinopel der Ausdruck „großherrliches" Serail durch ein Versehen des Setzers in „großherzogliches" entstellt ward.

Großherzog Ludwig starb am 30. März 1830, wenige Monate ehe die Sturmflut der Pariser Julirevolution ihre Wellen über die Nachbarländer ergoß. Noch nie hat das badische Land und Volk ein politisches Ereignis mit solchen Festlichkeiten gefeiert wie die Thronbesteigung des neuen Großherzogs Leopold. Das Heidelberger Schloß wurde durch Reisig und Kleinholz in den inneren Mauerräumen so kunstvoll beleuchtet, daß es den schauerlich schönen Anblick eines wirklichen Schloßbrandes gewährte. Es war die Kundgebung der Freude, daß der vieljährige badisch-bayerische Erbfolgestreit nun endgültig und thatsächlich beigelegt, und zugleich der Ausdruck der Hoffnung auf eine bessere Zukunft. Wohl brachte die Julirevolution auch in Heidelberg und in der

Pfalz eine große politische Aufregung zu Tage, bei der sich besonders die studierende Jugend beteiligte: Man feierte das Ham-
bacher Fest, man empfing die auswandernden Polen mit patriotischer Begeisterung, man forderte geräuschvoll Reformen im
Staats- und Universitätsleben. Nach einiger Zeit verliefen sich
jedoch die Wogen und die Metternichsche Vorsehung waltete von
neuem über den deutschen Bundesstaaten.

Die Heidelberger Universität hatte unter einem Fürsten,
der für Wissenschaft und allgemeine Bildung wenig Sinn und
Interesse hatte, keinen Aufschwung genommen, aber auch keine
Rückschritte gemacht. Reizenstein hatte sich bald nach dem Re-
gierungsantritte Ludwigs verstimmt in die gelehrte Muße nach
Heidelberg zurückgezogen, wo er im stillen fortfuhr, ohne offi-
zielles Mandat für das Wohl der ihm lieb gewordenen Hochschule
zu wirken. Es wurden Männer an die Universität berufen, die,
wie der Historiker Fr. Chr. Schlosser (seit 1817), der Jurist
Mittermaier (seit 1821), der Nationalökonom Rau (seit 1822),
sich bald einen weltberühmten Namen machten. Schlosser war
zugleich Nachfolger Wilkens in der Bibliotheksverwaltung; aber
aus Verdruß, daß die dem Großherzog gehörige Büchersamm-
lung von Salem weit über ihren Wert von der Universität erworben ward, gab er die Stellung auf. Schon in den zwanziger
Jahren bearbeitete er die Geschichte des achtzehnten Jahrhunderts,
die anfangs nur zwei kleine Bände umfaßte, im Laufe der Jahre
fünf Auflagen erlebte und zu acht Bänden anwuchs. Dieses
Werk ist der Ruhm und der Stolz seines Lebens geworden und
trägt das Gepräge seines ganzen mannhaften Charakters. Es
war Jahrzehnte hindurch der Mund und das Gewissen des
Volkes, zugleich aber auch der Spiegel seines eigenen Wesens
und Denkens. „Die Geschichte des achtzehnten Jahrhunderts"
ist der Ruf des Propheten in der Wüste, der zur Buße und
Besserung auffordert, damit das Vaterland und die Menschheit
vom drohenden Untergange gerettet werde. Wie der Dichter
Dante, mit dessen Natur und Denkweise der Heidelberger
Historiker so viele Sympathie fühlte, sein unsterbliches Werk als
Vorläufer des großen Buß- und Jubiläumsfestes, womit das
kirchliche Oberhaupt das neue Jahrhundert einweihte, in die

Welt sandte, so kann Schlossers „Geschichte des achtzehnten Jahr-hunderts" als der strafende Vorbote des Jahres 1848 gelten. Dante schildert die Hölle, das Purgatorium und das Paradies. Schlossers Darstellung umfaßt nur die beiden ersten Zustände, Hölle und Fegfeuer, Sünde und Strafe; ob wir durch dieses zweite Stadium in einen paradiesischen Zustand irdischer Glück-seligkeit eintreten, ist mehr als zweifelhaft. Das irdische Leben scheint nur jene beiden Zustände zu fassen; der paradiesische Zu-stand befindet sich bei Platons Ideenwelt.

Schlosser und Mittermaier waren sehr verschiedenartige Persönlichkeiten. Der Historiker war eine kontemplative, in sich abgeschlossene Natur, allem praktischen Handeln abhold, und obwohl ein strenger Sittenrichter der Mächtigen und Großen und ein Volkstribun für die Armen und Schwachen, doch ein aristokratischer Charakter. Der Jurist, dessen stattliche Gestalt mit dem ehrwürdigen Kopf im schneeweißen wolligen Haupt-haar und mit dem wohlwollenden, menschenfreundlichen Angesicht und freundlichen Lächeln noch gar vielen Bewohnern der Neckar-stadt in frischem Andenken steht, war eine ausgreifende, aufs Praktische angelegte Persönlichkeit von unermüdlicher Arbeitslust und Arbeitskraft, der es ein Herzensbedürfnis war, auf allen Gebieten thätig zu sein, in allen öffentlichen Dingen mitzuthun, mit allen bedeutenden Männern des In- und Auslandes in Verbindung zu stehen.

Wer Schlosser ansah, den untersetzten, breitschulterigen Mann von mittlerer Größe mit dem imponierenden Haupte, das in späteren Jahren mit einem starken schneeweißen Haarwuchs be-deckt war, mit dem strengen imperatorischen Gesicht, in welchem ein feuriges Auge, das die ganze Sehkraft des andern ver-lorenen in sich eingesogen zu haben schien, ihn scharf anblickte, der empfing sofort den Eindruck von einer Herrschernatur voll stolzen Selbstgefühls, die das Odi profanum vulgus et arceo auf der Stirn trug, die unentwegt ihren eigenen Impulsen folgte, unbekümmert um das Urteil der Welt, mit starker Ge-ringschätzung anderer und ein Todfeind jeder übertriebenen Verherrlichung, jedes sogenannten „Kultus des Genius". Er nahm nie am öffentlichen Leben teil, besuchte keine Versammlungen, keine offiziellen Mahlzeiten oder Festlichkeiten, hielt nie öffentliche Reden. Mittermaier wirkte als Stadtrat, als Abgeordneter und Präsident der zweiten badischen Kammer, als Mitglied des Frankfurter Parlaments, beteiligte sich bei unzähligen Kommissionen und Zusammenkünften politischer, kommunaler und wissenschaftlicher Art. „Mittermaiers Hauptstärke," urteilte vor vielen Jahren ein Recensent in den „Halleschen Jahrbüchern", „ist eine unendliche Ausdehnung in die Breite, eine staunenswerte Volubilität des Geistes, eine beispiellose Kraft des Gedächtnisses und der Kombinationsgabe." Ein redseliger und redegewandter Herr, ergriff er gern das Wort und fand nicht schnell das Ende. Man lächelte wohl hie und da im stillen über die geistige Beweglichkeit und Vielgeschäftigkeit des sprachfertigen Professors, und in einer Schilderung der Universität Heidelberg vom Jahre 1840 wird ihm nachgesagt, daß das Horazische dulce est digito monstrari et dicier: hic est, ihm allzu sehr am Herzen gelegen. Aber seine bürgerlichen Tugenden, sein wohlwollendes und menschenfreundliches Gemüt, seine volkstümliche Einfachheit und Geradheit, sein sittenreiner Lebenswandel, sein Freimut und sein toleranter Sinn drängten die Schwächen tief in den Hintergrund. Ein freisinniger Katholik im Geiste seines Freundes Wessenberg, hat er sich niemals im politischen oder akademischen Leben von konfessionellen Rücksichten bestimmen lassen. Er war bei aller Liberalität für gemeinnützige Zwecke ein guter Haushalter, der ein beträchtliches Vermögen hinterließ, und beteiligte sich eifrig bei den städtischen Angelegenheiten, eine Eigenschaft, die auch auf seine in Heidelberg lebenden Söhne überging.

Als Lehrer auf dem Katheder hatten Schlosser wie Mittermaier eine große Zuhörerschaft, und an schriftstellerischem Fleiße stand keiner dem andern nach. Die Zahl ihrer Werke ist sehr beträchtlich. Mittermaier war auf allen Rechtsgebieten des In- und Auslandes zu Hause und teilte seinen Zuhörern die mühsam erworbenen Kenntnisse in reichem Maße in fließender, oft mit pikanten Einzelzügen gewürzter Rede mit. An seinen wissenschaftlichen Arbeiten vermißten die Fachgelehrten Tiefe und Gründlichkeit.

Schlossers Vortrag war das Abbild seines Wesens: wie in
der Konversation, wo es schwer fiel dem raschen sprudelnden
Fluß seiner eigenen Rede gegenüber zum Worte zu kommen,
war er auch auf dem Katheder ein lebhafter Sprecher, aber sein
Vortrag war eigentümlich und fremdartig: der norddeutsche
Dialekt, die laute, etwas singende Stimme, die unvollendeten
ineinander geschachtelten Sätze ohne sprachrichtigen Abschluß,
wobei die grammatische Konstruktion der Satzgefüge stark not
litt, machten im Anfang auf den Zuhörer einen eigentümlichen
Eindruck; aber die Fülle der Gedanken, der sittliche und wissen=
schaftliche Ernst, das scharfe zutreffende Urteil, die aus dem
Redefluß hervorleuchteten, rissen hin, regten an und belebten.
Man nahm keinen Anstoß, wenn er im Eifer seines Vortrags
auf die Lehrkanzel schlug. Nie hörte man in seinen Vorträgen
einen Scherz oder eine unfeine oder zweideutige Anspielung.
Wie fuhr er einst heftig auf, als bei der Schilderung von dem
Einflusse der Pompadour einer der Zuhörer durch ein Lächeln
merken ließ, daß er einem Ausdruck einen andern Sinn unter=
legte, als der Redner gemeint hatte!

Wurde man in diesem Auftreten an die rauhe Nordseeküste
seiner Heimat erinnert, so bewiesen sein sorgfältiger Anzug und
seine gesellschaftlichen Gewohnheiten, daß er in Frankfurt, wo
er als Lehrer mit mehreren der angesehensten Familien verkehrt
hatte, im Umgange mit einem Kreise edler gebildeter Frauen
sich Geschmack an häuslicher Eleganz, an feineren Lebensformen
angeeignet. Nach seiner Verheiratung mit einer liebenswürdigen
Dame von mittleren Jahren voll heiterer Anmut, führte er
ein geselliges Leben im Familienkreise, wobei besonders distin=
guirte Frauen gern gesehen waren. So männlich kräftig an=
gelegte Charaktere wie Schlosser ertragen nicht leicht Widerspruch.
Sie sympathisieren daher mehr mit der hingebenden für hervor=
ragende Geistesgaben empfänglichen Natur der Frauen. Dantes
Divina Commedia, die schon in seinem Frankfurter Kreis die
Hauptlektüre bildete, wurde bis in sein höchstes Greisenalter in
kleinen auserwählten Zirkeln von gebildeten Frauen gelesen und
erklärt. In diesem Werk, das in sein ganzes Leben verflochten
war, suchte und fand er die Erhebung, welche die echte Poesie

gewährt. Diese mußte ihm den Genuß und die Wirkung der bildenden Künste und der Musik ersetzen, deren Wert und Verständnis ihm verschlossen blieben. Dante nahm in Schlossers Seelenleben eine ähnliche Stelle ein, wie bei Thibaut die reine Tonkunst. Dagegen hielt er sich fern von allen Männergesellschaften, von allen solchen Kreisen, wo bei Wein, Bier und Tabak ein freierer Ton herrscht, wo die Konversation, auch ohne ins Gemeine zu verfallen, doch die Schranken des Erlaubten weiter zieht, wo auch ein Scherz, ein derbes Witzwort nicht verpönt ist. Er selbst hat nie geraucht, hat nie Wein getrunken; Thee und Kaffee waren seine Getränke, erst später nahm er bei Tische ein Glas Bier. In seinem Studierzimmer herrschte die größte Reinlichkeit und Ordnung; die Folianten und älteren Bücher wurden in das Vorzimmer verwiesen, die Wände der Arbeitsstube waren mit ausgesuchten Werken, meistens in elegantem Einband, garnirt. In seinen späteren Jahren stand in der Mitte des mit einem Teppich bedeckten Studierzimmers ein zierlicher Schreibtisch von Palisanderholz und daneben eine Marmorbüste von Dante, beides Geschenke der Großherzogin Stephanie. Seine ganze Erscheinung hatte etwas Vornehmes, erinnerte aber an ältere Zeiten und Gewohnheiten. Nie sah man ihn im Schlafrock.

Goethe sagte einmal von Schlosser, er zähle zu den Naturen, „die aus dem Dunkeln ins Helle streben". Dieser Ausspruch bezeichnet mit voller Wahrheit den Charakter der Geschichtsauffassung und Geschichtschreibung des Heidelberger Historikers. Alles Mythische, Sagenhafte, Hypothetische ist von seiner Darstellung ausgeschlossen. Gegen Otfried Müllers Forschungen über die Stämme und Staaten des alten Hellas ließ er eine zornige in derben Ausdrücken verfaßte Kriegserklärung ausgehen. Bei Beurteilung von Bolingbrokes Briefen über das Studium der Geschichte in der „Geschichte des achtzehnten Jahrhunderts" kann er nicht umhin einen tadelnden Seitenblick auf die Historiographie der Gegenwart zu werfen, die alles wiederhole, was der englische Staatsmann und Philosoph vor achtzig Jahren als langweilig und geistlos, als unnützes und abgeschmacktes Treiben witzig verspottet und verlacht habe, nur daß man jetzt Urgeschichten,

Genealogien, Chronologien und andere Grübeleien aufstelle und den größten Scharfsinn verwende, aus einem Manetho, Berosus, Hellanicus und andern Fragmenten Geschichte zu konstruieren. Darum konnte Schlosser auch nicht lange mit Creuzer Umgang pflegen. Desto enger schloß er sich an Voß und Paulus an; auch mit den Naturforschern und Medizinern Gmelin, Tiedemann und Chelius stand er in gesellschaftlichem Verkehr.

Kurz nach Mittermaier folgte der Nationalökonom Rau einem Rufe nach Heidelberg, wo beide, der eine ein Bayer, der andre ein Franke, ihre Lebenszeit neben einander verbrachten und bald in so innige Beziehungen traten, daß sie auf du und du standen, eine Vertraulichkeit, die in den Heidelberger Universitätskreisen selten vorkommt. Der Kriminalist und der Professor der Volkswirtschaft waren verschiedene Naturen und berührten sich dennoch in sehr wesentlichen Punkten, ohne jemals ganz in Uebereinstimmung zu sein. Schon ihr Aeußeres bot manche Aehnlichkeit und war doch sehr verschieden. Auch Rau war ein stattlicher, hochgewachsener Mann, der bei dem ersten Anblick den Eindruck eines korrekten „Gentleman" machte; sein ganzes Auftreten, seine Haltung, seine höflichen Manieren, sein sorgfältiger Anzug gaben ihm ein gefälliges Ansehen, dabei zog aber doch das gemessene, regelrechte Benehmen und ein gravitätischer Ernst der vertraulichen Annäherung gewisse Schranken. Von dem Tage an, da Karl Heinrich Rau, kaum dreißig Jahre alt, mit seiner anmutigen, liebenswürdigen Gemahlin aus Erlangen, dem Orte seiner Geburt und seiner ersten akademischen Wirksamkeit, in Heidelberg einzog, gehörte er bis zu seinem Tode zu den angesehensten Häuptern der Hochschule. Sohn eines Geistlichen und Theologieprofessors, nahm er stets ein warmes Interesse für alle religiösen und kirchlichen Fragen und zeigte sein ganzes Leben lang eine besondere Hinneigung für die Kollegen dieser Fakultät, namentlich für Umbreit, dessen feinbesaitete, elastische und gesellige Natur mit dem schönen an Schiller erinnernden Kopf ihm vor allem sympathisch war. Beide unterhielten in der Folge mit Ullmann und anderen gleichgesinnten und gleichgestimmten Herren und Frauen viele Jahre hindurch ein „theologisches Sonntagskränzchen", wo es sehr decent und gemütlich

zuging, die harmonische Seelenstimmung der Gesamtheit der
Unterhaltung eine wohlthuende humane Färbung gab und die
Herren in gewählten Worten sich selbst und den Damen viel
Schönes und Schmeichelhaftes zu sagen wußten.

Wenn Rau schon in seiner äußeren Erscheinung den Ein=
druck eines „korrekten" Mannes machte, so trug auch sein ganzer
Bildungsgang, der gewissenhafte Eifer und Fleiß, mit dem er
als Student, als Gelehrter und akademischer Lehrer, als Schrift=
steller seine Studien betrieb, diesen Charakter an sich. Wir
wissen nicht, ob die Fachgenossen ihn zu den bahnbrechenden
Männern der Wissenschaft rechnen; in seiner akademischen und
schriftstellerischen Thätigkeit wird man schwerlich Genialität,
wohl aber großes Wissen, vielseitige Belesenheit und sorgfältige
Gründlichkeit entdecken. Wenn Schlosser einmal sagte, er hasse
das Kollektaneensammeln wie Karrenschieben, so ward Rau nicht
müde, aus Büchern und Zeitschriften Notizen und Bemerkungen
statistischen und wirthschaftlichen Inhalts aufzuzeichnen. Eine
geistesfrische Dame, Pauline Schwab, Nichte des Dichters Gustav
Schwab, die viele Jahre lang ein unabhängiges Künstlerleben
in unserer Mitte führte und in allen Familien gern gelitten
war, hielt mit ihm die „Allgemeine Zeitung", und äußerte ein=
mal, das Unterstreichen von Rau diene ihr als Fingerzeig, welche
Artikel sie nicht zu lesen brauche. Der Ruf seines Namens ging,
wie der Mittermaiers, weit über die Grenzen des deutschen Vater=
landes hinaus; seine „Volkswirtschaftslehre" hat acht Auflagen
erlebt und ist in die meisten europäischen Sprachen übersetzt
worden. Sein Vortrag war trocken und wenig anregend, aber
lehrreich durch die Masse von Detailkenntnissen, durch die Fülle
des Wissens in allen Gebieten, durch die klare Methode in der
Behandlung wissenschaftlicher Probleme. „Die Nationalökonomie
ist eine trockene Wissenschaft," sagt der biographische Abriß über
Rau in den badischen Biographien, „und wenn die angewandten
Lehren, indem sie sich direkter mit den wechselnden Erscheinungen
des Lebens beschäftigen, Geist und Gemüt erfrischen, bedarf es
für den theoretischen Theil künstlerischer Begabung, um ihren
Vortrag anziehend, fesselnd und begeisternd zu machen." Aber
von dieser künstlerischen Begabung besaß Rau keine Spur. Ihm

fehlte alles Pathos, aller oratorische Schmuck. Ein Mann der
Mitte in seinen Lebensansichten wie in seinen Studien, ging er
behutsam prüfend an die großen Streitfragen, die das volks-
wirtschaftliche Gebiet durchdrangen, und vermied alle extremen
Theorien. Das stürmische Auftreten des genialen Fr. List fand
in dem Heidelberger Nationalökonomen einen entschiedenen Widersacher.

Daß ein Mann von solchen Eigenschaften auch in dem
öffentlichen Staats- und Universitätsleben eine hervorragende
Stellung einnahm, war selbstverständlich. Wie oft war er Pro-
rektor und Senator, Mitglied und Vorsitzender von Kommissionen,
Vereinen und Gesellschaften; in der ersten Kammer vertrat er
viele Jahre hindurch die Universität und wurde später durch das
Vertrauen des Großherzogs in jene Versammlung berufen; unter
dem Minister Nebenius, mit dem er durch die Gleichartigkeit ihrer
Studien und die Uebereinstimmung ihrer Ansichten wie durch
Bande der Verwandtschaft sehr befreundet war, hatte er großen
Einfluß auf die Verhältnisse der Hochschule. Mit Mittermaier teilte
Rau auch die Neigung zur Vielgeschäftigkeit, zum Mitraten und
Mitthaten in allen Angelegenheiten, den Wunsch als populärer
Mann da und dort die Hand mit im Spiel zu haben. Damit
war eine gewisse Annäherung an den Liberalismus notwendig
verbunden, und der Geheimerat Rau verschmähte es nicht ganz,
der herrschenden politischen Strömung einige kleine Konzessionen
zu machen. Doch berührte er nur die Grenzlinie des Liberalismus,
und die Sphäre der Popularität, gegen die er nicht ganz gleich-
gültig war, stand eine Schichte höher als bei Mittermaier. Zum
Volksmann war der gravitätische, seinem ganzen Wesen nach
etwas pedantisch angelegte Mann nicht geschaffen. Seine eigentliche Stellung war in der ersten Kammer; unter den Mitgliedern
dieses hohen Hauses konnte er seinen freikonservativen Ansichten
genügen und dabei doch als liberaler Mann gelten. Wollte
man übrigens diesen Ausspruch, wie man gethan hat, so deuten,
als sei der Heidelberger Volkswirt „ein etwas herrschsüchtiger,
sehr lebenskluger und ein überaus berechnender Herr gewesen,
der unter Verleugnung seiner politischen Meinung bald der
Reaktion gedient, bald sich als Liberaler gezeigt und nach Volks-

gunst strebend es verstanden habe, seinen Einfluß zum eigenen Nutzen auszubeuten," so würde man die Worte durchaus mißverstehen. Rau folgte nur dem Zuge seiner Natur. Ein Gegner alles Extremen nahm er in den großen Lebensfragen eine vermittelnde Stellung. Sein harmonisches Wesen verlangte nach Ausgleichung und Verständigung. Ohne daher die obige Charakteristik in ihrer richtigen Auffassung als unzutreffend zurückzunehmen, stimmen wir gerne dem Urteil bei, das der Sohn über den Vater aussprach: „Nicht die sogenannte Weltklugheit, sondern eine seltene Gewissenhaftigkeit und Treue im größten wie im kleinsten war der Grundzug seines Wesens. Mild in der Beurteilung anderer war er nur streng gegen sich. Unbekümmert um die Folgen sprach, schrieb und handelte er stets nur nach seiner Ueberzeugung. In der Wissenschaft wie im Leben strebte er nach der Wahrheit." Dies war auch in Heidelberg die allgemeine Meinung und sein Name gehörte zu den geachtetsten der Universität. Als er am 18. März 1870 einer längeren Krankheit erlag, gab die großartige Leichenfeier und die Menge hoher Orden, die seinem Sarge vorangetragen wurden, einen deutlichen Beweis, in welchem Ansehen der gelehrte Mann gestanden.

Voß sollte die Thronbesteigung des Großherzogs Leopold nicht mehr erleben. Die Philhellenen-Begeisterung, die zu Anfang der zwanziger Jahre das gesamte liberale Europa ergriff, war das letzte Aufflackern seiner Jugendgefühle. Er steuerte tausend Thaler in die Unterstützungskasse als Dank für die geistigen Güter, die er von den alten Hellenen empfangen. Er starb am 29. März 1826 in Folge eines Schlaganfalles. Durch die schonende Rücksicht des Prorektors Tiedemann erfuhr der Kranke nicht mehr, daß ein scharfer Verweis von Karlsruhe wegen Freigeisterei gegen ihn angelangt sei, und merkwürdigerweise zugleich gegen Daub wegen „Kryptokatholizismus". So vorsichtig wachte man damals, daß die Erziehung des Volkes ja nicht durch einen kalten oder heißen Luftzug von links oder rechts gestört werde. Um so allgemeiner und ehrenvoller waren die Beweise der Trauer und der Verehrung von seiten der Einwohner wie der Studentenschaft bei der Todesnachricht und bei der großartigen Leichenfeier. Seine Gattin Ernestine, die den Eheherrn noch acht Jahre überlebte (gestorben 10. Mai 1834), ließ über den Eingang zu dessen Studierstube auf einer Marmorplatte die Inschrift von Paulus anbringen: „Heilig bleibe diese Stätte. Hier in enger Zelle besuchten die unsterblichen Musen und die ewige Wahrheitsliebe den deutschen Dichter, altertümlichen Sprachforscher und Bürgerfreund Johann Heinrich Voß." Kaum ein halbes Jahr nachher (22. September 1826) starb auf einer Amtsreise von Mannheim nach Heidelberg der Dichter J. Peter Hebel, der mit Voß nichts gemein hatte als die Neigung zur Idylle und zur Volksdichtung, sowie die Vorliebe für das bäuerliche und bürgerliche Kleinleben und die Anschauungsweise der ländlichen Bevölkerung, der eine das norddeutsche Bauernleben sympathisch darstellend, der andere die Gemütswelt der alemannischen Schwarzwälder verständnisvoll in sich aufnehmend.

Paulus überlebte den Freund und Gesinnungsgenossen noch ein ganzes Menschenalter. Er setzte die politisch-kirchliche Zeit-schrift, in welcher alle Tagesgeschichten im Sinne des Liberalismus und der „Denkgläubigkeit" besprochen wurden, noch mehrere Jahre fort. Ein Aufsatz in derselben bewirkte die Freisprechung des von den Gerichten auf Grund unzuverlässiger Zeugenaussagen zum Tode verurteilten Kölner Kaufmannes Fonk und verschaffte ihm selbst den Titel eines Doctor juris. Dennoch war aber auch für ihn die Blütezeit vorüber. Er beschränkte seine Lehrthätigkeit mehr und mehr und zog sich dann ganz von der akademischen Wirksamkeit zurück. Fortan lebte er in seiner stillen Wohnung in der Friedrichstraße wie ein Einsiedler; er ging selten aus und sein kleiner Körper schrumpfte fast zur Mumie zusammen. Nur von Zeit zu Zeit verkündigten wissenschaftliche und litterarische Arbeiten der Welt und seinen Heidelberger Verehrern, daß der Prophet der „Denkgläubigkeit" noch immer in ihrer Mitte weile. Wie sehr auch die Zeitströmung sich verändern, wie sehr auch die theologischen und politischen Richtungen und Anschauungen wechseln mochten, er selbst blieb immer der nämliche, die rationalistische und freisinnige Lebensanschauung fand in ihm ihren typischen Ausdruck, ihren beredten Wortführer.

Die Schellingsche Philosophie bekämpfte er bis an sein Lebens-
ende. Noch ist vielen unter den Lebenden der Streithandel bekannt,
der im Anfange der vierziger Jahre so großes Aufsehen erregte.
Als die Verehrer Schellings der Welt verkündeten, daß „die
Philosophie der Offenbarung" eine neue Aera im christlichen
Geistesleben der modernen Menschheit schaffen werde, diese neue
Heilsordnung aber nie im Druck erschien, verschaffte sich der
Heidelberger Kirchenrat ein nachgeschriebenes Kollegienheft der
im Winter 1841—1842 in Berlin gehaltenen Vorträge des
Landsmannes und gab sie mit Anmerkungen und Kritiken im
Druck heraus „zur allgemeinen Prüfung". Der Berliner Phi-
losoph stellte Klage wegen Nachdrucks. Er hoffte wenigstens eine
Geldstrafe zu erwirken, „da dies das einzige sei, was den alten
Sünder affiziere". Der Prozeß endigte mit einer Freisprechung,
worauf Schelling sein Lehramt niederlegte.

Auch zu Gunsten der Deutschkatholiken trat Paulus in die
Schranken. Da hat man ihn zum letztenmale neben seinem
Verleger, dem „Vater Winter", bei dem Festmahl gesehen, das
Heidelberger Bürger zu Ehren der Verkündiger des neuen Evan-
geliums, Ronge und Dowiat, veranstalteten. So blieb er sein
ganzes Leben hindurch der unversöhnlichste Gegner aller Mystiker,
Finsterlinge und Papisten. Und daß er nie den Glauben an den
Sieg seiner Sache verlor, bewies der Spruch, den er in dem
französischen Wortspiel la raison finira par avoir raison eigenhändig unter sein Brustbild setzte. Man hat oft seine Weissagung:
„Die Jesuiten werden wieder kommen," als Schwarzseherei und
pessimistische Weltanschauung des Alten belächelt. Aber er
hatte die schmerzliche Genugthuung, noch bei seinem Hinscheiden
die Erfüllung seiner Vorhersagung zu erblicken. Als er am
10. August 1851, fast neunzigjährig, starb, hielten die Jünger
Loyolas ihre ersten Missionspredigten in Heidelberg, und der Stadtgeistliche Zittel konnte in der Grabrede sagen: „Sie sind da die von
Paulus Geweissagten." Freiherr von Reichlin-Meldegg, damals
Professor der Philosophie in Heidelberg, war der Hausfreund von
Paulus geworden und hatte den schriftlichen Nachlaß geerbt.
Er verfaßte aus den Briefen und Schriftstücken eine weit-
läufige ungenießbare Biographie. Wenn es wahr ist, was

damals behauptet wurde, daß sich David Fr. Strauß bemüht
habe, in den Besitz der Schriftstücke zu dem Zwecke einer
Lebensgeschichte des Verstorbenen zu gelangen, so kann man das
Fehlschlagen des Planes wohl kaum beklagen. Die Anschauungen
der beiden Männer, die durch das „Leben Jesu" sich einen welt=
berühmten Namen gemacht haben, gingen so weit auseinander in
Methode und Resultat ihrer kritischen Forschung und Auslegungs=
kunst, daß das Leben und der Bildungsgang des Heidelberger
„Erzvaters der Aufklärung" unter den Händen eines Strauß
kein Werk der Liebe und Pietät geworden wäre!

6.

Bei dem Großherzog Ludwig stand nur ein Heidelberger
Professor in Gunst und Ansehen — Karl Salomon Zachariä.
Der berühmte Rechtsgelehrte, Sohn eines Advokaten in Meißen,
war, nachdem er seine Studien in Leipzig vollendet und dann
in Wittenberg eine mehrjährige akademische Wirksamkeit geübt
hatte, schon im Jahre 1807 nach Heidelberg berufen worden,
das bis zu seinem Tode am 27. März 1843 seine eigentliche
Heimat, die Stätte seines Lebens und Schaffens werden sollte.
Aus den eigenen biographischen Aufzeichnungen, die von seinem
Sohne fortgesetzt wurden, läßt sich nicht viel entnehmen. Die
kurzen Umrisse des äußeren Lebens dienen nur, wie Haken an
einer Wand, um gewisse Principien und Lebensregeln wie
Kleidungsstücke daran aufzuhängen. Doch geht daraus hervor,
daß er die Wittenberger Jahre im Kreise junger Kollegen und
die ersten Heidelberger Jahre an der Seite einer liebenswürdigen
Frau, die er nach seiner eigenen Versicherung stets mit der zarten
Rücksicht behandelte, die man einer Braut beweist, zu den
glücklichsten seines Lebens rechnete. In dieser Zeit lebte er
menschlich unter Menschen. Als die vierjährige Ehe durch den
Tod der Gattin gelöst wurde, lebte er einsam dahin, wie ein
verkörpertes Princip. Nur ein Sohn blieb ihm zurück, dessen
treffliche Anlagen er durch eine gute Erziehung zu entwickeln

bedacht war. Er wandte dabei die Principien Rousseaus an, daß man der Natur folgen und die individuelle Willensfreiheit nicht unnötig beschränken, sondern sie nur auf die rechte Bahn leiten solle. In den Beziehungen zu seinem Sohne ließ er allzeit die größte väterliche Liebe walten.

Zachariäs Name ist bei den Rechtsgelehrten hoch angesehen ob seiner zahlreichen staatswissenschaftlichen Werke voll klarer logischer Gedankenarbeit in präciser kräftiger Sprache, unter denen das „Handbuch des französischen Civilrechts", das sechs Auflagen erlebte, und die „Vierzig Bücher vom Staat" den ersten Rang einnehmen. Als akademischer Lehrer war er bei den Studenten beliebt, weil seine Lehrstunden durch die verständige Methode und die Schärfe des Geistes an logisches Denken und konsequentes Urteilen gewöhnten und viele praktische Belehrung gaben, wenn schon sein Vortrag ohne Schwung war, in der Art eines Schulmannes. Bei den liberalen Politikern dagegen stand er in üblem Rufe, weil er im badischen Landtage stets der Prä= rogative der Krone und den Vorrechten des Adels das Wort redete, und den Einwohnern Heidelbergs blieb er in lebhafter Erinnerung als wunderlicher, origineller Sonderling. Wenn man den dünnen, hageren, ziemlich großen Mann im abgetragenen Rocke und in der dürftigen Kleidung eines armen Hand= werkers vor den Thoren der Stadt oder an den Ufern des Neckars hinwandeln sah, blickte man ihm mit neugieriger Ver= wunderung nach.

Während der Regierung des Großherzogs Ludwig war Zachariä mehrmals Mitglied bald der ersten, bald der zweiten Kammer, und dank seinem Verstande, seinen staatswissenschaftlichen Kennt= nissen und seiner parlamentarischen Beredsamkeit, nahm er stets eine hervorragende Stellung ein. Der Frankfurter Bundestag war in sein politisches Stillleben eingetreten und die badischen Landstände hatten das Feuer ihrer ersten Jugendjahre gedämpft. Dennoch bereiteten die bösen Liberalen den Fürsten und Regie= rungen manche unangenehme Stunden. Da wurde denn auch in Karlsruhe, wie in anderen deutschen Residenzen, die Frage er= wogen, ob man nicht die Verfassung aufheben solle oder durch Abänderung einzelner Bestimmungen ihr eine solche Gestalt ver=

leihen, daß die monarchische Regierungsgewalt durch die Land=
stände weniger beschränkt wäre. In diesen kritischen Momenten
der schwankenden Meinungen, ob in Zukunft in Baden die abso=
lute souveräne Fürstengewalt gebieten oder ob die Exekutive noch
ferner durch die Volksvertretung kontrolliert und in gewisse gesetz=
liche Grenzen eingeschränkt werden solle, war Zachariä der geheime
Ratgeber der Krone und der Minister. In Denkschriften, in
Gutachten, in brieflichen Bescheiden suchte er darzuthun, daß die
badische Verfassung in ihrer dermaligen Gestalt unhaltbar und
nachteilig sei, und daß man sie mit Hilfe des Bundestags ent=
weder aufheben oder einen Teil ihrer Bestimmungen außer
Kraft setzen müsse. Im Karlsruher Archiv sind mehrere Schrift=
stücke enthalten, die Zeugnis geben von diesen intimen Meinungs=
kämpfen. Zachariä handelte dabei ganz im Sinne seiner staats=
wissenschaftlichen Theorie, die in der Ansicht gipfelte, daß die
Machtvollkommenheit (Souveränität) nicht dem Volke, sondern
dem Staatsherrscher zustehe. Wenn auch nicht unbedingt dem
Absolutismus huldigend, war er doch ein Fürsprecher monarchischer
Machtfülle, umgeben von strengen Rechtsformen, und ein Gegner
demokratischer Volksregierung. Als das Ideal eines Staats=
mannes im großen Stil galt ihm L. Cornelius Sulla, der als
Diktator durch Proskriptionen und Mörderbanden die Demokratie
niederschlug, das Volkstribunat zu einem Schatten und Schein=
institut herabdrückte und die gesamte Staatsgewalt einer ver=
rotteten und korrupten Aristokratie in die Hände gab. Im Jahre
1834, zu einer Zeit, da auch in Deutschland die rückschrittlichen
Maßregeln gegen die liberalen und demokratischen Bewegungen
der vorhergehenden Jahre wieder stark im Schwunge waren,
verfaßte Zachariä die geschichtliche Monographie über den römischen
Diktator, den „Ordner des königlichen Freistaats", der seiner
eigenen autokratischen Gesinnung so sehr entsprach. Wollte er
warnen oder mahnen? fragt Bluntschli, sein zweiter Nachfolger
auf dem Heidelberger Lehrstuhl. Wenigstens sprach er auf dem
Katheder offen die Ansicht aus, daß dem Zeitalter ein Sulla
notthue. „Zachariä hat sich zuweilen selber mit Machiavelli und
mit Montesquieu verglichen," so faßt Bluntschli in seiner „Ge=
schichte der Staatswissenschaft" sein Urteil über den Vorgänger

zusammen: „Er wollte für seine deutschen Landsleute sein, was jener für die Italiener und dieser für die Franzosen. An Reichtum des positiven Wissens war er beiden überlegen, an der Fertigkeit des logischen Denkens, an der Gewandtheit, neue Gesichtspunkte zu entdecken, und an der Klarheit der Sprache beiden ebenbürtig. Aber die Größe jener erreichte er doch nicht. Es fehlte ihm dazu, trotz aller Zähigkeit seines Strebens, an der rechten Energie des Geistes und des Charakters. Er behandelte die Staatswissenschaft vorzüglich als Gelehrter, nicht als staatsmännischer Kopf. Seine Schriften sind keine Thaten. So geistreich sie sind und so sehr man durch sie angeregt wird zum Nachdenken, sie geben doch weder der Wissenschaft noch dem Leben einen neuen Anstoß. Man findet sie interessant, sogar brillant und bleibt dennoch kalt dabei. Eben in der seltenen Gewandtheit, mit der er die Standpunkte und die Ansichten wechselte, lag dann für ihn auch eine Verlockung, je nach Umständen für verschiedene Parteien und sogar gleichzeitig als Vertreter ihrer entgegengesetzten Interessen aufzutreten und die Früchte seiner Wissenschaft für selbstsüchtige Zwecke zu verwerten, oder sich in schillernder Farbenspiegelung eitel zu wiegen."

In seiner Selbstbiographie hebt Zachariä hervor, daß er nach dem Tode seiner Frau haushälterischer geworden sei, und flicht dabei die Bemerkung ein: „So wie der Mensch dem Alter naht, wird er in der Regel geizig oder geiziger. Er spart, um sich zu verhehlen, daß er bald nicht mehr genießen kann." Mit diesen Worten berührt Zachariä die charakteristische Seite seiner persönlichen Lebenserscheinung, die ihn in der Heidelberger Welt verewigt hat. Wenn man ihn dahinschreiten sah im vernachlässigten ärmlichen Anzug, wurde man leicht an den Ausspruch des Sokrates bei dem Anblick seines Schülers Antisthenes erinnert, daß die Eitelkeit aus seinem Mantelloch durchblicke. Das Bestreben, sich Geld und Güter zu erwerben, führte ihn auf dem Wege der Sparsamkeit und der Erwerbsucht bis an die Grenze, über welche hinaus der Geizige zur Karikatur wird. Und dabei hatte man den Eindruck, daß er nicht etwa durch einen natürlichen Trieb, durch eine instinktive Leidenschaft zu dem Sonderlingsleben angespornt werde, sondern daß es mit voller bewußter

Absichtlichkeit geschehe, die freilich mit dem zunehmenden Alter
zur anderen Natur ward. Zachariä schöpfte seine Lebensphilo=
sophie aus den Maximen und Schuldoktrinen der Stoiker und
Cyniker, die ja bekanntlich ihre ersten Grundzüge und Funda=
mentallehren auf Antisthenes zurückführten, nur daß der Heidel=
berger Professor auch dem epikureischen Leben, wenn es ihm von
außen geboten wurde, keineswegs abhold war. Wenn er in
Wohnung, in häuslicher Einrichtung, in Kleidung, in seinen
dürftigen Mahlzeiten auf seiner kleinen Studentenstube ganz in
die Lebensweise eines armen Handwerkers einging, alle Ausgaben,
die nicht absolut nötig waren, vermied, und dabei sein Ver=
mögen fort und fort vermehrte, so wurde man unwillkürlich an die
Schilderungen erinnert, welche die Alten von den Jüngern der
Stoa und der ihr verwandten cynischen Schule, dem plebejischen
Seitenstücke derselben machen. Lucian und die römischen Satiriker
werden nicht müde, die Stoiker und Cyniker mit Spott und
Ironie zu bedecken. Sie erscheinen nach ihren Schilderungen als
die „Bettelmönche des Altertums“, welche in weltbürgerlicher
Heimatlosigkeit sich umhertrieben, durch Verachtung alles verfei=
nerten Lebens, durch zerlumpten Mantel und struppigen Bart
und Haupthaar ihre Bedürfnislosigkeit und die Rückkehr zum
Naturzustand in ostentativer Weise kundgaben. Dabei wußten
die Stoiker gegenüber den Imperatoren und einflußreichen Sena=
toren auch den realen Verhältnissen Rechnung zu tragen und
den Spruch zu beherzigen: Schicket euch in die Zeit. Zachariä
schaute von seiner philosophischen Höhe mit menschenverachtender
Gleichgültigkeit auf die Urteile der Welt herab. Nur den Ein=
gebungen seiner Klugheit und seines praktischen Verstandes folgend,
wandelte er durch sein einförmiges Leben dahin, unbekümmert
ob man ihn lobe oder schelte, und die Erscheinungen der Welt
nur wie ein wechselvolles Spiel ansehend. Wir können nicht
beurteilen, ob es ihm leicht geworden ist, sich auf die philoso=
phische Höhe menschenverachtender Ironie aufzuschwingen, oder
ob das Fehlschlagen teurer Hoffnungen und Herzenswünsche, das
Scheitern ehrgeiziger Entwürfe zu dieser Resignation geführt hat.
Aus dem bekannten lateinischen Spruch, den er unter sein Brust=
bild gesetzt hat: Bene vixit qui bene latuit, sollte man auf das

letzte schließen. Denn der harmlose Wahrspruch, der das Los
eines gemütlichen obskuren Biedermannes als das glücklichste
hinstellt, hatte jedenfalls bei einem Manne von so tief einschneiden-
dem Ehrgeize und so hohem Selbstbewußtsein einen anderen Sinn.

Wenn wir oben behaupteten, daß Zachariä auch der epikureischen Philosophie eine ihm zusagende Seite abzugewinnen,
auch mit ihr sich zu verständigen wußte, so hat auch dies seine
Richtigkeit. Für die Entbehrungen im eigenen Hause entschädigte
er sich gern am Tische reicher Fremden. Es fehlte ihm nicht
an Einladungen; denn er war ein beliebter und gesuchter Gast.
Sein Witz, seine Unterhaltungsgabe, sein ironischer Humor
wirkten anregend, belebend, erheiternd auf jede Gesellschaft.
Seine Reden waren das Salz am reichbesetzten Tische.

In dieser socialen Doppelgestalt ist er lange bei der Heidelberger Welt im Gedächtnis geblieben und eine Menge von Anekdoten und Bonmots sind noch heutzutage eingebürgert. Sehr
bezeichnend für seine Persönlichkeit ist ein Histörchen, dessen Echtheit
außer allem Zweifel steht. In den Tagen der strengen Polizei-
überwachung erging sich Zachariä in seinem vernachlässigten ärmlichen Anzug eines Tages vor dem Mannheimer Thore. Da
kam ein Diener der öffentlichen Sicherheit, der ihn für einen
wandernden Handwerker halten mochte, auf ihn zu und fragte
nach einem Ausweis. Als dieser sich Geheimrat Zachariä nannte,
fuhr der andere zornig auf, daß er ihn foppen wolle, und befahl
ihm, ihn nach dem Amthause zu begleiten. Ohne Zögern trat
Zachariä den Weg an der Seite des Polizeimannes an und ging
mit demselben durch die lange Hauptstraße nach dem im entgegengesetzten Stadtteile gelegenen Amthause. Als der Stadtdirektor
bei ihrem Eintritt den Ankommenden ehrerbietig begrüßte, schlug
der Geheimrat dem erschrockenen Schutzmann lächelnd auf die
Schulter mit den Worten: „Sieht Er, guter Freund, man kann
sich irren," und ging ruhig seiner Wege. Einen seiner Zuhörer,
der ein Zeugnis von ihm begehrte, schickte er fort, daß er Papier
hole. Als der Studiosus mit einem Bogen wieder in der über
drei Treppen gelegenen Stube erschien, schrieb der Professor an
den oberen Rand zwei Zeilen nieder, schnitt den Streifen ab und
behielt das übrige für sich. Die Kollegiengelder ließ er durch

den Pedell erheben, um die Gebühr des Quästors zu sparen. Dagegen konnte er auch wohl einmal einem Gutspächter, der ihm den Pachtzins brachte und über schwere Zeiten klagte, eine Geldrolle zerbrechen und die Hälfte dem Manne zurückgeben.

Unter Zachariäs zahlreichen Schriften führt eine den Titel „Wirtschaftspolitik oder das Büchlein vom Reichwerden". Ueber dieses Thema durfte er als Autorität schreiben. Er selbst hat einst öffentlich ausgesprochen, daß er sich in Beziehung auf die ökonomische Lage ganz wohl befinde. Sein Einkommen, das ihm sein Amt, seine Vorlesungen, seine schriftstellerischen Arbeiten und vor allem seine zahlreichen Rechtsgutachten einbrachten, sammelte er nach und nach zu einem beträchtlichen Vermögen an, das er zum Ankauf von liegenden Gütern verwendete, auf Grund deren er um eine Standeserhöhung für seine Familie nachsuchte. Darauf wurde ihm der Adel mit dem Zusatz „von Lingenthal" verliehen, der nach seinem Tode sich auf seinen einzigen Sohn vererbte.

Ranke sagt von Erasmus: „er zitterte bei dem Worte Tod." Von ähnlichen Gefühlen der Todesfurcht scheint auch Zachariä erfüllt gewesen zu sein. Schon vom Schlage gerührt, setzte er dennoch seine Vorlesungen fort, als ob er auf der Stelle seiner langen akademischen Wirksamkeit nicht vom Geschick erreicht werden könnte. Ein Diener führte ihn in das Auditorium. Als die Zuhörer mit einiger Bestürzung auf das verzogene Angesicht schauten, sprach er mit seinem gewohnten witzigen Humor: „Ich denke, meine Herren, meine Lehrsätze werden Ihnen nicht so schief vorkommen als mein Mund." Sein letzter Wille war, daß er nach der dritten, niedrigsten und billigsten Klasse der städtischen Leichenordnung beerdigt werden sollte. Und so geschah es. Am 30. März 1843 wurde er in aller Stille an der Südseite der Peterskirche beigesetzt.

In den zwanziger Jahren trug die Musenstadt am Neckar wieder ganz den internationalen, kosmopolitischen Charakter des sechzehnten und siebzehnten Jahrhunderts. Nicht nur, daß aus allen Gegenden Deutschlands Studierende sich einfanden, um einst ihre Lebenserinnerungen mit den Eindrücken an die reizende Stadt zu schmücken und die bedeutenden Männer der Wissenschaft kennen zu lernen, auch das Ausland schickte sein Kontingent.

Heidelberg wurde mehr und mehr Fremdenstadt; die Urteile, die man sich in England, in Frankreich, in Amerika von deutschen Studieneinrichtungen, von deutschem Universitäts- und Studentenleben bildete, waren meistens der Hochschule am Neckar entlehnt. Die ausländische Belletristik machte Heidelberg und seine Umgebungen zum Schauplatz romantischer Schilderungen aus der Vergangenheit. In Frankreich herrschte während der Restauration eine Vorliebe für Deutschland, für deutsche Romantik und Philosophie, für deutsche Dichter und Gelehrte. Außer Berlin ist wohl kaum eine andere Stadt Deutschlands so häufig von französischen Schriftstellern besucht worden wie die schöne Neckarstadt. Seitdem Frau von Staël nach den Eindrücken ihres Aufenthalts in Weimar und Berlin und nach den Mitteilungen ihres Begleiters A. W. Schlegel das Buch „Ueber Deutschland" geschrieben und darin, wie sich Schlosser ausdrückt, „den plebejischen Michel so zugestutzt hatte, daß er in allen adeligen Salons von England und Frankreich mit Ehren erscheinen konnte", gewann man in Paris einiges Interesse für das Land der Mystik, Romantik und Philosophie und fing an, sich mit der dunklen und tiefsinnigen deutschen Wissenschaft zu beschäftigen. Schon während der Revolutionszeit verfaßte der Vicomte von Bonald, Freund und Gesinnungsgenosse Chateaubriands und Joseph de Maistres, in Heidelberg, wo er als Emigrant lebte, eine Schrift zu gunsten des legitimen Königtums, des Absolutismus und der hierarchischen „Gottesherrschaft". Nach der Herstellung der Bourbonen hielt sich der berühmte Akademiker Viktor Cousin, der so eifrig für die Verbreitung deutscher Philosophie in seinem Vaterlande gewirkt hat, auf seinen größeren Reisen durch Deutschland mehrfach in Heidelberg auf, und Laboulaye machte sich hier und in andern deutschen Städten mit den rechtshistorischen Studien vertraut, denen seine ersten schriftstellerischen Arbeiten gewidmet waren.

Aber am längsten weilte Edgar Quinet, der bekannte Dichter und Politiker, in der Musenstadt am Neckar. In Creuzers Umgang machte er sich mit deutscher Wissenschaft und Litteratur vertraut und suchte dann die philosophischen und romantischen Bildungsstoffe, die er in sich aufgenommen, nach Frankreich zu verpflanzen. Aus dem Kayserschen Hause, wo er in Gesellschaft mit Creuzer viel verkehrte, führte er eine Anverwandte der Familie, eine junge Pfälzerin von großer Schönheit, als Gattin heim. Er wohnte in einem kleinen Nebenhaus des großen Wirt= schaftsanwesens auf der rechten Neckarseite, das in der Folge dem Philosophen und Landtagsabgeordneten Christian Kapp gehörte und jetzt in den Besitz der Fabrikantenfamilie Landfried über= gegangen ist. Er war ein interessanter Mann von feinen Manieren und lebhaftem Wesen. Von seiner Gewandtheit, sich im Deutschen auszudrücken, mag folgende Anekdote Zeugnis geben. Die Hausfrau, eine resolute, durchgreifende Wirtschafterin, wollte einen Knecht wegjagen, weil er sich betrunken hatte. Da legte sich Quinet ins Mittel, indem er der Frau folgende praktische Weis= heitslehre zu bedenken gab: „Sie schicken es fort, es trinkt einmal; Sie nehmen ein anderes, es trinkt dreimal." Dieser Argumen= tation war nicht zu widerstehen und so blieb denn der Dienstknecht in seiner Stelle. Als Quinet älter wurde, zerrann seine Jugend= liebe für Deutschland, und in einer Abhandlung über die „Teuto= manie" machte er viele bittere Bemerkungen über das Land, dem er so viele Anregung und einen großen Teil seiner Bildung verdankte. Eine ähnliche Erfahrung machte Heidelberg später auch an dem englischen Schriftstellerpaar William und Mary Howitt. Anfangs ein Bewunderer des deutschen Studentenlebens, das Howitt in einem umfangreichen Buche mit übersetzten Bur= schenliedern beschrieben, rächte er sich in der Folge wegen eines Streites mit einer Heidelberger Familie durch ein Pamphlet voll Schmähungen, das er als „Deutsche Erfahrungen" veröffentlichte. Daß er solche unliebsame Erfahrungen in Deutschland machte, hatte seine Quelle in dem reizbaren Temperamente des streit= süchtigen Litteraten, unter dessen schneeweißen Haaren ein jugend= licher Hitzkopf brannte.

Auch aus Deutschland suchten manche berühmte Männer, die auf ihren Lebensfahrten Schiffbruch erlitten, einen Ruhesitz in der schönen Neckarstadt. So hat Malchus, einst der Minister des Königreichs Westfalen unter Jérôme Bonaparte, den Abend seines Lebens im Umgang mit Heidelberger Professoren ver= bracht, welche die Kenntnisse des Staatsmannes auf dem finan= ziellen und staatsökonomischen Gebiete zu schätzen wußten.

In späteren Jahren hat Fr. W. Carové, geboren am 20. Juni 1789 von katholischen Eltern aus Koblenz, ein fruchtbarer Schriftsteller über politische, kirchliche und sociale Fragen, einst Mitbegründer der Burschenschaft und Genosse des Wartburgfestes, in der Musenstadt am Neckar, die er zeitweise mit Frankfurt vertauscht hatte, sich aufgehalten und sein bewegtes Leben in Heidelberg beschlossen (gestorben am 18. März 1852). Eine für Humanität und Menschenwohl begeisterte Natur, rein von Körper und Seele, hat er in einer Reihe religionsphilosophischer Schriften, unter denen das zweibändige Buch „Ueber die alleinseligmachende Kirche" in erster Linie steht, einen Standpunkt eingenommen, welcher nicht ganz mit den Lehrbegriffen der römisch-katholischen Kirche übereinstimmte, daher er von der Hierarchie mit einer Censur belegt ward. Seitdem lebte er in einsiedlerischer Zurückgezogenheit, sich an allen Zeitfragen publizistisch beteiligend und stets die Fahne der Humanität, der Toleranz und des Friedens unter den Menschen hochhaltend. Er war ein eifriger Fürsprecher der Sklavenemancipation und des Grundsatzes der Gleichheit und Freiheit im geistigen Leben. Als nach den sturmvollen Jahren 1848 und 1849 Freunde des ewigen Friedens, darunter auch ein Indianerhäuptling und ein Negergeistlicher von einem Kongresse in Frankfurt durch Heidelberg kamen, bewirkte er, daß die Universität dem Manne „ex Chami stirpe", wie das von Creuzer verfaßte Diplom besagte, die Doktorwürde erteilte. Nie hatte Carové einen freudigeren Tag erlebt. Bald nachher begleiteten wenige Freunde seine Leiche. Der erste katholische Stadtgeistliche ignorierte die nicht ganz korrekte kirchliche Vergangenheit des Verblichenen und schloß seine Grabrede mit den Worten: Er wandelte seine eigenen idealen Wege.

Und als ob die Väter der Stadt auch äußerlich Raum schaffen wollten für den künftigen internationalen und weltbürgerlichen Charakter der Musenstadt, wurde im Jahre 1827 das Mittelthor abgetragen, welches bisher Altstadt und Vorstadt getrennt hatte. Damals hielt sich Karl Rosenkranz, nachmals Professor der Philosophie und Litteraturgeschichte in Königsberg, als Student in Heidelberg auf, hauptsächlich um Daub kennen zu lernen, für den er zeitlebens die höchste Verehrung gehegt hat. Noch jetzt

besitzt die Enkelin Daubs ein mit kalligraphischer Meisterschaft
geschriebenes Kollegienheft des damaligen Zuhörers. Die Liebe
für die Philosophie Hegels, die beiden gemein war, hat die
Verbindung erhalten und gestärkt. In seiner Lebensbeschreibung
„Von Magdeburg bis Königsberg", die im Jahre 1878 als
„Jubiläumsausgabe" von der Königsberger Universität zu Ehren
ihres Seniors nochmals veröffentlicht ward, erzählt Rosenkranz
eine Studentenscene, die er mit einigen Freunden bei dieser
Gelegenheit aufgeführt hat. „Da war es der Abbruch des Mittel=
thorturms, der uns reizte, vor Beginn seiner Ausführung ihn noch
einmal zu besteigen und die herrliche Aussicht von ihm auf
Stadt und Thal noch einmal zu genießen. Wir ließen uns aus
dem nahegelegenen Hotel ‚Zum König von Portugal' Wein
heraufbringen und schwärmten nun in jenem poetischen Uebermut,
wie er nur bei der sorglosen Jugend möglich ist. Einer unter
uns hielt eine Rede aus dem Stegreif, worin er dem Mittel=
alter der Stadt, das mit dem Mittelthorturm seinen gänzlichen
Abschied nahm, ein Pereat, und der neuen Zeit, die sich nun frei
und ohne Anstoß zwischen Stadt und Vorstadt bewegen werde,
ein Vivat ausbrachte."

7.

Im Jahre 1840 erschienen fast gleichzeitig zwei längere
Artikel, der eine in den „Halleschen Jahrbüchern", der andere
in den „Blättern für litterarische Unterhaltung", worin,
wie bei einem militärischen Manöver, die Universität Heidelberg
nebst allen ihren Professoren und Docenten einer censorischen
Musterung unterzogen war. Man könnte nicht sagen, daß die
darin geübte Kritik einen übelwollenden oder ungerechten Charakter
trug, wenn auch hie und da der Schalk der Ironie im Hinter=
grunde bemerkbar war; dennoch wirbelten die Artikel viel Staub
auf. Man fand es anmaßend, daß Urteile, die sonst nur in
engeren Kreisen und in vertraulichen Gesprächen geäußert werden
mochten, in die Oeffentlichkeit gezogen wurden; daß man aus

dem Verſteck der Anonymität heraus kritiſierende Stimmen gegen
die geſamte Hochſchule, gegen den Geiſt der Studentenſchaft,
gegen angeſehene Profeſſoren ausgehen ließ. Die Männer, welche
dort Revue paſſieren mußten, liegen alle längſt im Grabe. Einige
der Koryphäen haben wir bereits in den obigen Skizzen kennen
gelernt; einiger anderer Häupter, welche der Univerſität ihren
Ruf und kosmopolitiſchen Charakter erhalten haben, wollen wir
im folgenden noch in kurzen Zügen gedenken; eine große Zahl ſind
als dunkle Ehrenmänner von der Schaubühne des Lebens abge=
treten. Wir ſind nicht gewillt, die dort ausgeſprochenen Urteile
und Kritiken zu wiederholen, zu beſtätigen oder zu widerlegen,
und ebenſo wenig iſt es unſere Abſicht, die wiſſenſchaftliche
Stellung und Bedeutung der Profeſſoren zu beleuchten, die
damals dem Univerſitätsleben das entſcheidende Gepräge gaben;
wie in den früheren Blättern, wollen wir nur noch einige Per=
ſönlichkeiten namhaft machen, die mehr als ein Menſchenalter
die Heidelberger Luft geatmet und der Muſenſtadt am Neckar
ihres Lebens Kraft und Regſamkeit gewidmet und eine hervor=
ragende akademiſche, geſellſchaftliche und bürgerliche Stellung
eingenommen haben. Ihre wiſſenſchaftlichen Leiſtungen, über die
uns kein Verſtändnis und kein Urteil zuſteht, ſind in gelehrten
Annalen und Zeitſchriften eingetragen oder werden von anderer
Seite gewürdigt werden.

Wenn ein Fremder durch die Hauptſtraße von Heidelberg
geht, wird er leicht zu fragen verſucht ſein, wem das prachtvolle
palaſtähnliche Haus mit dem abgeſchloſſenen, bis zum Neckarufer
reichenden Garten gehört, das auf der Nordſeite ſo impoſant
unter den übrigen Wohngebäuden emporragt. Er wird dann
die Antwort erhalten, daß ſei einſt die Reſidenz einer Pfälzer
Adelsfamilie geweſen und ſei von Geheimerat Chelius als Eigen=
tum erworben worden, dem berühmten Vorſteher der chirurgiſch=
ophthalmologiſchen Klinik und Meiſter der Heilkunde, der ſeit
1817 der Heidelberger Univerſität angehörte, mit vielen hohen
Orden ausgezeichnet und zuletzt in den Adelſtand erhoben ward.
Mit dieſen wenigen Angaben, denen man noch beifügen könnte,
daß ſein „Handbuch der Chirurgie" acht Auflagen erlebte und
in elf Sprachen überſetzt ward, würde der Frager die weſent=

lichen Umriſſe des äußeren Lebens des berühmten Mediziners
erfahren haben.   Und doch wie wenig iſt mit dieſen Angaben
ein Leben erſchöpft, das zwar in den ſpäteren Jahren wie ein
befruchtender Bach gleichförmig und ohne viel Abwechſelung
zwiſchen ſchmalen Ufern dahinlief, das aber für Stadt und Uni=
verſität von großer Bedeutung war, den Ruhm der Muſenſtadt
am Neckar in die weite Welt trug und eine ſolche Anziehungskraft
für hochgeſtellte Fremde übte, daß gerade durch ſeine Wirkſam=
keit der internationale Charakter Heidelbergs im höchſten Grade
erhalten und gefördert ward.   Wer den feinen Mann von an=
ſehnlicher Größe erſchaute mit den vornehmen Manieren, dem
eleganten, diplomatiſch=höfiſchen Benehmen und der ſicheren Hal=
tung, der allein unter den Univerſitätsangehörigen eigene Equipage
hielt, der würde ungläubig vernommen haben, daß der vornehme
Herr, wenigſtens von mütterlicher Seite, aus geringem Stande
hervorgegangen war.   Maximilian Joſeph Chelius war ein
Pfälzer Kind.   In Mannheim 1794 geboren, kam er durch die
Verlegung der dortigen Entbindungsanſtalt, welche unter der
Leitung ſeines Vaters ſtand, nach der Univerſitätsſtadt ſchon in
ſeinem elften Jahre nach Heidelberg, das in der Folge ſeine
wahre Heimat, der Mittelpunkt ſeiner akademiſchen und ärztlichen
Wirkſamkeit werden ſollte.   Er beſuchte verſchiedene deutſche Hoch=
ſchulen, zog als zwanzigjähriger Jüngling, nachdem er in raſchem
Laufe alle Stadien des gelehrten Bildungs= und Studienganges
durchſchritten, als Regimentsarzt mit den badiſchen Truppen nach
Frankreich, wo er reiche Erfahrungen für ſeinen chirurgiſchen und
ärztlichen Beruf ſammelte, und wurde ſchon im Alter von drei=
undzwanzig Jahren bei der Univerſität angeſtellt, zuerſt als
außerordentlicher und zwei Jahre ſpäter als ordentlicher Profeſſor.
Seitdem ſtieg ſein Ruf raſch in die Höhe: ſeine akademiſchen
Vorträge zogen viele junge Mediziner an den Neckar; ſein Name
als geſchickter Arzt und Chirurg, der durch ſein vertrauen=
erweckendes Aeußere, ſeinen Verſtand und Scharfblick ſehr gehoben
ward, bewirkte, daß er von der vornehmen Welt weit und breit
zu Rate gezogen wurde und daß viele Fremde von Rang und
Vermögen ſeinetwegen nach Heidelberg reiſten.   Dadurch ver=
ſöhnte er allmählich die liberale Bürgerſchaft, die es nicht vergaß,

daß er das Entscheidungsgutachten abgegeben hatte, Sands
Lebenskräfte reichten noch hin, um auf dem Schafott die Exekution
zu erleiden. Er wurde trotz seiner aristokratischen und rückschritt=
lichen Gesinnung ein populärer Mann; seine katholische Konfession
schuf in jenen Tagen noch keine Scheidewand in der Gesellschaft;
bei Hof und bei der Regierung in Karlsruhe war er ein einfluß=
reicher Mann, dessen Wort für die Geschicke der Universität von
Wichtigkeit war. Es war ein zutreffender Scherz, wenn einmal
ein höherer Beamter ihm auf der Straße sagte: Ich habe mir
erlaubt, „Ew. Majestät" einen Patienten zu empfehlen. Seine
vornehme Praxis brachte ihm große Einnahmen, er wurde ein
reicher Mann. Doch hat er nicht nach Schätzen gejagt. Wo die
leidende Armut rief, war er stets mit seiner Hilfe bereit; über
den Palästen vernachlässigte er nicht die Hütten. War er der
vornehmen, aristokratischen Welt willkommen und sympathisch als
Gleicher und Gesinnungsgenosse, so verehrten ihn die Niedrigen
und Elenden als Helfer in der Not.

Als im Jahre 1829 die Naturforscherversammlung in Heidel=
berg abgehalten wurde, galt es allen als selbstverständlich, daß
der Professor der Chemie, Leopold Gmelin, den Vorsitz führe.
Wo hätte man einen berühmteren und geachteteren Namen finden
können, in dem alle Zweige dieses großen Wissenschaftsbaumes
wie an einen kräftigen Stamm sich angeschlossen hätten? Leopold
Gmelin war zwar in Göttingen geboren, wo sein Vater Professor
der Medizin war, aber er gehörte seiner Abstammung nach dem
Schwabenlande, seiner Lebensstellung nach der Pfalz, der Stadt
Heidelberg an. Vom Jahre 1813 an, wo er sich an der Uni=
versität habilitierte und auch sofort das „Lehrbuch der Chemie"
in Angriff nahm, das auf Jahrzehnte hin ihm einen Platz unter
den ersten Trägern und Verbreitern dieser Wissenschaft verschaffte,
bis zu seinem Tode am 13. April 1853 war die Musenstadt am
Neckar der Wirkungskreis seines akademischen und bürgerlichen
Lebens, den er nur zeitweise behufs größerer oder kleinerer Reisen
verließ. Wie kaum ein anderer Professor verwuchs Gmelin seiner
äußerlichen Existenz und Lebensstellung nach mit dem badisch=
pfälzischen Lande und der Heidelberger Stadtgemeinde. Aus
einem wohlhabenden Pfarrhause in der Nähe wählte er seine

durch körperliche und geistige Vorzüge ausgezeichnete Gattin, deren Bruder in München zu den höchsten Staatsämtern empor= stieg, deren Schwester sich in zweiter Ehe mit Kirchenrat Abegg vermählte, dem uns·bekannten hochverehrten Theologen und schwungvollen Prediger; in Heidelberg baute sich Gmelin in späteren Jahren ein stattliches Haus am Fuße der südlichen Bergkette; und so sehr sahen er und seine Frau die Heidelberger Welt als ihre wahre Heimat an, daß er jede Berufung nach andern Universitäten, deren mehrere an ihn gelangten, von der Hand wies. Es war ein freies und stolzes Gelehrtenleben, das Gmelin im Schoße einer glücklichen Familie, umgeben und geschätzt von Freunden und Kollegen, in Heidelberg verbrachte. Und gerade weil es so normal und harmonisch verlief, ist wenig zu melden, was ein allgemeines Interesse böte. Wie er in Gemeinschaft mit Tiedemann gegenüber der Pariser Akademie die Ehre und Unabhängigkeit der deutschen Wissenschaft wahrte, ist uns bekannt. Wir haben einen kleinen Abriß seines Lebens= und Bildungs= ganges vor uns, worin von kundiger Freundeshand mit liebe= vollem Sinne die Persönlichkeit des Mannes nach allen Seiten dargestellt und besonders auch seine Liebe zur Dichtkunst in einigen Proben gewürdigt ist. Gmelin gehörte zu den Männern, heißt es darin, die sich mit dem Alter verschönern. Die charak= teristische Biegung der Nase trat erst in den späteren Jahren hervor. Das schlichte braune Haar ergraute sehr früh und schmückte sich dann mit dem weißen Silberglanze. Auf dem festen, starken Körper von mittlerer Größe, dem man die Arbeitskraft, die Tüchtigkeit zu jeder Anstrengung ansah, erhob sich das schöne, charaktervolle Haupt von edlem Ausdruck, eine Büste für den Bildner wie geschaffen. Ein sinniger Freund mochte ihn mit einem blühenden Kirschbaum·vergleichen. Das schneeweiße buschige Haar umwallte die offene, bedeutende Stirn, den Sitz so heller Gedanken und so reichen Wissens, in überraschender Fülle. Dabei wird hervorgehoben die Schlichtheit und Geradheit seines Wesens, seine knappe, klare Redeweise, die mitunter im bequemen Gespräch mit gemütlichen Witzworten, mit kleinen Neckereien und mit Humor gewürzt war. „Der Totaleindruck seiner Erscheinung," heißt es ferner, „war der einer trefflichen,

grunbehrlichen, in dem steten innigsten Verkehr mit der Wissen=
schaft veredelten deutschen Kernnatur." Ehrenwert im Leben,
ein fleißiger und sorgfältiger Arbeiter auf dem Felde der Wissen=
schaft, allem Extremen abhold, in politischen und religiösen Fragen
den sicheren Mittelweg wählend, so vollendete Gmelin seinen
Lebensgang. Ein Empiriker durch und durch, war er aller
Spekulation abhold und in seinem behaglichen, wohlhäbigen
Familienleben war ihm jede Aufregung, jeder mächtige Affekt
der Seele, jeder enthusiastische Aufschwung unbequem und un=
heimlich. Dieses Gleichmaß seines Innern wirkte nicht gerade
vorteilhaft auf die Form seiner Mitteilung. In der Darstellung
seiner wissenschaftlichen Werke, wie in seinen Vorlesungen be=
herzigte er allzu gewissenhaft die Mahnung Schillers: „Doch
recht trocken laßt es sein." Einen trefflichen Dienst leistete er der
Universität, als er bei seinem Rücktritt zu seinem Nachfolger einen
Mann empfahl, der noch bis zur Stunde eine Zierde der Neckar=
stadt ist. Als der schon mehrmals vom Schlag Getroffene kurz
vor seinem Tode die Nachricht erhielt, daß Bunsen auf den Lehr=
stuhl der Chemie berufen sei, „da verbreitete sich ein Glanz
von Freude über sein leidendes Antlitz, als hätte man ihm die
unzweifelhafte Kunde seiner bevorstehenden Genesung gebracht".

Auf der südlichen Anhöhe der Stadt Heidelberg, da wo
das Klingenthor zu dem Klingenteich und zu den Bergen hinan=
führt, steht ein großes Haus, das trotz seiner jetzigen Verfallen=
heit noch immer einen aristokratischen Charakter trägt. Dies
hatte der Mineralog und Geognost Karl Cäsar von Leonhard als
Eigentum erworben und während seines Heidelberger Aufent=
haltes, der von 1818 bis 1862 währte, bewohnt. In den De=
cennien, über welche sich diese Skizzen verbreiten, war es ein
viel besuchtes und viel bekanntes Haus, in dessen ausgedehnten
Räumlichkeiten sich ein reges gesellschaftliches Leben in bunter
Mannigfaltigkeit abspielte. Leonhard, geboren zu Rumpenheim
bei Hanau am 12. September 1779, hatte eine wechselvolle
Jugend verlebt, bald als Steuerassessor in Hanau, bald als
Chef der Domänenverwaltung des Fürsten Primas in Frank=
furt, bald als Akademiker in München. Während und nach der
Schlacht bei Hanau hatten einige verwundete bayerische Offiziere,

darunter Prinz Waldeck, ein Neffe des Königs Maximilian Joseph, Obdach und Pflege im Leonhardschen Hause gefunden. Als nun nach der Herstellung des Kurfürstentums Hessen der ehemalige Beamte des Fürsten Primas von Dalberg als Franzosenfreund und Napoleonist verdächtigt und in seine frühere untergeordnete Stellung zurückversetzt ward, nahm Leonhard seinen Abschied und zog nach Bayern, wo er von dem ihm wohlgesinnten König gnädig aufgenommen und mit einem hohen Orden und dem damit verbundenen persönlichen Adel ausgezeichnet ward. Auch als er endlich in der Neckarstadt eine dauernde Heimstätte gefunden, führte er ein bewegtes Reiseleben. Diese Reisen hatten nicht bloß mineralogische und geognostische Studien zum Zwecke, sie dienten ihm auch, um berühmte Bekanntschaften anzuknüpfen und mit großen Männern in Verkehr zu treten. Denn darauf war sein eifrigstes Streben gerichtet.

Leonhard war ein redseliger und schreiblustiger Herr. Wenn man in den „Allgemeinen deutschen Biographien" und in den „Badischen Biographien" die große Zahl von Schriften durchliest, die er teils als besondere, oft mehrbändige Werke, teils als Abhandlungen in den von ihm geleiteten Zeitschriften herausgab, so erstaunt man über die Produktivität. Und doch fand er noch Muße, neben den wissenschaftlichen Arbeiten über Geologie, Geognosie, Oryktognosie und andere Zweige seines Faches vier Bände biographischer Aufzeichnungen „Aus meiner Zeit und meinem Leben", drei dramatische Dichtungen und mehrere populäre Schriften seines Faches zu verfassen. Seinen Vorlesungen, wobei ihm seine eigene, sehr reichhaltige Mineraliensammlung treffliche Dienste leistete, widmete er großen Fleiß; man rühmte an seinen Vorträgen die Wärme und Lebendigkeit, durch die er seine Zuhörer hinzureißen und anzuregen verstanden, doch mußte oft die theatralische Beredsamkeit die mangelnde Tiefe ersetzen oder verdecken. Daß er auch öfters vor einem gemischten Publikum von Damen und Herren sich vernehmen ließ, war bei seinem Naturell begreiflich. Wie Leopold von Buch, auf dessen Freundschaft Leonhard sehr stolz war, so war auch der Heidelberger Professor von dem Neptunismus Werners allmählich zu der plutonischen Theorie übergegangen und huldigte zuletzt mit aller

Entschiedenheit dem vulkanischen System. Bekanntlich hielt sich auch Goethe zu der Wernerschen Hypothese und blieb derselben zeitlebens treu. Die Ansicht, daß bei der Bildung der Erdober= fläche das Wasser allein das in großem Maßstab wirkende Agens sei, während einer erhöhten Temperatur, wie sie sich bei den vulkanischen Erscheinungen zeigt, nur eine untergeordnete und lokale Bedeutung zukomme, sagte der geordneten und reinlichen Natur des Dichters viel mehr zu als der revolutionäre Charakter des Vulkanismus mit seinen wildzerstörenden Eruptionen. Mit Humor spricht er in den „Zahmen Xenien" dieses sein geognosti= sches Glaubensbekenntnis aus:

> „Kaum wendet der edle Werner den Rücken,
> Zerstört man das Poseidaonische Reich;
> Wenn alle sich vor Hephästos bücken,
> Ich kann es nicht sogleich;
> Ich weiß nur in der Folge zu schätzen.
> Schon hab' ich manches Credo verpaßt;
> Mir sind sie alle gleich verhaßt,
> Neue Götter und Götzen.
>
> Wie man die Könige verletzt,
> Wird der Granit auch abgesetzt;
> Und Gneis der Sohn ist nun Papa,
> Auch dessen Untergang ist nah;
> Denn Plutos Gabel drohet schon
> Dem Urgrund Revolution;
> Basalt, der schwarze Teufelsmohr,
> Aus tiefster Hölle bricht hervor,
> Zerspaltet Fels, Gestein und Erden,
> Omega muß zum Alpha werden.
> Und so wäre denn die liebe Welt
> Auch geognostisch auf den Kopf gestellt."

Aus der Periode der Uebereinstimmung besaß Leonhard einige Briefe von dem Weimarer Dichterheros, auf die er sich sehr viel zu gute that, so daß er sie wiederholt bald in dieser, bald in jener Zeitschrift zum Abdruck brachte.

Neben seiner Wissenschaft lag dem Heidelberger Professor und Geheimerat nichts so sehr am Herzen wie das Theater. Die

Neigung für dramatische Vorstellung durchzog sein ganzes Leben.
Schon in Hanau war er bei theatralischen Aufführungen thätig
und man brachte seine Verheiratung damit in Verbindung. Auf
seinen Reisen versäumte er keine Gelegenheit, die Theater der
großen Städte zu besuchen. In Heidelberg, wo man damals
noch keine Bühne besaß, veranstaltete er in seinem geräumigen
Hause ein Liebhabertheater, das bis in sein hohes Alter fortbestand. Er selbst übernahm dabei die Hauptrollen, und er hörte
es sehr gern, wenn man ihn mit Eßlair verglich; zu seiner Hilfe
berief er häufig die Schauspielerin Lindner von Frankfurt, deren
Körper freilich allmählich die Grenzlinie der Grazie überschritt;
andere mitwirkende Kräfte fand man unter den jüngeren Gliedern
der besseren Gesellschaft. Die Aufführungen bildeten wochenlang
das Thema der Stadtgespräche und der Unterhaltung. Er lud
die Honoratioren dazu ein und entledigte sich damit eines guten
Teils seiner geselligen Verpflichtungen. Man nahm wohl hie
und da Anstand, daß ein älterer Herr in Würden und Ehren
sich mit so großem Eifer der Bühnenkunst widmete, indessen man
amüsierte sich und ließ es geschehen, wenn auch mit einigem
Lächeln und mit ironischen Bemerkungen. Einst sprach er mit
seinem Kollegen Tiedemann von einer bevorstehenden Aufführung
und äußerte dabei selbstgefällig: „Bisher hat mich das Publikum
nur in Heldenrollen gesehen, jetzt soll es mich als komischen
Alten kennen lernen," worauf der gravitätische Herr nur mit
einem „So, so" antwortete. Leonhard war zu sehr für seine
theatralischen Neigungen eingenommen, als daß er die Spöttereien
und ironischen Auslassungen hätte merken oder in Anschlag bringen
sollen. Daß er sich auch in dramatischen Dichtungen versucht
habe, wurde bereits erwähnt. Doch sind in diesem Felde poetischer Produktion seine Verdienste im stillen geblieben.

Leonhard war ein lebhafter guter Erzähler. Die alten
Herren, die sich des Abends am schwarzen Tisch des Museums
versammelten, hörten ihm gern zu, wenn er Geschichten und
Anekdoten aus seinem reichen Gedächtnisvorrat ihnen vortrug,
oft gewürzt mit witzigen und humoristischen Zügen. Diese Gabe
leuchtet auch aus den erwähnten autobiographischen Mitteilungen
hervor, wenn sie gleich allzusehr an selbstgefälliger Breite leiden.

Sie sind im Alter verfaßt, wo man nach einem bekannten Sprich=
wort geschwätzig wird, erwecken aber durch den Ton der Ge=
mütlichkeit eine günstige Stimmung. Freilich das intus et sin-
cere, das in den Beichtbekenntnissen eines Augustinus und
J. J. Rousseau den Leser so mächtig packt und durchschüttert,
wird man darin vergeblich suchen; ebensowenig zeugen sie von
der Kunst, die Dichtung mit der Wahrheit zu verknüpfen und
die Zeiterscheinungen im eigenen Ich reflektieren zu lassen; es
sind Erlebnisse und Tagesereignisse, die oft mit seiner Person
sehr wenig zu thun haben und bei denen die hohen Bekannt=
schaften einen wichtigen Raum einnehmen. Die Memoiren=
litteratur unserer Tage verrät häufig die Absicht, die Indi=
vidualität des Schreibers in einem solchen Lichte erscheinen zu
lassen, wie er wünscht, daß die Welt ihn beurteile. Das Buch
ist dem jetzigen Großherzog Friedrich, damals Prinzregent von
Baden, gewidmet, und in den einleitenden Worten rühmt der
Verfasser, daß er sich der besonderen Gunst gekrönter Häupter
und Fürsten erfreue, die ihm in der Kette der Begebenheiten ihre
entschiedene Teilnahme zugewendet, und daß er mit Ministern,
Diplomaten und einflußreichen Staatsleuten, mit Helden von
Schlachtfeldern, mit ruhmbekränzten Dichtern und Künstlern, mit
den ausgezeichnetsten Naturforschern seines Faches „in Beziehung
und Berührung, im vielartigsten Verkehr, in vertraulichen Ver=
hältnissen gestanden und noch stehe". Er liebte es, als aristo=
kratischer Mann zu gelten, in den vornehmen Kreisen als Eben=
bürtiger, als kongenialer Gesinnungsgenosse angesehen zu werden.
Und doch hatte seine Persönlichkeit so gar nichts Aristokratisches
oder Ritterliches! Oft konnte man den untersetzten, breitschul=
terigen Mann von proportionierter Gestalt mit einer Tabakspfeife
in der Tasche am Neckarufer oder auf dem Schloßwege hin=
wandeln sehen. Und der Beiname „Steinritter", der von
Schlosser herrühren soll, kann als Beweis gelten, daß er in den
Augen seiner Mitbürger nicht „den Ausgezeichnetsten des Jahr=
hunderts" beigezählt ward.

Abgesehen von solchen Schwächen und Eitelkeiten war Leon=
hard eine ehrliche, gerade Seele ohne Falschheit und Ränkesucht,
und es ist durchaus zutreffend, was er von sich selbst sagt:

„Harmloser Frohsinn, Ernst, männliche Festigkeit und kindliche Treuherzigkeit sind stets wiederkehrende Grundtöne in der Fuge meines Lebens." Nur wo er einen Rivalen erblickte oder wo man seine Selbstschätzung nicht völlig anerkennen wollte, konnte er unversöhnlich sein, selbst gegen nahestehende Verwandte. Sein unermüdlicher Fleiß, sein wissenschaftlicher Eifer, seine Pflicht= treue in seiner akademischen Wirksamkeit waren allgemein an= erkannt und seine großen Gänge über Berg und Thal hielten Körper und Seele bis zu seinem 83. Lebensjahre in guter Ge= sundheit. Er starb am 23. Januar 1862. „Weniger groß als selbständiger Forscher," urteilt der Verfasser der oben erwähnten Lebensabrisse, „denn als geistreicher und unermüdlicher Ver= arbeiter der schon vorhandenen und frisch zu Tage geförderten wissenschaftlichen Schätze, wirkte Leonhard dennoch Großes für seine Wissenschaft durch die stete Anregung, die er gab, durch den Zusammenhalt unter den Fachgenossen, den er durch seine periodischen Schriften vermittelte, und durch die Verallgemeine= rung geologischen Wissens, die er durch seine vortrefflichen po= pulären Schriften in hohem Grade förderte."

Am 6. Juni 1832 zog ein Mann mit seiner kürzlich an= getrauten Ehegattin durch das Mannheimer Thor in Heidelberg ein, dem man mit großer Spannung entgegensah — Karl Alexander Freiherr von Reichlin=Meldegg. In der Presse war seit einiger Zeit viel von ihm die Rede gewesen. Einem öster= reichisch=breisgauischen Adelsgeschlecht entsprossen, aber ohne Ver= mögen, hatte er sich dem katholischen Kirchendienst gewidmet, hatte die Priesterweihe empfangen und war als Professor der Theologie an der Freiburger Universität angestellt worden. Aber wegen seiner in der „Geschichte des Christentums" ausgesprochenen Ansichten von der erzbischöflichen Kurie zur Verantwortung ge= zogen und zum Widerruf aufgefordert, hatte er offen und frei erklärt, daß er an die in der Priesterweihe beschworenen Lehrsätze nicht mehr glauben könne. Er war darauf seiner Stelle ent= hoben worden, war zur protestantischen Kirche übergetreten und hatte von der Regierung die Erlaubnis erhalten, mit einem Sustentationsgehalt von 600 Gulden, der dann auf 800 erhöht ward, sich nach Heidelberg zu begeben und dort Vorlesungen

über Geschichte und Philosophie zu halten. Jeder konfessionelle
Uebertritt von Personen, die in der Wissenschaft oder im gesell=
schaftlichen Leben eine hervorragende Stellung einnehmen, erregt
Aufsehen und führt in der Regel zu Schriften oder Sendschreiben
polemischer oder apologetischer Art. So war es auch in diesem
Falle gewesen; es war daher begreiflich, daß Reichlins Uebersied=
lung nach der Neckarstadt mit einigem Aufsehen verbunden war.
In den liberalen Kreisen wurde er als Märtyrer gefeiert und der
Zudrang zu seinen öffentlichen Vorlesungen über Weltgeschichte
war mehrere Jahre lang so stark, daß nur der große Pandekten=
saal die Menge der Zuhörer zu fassen vermochte, ja daß man sich
genötigt sah, die Aula zu beziehen. Ein stattlicher Mann von
imponierender, man möchte sagen ritterlicher Gestalt, von einer
Gewandtheit und einem Fluß der Rede und Diktion, wie sie
auf dem Lehrstuhl selten zu Tage treten, und von einer drastischen
populären Ausdrucksweise, war er die geeignete Persönlichkeit,
auf ein gemischtes Publikum Eindruck zu machen. Er selbst sagt
in dem biographischen Abriß, den er in der Folge bei seinem
fünfzigjährigen Doktorjubiläum als „Jubelschrift" drucken ließ,
daß Leute aus allen Ständen, namentlich aus den mittleren
Schichten des liberalen Bürgertums, die Zuhörerschaft gebildet
hätten, daß darunter sich auch solche befunden, welche dem Grade
ihrer Bildung nach nicht imstande gewesen seien, die Vorträge
nach ihrem vollen Sinne zu begreifen. Dadurch geschah es, daß
in öffentlichen Blättern manche ungenaue Berichte, mißverstandene
Aussprüche, auch wohl entstellte Aeußerungen mitgeteilt wurden,
welche seine Stellung erschwerten. War schon gleich anfangs
die Professorenwelt mißtrauisch und zurückhaltend und verhielten
sich namentlich die frommen Damen beider Konfessionen ungnädig
und übellaunisch, so wuchs diese ungünstige Stimmung immer
mehr. Es erfolgten amtliche Verhöre, man entzog ihm mehrere
Jahre lang den Wartegehalt, man versagte ihm jede moralische
und materielle Unterstützung.

Nun traten schwere Jahre ein, namentlich als die Politik
der französischen Juliregierung mehr und mehr in das konservative
Fahrwasser einlief und die deutschen Regierungen von den libe=
ralen Anwandlungen, die sie im ersten Schrecken kundgegeben

hatten, zurückkamen. Aber mit Mut und männlicher Thatkraft
rang Reichlin-Meldegg gegen des Geschickes Mächte. Er war
für seinen und seiner Familie Unterhalt nur auf den Ertrag
seiner akademischen Vorlesungen und seiner litterarischen und
publizistischen Arbeiten angewiesen, bis man ihm nach einigen
Jahren wieder ein wenig unter die Arme griff. Die Aufgabe
war um so schwerer und drückender, als er geringen Erfolg mit
seinen schriftstellerischen Arbeiten hatte. Die Raschheit des Produ-
zierens that der Glätte und Eleganz großen Eintrag, und die
Sorge um das tägliche Brot gestattete ihm nicht die zum freudigen Schaffen nötige Muße. Dazu kam noch, daß die geschichtlichen Vorlesungen sich nicht lange des Beifalls erfreuten, den
sie in den ersten Jahren gefunden: die Studenten merkten bald,
daß die rhetorischen Tiraden nur tönendes Erz und klingende
Schellen seien, und gingen wieder zum alten Schlosser, und aus dem
Philisterstande wird sich für akademische Vorträge nie ein dauerndes
Auditorium bilden. Nicht alle teilen den Opfermut jenes Heidelberger Bürgers, der erklärte, er wolle lieber einen Schoppen
Bier am Tage weniger trinken, um das Honorar für die Vorlesungen zu ersparen. So hatte denn Reichlin-Meldegg gar
manche Jahre gegen drückende Verhältnisse zu kämpfen: angestrengte Arbeit und geringe Einnahmen; dazu von seiten der
akademischen Welt wenig Geltung und Aufmunterung. Doch ist
er niemals mutlos zusammengebrochen: fest und vertrauensvoll
schritt er durch die Welt und jedem Angriff wußte er schlag-
fertig zu begegnen. Auch der Humor verließ ihn nicht. Eines
Tages ging er mit seiner Frau und seinem Söhnchen auf das
Schloß. Da begegnete ihm einer seiner ehemaligen Freiburger
Kollegen und wollte ihn aufziehen oder, um einen Pfälzer Ausdruck zu gebrauchen, „uzen", indem er skoptisch sagte: „Ei, da
kommt ja die heilige Familie," darauf die rasche Antwort: „Ja,
ja, jetzt sind wir vollzählig; es hat nur noch der Esel gefehlt."
Bei der Bürgerschaft blieb er immer in einem gewissen Ansehen.
Er nahm an den städtischen Interessen teil und war namentlich
thätig bei der Errichtung des Theaters. Als dasselbe zu stande
kam, wohnte er den Vorstellungen regelmäßig an, lieferte auch
Kritiken in die öffentlichen Blätter, die von zutreffendem Ver-

ständnis und ästhetischem Urteil Zeugnis gaben. Mit der Zeit wurde er zum Professor der Philosophie ernannt, womit dann bessere Tage für ihn anbrachen. Er vertrat lange Jahre allein diesen Lehrstuhl; denn die großen Empiriker der Universität waren ganz zufrieden, wenn alle metaphysischen Spekulationen aus der Heidelberger Luft verbannt blieben, und ein Professor, der ihnen nirgends Konkurrenz machte und Abbruch that, die Logik in alter scholastischer Methode vortrug und die Studenten durch seine „ästhetischen" Vorlesungen über Faust amüsierte, war niemand unbequem. Die Folge war, daß die Philosophie, die berufen ist, als Königin der Wissenschaften auf dem Throne zu sitzen, jahrzehntelang die Stelle einer dienenden Magd einnahm und daß der Beruf, die allgemeine Bildung neben den Fachstudien zu pflegen, drei Generationen hindurch den historischen Vorlesungen zufiel. Erst durch E. Zeller und Kuno Fischer brach auch für die Philosophie wieder ein Auferstehungsmorgen an.

Der Goethesche Spruch: „Dieser ist ein Mensch gewesen und das heißt ein Kämpfer sein," mit welchem Kuno Fischer die akademische Leichenrede auf den alten Kollegen Reichlin-Meldegg schloß, war vollkommen zutreffend für dessen Lebensgang.

IV.

Heidelberg und die Universität Ruperto-Carola in den vierziger und fünfziger Jahren.

1.

In den vierziger Jahren erhielt Heidelberg eine neue Physiognomie. War um die Wende des fünfzehnten und sechzehnten Jahrhunderts der Humanismus das dominierende Element; griff bei dem Uebergang der Pfalz in das Land Baden die romantische Weltanschauung tief in das geistige und gesellschaftliche Leben ein, so trat in dem vierten und fünften Jahrzehnt das politische Interesse in den Vordergrund. Und auch bei dieser Wandlung tritt uns wieder dieselbe Erscheinung entgegen, daß die Ruperto-Carola in ihrer Gesamtheit nur mit großer Scheu und Rückhaltung sich auf das ihr fremde und unheimliche Gebiet wagte, daß die ältere Professorenwelt sich von der aufregenden Luft fern hielt und dem wissenschaftlichen akademischen Stilleben treu blieb, und nur die jüngere Generation mit der politischen Strömung schwamm. Wir begegnen somit in den Universitätskreisen demselben Dualismus der Ansichten und Bestrebungen wie in den früheren Perioden, einer konservativen und reformierenden, einer erhaltenden und einer vorwärts schreitenden Richtung. Um so ungeteilter huldigte die übrige Einwohnerschaft Heidelbergs den Ideen des Fortschritts und des Liberalismus, die auch schließlich das Feld behaupteten. Und so werden wir keinen Fehlschluß thun, wenn wir sagen, daß wie ehedem der

Humanismus und der Romanticismus, so in den vierziger Jahren die politische, nationale und liberale Weltanschauung die Atmosphäre bildete, welche über Heidelberg und der Hochschule schwebte.

Diese politische Lebensluft wurde nicht in der Neckarstadt erzeugt, sie wurde von außen hereingetragen und in erster Linie von Männern genährt und gefördert, die in keinem oder in einem sehr losen Verbande mit der Universität standen. Während die Bürgerschaft ihre Losungsworte aus der zweiten Kammer des Landtages empfing, ging ein Teil der Professoren Hand in Hand mit Gervinus, der durch Schrift und That bewiesen hatte, daß Freiheit und vaterländische Wohlfahrt die beiden blinkenden Sterne seien, denen sich sein helles Auge zugewendet hatte. Es wäre eine überflüssige Arbeit, wollten wir auf das Leben und die litterarischen Leistungen eines Mannes eingehen, dem nicht nur in den deutschen und badischen Biographien von kundiger Hand ein umfassendes Denkmal gesetzt ist, über den auch in Zeitschriften, Nekrologen, Charakterbildern ausführliche Beurteilungen seines Lebens und Wirkens geliefert worden sind, dessen Name im bundestägigen Deutschland zu den gefeiertsten gehörte, der mit seinen Freunden Dahlmann und den Brüdern Grimm die Fahne der vaterländischen Ehre hochgehalten hat. Wir wollen nur mit wenigen Zügen den Mann zeichnen, wie er uns während eines vierzigjährigen Umganges erschienen ist. Es ist ja noch nicht so lange her, daß man den stattlichen, hochgebauten Herrn mit den schönen Augen, dem feinen Lächeln um den schön geformten Mund, dem braunen lockigen Haar über der hohen edlen Stirn in den Anlagen einherwandeln sah.

Wie einst Goethe nach Schillers Tod den Weimaranern das stolze Trostwort zurief: „Er war unser!" so darf auch Heidelberg noch in vollerem Maße von Gervinus sagen: „Er war unser!" Nicht durch die Geburt, aber durch freie Wahl, durch den Zug seines Herzens war die Neckarstadt, „die Stadt an Ehren reich", seine Heimat; dahin kehrte er immer wieder zurück, wenn er es hie und da in andern Städten oder im Auslande versucht hatte. Wie oft hat er Italien bereist und dessen Schönheiten in Natur und Kunst bewundert; aber die apenninische Halbinsel hat ihn nie dem vaterländischen Boden am Neckar zu

entziehen vermocht. Von der Zeit an, da er im Jahre 1826
der Kaufmannschaft Valet sagte und als Student die Hochschule
bezog, war Heidelberg der Ort, den er zu seinem Wohnsitz aus=
erkor. Wohl wurde er durch seine Berufung nach Göttingen auf
einige Jahre nach dem Norden gezogen; aber, als ob der Ver=
fassungsbruch des Königs Ernst August ihm das Ideal seiner
Jugend wieder näher bringen sollte, im Jahre 1839 suchte er die
Lieblingsstätte von neuem auf, um sie bis zu seinem Tode
(18. März 1871) nie wieder auf längere Zeit zu verlassen.

Als die alte Burschenschaft aufgelöst und mit Acht und Bann
belegt war, hatten einige Mitglieder, die im stillen den Grund=
sätzen des Bundes treu blieben, auf der rechten Neckarseite nahe
dem Dorfe Neuenheim sich ein verfallenes Wirtshaus zu ihren
Zusammenkünften gemietet, neben welchem ein verlassener Stein=
bruch einen geeigneten Turnplatz darbot. Kein anderer Raum
gewährte eine so reizende Aussicht auf Schloß, Berge und Fluß
als die Fläche, die sich vor demselben über altem Mauerwerk
ausdehnte. Schon während seiner Studienzeit hatte Gervinus
großes Wohlgefallen an diesem Orte gefunden. Jetzt brachte er
die Besitzung käuflich an sich, ließ das baufällige Haus nieder=
reißen und entwarf mit seinem Frankfurter Freund Hessemer,
einem kunstsinnigen Architekten, den Plan zu einer kleinen rei=
zenden Villa, die sich auf der alten Turnstätte erhob und mit
dem ihm eigenen edlen Geschmack eingerichtet ward. Das war
ein schöner Sommerabend, als ein kleiner Kreis befreundeter
Männer und Frauen den Einzug des jungen Ehepaares mit
einem Picknick auf der Terrasse feierte. Zu den Teilnehmern,
die sich zu einem regelmäßigen Samstagskränzchen vereinigt
hatten, gehörten außer dem Schreiber dieser Zeilen und seiner
Frau und Schwiegermutter Professor Karl Röder, ein Darm=
städter Schulgenosse von Gervinus, und seine liebenswürdige,
lebensheitere Frau, Graf Ranzau, der einige Jahre lang ein
schönes Tuskulum gegenüber der Neckarbrücke bewohnte, der
Dichtkunst seine Muße widmend, und seine stattliche Gemahlin,
eine blondgelockte norddeutsche Dame, deren Vorname Amalasunta
an die edle Tochter des großen Gotenkönigs Theoderich erinnerte,
Freiherr von Rutenberg aus Kurland, der sich in der Folge

als Verfasser einer Geschichte der Ostseeprovinzen einen Namen
gemacht hat, und Professor Jolly, der Physiker, mit seiner jungen
Frau aus einer der angesehensten Altheidelberger Bürgerfamilien.

Gervinus hatte bei seiner Berufung nach Göttingen die
sechzehnjährige Viktoria Schelver, die er schon im Institut Tapping
kennen gelernt und unterrichtet hatte, als seine Gattin heim=
geführt. Sie war ein reizendes Geschöpf von hoher Begabung
und kindlicher Naivität, die ihren Mann ihr ganzes Leben lang
wie ein höheres Wesen verehrte und sich an ihn anschloß wie
ein Moos um einen Eichstamm. Jetzt zog er mit der jungen
Frau, die noch immer den Eindruck einer Jungfrau machte, in
die neue Villa. In guten Vermögensverhältnissen, umstrahlt von
dem Ruhme und der Volksgunst, die den „Sieben Göttingern"
in so reichlichem Maße gespendet wurden, gefeiert und ausge=
zeichnet von den einheimischen und fremden Gesinnungsgenossen
und den Verehrern der deutschen Litteraturgeschichte, führte das
Ehepaar ein glückliches Dasein, dem nichts fehlte als Kinder,
die sich wie Weinranken um den Tisch gereiht hätten. Gervinus
hat das Haus nur drei Jahre bewohnt. Seinem unruhigen,
beweglichen Geiste, der stets der Abwechselung und neuer Ein=
drücke bedurfte, war der Gedanke, daß er gefesselt und in seiner
freien Bewegung gehemmt sei, auf die Dauer unerträglich. Er
verkaufte das Besitztum an Karl Th. Welcker, der nach seiner und
Rottecks Suspendierung von seinem Freiburger Lehramt nach Heidel=
berg übergesiedelt war und viele Jahre lang mit seiner Familie die
Villa bewohnte. Aber für Gervinus und seine Frau waren die
Jahre im „Steinbruch" die glücklichste Zeit. Wie oft wünschten
sie sich dahin zurück, und als ob sie nicht lassen könnten von den
„Ueberflüssigen", wie man in Heidelberg scherzend die Bewohner
des rechten Ufers nennt, mieteten sie sich bald darauf in dem statt=
lichen Hause ein, das die befreundete Familie Fallenstein ober=
halb der Brücke erbaut hatte, und hielten dort aus, bis nach
dem Tode des Hausherrn das Band sich löste. Dann erst kaufte
Gervinus das Haus in den Anlagen, das noch jetzt die Witwe
bewohnt und das durch eine Gedenktafel den späteren Geschlechtern
verkündigt, daß hier einer der berühmtesten deutschen Schrift=
steller seine letzten Lebensjahre verbracht hat.

Mit Welckers Einzug bekam das Haus im Steinbruch, dem der jetzige Besitzer, Professor Ihne, den romantischen Namen Felseck gegeben hat, einen andern Charakter. Wohl waren beide als Kämpfer für Recht und Freiheit nach Heidelberg gekommen und hatten als Märtyrer ihrer Ueberzeugung Amt und Beruf eingebüßt; aber der Freiburger Professor war eine kühne demagogische Natur und wurde von der Partei der Liberalen und Oppositionsmänner aller deutschen Lande als Haupt und Führer betrachtet. Gervinus war nicht zum Demagogen geschaffen; ihm fehlte die laute Stimme, die schlagfertige populäre Beredsamkeit, die Hingebung für das Volk, die Nachsicht mit dem Unverstand und den Leidenschaften der Menge. Wirtshaus und Tabaksdampf waren ihm zuwider. So verschieden Gervinus von seinem Lehrer Schlosser war, so hatte er doch auch manches mit demselben gemein. Auch er mied das öffentliche Leben, wie es auf Straße und Markt oder in großen Versammlungen sich kundgibt; auch er war eine stolze, vornehme Erscheinung, der man das odi profanum vulgus et arceo auf der Stirn ansah; auch er konnte nicht leicht Widerspruch ertragen und verkehrte daher am liebsten mit gebildeten Frauen oder mit jüngeren Männern, die ihm Verehrung zollten. Während aber Schlosser in der gesellschaftlichen Unterhaltung fast allein das Wort führte, war Gervinus ein behaglicher Zuhörer mit freundlichem, mitunter ironischem Lächeln, beobachtete er gern, wie eine Berliner Dame sich ausdrückte, ein „gemütliches Schweigen". Der Schreiber dieser Zeilen ging einst eine Strecke Wegs zwischen Neuenheim und Handschuhsheim neben ihm her, ohne daß ein Wort gesprochen ward. Da sagte endlich Gervinus: „Ja, ja, Weber, so geht's." Ein witziger Freund (Professor Pfeufer), der davon hörte, benützte den Vorgang, um eine kleine theatralische Abendunterhaltung in seinem Hause mit der Ankündigung zu schließen: „Das nächste Mal wird aufgeführt ‚Die Beredsamkeit an der Bergstraße oder Ja, ja, Weber, so geht's'." Und während Schlosser über Musik und Gesang dachte wie Percy Heißsporn bei Shakespeare, war Gervinus ein Nachfolger Thibauts in der Reinheit der Tonkunst und widmete sein Leben lang den Schöpfungen Händels Muße und Studium. Wie einst der große Jurist, hielt auch er jahre-

lang einen musikalischen Abend, wo Oratorien und andere Ton-
stücke des deutsch-englischen Meisters, den „zurückzubürgern" er
sich zur Lebensaufgabe gesetzt hatte, zum Vortrag kamen. Auch
auf dem Felde der Geschichtschreibung, auf dem beide ihre
schönsten Lorbeeren errangen, gingen sie verschiedene Wege, verfolgten sie verschiedene Zwecke. Schlosser, bei dem das Gemüt
vorherrschte und der theologische Beruf, dem er sich einst gewidmet, noch in den religiösen und moralischen Anklängen
bemerkbar war, trat in der „Geschichte des achtzehnten Jahrhunderts" als prophetischer Mahner und Warner auf, daß die
Menschen sich bessern sollten, dann würde die Welt besser. Seine
morose, man möchte sagen pessimistische Weltanschauung erblickte
fast allenthalben nur Schatten und dunkle Punkte. Gervinus
mit seinem scharfen Verstand und hellen Auge glaubte in der
Geschichte selbst und in dem Geistesleben des deutschen Volkes
die Heilmittel für die Gebrechen der Gegenwart und die Wege
zu einer besseren und würdigeren Zukunft zu entdecken. „Im
Vergleich mit den bisherigen Versuchen," heißt es in den deutschen
und badischen Biographien, „erscheint die Darstellung, welche
Gervinus von der deutschen Dichtung gibt, als eine glänzende
Entdeckung, die zuerst das geistige Leben der Nation in gene-
tischem Zusammenhang und in beständiger Doppelwirkung zu dem
politischen Leben als ein organisches Ganzes gefaßt wissen wollte,
geschrieben mit strömender Gedankenfülle und aus voller Brust
für die Ehre des Vaterlandes." Wir können es nicht billigen,
daß Gervinus den ursprünglichen Titel „Geschichte der poetischen
Nationallitteratur der Deutschen" in der vierten Auflage um-
änderte in „Geschichte der deutschen Dichtung", wenn ihm gleich
dafür der Beifall eines Heidelberger Puristen zu teil geworden ist.
Der politisch-nationale Gedanke durchzieht das ganze Werk, er
gibt den Maßstab der Beurteilung und weist auf die Tendenz
und das letzte Ziel hin. Und diese Tendenz wurde in Deutschland
verstanden und befolgt. Es wird noch manchem in Erinnerung
sein, wie, angeregt durch die Geschichte der deutschen Dichtung,
in den vierziger Jahren die poetische Produktion sich vorzugsweise der politischen Dichtung zuwandte, wie die Lyrik sich in
„politischen" und „unpolitischen" Liedern erging, wie das satirische

Lustspiel „Die politische Wochenstube" Ergötzen und Aerger=
nis erregte. Gervinus hatte das Schicksal des Goetheschen
Zauberlehrlings.

Auch unter der Heidelberger akademischen Jugend machte
sich bereits eine politisch=fortschrittliche Strömung bemerkbar.
Der gemäßigte Liberalismus eines Gervinus genügte den radi=
kalen Elementen nicht mehr. Ein Kreis von Studierenden,
worunter die Namen Mördes, Abt, Blind genannt wurden, die
in den Jahren acht= und neunundvierzig wieder auftauchten, trug
sich mit weitgehenden Tendenzen. Im stillen streifte man sogar
an socialistische und atheistische Ideen. Eine Zeitlang hob dieser
Kreis einen Mann auf den Schild, dem niemand die Mission
zugetraut hätte, als Widerpart von Gervinus aufgestellt zu
werden — Eduard Röth. Von der Familie Duffay=Schlosser
auf Stift Neuburg begünstigt, hatte er sich in Heidelberg nieder=
gelassen und hielt Vorlesungen über orientalische Sprachen und
Philosophie. Im Jahre 1846 erschien bei Bassermann in Mann=
heim der erste Band einer „Geschichte unserer abendländischen
Philosophie", worin Aegypten als der Mutterschoß aller mensch=
lichen Weisheit und Kultur dargestellt war. Die hellenische
Bildung sollte nur entlehnt, nur ein Widerschein der orien=
talischen sein. Einige Jahre nachher folgte ein zweiter Band,
der hauptsächlich die pythagoreische Philosophie zu enträtseln
suchte. Daß Röth zu seinem „Monte Testacio" die Scherben aus
Schriftstücken zusammentrug, die sechs Jahrhunderte auseinander
liegen, machte dem kritischen Gewissen des Verfassers wenig
Skrupel. Er mochte denken, wie es im „Faust" heißt: „Und wenn
ihr euch nur selbst vertraut, vertrauen euch die andern Seelen."
Die Sicherheit der Behauptungen und der Beweisführung und
ein eleganter, fließender Stil verfehlten nicht eines gewissen Ein=
drucks; in einem kleinen Zirkel von Verehrern galt Röth als
der neue Oedipus, der die Rätsel der Sphinx, die Geheimnisse
der Menschenbildung enthüllt habe. Einer seiner Zuhörer, Jakob
Kruger, verfaßte ein Buch über die assyrische und iranische Ur=
geschichte mit einer Vorrede, worin Röth ein Genie genannt
wird im Gegensatz zu Otfried Müller, dem ein sieben Ellen
langer chinesischer Zopf vom Scheitel herabhänge. „Röth ist

ein Philosoph," heißt es darin, „kein solcher, der das Universum
aus seiner Schlafmütze herauskonstruiert, sondern ein Philosoph
im wahren aristokratischen Sinne des Wortes auf der Grundlage
eines weltumfassenden Wissens." Auch Julius Braun, der einst
eine Reise nach Aegypten unternommen hatte und deshalb und
wegen seiner hohen Gestalt und seines raschen Ganges von den
Bekannten mit einem an die Pyramiden und die Wüste er=
innernden Scherznamen bezeichnet ward, sonst ein Mann von
lebhafter Phantasie und künstlerisch=poetischer Anlage, gehörte zu
seinen feurigsten Adepten. Am höchsten stieg aber Röths Ruhm,
als die Beilage zur „Allgemeinen Zeitung" eine Reihe von
Artikeln zum Lob und Preis des Buches brachte. Sie waren
aus der Feder Fallmerayers geflossen und trugen den anziehenden,
pikanten und witzigen Charakter des berühmten Fragmentisten
an sich. Für den Antihellenisten Fallmerayer war der Nachweis,
daß die Griechen nur Nachahmer und Stümper gewesen, daß
„die griechische Mythologie nichts sei als ein Konglomerat zweier
Ideenkreise, des arischen und des altägyptischen", eine will=
kommene Botschaft. Doch gab es auch Skeptiker, welche für die
ganze mystisch=symbolische Spekulation, die nichts sei als das
Creuzersche System in etwas verändertem Gewande, keinen
Glauben trugen, die da behaupteten, die bekannte unentzifferte
cyprische Inschrift, die Röth französisch und deutsch herausgab,
sei ein Machwerk der willkürlichsten Erfindung ohne jeden sprach=
lichen Anhalt. Aber die Mittel wirkten doch. Eine Zeitlang
war Röth in der Heidelberger Welt ein gefeierter Name. Durch
die Verheiratung mit einer reichen Kreolin kam er in gute Ver=
mögensverhältnisse. Und während man in einem kleinen Kreise
seine tiefe philosophisch=prophetische Sehergabe bewunderte, galt
er bei der auf politischen Fortschrittswegen wandelnden Studenten=
schaft als der Philosoph der Freiheit, der den hausbackenen
Liberalismus eines Gervinus und Konsorten als unbrauchbaren
Ballast über Bord werfen und die echte Volksweisheit ver=
künden würde. Ein Mystagoge und ein Katheberdemagoge
in einer Person! Wollte Röth nach dem Vorbilde des griechi=
schen Weltweisen, nur mit entgegengesetzten Grundlagen und
Tendenzen, ein neues Socialsystem im modernen Gewande auf=

stellen? Aber sein Lebensfaden war kurz gesponnen. Von krank=
hafter Natur, starb er in jungem Mannesalter. Und bald waren
seine Bücher und sein Name vergessen.

Gegenüber diesen scharfen Luftströmungen, die bereits den
nahen Sturm ankündigten, verhielt sich Gervinus still, zurück=
haltend, beobachtend. So sehr er es liebte, im geeigneten Mo=
ment die geschriebene Parole auszugeben, so wenig trug er Lust,
sich in die Menge zu mischen, in den lauten Schwarm einzu=
treten. Vielleicht war es infolge dieser ruhigen, gemäßigten
Haltung, daß man sich in Karlsruhe entschloß, den Historiker
als Professor honorarius wieder für die akademische Lehrthätig=
keit zu gewinnen. Man ernannte ihn zum Hofrat und ließ ihm
freie Hand in der Wahl seiner Vorlesungen; doch wurde er
keiner Fakultät eingereiht. Und so hatte er denn nach mehr=
jähriger Pause noch einmal den Triumph, akademische Vor=
lesungen zu halten. Er las über Geschichte der deutschen
Litteratur, über Politik, über Geschichte des neunzehnten Jahr=
hunderts, über Shakespeare. Und so sehr zog sein Ruhm und
sein Name die neugierige studierende Welt an, daß kaum der
große Pandektensaal die Menge der Zuhörer zu fassen vermochte.
Die Vorlesungen dienten ihm als vorbereitende Studien zu seinen
großen schriftstellerischen Arbeiten. Sein weitverbreitetes Werk
über Shakespeare (zuerst in vier kleineren, dann in zwei größeren
Bänden), sein geistreiches, wenn auch viel angefochtenes Buch
„Händel und Shakespeare" sind die Früchte dieser Vorlesungen
und der mehrjährigen Lektüre des britischen Dichters im kleinen
weiblichen Kreise. Auch hierin trat er in die Fußstapfen Schlossers;
wie der Meister in Dante den größten Dichterheros verehrte,
so der Jünger in Shakespeare. Uebrigens waren Katheder und
Auditorium nicht das Arbeitsfeld, auf dem sein Ruhm hätte
wachsen können. Der Mangel einer kräftigen, sonoren Stimme
und aller oratorischen Begabung benahm ihm Lust und Fähig=
keit für die akademische wie für jede andere öffentliche Wirksam=
keit. Er wußte das sehr gut und vermied daher jede Gelegen=
heit eines rednerischen Auftretens. Nur mit innerem Wider=
streben nahm er die Wahl in das Frankfurter Parlament an;
er hätte lieber als geistreicher Berichterstatter und Ratgeber die

Ziele seiner Gesinnungsgenossen gefördert. Die Rednerbühne hat er nie betreten.

Damit sind wir unversehens bei einer Periode angelangt, wo der Name Gervinus nicht nur eine litterarische und wissenschaftliche, sondern auch eine politische Bedeutung hatte, aus dem Auditorium und der Studierstube in das laute und weite Forum der Publizistik drang. In der Mitte der vierziger Jahre trieb die Opposition gegen „Bureaukratismus" und „Polizeistaat" die höchsten Wogen; die erhaltenden Gewalten widerstanden nur mühsam dem Andrang der populären Mächte, welche eingreifende Reformen und Umgestaltungen im gesamten öffentlichen Leben forderten. Aber schon war in den Reihen der letzteren selbst eine tiefe Spaltung bemerklich: socialistische und kommunistische Ideen waren aus Frankreich herübergedrungen und hatten in der unwissenden Menge, in den unklaren Köpfen und zerstoßenen Herzen der Armen und Gedrückten wunderliche Gebilde und Vorstellungen erzeugt; die politischen Reformen, die bisher in den Kreisen der Liberalen und Demokraten verlangt worden, waren bereits mit socialistischen Elementen zersetzt, die in einer weitverbreiteten Proletarierlitteratur sich Geltung zu verschaffen suchten. Ein rheinisches reaktionäres Blatt unter der Leitung eines Historikers, mit dem Gervinus früher befreundet gewesen war (Bercht), hatte in einer Reihe von Artikeln, „Politische Gänge" überschrieben, die Parole ausgegeben, die konservativ-reaktionäre Partei solle mit dem Proletariertum einen Bund eingehen, um die Männer der Mitte, die liberale Bourgeoisie, zwischen zwei Mühlsteinen zu zermalmen. In dieser gärenden Zeit faßte Gervinus mit einigen Gesinnungsgenossen den Entschluß, eine größere Zeitung zu gründen, welche den freisinnigen konstitutionellen Anschauungen als Organ dienen, das gebildete liberale Deutschland unter einer gemeinsamen nationalen Fahne sammeln sollte. Es wurden großartige Anstalten getroffen, die ehrenwertesten Namen aus wissenschaftlichen und politischen Kreisen für das Vorhaben zu gewinnen. Nie hat Gervinus eine solche Thätigkeit entwickelt wie in jenen Tagen, und sein Name, sein feiner Takt, seine weitreichenden Verbindungen mit hervorragenden Persönlichkeiten waren wirksam genug, aus der

Elite der deutschen Nation Gönner, Förderer und Mitarbeiter
heranzuziehen. Eine Art Ehrentribunal oder censorisches Kura=
torium, bestehend aus Männern wie Dahlmann, den beiden
Grimm, Schlosser, Heinrich von Arnim und anderen Ebenbürtigen,
sollte den Regierungen die Garantie bieten, daß sich die Zeitung
in den Schranken des Rechts und einer geordneten Freiheit be=
wegen würde, und sollte die damals noch bestehende Censur unter
den Händen untergeordneter Verwaltungsbeamten als unnötig
erscheinen lassen. So trat die „Deutsche Zeitung" in Heidelberg
ins Leben. An der Spitze prangten längere Zeit als Redaktoren
die Namen Gervinus, Häusser, Matthy, Mittermaier und Höfken.
Es zeigte sich aber bald, wie wenig in aufgeregten Zeiten die
Masse des Volkes sich durch Vernunft und Wissenschaft, durch
Doktrinen und Theorien lenken und bestimmen läßt; wie agita=
torische Demagogenkunst weit wirksamere Hebel einzusetzen ver=
mag, um Leidenschaften und egoistische Interessen in Bewegung
zu bringen. Von den Regierungen mit Mißtrauen betrachtet,
von den Konservativen und Reaktionären angefeindet, von den
Demokraten geschmäht, von den weniger gebildeten Volksklassen
nicht verstanden und nicht gelesen, stand die „Deutsche Zeitung"
bald vereinsamt da, und als nun gar das „tolle" Jahr von
1848 auf 1849 hereinbrach, war die „Professorenzeitung" ohne
allen Einfluß auf den Gang der Dinge. Wie viele Artikel voll
goldener Lehren, voll patriotischer Gesinnung, voll politischer
Weisheit und Wahrheit sind ungelesen oder unbeachtet vorüber=
gegangen und wie in dumpfen Katakomben vermodert, wie viel
Geld ist während ihres dreijährigen Bestandes nutzlos ver=
schwunden! Wie Triumphatoren waren die Unternehmer auf=
getreten, wie Schiffbrüchige sahen sie am Ende auf das verlorene
Gut zurück. Ehe die „Deutsche Zeitung" an der Auszehrung
starb, erregte sie noch einen Sturm in den Heidelberger Uni=
versitätskreisen. Mehrere Artikel, die Gervinus nach Besprechung
mit einigen befreundeten und gleichgesinnten Professoren aus
verschiedenen Fakultäten in mehreren Nummern veröffentlichte,
enthielten scharfe Angriffe gegen die Hochschule, ihre Anstalten
und einige ihrer Mitglieder. Die Angriffe fielen in eine Zeit,
da man das Scheitern der Reform= und Revolutionsbewegung

voraussehen konnte und die rückschrittliche Partei bereits wieder aufatmete und Mut faßte. Da warf sich Professor Morstadt, den wir bald näher kennen lernen werden, zum Wortführer der Angegriffenen auf. Er ließ die Artikel in einer Broschüre abdrucken und versah sie mit einem bissigen Kommentar voll giftiger Ausfälle und Schmähungen gegen alle, die er als Teilnehmer und Mitschuldige vermutete. Das Pamphlet führte den Titel: „Professor Dr. Morstadts Inquisition auf den Rattenkönig-Spuk in Heidelberg. Vademekum für alle jetzigen und gewesenen Universitätsbürger," mit dem Spruch aus Lessing: „Höhnisch gegen die Prahler und so bitter als möglich gegen den Kabalenmacher." (Heidelberg 1849.) Es ist ein merkwürdiges, jetzt selten gewordenes Libell, das ein drastisches Bild von den damaligen Universitätsverhältnissen darbietet und auf ein mit Dornen und Unkraut bewachsenes Schlachtfeld blicken läßt. Selbst der Kurator Dahmen, früher Kreisdirektor in Mannheim, dem die Regierung bei seinem Rücktritt vom Amte eine gesellschaftliche Ehrenstellung, ein otium cum dignitate, zu schaffen gedachte, erlag den Pfeilschüssen, die damals aus beiden Heerlagern gegeneinander geschleudert wurden.

Mit hochfliegenden patriotischen Hoffnungen hatte Gervinus die „Adresse an die Schleswig-Holsteiner" als Antwort auf den „Offenen Brief" des Dänenkönigs in die Welt geschleudert; hatte die Einberufung des deutschen Parlaments in Frankfurt begrüßt, die dem Heidelberger Aufruf, von dem später die Rede sein wird, auf dem Fuße folgte; hatte als Mitglied des Ausschusses der „Vertrauensmänner" an der Seite Dahlmanns die neue Reichsverfassung aufstellen helfen; und noch war die Frankfurter Versammlung nicht vollständig zerronnen, so reiste er nach Italien, um am Strande von Castelamare über gescheiterte Entwürfe zu trauern. Nur der Sache Schleswig-Holsteins hat er auch noch ferner unentwegt mit allen Kräften durch Wort und That zu dienen gesucht. Eine Frankfurter Karikatur stellte Gervinus und Dahlmann dar, wie sie sich abmühten, den deutschen Kaiser aus dem Tintenfaß zu ziehen. Ihr Bemühen ist damals nicht gelungen, und als zwanzig Jahre später das Kaisertum auf dem siegreichen Schlachtfelde geboren ward, da

grollte Gervinus, daß es anders gekommen, als er gewollt, und
zog sich schmollend in sein Studierzimmer zurück.

Als im Anfang der fünfziger Jahre die Welt wieder ruhiger
wurde und die Jesuitenväter unter dem Banner der Reaktion
in Heidelberg ihre Missionspredigten abhielten, suchte Gervinus
durch geschichtliche Studien zu ergründen, wie das alles gekommen
sei und was wohl die nächste Zukunft bringen werde. Aus
diesen ging die „Geschichte des neunzehnten Jahrhunderts" hervor mit der berühmten „Einleitung". Gervinus liebte es, die
Geschichte nach Analogien zu konstruieren, aus den Phänomenen
der Weltgeschichte die Entwickelungsgesetze zu entdecken. So
warf er auch in der Einleitung einen Blick in die Vergangenheit, um die genetische Entwickelung der Menschengeschichte in
alter und neuerer Zeit zu erforschen. Das Resultat seiner Betrachtung war, daß nach allen Gesetzen der Historik die gegenwärtige Generation einer socialen Revolution entgegengehe,
welche nach Analogie der drei letzten Jahrhunderte am Ende
der achtziger Jahre ausbrechen würde. Das Schriftchen, worin
eine Fülle von historischem Stoffe in geistreichen Andeutungen,
aber im trockenen Deduktionsstil vorgetragen war, würde zu
jeder andern Zeit keine größere Aufmerksamkeit erregt haben als
die übrigen Zeit- und Gelegenheitsschriften des Verfassers, wie
„Die Mission der Deutschkatholiken" oder „Die preußische Verfassung und das Patent vom 3. Februar 1847". Denn es gehören gründliche historische Kenntnisse dazu, um die gedrängten
Angaben zu begreifen, auf denen die Divination aufgebaut war.
Sollten aber die Klerikalen und die Männer des Rückschritts,
die sich gerade anschickten, die goldene Ernte für sich einzuthun,
ruhig geschehen lassen, daß die Partei, „welche die Revolution
heraufbeschworen", wieder zum Worte komme? War man doch
allenthalben bemüht, den derben Ausspruch Schillers zur Geltung
zu bringen: „Wenn sich das Laster erbricht, setzt sich die Tugend
zu Tisch!" So wurde denn von einem kleinen Kreis Heidelberger Dunkelmänner, an deren Spitze ein Ultramontaner, ein
reaktionärer Jude und ein kryptokatholischer Lutheraner standen,
ein Verzeichnis von Aussprüchen der „Einleitung" zusammen-
gestellt, auf Grund deren man eine Anklage auf Hochverrat

anstrengte. Durch die Stimme eines einzigen unbedeutenden Hofgerichtsrats wurde in dem Richterkollegium mit Majorität entschieden, daß die Klage begründet sei, und Gervinus verurteilt. Er legte Berufung an das Oberhofgericht ein. Ehe aber dieses Obertribunal, dessen Präsident der nachmalige Minister Stabel war, den Rechtsfall vor sein Forum ziehen konnte, erhob sich in der Presse ein Schrei der Entrüstung über ein solches Vorgehen, daß Regierung und Justiz betroffen wurden. Das höhere Gericht stieß dann das Urteil des Hofgerichts um, weil Hochverratsprozesse vor die Schwurgerichte gehörten. Vor diese wollte man aber die Sache doch nicht bringen, und so ließ denn der Staatsanwalt die Anklage fallen. Damals brachte der „Kladderadatsch" ein Bild, auf welchem ein hochgewachsener Mann sich eiligen Laufes vor drei ihn verfolgenden Jesuiten im Priesterornat und krallenartig ausgestreckten Armen zu retten sucht, mit der Unterschrift: „Das Schicksal eines wahrhaften Liberalen." Aber ganz ungestraft sollte der Verfechter des Liberalismus doch nicht ausgehen. Die Regierung entzog ihm die venia docendi, von der er schon seit Jahren keinen Gebrauch mehr gemacht hatte und auch nie mehr zu machen gesonnen war.

Um diese Zeit verkehrte Gervinus häufig mit zwei andern Männern, die wie er unter Acht und Bann standen, mit David Fr. Strauß und mit Kuno Fischer, dem man unter der Beschuldigung, daß er in seinen philosophischen Vorlesungen pantheistische Lehren vortrage, gleichfalls den Hörsaal verschlossen hatte. Bekanntlich wechselte Strauß seit der Züricher Katastrophe öfters seinen Wohnsitz. Auch in Heidelberg hielt er sich nur so lange auf, als seine Tochter in dem Erziehungsinstitut von Fräulein Heidel sich befand. Mißtrauisch und menschenscheu, suchte er wenig Umgang. Er glich den gefallenen Engeln in Klopstocks Messiade, die gegen Gott und die Welt tiefen Groll hegten. Doch kam er von Zeit zu Zeit mit einem kleinen Kreise freisinniger Männer zu vertraulichen Gesprächen in einer „Kneipe" zusammen. Dann erschloß sich ihm das Herz und er trat lebhaft in die Unterhaltung ein, die, fern von aller Trivialität, stets einen gehobenen wissenschaftlichen Ton annahm. Von der schwäbischen Gemütlichkeit war indessen nichts an ihm zu bemerken;

Verstand und scharfe Kritik waren hervorstechende Eigenschaften. Ein Mann von mittlerer Größe, zierlich gebaut und stets sorgfältig gekleidet, machte Strauß den Eindruck eines feineren Schulmannes oder Gelehrten. Aber er hatte den unheimlichen Blick, den der Italiener malocchio nennt. Man wollte die Ursache davon in einem fehlerhaften Bau seines inneren Auges finden, der ihn verhinderte, die Physiognomie eines andern sicher zu erkennen. An Gervinus knüpfte ihn die Liebe zur Musik und zur Litteratur. Das Werk über Hutten ist in der Musenstadt am Neckar entstanden. In der Folge erhielt Strauß an dem Heidelberger Professor Hausrath einen geistvollen Biographen. Kuno Fischer fiel der reaktionären Zeitströmung zum Opfer. Als Rothe, damals in Bonn, von der Sache hörte, schrieb er an einen Freund: „Ich habe Fischers Vorlesungen über Geschichte der neueren Philosophie mit großer Freude über das wahrhaft eminente Lehrtalent ihres Verfassers durchgelesen. Um so schmerzlicher war mir freilich der ausgesprochene Pantheismus. Die Offenheit desselben kann ich nur loben; aber der Mangel jeder Spur davon, daß in dem Autor irgend ein über den Pantheismus hinausweisendes gemütliches Bedürfnis sich rege, thut mir bei einem so reich begabten Geiste wehe. Ich glaube gern, daß ein solcher Docent, was die Leute so sagen, ‚viel Schaden stiften‘ kann unter der akademischen Jugend, gebe aber blutwenig auf das angebliche Gute, welches durch solche Schädlichkeiten zu Grunde gerichtet wird, und halte einen solchen Mann für eine viel edlere Natur als diejenigen, die man vor seinem Gifthauch bewahren will."

Es waren keine freundlichen Erinnerungen, die Fischer aus Heidelberg mit sich nahm, als er einem Rufe nach Jena folgte, wo er seinen wissenschaftlichen Ruhm begründete und sein großes Lehrtalent entfaltete. Aber so sehr hängt jeder, der einmal die Luft Heidelbergs geatmet und seine Brust im Morgenrote des Neckarthales und der Neckarberge gebadet hat, an dem reizenden Fleck Erde, daß er nie die Sehnsucht danach verwinden kann. Und so kam es, daß Fischer viele Jahre nachher, als Zellers Lehrstuhl durch dessen Uebersiedelung nach Berlin erledigt ward, wieder in die Heimstätte seiner ersten akademischen Wirksamkeit zurückkehrte. Er zog wieder in Heidelberg ein, „un français de plus“, wie der Graf von Artois bei seinem Einzug in Paris den ihn Begrüßenden zugerufen haben soll; aber nicht mit den Rachegedanken des bourbonischen Prinzen, sondern mit dem leichten Herzen, wie es sich in dem Ausruf: „Schwamm drüber!“ in der bekannten Volksoperette ausspricht. Er kaufte das schöne Haus mit Garten, in dem er einst seine sanfte, anmutige Frau kennen gelernt und geehelicht hatte, in welchem Schlosser gestorben war und Windscheid während seines kurzen Aufenthaltes in Heidelberg gelebt und gearbeitet hatte, und hat seitdem jeder Versuchung, ihn in einen größeren Wirkungskreis zu ziehen, fest widerstanden. Aus der Zeit des Zusammenlebens mit Strauß in der Neckarstadt, wo die innigste Freundschaft beide Leidensgenossen verband, bewahrte Fischer noch einige Gedichte und Epigramme des berühmten Verfassers des Lebens Jesu, die er gern in befreundeten Kreisen mit dem ihm eigenen Ausdruck des Wiedergebens vortrug.

Während dieser Jahre des verjüngten Bureaukratismus widmete sich Gervinus wieder ausschließlich seinen historischen Studien. Er schloß sich im geselligen Umgang am meisten an die Männer an, die man als die „Gothaer“ bezeichnete, zu denen auch Heinrich von Gagern und Wilhelm Beseler gehörten, die sich nach dem parlamentarischen Schiffbruch nach Heidelberg zurückgezogen hatten. Gervinus selbst hatte die Vertrauensseligkeit seiner Gesinnungsgenossen nicht geteilt und sich von der Versammlung in Gotha fern gehalten; aber es waren doch dieselben Leute, mit denen er früher Hand in Hand gegangen, und so hielt er sich auch jetzt zu ihnen. Es waren ehrenwerte, vaterländisch gesinnte Männer, die sich, zeitweise verstärkt durch Gesinnungsgenossen aus andern Städten, zu geselligen Zusammenkünften im Museumssaale vereinigten. Aber es war ein kleines exklusives Häuflein, erfüllt von dem stark hervortretenden Selbstgefühl, daß sie allein auf dem rechten Wege wandelten, sie allein das Dogma der politischen Wahrheit entdeckt hätten. Und doch wird man in der sublunarischen Welt sich häufiger veranlaßt sehen, mit Pilatus skeptisch auszurufen: „Was ist Wahrheit?“ als mit Galilei selbstzufrieden in das „E pur si muove“ ein-

zustimmen. Ist ja selbst in der physischen Weltordnung die
Bewegung der Erde um die Sonne nicht viel mehr als die
„wahrscheinlichere“ Hypothese. Die vollkommene Wahrheit wohnt
nur bei Gott. Dem Menschen ist nur das Streben und Forschen
danach als göttlicher Keim in die Seele gesenkt.

Gervinus selbst war ein Mann der strengsten Konsequenz,
und seine gesellschaftliche Abgeschlossenheit, seine Vorliebe für
ästhetisch-künstlerische Unterhaltung, wo Damen und jüngere
Verehrer seinen Worten lauschten, trugen nicht wenig bei, ihn
in dem Glauben an die Unfehlbarkeit seiner Ueberzeugung zu
bestärken und festzuhalten. Aber er war auch wieder zu fein
organisiert und gebildet, als daß er andern seine Ansichten auf-
gedrängt, gleichsam an den Kopf geworfen hätte, wie so manche
„Ritter vom Geist“ der strikten doktrinären Observanz. Hätte
er sich überwinden können, auch die eckigeren und derberen Elemente der Gesellschaft zu ertragen, er wäre viel heiterer gewesen. Nicht als ob er, wie Schlosser, ein Feind von Männergesellschaften gewesen wäre oder nicht hie und da einen Scherz,
ein Witzwort geliebt hätte, aber er hielt nirgends lange aus,
er war zu wählerisch und zu abgeschlossen.

Diese Eigentümlichkeit seines Charakters, diese Neigung zur
Absonderung und Exklusivität wurde noch bedeutend gestärkt
durch die politischen Vorgänge des Jahres 1866, die überhaupt
in der Heidelberger Gesellschaft eine gewaltige Scheidung und
Zersetzung herbeiführten. Warum Gervinus, der noch in Frankfurt für die Hegemonie Preußens eingetreten war, für die Uebertragung der Kaiserkrone an Friedrich Wilhelm IV. gestimmt
hatte, sich von den meisten seiner bisherigen Gesinnungsgenossen
trennte und mit den Malkontenten ging, ist vielen seiner Freunde
ein Rätsel geblieben. Man darf wohl neben der ehernen Konsequenz seines Charakters, neben dem festen Beharren an dem
principiellen Dogma und der einmal gefaßten Doktrin auch
seine Neigung, zum Konstruieren, zu künstlerischem Zusammen-
fügen verschiedenartiger Bestandteile, zum Kombinieren von mitunter geistreichen, mitunter wundersamen Phantasiespielen nach
historischen Vorgängen als mitwirkende Ursachen in Rechnung
bringen. Nicht ein großes Reich von Macht und durchgreifender

Autorität war das Ziel seiner politischen Ideale, sondern ein wohlgeordnetes, schöngefügtes Mosaikwerk staatlicher Konföderationen nach den deutschen Hauptstämmen, wie er es sich mit seinem feinen Kunstsinn in allen Einzelheiten säuberlich ausbildete und organisierte. So konnte es kommen, daß der grundehrliche deutsche Patriot in den sechziger Jahren und noch während des großen Krieges gegen Frankreich den Ereignissen mit geteiltem Herzen zusah. Der Mann, der einst den Deutschkatholiken eine wichtige vaterländische Mission zuerkannt hatte, der Deutschlands Größe nur im innigen Anschluß an ein konstitutionelles Preußen zu denken vermochte, dieser Mann wurde vor Ende seines Lebens von Dunkelmännern, Demokraten und Reichsfeinden in ihren publicistischen Organen auf den Schild gehoben und als ihr Bundesgenosse gepriesen, ging im Widerspruch mit der Nation, die soeben ihren neuen Auferstehungsmorgen feierte, aus der Welt. Er, der einst der Welfenpolitik zum Opfer gefallen war, teilte nun den Standpunkt des schroffsten hannoverischen Partikularismus. Und hat denn nicht gerade dieser engherzige Partikularismus der Kleinstaaterei im achtzehnten und zu Anfang des neunzehnten Jahrhunderts Deutschlands „größte Erniedrigung" herbeigeführt? Noch in den „Hinterlassenen Schriften", welche Frau Gervinus nach dem Tode des Gatten in Wien (1872) erscheinen ließ, wird in dem ersten Aufsatz „Denkschrift zum Frieden" das preußische Königshaus aufgefordert, wieder zu dem föderalistischen System zurückzukehren, wie es vor dem Jahre 1866 bestanden. Vielleicht hatte die trübe Stimmung seiner letzten Lebensjahre ihre Quelle in dem dunklen Gefühle, daß er mit seinen Jugendidealen in Zwiespalt geraten sei. Er hatte das Bedürfnis, sich mit den Göttinger Lebensgefährten noch einmal zu besprechen, und citierte in der Vorrede zur fünften Auflage der „Deutschen Dichtung" Dahlmann und die Brüder Grimm aus dem Grabe, daß sie wie ehedem an seine Seite treten, ihn stützen und rechtfertigen sollten. Hätten sie ihm beigestimmt, wenn das Grab sich ihnen geöffnet hätte?

Das großartige Leichenbegängnis ging unter den Tönen eines Händelschen Trauermarsches vor sich. Sein Freund und Kollege E. Zeller schilderte in einer warmen, ergreifenden Grabrede die Persönlichkeit und die hohen Verdienste des Geschiedenen um die Wissenschaft und das Vaterland. „Es mußten sich mancherlei Gaben und Eigenschaften in eigentümlicher Verknüpfung zusammenfinden," hieß es darin, „wenn er der sein sollte, als den wir ihn gekannt und verehrt haben. Ein männlicher Ernst, eine charaktervolle Selbständigkeit und Bestimmtheit, eine unbestechliche Wahrheitsliebe, ein strenges Rechts= und Pflichtgefühl, ein Adel der Gesinnung, dem alles Niedrige und Gemeine im Innersten widerstrebte, und dabei ein weiches, menschenfreundliches Gemüt, eine seltene Feinheit und Tiefe der Empfindung und bei allem Gefühl seines Wertes, bei aller Würde seines Benehmens eine persönliche Anspruchslosigkeit, die bei einem so bedeutenden Manne in Erstaunen setzen könnte, wenn nicht die gediegensten Charaktere immer auch die bescheidensten zu sein pflegten."

In der Folge ließ die Witwe dem Gatten über der ummauerten Gruft ein Grabdenkmal errichten, über welchem sich die schöne, edle Marmorbüste von Künstlerhand erhebt, idealisiert und dennoch ähnlich, ein wahres Mausoleum ehelicher Liebe und Treue.

<hr>

2.

Gervinus liebte es, die älteren Perioden der deutschen Litteraturgeschichte landschaftlich zu gruppieren. Daher wollen auch wir noch ein wenig auf dem rechten Neckarufer, bei den „Ueberflüssigen" verweilen.

Da müssen wir denn zunächst des Mannes gedenken, mit welchem Gervinus eine Reihe von Jahren in vertrautester Freundschaft und in demselben Hause gelebt hat — des Geheimerats Fallenstein. Zwar gehörte derselbe seinen Jahren, seinen Lebensgewohnheiten und seinen Anschauungen nach einer früheren Zeitperiode an, dennoch hat er sich während der letzten Jahre seines Heidelberger Aufenthaltes am meisten zu dem Kreise hingezogen gefühlt, den man als die „Gothaer" bezeichnete, wenn er gleich stets einen unabhängigen Standpunkt bewahrte, geistig mit einer vergangenen Generation verkehrte. Fallenstein ließ sich niemals tief in das Heidelberger Leben ein und seine Sympathien für Gervinus und die von diesem und seinen Gesinnungsgenossen verfochtene Sache hielten ihn nicht ab, auf den Wunsch einer befreundeten Dame im Jahre 1850 einen apologetischen Nekrolog auf deren Bruder, den ehemaligen hannöverischen Minister Falcke, zu schreiben, der doch dem liberalen Fortschritt so fern als möglich stand. Fallenstein war einst aus seinen Studienjahren in Jena und Halle in Lützows „wilde verwegene Jagd" eingetreten, hatte im Laufe des Krieges mehrere Feldzüge mitgemacht und war, zum Lieutenant befördert und mit dem eisernen Kreuze geschmückt, mit der preußischen Armee in Paris eingerückt. Nach dem Frieden war er bei der Regierung in Düsseldorf, dann in Koblenz angestellt worden. Hier verblieb er längere Zeit, bis zu Anfang der vierziger Jahre der ihm befreundete Minister Bodelschwingh seine Berufung nach Berlin in das Finanzministerium bewirkte. Er war jedoch, als sich infolge einer zweiten Verheiratung seine Vermögensverhältnisse günstiger gestaltet hatten, bald um seine Entlassung eingekommen und hatte sich nach einem kurzen Aufenthalt in Weimar in die Nähe von Heidelberg zurückgezogen, wo er sich oberhalb der Neckarbrücke gegenüber der Schloßruine ein stattliches Wohnhaus erbaute, umgeben von Garten und Weinberg und mit reichlichem Quellwasser versehen. Aber es war ihm nur wenige Jahre vergönnt, das neue schöne Heim zu besitzen. Schon am Ende des Jahres 1853 schied er, durch wiederholte Schlaganfälle geschwächt, aus dem Leben. Nach seinem Tode verfaßte Gervinus auf Grund mündlicher Mitteilungen und einiger hinterlassener schriftlichen Aufzeichnungen einen Lebensabriß: „Georg Friedrich Fallenstein. Erinnerungsblätter für Verwandte und Freunde," eine biographische Skizze, die, als Manuskript gedruckt, nicht in die Oeffentlichkeit gekommen ist, aber in Form und Darstellung das Gepräge des stilgewandten Verfassers an sich trägt. Er hat aus dem dürftigen Material, das ihm über die Lehr- und Wanderjahre Fallensteins zu Gebote stand, ein Lebens- und Charakterbild geschaffen, das ergreifend und erschütternd auf den Leser wirkt.

Das Vorleben des Mannes, seine schicksalschwere Jugendzeit
im gestörten Familienkreise des Elternhauses, das wechselvolle,
unstäte, fast abenteuerliche Jünglingsleben in der Fremde, unter
verschiedenartiger Umgebung, seine Verheiratung im Alter von
zwanzig Jahren ohne Vermögen und regelmäßige Einnahmen,
seine Kriegs= und Beamtenjahre gehören nicht in den Bereich
Heidelberger Erinnerungen. Aber aus dem ungewöhnlichen, halb
romanhaften Lebens= und Bildungsgang lassen sich die Eigen=
schaften erkennen und erklären, die seinen Heidelberger Freunden
entgegengetreten sind. Die männliche Kraftfülle, die in der stäm=
migen, mittelgroßen Gestalt, in der starken Bruststimme, in dem
imposanten Kopfe mit der breiten, gewaltigen Stirn sich dem
Beschauenden darbot; die patriarchalische Haltung eines auto=
kratischen Hausvaters, die er gegen Familie und Dienstboten,
im Hauswesen und in der Wirtschaft zeigte, die sich in den häus=
lichen Einrichtungen und Gewohnheiten, in der stoischen Einfach=
heit der Kleidung und Mahlzeiten ausprägte. Die von der Mode
unberührte Tracht, den Stock mit eisernem Beschläge in der
handschuhlosen Faust, das sichere, selbstbewußte Benehmen im
Umgang, sei es gegen geringe Leute, sei es gegen Hochgestellte,
das ihm bei diesen Vertrauen, bei jenen Gehorsam verschaffte;
dabei ein gewisses Interesse für Kunstthätigkeit, das er sich in
Düsseldorf erworben, und eine Vorliebe für romantische Denk=
und Anschauungsweise, zu der er in Koblenz durch den Umgang
mit der Familie Lasaulx und andern hervorragenden Männern
und Frauen romantisch=katholischer Färbung hingeführt ward —
diese und andere Züge und Eigenschaften waren die Resultate
eines bewegten, erfahrungsreichen Lebensganges, durch den der
Mut und die Selbständigkeit geweckt, der Charakter gestählt, der
Beobachtungssinn und das Urteil geschärft werden. Alle diese
Eigenschaften brachte Fallenstein, zur Reife entwickelt, in seinen
Heidelberger Aufenthalt. Bei seinem Anblick wurde man an
die kräftige Generation der Freiheitskriege erinnert, welche ideale
Bestrebungen und Vaterlandsliebe mit männlichem Selbstgefühl
und körperlicher Abhärtung verband. So blieb Fallensteins
Weise, heißt es bei Gervinus, in den gewöhnlichen Lagen des
Lebens zu aller Zeit dieselbe, wie damals der Ton des Lagers,

der Universität, des Turnplatzes war; das Herrische, Recht=
haberische, das Besondere in Neigung und Brauch, das Derbe,
das Konventionsfeindliche, und wieder das Biedere, Rechtschaffene,
Natürliche, Wahre in seinem Wesen — alles rief den Stil jener
Kreise in die Erinnerung zurück. Im häuslichen und geselligen
Verkehr sind vielen diese Eigenschaften oft an ihm unbequem
geworden. Bis in sein Alter pflegte er in der frühesten Morgen=
stunde sein Lager zu verlassen, daher auch gesellschaftliche Unter=
haltungen in die Nacht hinein nicht nach seinem Sinn waren.
Mit Theodor Körner war er als Lützower innig befreundet, mit
Jahn, Arndt, Maßmann und andern deutschen Patrioten stand
er fortwährend in Verbindung. Kein Wunder, daß der Mann,
der in seiner ganzen Erscheinung und in seinem kernhaften Wesen
einen bedeutenden Eindruck machte, bei dem dominierenden Ge=
sellschaftskreise Heidelbergs Ansehen und Einfluß gewann. Er
wurde bei der Gründung der „Deutschen Zeitung“ beigezogen
und gewann durch seine Verbindungen mit hochgestellten preußi=
schen Beamten manchen namhaften Mitarbeiter. Auch schöpfte
er aus dem reichen Schatz seiner Erfahrungen den Stoff zu ge=
diegenen Artikeln von seiner eigenen Hand. Aber dennoch merkte
man ihm zuweilen an, daß er sich nicht ganz heimisch in der
Gesellschaft fühlte, daß er einer politischen Weltanschauung zu=
geführt ward, die den Traditionen seiner Jugend fern lag.
Wohl war er als Malkontenter aus dem Staatsdienst unter
Friedrich Wilhelm IV. ausgeschieden; aber er blieb stets ein
warmer preußischer Patriot, und nicht alle Stimmen, die in dem
Heidelberger Kreise sein Ohr berührten, waren damit in Einklang.
Und als nun gar die sturmvollen Jahre 1848—1850 heran=
brausten, wurde sein militärischer Sinn und sein loyales Preußen=
herz tief verletzt. Bald nach seiner Heimkehr von Auerbach, wo,
wie wir später erfahren werden, eine Anzahl badischer Emi=
granten sich gesammelt hatte, traf ihn der erste Schlaganfall.
„Fallenstein gehörte zu den Menschen,“ heißt es in der erwähnten
Lebensskizze von Gervinus, „deren Umgang im geschäftlichen
Leben Muster und Beispiel gewährt, in den Kreisen der Bildung
stets frische Anregung schafft, in den geselligen Beziehungen das
erquickende Vorbild gesunder Sitte und freimütiger Geradheit

gibt, in den bürgerlichen Verhältnissen einen tröstlichen Blick
offen hält auf die unverwüstlich gute Natur unseres Volkes."
Wenngleich heftig und aufbrausend und mit einiger Geringschätzung auf die schlankeren und schmiegsameren Epigonen herab-
sehend, war er von Herzen gutmütig und voll Menschenliebe.
Er hatte aus seiner Koblenzer Zeit eine Vorliebe für die Romantik nach der Neckarstadt gebracht, die auf diesem Boden neue
Nahrung schöpfte, wie wenig dieselbe auch zu dem herrschenden
Ton seiner Umgebung paßte. Er versuchte sich selbst in litterarischen Produktionen dieser Richtung 'und bewies durch seine
Beiträge zu dem Grimmschen Wörterbuch, daß er mit der romantischen Schule auch das Interesse für die germanistischen
Studien teilte. Auch ein elegisch-sentimentaler Zug, der sich
zuweilen im kleinen Freundeskreise bemerkbar machte, mochte
noch eine Nachwirkung der romantischen Seelenstimmung und
der trüben Jugendjahre voll Arbeit, Not und Entbehrung sein.
Er nannte die hypochondrischen Anwandlungen, die ihn bisweilen
überkamen, ‚das schwarze Tier‘. Doch konnte er auch witzig
sein und heiter scherzen. Als er einst mit dem Schreiber dieser
Zeilen, der ob seiner amtlichen Stellung oft gegrüßt ward und
oft grüßen mußte, über die Straße ging, sagte er, wie Wagner
zu Faust: ‚Mit Euch, Herr Doktor, zu spazieren, ist ehrenvoll
und bringt Gewinn,‘ worauf der andere replizierte, das letztere
sei nicht zutreffend, es koste einen Hut mehr.

Seit dem Einzuge Welckers in den „Steinbruch" erhielt,
wie schon früher erwähnt, die Villa Gervinus einen andern
Typus. An die Stelle der feinen, ästhetisch-künstlerischen Ausgestaltung trat ein bürgerliches Hauswesen mit einer zahlreichen
Familie, in dem bald andere Gäste ein und aus zogen. Zwar
blieben die Besitzer selbst, dank der versöhnenden und vermittelnden Einwirkung von Frau und Tochter, stets in äußerem
freundschaftlichen Verkehr miteinander; aber es fehlte die innere
Sympathie, die Harmonie der Seelen. Wie Gervinus hatte
auch Welcker in seinen Jugendjahren der Heidelberger Universität
angehört und die Liebe für die Musenstadt am Neckar durch sein
ganzes vielbewegtes Leben im Herzen getragen; wie Gervinus
schied auch Welcker in Unzufriedenheit mit dem Gange der öffent-

lichen Dinge aus der Welt. Aber während Gervinus in den Jahren seines politischen Strebens seine Hoffnung auf Preußen gesetzt hatte, konnte Welcker nie einer gewissen Antipathie gegen die stramme Militärmonarchie des Nordens Herr werden. Vielleicht daß diese Antipathie bei der Wahl seines Aufenthaltsortes mitwirkte, daß er nach seiner Amtsentsetzung nicht nach Bonn zog, wo er gleichfalls früher gelebt hatte und sein Bruder, der berühmte Philologe Fr. Gottl. Welcker, in Ehren und Ansehen stand, sondern die Zahl der Hessen vermehrte, die in alter und neuer Zeit Heidelberg mit Vorliebe zur Wohn- und Wirkungsstätte gewählt haben.

Als Welcker im Anfang der vierziger Jahre das Besitztum auf dem rechten Neckarufer käuflich erwarb, stand er auf der Höhe seines Ruhmes. Er hatte jahrzehntelang in Schrift und Rede für den politischen Liberalismus, für den konstitutionellen Rechtsstaat, für Freiheit und Menschenrechte gekämpft; er war als „alter Soldat der Freiheit", wie er sich einst selbst in einer Volksversammlung nannte, stets unter der Fahne des Fortschritts einhergezogen, um den Völkern die Güter zu erstreiten, die einer gebildeten, selbstbewußten Nation würdig seien, um die Handlungen der Willkür, der Ungerechtigkeit, der Gewalt abzuwehren, mochten sie sich im Gericht oder in der Verwaltung zeigen. Wie ein römischer Volkstribun war er als Hüter und Schirmer der Volksrechte gegen Tyrannei und Unterdrückung aufgetreten, hatte die öffentlichen Mißstände gerügt, hatte den Bürger und Bauer zu schützen gesucht gegen Adel und Beamtentum, gegen die Privilegierten in der Staatsgesellschaft. Er war im Landtag wie in der Presse der Fahnenträger des Liberalismus, der laute Rufer in einer kampferfüllten Zeit, der mit Rotteck und andern Gesinnungsgenossen im „Freisinnigen", im „Staatslexikon" der liberalen Partei in Deutschland die Parole gegeben und die Strebeziele gezeigt hatte, der in zahllosen Schriften und publizistischen Abhandlungen alle Erscheinungen des öffentlichen Lebens im Staats- und Gerichtswesen nach seiner Auffassung beleuchtet und beurteilt hatte. Ein ganzes Menschenalter hindurch hatten Rotteck und Welcker in Reden und Schriften für Ausdehnung der Volksrechte und der individuellen Freiheit gewirkt gegenüber

der Staatsgewalt und ihren Organen, wie gegenüber den bevor=
rechteten Ständen, jener mehr im Geiste Kants das Vernunft=
und Naturrecht verkündigend und mehr für die Rousseausche
Idealdemokratie als für die konstitutionelle Monarchie begeistert;
dieser mehr auf philosophisch=historischem Wege einen auf Ver=
nunft, Willensfreiheit und Geschichte gegründeten Rechtsstaat
anstrebend, dessen letzten Zweck er in der „möglichsten Erreichung
der Tugend und Humanität und durch sie der Glückseligkeit
aller" erblickte, und dem modernen Repräsentativstaat mit der
Mischung monarchischer, aristokratischer und demokratischer Ele=
mente den Vorzug gebend. „Durch seine Motionen in der ba=
dischen Kammer," heißt es in Bluntschlis Geschichte der neueren
Staatswissenschaften, „und durch seine publizistische Thätigkeit,
die freilich wie seine Reden zuweilen allzusehr ins Breite und
Weite ging, aber von einem aufrichtigen Freisinn erfüllt war,
hatte er eine Popularität erlangt, welche der Rottecks wenig
nachstand."

Seine Reden wie sein Stil waren wortreich und formlos
und wirkten nur durch die Energie und Kraft des Ausdrucks
und der Aktion. Im Eifer des Vortrags kam er häufig auf
denselben Gedankengang zurück. Ein geistreicher Staatsmann,
der seine letzten Jahre in Heidelberg verlebte, sagte einst, Welckers
Gelegenheitsreden und ausgedehnte Toaste seien zurückgehaltene
Kammerreden.

Die Früchte dieser Popularität gewahrte man sofort, wenn
man in Welckers Arbeitszimmer trat, in welchem er auch die
Nächte auf einem niedrigen Feldbett zuzubringen pflegte. Da
sah man ein zierliches Gestell, beladen mit kunstvoll gearbeiteten
Bürgerkronen und Kränzen aus den edelsten Metallen, die ihm
bei verschiedenen Gelegenheiten von seinen Verehrern und An=
hängern gespendet worden waren. Sie sollten einen Ersatz
bieten für den Mangel an Orden und fürstlichen Auszeichnungen.
Durch ihn erhielt der „Steinbruch" wieder einen ähnlichen Cha=
rakter wie zur Zeit der alten Burschenschaft. Wiederum sah
man Leute ein= und ausgehen, welche die deutschen Regierungen
als Gegner und Widersacher ihres Systems mit Mißtrauen und
Argwohn betrachteten. Das hochgelegene Haus wurde die Her=

berge der Vorfechter des Liberalismus, der sich noch nicht in eine Rechte und Linke geschieden hatte. Da verkehrten viele Gäste, die damals oder bald nachher als Volksführer gefeiert oder geschmäht wurden. Nicht bloß die liberalen Abgeordneten Badens, wie Hecker und Fickler, Matthy und Bassermann, besuchten den Veteranen der Partei auf seiner Hochwarte, aus ganz Deutschland fanden sich Vorkämpfer oder Märtyrer der Freiheit ein.

Als Hoffmann von Fallersleben infolge seiner „Unpolitischen Lieder" seines Lehramtes an der Universität Breslau enthoben ward und als fahrender Ritter seine reckenhafte Gestalt bei den Gesinnungsgenossen in Süd- und Westdeutschland einlagerte, war er auch wochenlang der Gast Welckers und ergötzte die Abendgesellschaften durch Absingen seiner demagogischen Lieder. Da kam aus Nürnberg der Philosoph Ludwig Feuerbach, der auf dem Rathaus Vorträge über das Wesen des Christentums hielt; da kam aus Speyer Georg Fr. Kolb, der bis zu seinem im Frühjahr 1884 eingetretenen Tod mit starrer, unwandelbarer Konsequenz die Fahne des Demokratismus schwang; da kam aus Zürich Georg Herwegh der Dichter, als er seinen Triumphzug durch Deutschland hielt. In kleiner, geschlossener Gesellschaft hörte man ihn eines Abends ein noch ungedrucktes Gedicht vortragen, dessen Refrain lautete: „Die Fahne der Empörung trägt der Poet voran!" Den bundestägigen Regierungen war der demagogische Geist unheimlich und unbequem und sie arbeiteten ihm mit allen ihnen zu Gebote stehenden Mitteln entgegen. Wie laut man in den Kreisen der Opposition singen mochte: „Dem Censor verdorre die Hand," die Beamten walteten mit Eifer ihres Amtes. Eine tiefe Kluft, die mit jedem Jahre zunahm, spaltete Regierung und Volk. Welckers und von Itzsteins Namen waren eine Macht. Sie gingen damals noch Hand in Hand, so verschieden auch ihre Naturen waren. Welcker war ein heftiger, leidenschaftlicher Mann von kühnem, offenem Mut, der im überwallenden Affekt mächtig aufbrausen konnte, sich in Momenten der Erregtheit zu Aeußerungen hinreißen lassen mochte, welche die Grenzen seiner inneren Ueberzeugung überschritten. Wenn man den untersetzten Mann mit dem geröteten strengen Gesicht

und den durchbohrenden, feuersprühenden Augen in vorgebeugter
Haltung dahinstürmen sah, empfing man den Eindruck eines
Kampfstiers, den es gefährlich sei zu reizen, der die Kraft und
den Mut habe, den Gegner niederzuwerfen und zu zermalmen.
Von Itzstein glich einem alten Jakobiner des Konvents; kalter
Seele und berechnenden Verstandes ging er vorsichtig und behutsam
zu Werke; er vermied den offenen Angriff und deckte möglichst
die eigene Person; aber wenn er seine Geschosse absandte, trafen
sie sicher und scharf. Man erriet den Schützen, aber es war
schwer, ihn auf offener That zu ergreifen. Von ähnlichem Charakter und geübt in derselben strategischen Kunst war der uns
bekannte „Vater Winter", den die Heidelberger in der zweiten
Hälfte der vierziger Jahre zum Bürgermeister ihrer Stadt wählten.
Sein Liberalismus, dem er sein ganzes Leben hindurch standhaft
und treu angehangen, hatte sich dem republikanischen Glaubens-
bekenntnisse genähert; aber nach außen beobachtete er die gesetzlichen Formen. Er war mehr gerüstet zur Verteidigung als
zum Angriffe, ging aber stets mit der Opposition. Kenner der
französischen Revolutionsgeschichte hätten ihn mit Pétion vergleichen mögen.

Die Kunde von der Pariser Februarrevolution wirkte wie
ein Blitzstrahl auf die erregten Gemüter. Daß Baden den ersten
Anstoß zu der deutschen Bewegung geben müsse, schien fast selbstverständlich. Das rege öffentliche Leben, wodurch sich das Großherzogtum schon lange vor den übrigen Bundesstaaten hervorgethan
hatte, schien ihm das Recht zu geben, mit der Fahne des Fortschritts und der Neugestaltung voranzugehen. So fand denn
schon am 5. März in Heidelberg die Versammlung der einund-
fünfzig liberalen Männer statt, welche über die Maßregeln sich
berieten, wie man die bereits begonnene revolutionäre Bewegung
in die richtige Bahn leiten und für politische Reformen verwerten könne. Man wählte einen Ausschuß von sieben Mitgliedern, darunter Welcker, welche das Werk in Gang bringen
sollten. Die nächste Wirkung des Heidelberger Aufrufs war
das Frankfurter Vorparlament, auf welches dann die National-
versammlung in der Paulskirche folgte. Zugleich wurde Welcker
von der badischen Regierung zum Bundestagsgesandten ernannt.

Die Liberalen hatten den vollständigen Sieg errungen. Wie viele Männer, die bisher unter Anklage gestanden, im Gefängnis gesessen, als Flüchtlinge in der Fremde geweilt hatten, halfen jetzt mitraten und mitthaten, um des Vaterlands Ehre und Glück auf neuen Grundlagen aufzubauen. Nun zeigte es sich aber bald, wie weit die Geister auseinander gingen, welche bisher auf den Bänken der Opposition in den Landtagen gesessen hatten. Nur mit politischen Rechts= und Verfassungsfragen beschäftigt, hatten die Liberalen nicht bemerkt, wie mittlerweile in Frankreich die socialistischen und kommunistischen Ideen sich ausgebildet und greifbare Gestalt gewonnen hatten und nun nach allen Rich= tungen eine geschäftige Propaganda entfalteten, die unter den niedrigen Volksklassen ihre tiefen Wurzeln schlug. Sie wurden von den fremdartigen Elementen nicht minder überrascht als ihre bisherigen Gegner. Es kann nicht unsere Aufgabe sein, die Vorgänge der Jahre 1848 und 1849 in Frankfurt und in den deutschen Bundesstaaten darzustellen. Sie gehören der allge= meinen Geschichte an. Auch für Welcker schlug die öffentliche Meinung um; der frühere Volksmann wurde nun als „Volks= verräter" bezeichnet, weil er nicht in die revolutionären Bahnen Heckers und seiner Genossen einlenken wollte. Er wurde in den Straßen Heidelbergs verfolgt, sein Haus wurde beschädigt, sein Name geläſtert. Wohl kehrte er wieder, als sich die Stürme gelegt hatten, in seine Villa zurück; aber die Tage des mutigen Strebens und Schaffens waren dahin. Vereinsamt lebte er mit seiner jüngsten Tochter noch einige Jahre auf der rechten Neckar= seite. Dann verkaufte er das Haus und zog in die Stadt, wo er am 10. März 1869 ſtarb, verbittert, wie Gervinus, über die Gestaltung der Dinge nach dem preußisch=österreichischen Kriege und aufs neue in Opposition gegen eine Staatsordnung, durch welche Oesterreich aus dem deutschen Reichskörper ausgeschieden und damit der Dualismus, der ärgste Feind der deutschen Nation, gebrochen ward. Seinem Wunsche gemäß wurde er in Neuenheim begraben, an der Seite seiner in den ersten Tagen der Ueber= siedlung plötzlich am Schlagfluß verstorbenen Gattin, auf dem grünen, baumbepflanzten Platze, der sich idyllisch um die freund= liche Dorfkirche herumzieht und schon längere Zeit nicht mehr als Begräbnisstätte gebraucht ward. Ein kleines Geleite von Angehörigen und Freunden folgte dem Sarge. „Ist es nicht merkwürdig," sagte Frau Gervinus, die der Bestattung beiwohnte, zu ihrem Begleiter, „daß der im Leben so laute Mann in einem der stillsten Flecken der Erde zur Ruhe gebracht ist?" Ein Granitfels mit seinem Namen bezeichnet die Grabstätte — ein treffendes Sinnbild seines Charakters.

Welker war eine gesellige Natur und hatte viele Freunde und Bekannte. Man sah ihn selten allein. Zu den Männern, mit denen er viel verkehrte, gehörte Christian Kapp, gleichfalls ein Bewohner der rechten Neckarseite. Es gibt Menschen im Leben, die, edel und reich angelegt, doch niemals zu einer klaren Selbsterkenntnis gelangen und darum auch niemals die Geltung und Stellung finden, die ihnen nach ihrer Ansicht die Welt zu-erkennen sollte. Kapp war der Sohn eines Geistlichen aus Franken und erfüllt von dem heißen Drange, die Höhen und Tiefen der Wissenschaften zu ergründen. Ein Studiengenosse, Sohn einer begüterten Familie aus der Pfalz, faßte eine große Zuneigung zu dem strebsamen, vielverheißenden Jüngling, die bei einem Besuche in dem elterlichen Hause auch auf die Schwester überging. Es war nicht zu verwundern, daß der stattliche junge Mann mit dem ausdrucksvollen Gesicht und den beredten Lippen auf ein erregbares Mädchenherz Eindruck machte. Kapp erwarb ihre Liebe und ihre Hand und kam dadurch, daß der Bruder früh starb, in den Besitz eines beträchtlichen Vermögens. Vielleicht daß dieser rasche Erfolg auf seinem Lebenswege ihn mit allzu großem Selbstgefühl, mit einer Ueberschätzung seines Wertes und seiner Bedeutung erfüllte. Er wollte der Gründer einer philo-sophischen Schule werden, welche die herrschende Weltweisheit eines Schelling und Hegel überholen und diese Genien der Zeit vom Throne stürzen sollte. Im Jahre 1829 verfaßte Kapp, damals Professor in Erlangen, eine Schrift „Ueber den Ursprung der Menschen und Völker nach der mosaischen Genesis" und über-sandte sie mit einer Widmung an Schelling, dessen Vorlesungen er früher besucht hatte. Es ist eine bekannte Sache, daß Schelling in allen neueren Werken über Philosophie immer nur Plagiate aus seinen eigenen Schriften und Vorlesungen erblickte. „Der

peinliche Verdacht, bestohlen zu sein," sagt Kuno Fischer im
sechsten Band seiner Geschichte der neueren Philosophie, „wird
zum stehenden Argwohn und macht unter den Zügen, die Schelling
verunstalten, den widerwärtigsten und kleinlichsten Eindruck.
Aengstlich hütet er die geheime Schatzkammer seiner Ideen und
findet sich überall beraubt." In diesem Argwohn zog er nun
auch gegen Kapp zu Felde in einer Weise, die alle Grenzen des
Anstandes überschritt. „Die Antwort Schellings," so berichtet
Kuno Fischer über den Vorgang, „nicht als Anrede, sondern in der
dritten Person gehalten, bezeichnete den Verfasser als notorischen
Plagiator, der seine (Schellings) Vorlesung über Philosophie der
Mythologie, Hegels Vorlesung über Philosophie der Geschichte
aus Heften geplündert habe, unter ‚die diebische Nachdruckerzunft'
gehöre und jetzt sich ihm nähere, ‚um durch hündisches Schönthun
und Schweifwedeln die wohlverdienten Fußtritte abzuwenden'.
Kapps briefliche Erwiderung wurde gar nicht angenommen."
Das war ein Stoß, der auf Kapps ganzen Lebensgang bestim=
mend einwirkte. Fortan kannte er nur ein Ziel: Haß gegen
Schelling; alle seine Reden und Schriften waren ein Wiederhall
dieser Leidenschaft, den falschen Götzen im Philosophenmantel zu
entlarven und von seiner angemaßten Höhe herabzustürzen, das
eifrigste Trachten seiner Seele.

Vierzehn Jahre nach dem erwähnten Vorgang erschien die
anonyme Schrift: „Fr. W. Joseph von Schelling. Ein Beitrag
zur Geschichte des Tages, von einem vieljährigen Beobachter."
Es war darin auf eine vernichtende Charakteristik Schellings
abgesehen, aber es kam, wie Fischer bemerkt, nur zu einer
Sammlung dunkler, fast unartikulierter Tiraden als Vorgeschmack
für Späteres. In dieser Schrift heißt es: „Keine neue Lehre
bringe Schelling in Berlin, sondern wiederkäue die alte, ‚unter
dem Hohngelächter der Eumeniden fresse er sein Gespeites', er sei
‚der Judas und Segestes der deutschen Wissenschaft', ‚der echte
Lucifer, der Philosoph des Abfalls', ‚das Plagiat sei das eigent=
liche Princip seiner schriftstellerischen Thätigkeit'." Kapp wollte
den Spieß umkehren, setzt Fischer hinzu, aber er hatte keinen
Spieß. Seine Produktionskraft reichte nicht hin, dem gefeierten
Weltweisen den Heiligenschein zu entreißen; er verzehrte seine

Kraft in erfolglosem Ankämpfen gegen einen mächtigen Rivalen und büßte darüber sein festes Lebensziel und seine Zuversicht ein. Sein Leben nahm den Charakter der Zerfahrenheit an; seine Schriften, dunkel und abstrus, hatten keine Wirkung; sein Stolz und seine Selbstüberschätzung verschmähten die gewöhnlichen Berufs- und Lebenswege und stachelten ihn an, am Ungewöhnlichen und Unerwarteten sich zu versuchen, dilettantisch bald zu diesem, bald zu jenem zu greifen. So legte er sein Lehramt an der Universität Erlangen nieder und unternahm eine längere Reise nach Italien, begleitet von seiner Frau und einem ergebenen Schüler aus der Pfalz, oder, wie eine Zeitung ironisch meldete, mit seiner Familie und seinem Auditorium. Der Begleiter, nachmals evangelischer Pfarrer und Dekan in der Pfalz (Scholler), schrieb alles, was er sah und beobachtete, in ein Tagebuch ein, aus welchem ein vierbändiges Reisewerk über Italien hervorging, das wenig Beachtung fand. Kapp selbst aber faßte seine philosophischen und künstlerischen Ansichten und Betrachtungen in einem Bande zusammen, der den Titel führte: „Italien. Schilderungen für Freunde der Natur und Kunst (Berlin 1837)." Es sollte ein Seitenstück sein zu Goethes „Italienischer Reise", aber höher gegriffen. Auf dem Titelblatt werden in fünf Zeilen alle die Akademien aufgeführt, die ihn zu ihrem Mitglied ernannt hatten, und das Buch der Großherzogin Stephanie von Baden gewidmet.

Nach seiner Rückkehr nahm Kapp seinen Aufenthalt in Heidelberg und erwarb dann das schöne Besitztum über dem Neckar, das uns aus früheren Abschnitten bekannt ist. Die Regierung erteilte ihm die Erlaubnis, philosophische Vorlesungen an der Universität zu halten, und ernannte ihn zum Hofrat. So war denn das Lehrfach der Philosophie von zwei Männern vertreten, von denen der eine (Reichlin-Meldegg) durch Trivialität und skurrile Ausfälle, der andere durch konfuse Ueberschwenglichkeit und phantastische Gebilde die erhabene Wissenschaft in Verruf brachte. Kapps Lehrthätigkeit dauerte nur zwei Jahre. Er nahm seinen Abschied mit einer Flugschrift, worin er angab, daß er durch eine „im Finstern schleichende Partei" verfolgt und verlästert werde. Von der Zeit an kam er unter den Einfluß Welckers,

der ihn in die Reihen der politischen Opposition einführte. Durch
seine Verwendung wurde Kapp in den badischen Landtag gewählt,
wo er auf der äußersten Linken seinen Sitz nahm. Als das
Reichsparlament in Frankfurt zusammentrat, war auch Kapp
unter den Gewählten. Er gehörte in der Paulskirche zu der
Zahl der badischen Abgeordneten, die sich unter Heckers und
Itzsteins Fahne scharten. Der letztere war in acht Wahlkreisen
als Kandidat aufgestellt worden mit der Absicht, daß er in den
sieben Bezirken, die er nicht selbst vertreten könne, gesinnungs=
feste Ersatzmänner empfehle. Auf seiner Musterungsreise kam
er auch nach Heidelberg, wo Karl Hagen, außerordentlicher Pro=
fessor der Geschichte an der Universität, sich bei ihm meldete.
Itzstein stellte eine Beichte mit ihm an, und als er ihn in Eid
und Pflicht genommen, schlug er ihn den Heidelberger Wählern
als den geeigneten Vertreter vor, und seine Wahl ging ohne
Schwierigkeiten vor sich. Da zog am Abend eine Anzahl von
Wählern mit Fackeln vor die Wohnung des Professors, um ihm
Weisung für sein Verhalten in Frankfurt zu geben. An ihrer
Spitze stand ein Buchdrucker (Renner), welcher eine Schar junger
Stürmer zu einem Bund vereinigt hatte, die, wie einst die
Lützower, einen Totenkopf an der Militärmütze trugen. Dieser
rief von der Straße aus dem Neugewählten, der vom Fenster
herab der fackeltragenden Truppe dankte, mit lauter, weithin schal=
lender Stimme zu: „Herr Professor, wir wollen, daß Sie sich in
Frankfurt zu den Männern der äußersten Linken setzen. Wir
werden sorgfältig darüber wachen, ob Sie unserer Willensmeinung
entsprechen." Hagen hielt bei der Fahne aus, auf die ihn Itzstein
eingeschworen hatte. Nach dem Ausgang der Verfassungskämpfe
wurde ihm die venia docendi in Heidelberg entzogen. Durch
die Vermittelung von Karl Vogt erhielt er einige Zeit nachher
die Geschichtsprofessur an der Universität Bern. Dort starb er
am 24. Januar 1868. Hagen war ein kenntnisreicher Historiker
und gewandter Schriftsteller. Aber das Streben, eine Rolle zu
spielen, die über seine Kräfte ging, hat ihn aus seiner natürlichen
Bahn geworfen.

Man könnte dasselbe Urteil auch über Kapp fällen. Auch
er war so wenig wie Hagen zu einem Revolutionsmann angelegt.

Beide wurden von kühneren und energischeren Geistern vorwärts getrieben. Hagen harrte mit Itzstein in der Versammlung aus und stand zu den Männern des äußersten Fortschritts, die dem letzteren die Rolle Duponts de l'Eure zuzuweisen gedachten. Kapp dagegen trat mit Hecker und Genossen bald aus dem Parlament aus, doch nicht, um mit jenen die Gründung einer deutschen Republik mit gewaffneter Hand zu versuchen, sondern um auf seinem Landsitze in Heidelberg den ferneren Verlauf der Dinge abzuwarten. Er hatte bei den Diskussionen über den Bundestag in der Heftigkeit seines Temperaments so oft diese Versammlung als „eine Leiche" bezeichnet, daß ihn die Witzblätter jener Tage die „Reichshyäne" nannten und einst die Sensationskunde brachten, ein gefährliches Raubtier sei aus der Frankfurter Menagerie ausgebrochen und habe sich nach der Bergstraße gewendet. Bei den „Roten" war nun Kapp während der Zeit der politischen Bewegung ein gefeierter Name, und sein stolzes Herz mochte von ewigem Nachruhm träumen. Aber es war eine sehr bezeichnende Illustration zu dieser eingebildeten Ruhmesgröße, daß die Bewohner des rechten Neckarufers wochenlang eine Schar soldatenspielender Straßenjungen in militärischer Vermummung vor Kapps Haus ziehen sahen, um dem gefeierten Volksmann ein Hoch auszubringen und das Heckerlied anzustimmen.

Kapp überlebte diese sturmvollen Jahre noch zwei Decennien, ohne daß die Heidelberger Welt sich viel um ihn bekümmert hätte. Er zog sich von dem politischen Leben zurück und setzte seine dilettantischen Studien fort. Er beschäftigte sich mit Mineralogie und Botanik, schmückte seinen Garten mit exotischen Gewächsen und übte Gastfreiheit und Geselligkeit. Aber nur wenige der Besucher gehörten den Universitätskreisen an; es waren Fremde, die vorübergehend oder dauernd ihren Wohnsitz in der Neckarstadt aufgeschlagen hatten. Zu jenen gehörten Ludwig Feuerbach, Berthold Auerbach, die Privatdocenten Moleschott und Hettner, zu diesen August von Rochau und der Advokat Küchler, zwei ehemalige politische Flüchtlinge, der gewesene Oberhofgerichtsdirektor Christ u. a. Auch Welcker erneuerte den Verkehr mit dem früheren Kampfgenossen. Die Fluten hatten sich verlaufen; alles sehnte sich wieder nach den Genüssen eines geselligen

Stilllebens. Hettner und Moleschott verließen bald die Musen=
stadt am Neckar; jener, um zuerst in Jena, dann in Dresden
einen neuen Wirkungskreis zu finden; dieser, um in Italien die
Lehren vom „Stoffwechsel" und vom „Kreislauf des Lebens" zu
verkündigen, deren Verbreitung in Heidelberg ihm durch die Re=
gierung untersagt worden war. Jakob Moleschott ist jetzt Professor
und Senator in Rom und hat bei dem Tode seines ehemaligen
Kollegen im Jahre 1883 in einem Schriftchen unter dem Titel
„Hermann Hettners Morgenrot" Erinnerungen an die alte
Heidelberger Zeit veröffentlicht. Darin gedenkt er auch des
Kappschen Hauses mit Worten, die von dem lebhaften, sangui=
nischen Temperamente des Verfassers Zeugnis geben und andere
Eindrücke durchleuchten lassen, als der Schreiber dieser Zeilen in
sich aufgenommen hat.

„In Kapps Hause," so lautet die Schilderung, „in dem die
hochgebildete, vielgereiste, in der Kunst bewanderte Frau die
geschäftige Hausfrau machte, und die hochbegabte, sprudelnd
strebsame, gutmütige und doch scharfsichtige Tochter der besten
Neigungen wert war, begegnete sich alles, was in Heidelberg
von freisinnigen Elementen aus der philosophischen und poli=
tischen Welt zusammenströmte, und die Gastlichkeit des einfach
vornehmen Hauses hat ohne Zweifel wie in mir, so in zahl=
reichen treuen Herzen die wärmste Dankbarkeit hinterlassen. Und
trotz der Unruhe des Gastherrn, der so bekannt geworden durch
seinen wiederholten Austritt aus der badischen Kammer und dem
Frankfurter Parlament, trotz seiner aufregenden Regsamkeit war
jenes Haus für alle unsere Gesinnungsgenossen eine feste Burg,
sein reizender Garten über dem Neckar, der bis zum Philo=
sophenweg auf dem Heiligenberg führte, ein geweihtes Lust=
wäldchen, in dem alle Fragen wiederhallten, welche die besten
Kreise Deutschlands beseelten."

3.

In den vierziger und fünfziger Jahren behauptete die Juris=
prudenz an der Heidelberger Universität noch immer die domi=
nierende Stellung von ehedem, wenngleich die Naturwissenschaften
und die Medizin bereits erfolgreiche Schritte machten, ihr die Herr=
schaft zu entreißen. Dazu trug nicht wenig bei, daß die Fakultät
mehrere Decennien hindurch fast unverändert fortbestand. Neben
Vangerow, der an Thibauts Stelle trat, wirkten Mittermaier,
Roßhirt, Zöpfl, später Mohl und Renaud und zweiundzwanzig
Jahre lang Morstadt als Extraordinarius. Keiner von diesen
Herren zeigte Lust nach Veränderung, aber sie verfuhren auch
wie einst die venezianischen Nobili, als sie das serrar del
maggior consiglio beschlossen und dadurch ihrem Regiment den
Charakter einer Erbaristokratie aufprägten, in der für neue
Menschen kein Raum war. Karl Röder, ein Mann von all=
seitiger Bildung und im Auslande so bekannt, daß die Univer=
sität Madrid ihn zum Ehrenprofessor ernannte, wurde bis zu
seinem Tode von der Pforte des Heiligtums fern gehalten, und
Goldschmidt, ein feiner juristischer Kopf, wurde nur mühsam und
mit beschränkten Rechten zugelassen. „Der Not gehorchend, nicht
dem eigenen Trieb", gab die Fakultät dem Wunsche der Re=
gierung nach, schloß ihn aber von den Doktorprüfungen aus.
Dafür berief ihn der Minister Jolly zu dem Staatsexamen.

Alle diese Professoren waren anerkannt als Männer der
Wissenschaft und als hervorragende akademische Lehrer, manche
darunter von europäischem Rufe. Roßhirt und Zöpfl stammten
aus Bamberg und gehörten, wie Mittermaier, der katholischen
Kirche an. Aber wie weit gingen die drei Männer in ihren
religiösen Ansichten auseinander! Roßhirt war Romanist, nicht
nur im juristischen, sondern auch im kirchlichen Sinne. In den
vierziger Jahren unternahm er eine Reise nach Rom und brachte
den Gregoriusorden nach Heidelberg zurück. Er war Papist und
Ultramontaner von Grund seiner Seele; aber in jener Zeit war
der aggressive Zelotismus, wie er sich seit dem Jahre 1871 in
Deutschland entwickelt hat, noch unbekannt. Roßhirt war Katholik

von der alten Generation. Die Kirchenlehre galt ihm als un-
trügliches Glaubensdogma, über das er sich keine Skrupel machte
und keine Zweifel gestattete, und die Autorität des päpstlichen
Stuhles und der geistlichen Hierarchie war für ihn die höchste
Macht. Ihren Gesetzen und Instituten zollte er willigen Gehorsam
und unterzog sich allen ihren Vorschriften ohne Widerstreben; das
sacrificio dell' intelletto war ihm in religiösen Dingen kein
großes Opfer. Dagegen war er im gesellschaftlichen Verkehr ver-
träglich und leichtlebig. Man sagte ihm nach, daß er neben
seiner Kirche auch den Freuden und Genüssen des Lebens gehuldigt habe. In der akademischen Welt war Roßhirt eine
angesehene und beliebte Persönlichkeit, wie schon daraus hervorgeht, daß er viermal die Würde eines Prorektors bekleidete. Auch
wurde er durch das Vertrauen der Heidelberger Bürgerschaft
zweimal zum Abgeordneten in den Landtag gewählt. Dabei
war er ein eifriger Docent auf dem Katheder, und die Zahl seiner
Werke und Abhandlungen über alle Gebiete der Jurisprudenz,
vorab über römisches Recht, über Strafrecht und über kanonisches
Recht, war sehr beträchtlich. Aber der Absatz seiner Schriften
entsprach nicht ganz den Wünschen seines Verlegers. Man
erzählte sich, der Faktor einer Heidelberger Buchhandlung habe
einst dem Prinzipal gegenüber seine Verwunderung ausgesprochen,
daß die Bücher des Geheimerats Roßhirt, der doch ein so gelehrter
Herr sei, keinen besseren Abgang hätten, und gemeint, ob es nicht
ratsam sei, sie in Zukunft anonym erscheinen zu lassen. Roßhirt
erlebte das hohe Alter von achtzig Jahren. Er starb am 5. Juni
1873, nachdem er wenige Jahre zuvor in Ruhestand getreten
war. Drei Monate später folgte ihm seine Gattin, mit der er
vierundfünfzig Jahre lang in glücklicher Ehe gelebt hatte, in das
Grab nach.

In den dreißiger und vierziger Jahren wurde in Studentenkreisen der Name Morstadt viel genannt. Auch uns ist er bereits
bekannt durch die Flugschrift wider die Heidelberger Mitarbeiter
oder Zuträger bei den Artikeln der „Deutschen Zeitung" gegen die
Universität. Morstadt war eine zu bekannte Persönlichkeit, als
daß in einer Skizzensammlung aus Alt-Heidelberg sein Name
fehlen dürfte. Gehörte er doch zu den originellsten Kuriositäten,

welche über die bunte Schaubühne der Neckarstadt vorüberzogen.
Freilich müssen wir bei dem Versuche, den Epigonen seine Person
in einigen Zügen vorzuführen, mit sehr dürftigem Material
arbeiten; denn sein Name ist, wie der von Christian Kapp, in
keinem der uns zugänglichen biographischen Werke enthalten.
So flüchtig ist die Tagesgröße, die nicht auf wahrem Verdienst,
sondern auf den blendenden Seifenblasen einer vergänglichen
Volksgloriole aufgebaut ist. Selbst Morstadts Schriften — größ=
tenteils Gelegenheitsschriften, in der Form von Kommentaren und
Kritiken abgefaßt — würden schwer aufzutreiben sein, hätte nicht
Mittermaier seine schätzbare juristische Bibliothek, worin alle ge=
sammelt waren, in seiner großmütigen Liberalität der Universität
zu Eigentum überlassen. Er handelte dabei wie Friedrich der
Große, als er eine Schmähschrift wider ihn tiefer zu hängen
befahl, damit man sie leichter lesen könne. Denn sein Name ist
in erster Linie die Zielscheibe der Morstadtschen Invektiven. Ein
Schüler von ihm, Joseph Schauberg aus der Pfalz, der nachmals
Morstadts „Kritischen Kommentar zu Feuerbachs Lehrbuch des
Strafrechts" herausgegeben und in Zürich ein Amt bekleidet hat,
fällt folgendes Urteil über den von ihm verehrten Lehrer: „In
seiner Lehr= und Lebensweise war Morstadt gleich eigentümlich,
gleich genial und humoristisch, oft verletzend und doch stets an=
ziehend und anregend durch seine tiefen und vielseitigen Kennt=
nisse, durch seinen überaus lebendigen Vortrag und seinen freien
Blick über Theorie und Praxis." Er bezeichnet ihn als den
„demokratischen, republikanischen oder radikalen Rechtslehrer" im
Gegensatz zu Thibaut, Mittermaier, Roßhirt, daher er sich auch
„die rücksichtsloseste und unerschrockenste Opposition und Kritik in
Lehre und Schrift zur Lebensaufgabe und Lebensbeschäftigung
gemacht und bis an seinen Tod unausgesetzt geübt hat. Das
Schaffen und lange Ausarbeiten selbständiger Werke war nicht
nach seinen Neigungen und seiner Natur; er war geistig zu un=
ruhig, zu leicht abspringend und mit zu verschiedenen Fächern
gleichzeitig beschäftigt, um die nötige Ruhe und Ausdauer
finden zu können." Als störend für den wohlthätigen Einfluß
seiner Vorlesungen und Schriften hebt Schauberg hervor „sein
unablässiges, niemals befriedigtes, jedes Maß überschreitendes

Anfeinden und Herabsetzen einzelner Gelehrten, über die er ein=
mal den Stab gebrochen hatte." Zu diesen angefeindeten Gelehrten
gehörten in erster Linie seine Kollegen Mittermaier und Zöpfl.
Man könnte leicht aus den Pamphleten, Epigrammen, kritischen
Kommentaren und gelegentlichen Expektorationen Morstadts, so=
wie aus den Anekdoten und Zwischenakten seiner Vorlesungen,
wie sie in Studentenkreisen kursierten, ein Seitenstück zu den
„Fliegenden Blättern" liefern, nicht minder amüsant und noch
pikanter durch die persönlichen Beziehungen und die Wahrheit
und Qualität der Stoffe. Dem „Kommentar über das Handels=
recht" von Martens wird folgender Dialog vorausgeschickt:
„Ausruf: Den Dudelsack duld' ich nicht länger statt Flöte! Ein=
wurf: Laßt euch gelten einander, sagt Goethe. Replik: Aber den
Groschen hieß er ‚Dreier'; nicht blöde!" Der „Kritisch=pragma=
tische Kommentar zu Mittermaiers Theorie über Verlags=
recht" u. s. w. ist den humoristischen Dioskuren am Horizonte
deutscher Kritik und Polemik: Lessing, dem Anti=Götze, und
Lichtenberg, dem Anti=Lavater, gewidmet und dabei die Frage
gestellt: „Wie wäre es, wenn Herr Christoph Martin unserem
Autor (Mittermaier) als seinem gewesenen Zuhörer im Kollegium
über die Kriminalprozeßtheorie vorwerfen wollte: Mittermaiers
Handbuch des peinlichen Prozesses (Heidelberg 1810, 3 Bände)
sei nichts anderes als der Komplexus der Begriffe seines eigenen
Kollegienheftes, frisch aufgewärmt und mittels aufgegossener
Fleischbrühe verlängert?" Auf solche Diffamation würde Mitter=
maier antworten: „Wenn auch jemals diese jetzt von ihm kredenzte
Suppe zuvor Martinsches Produkt und Eigentum gewesen, so sei
sie durch besagte Verlängerungsoperation, per modum specifi=
cationis, in sein Eigentum übergegangen." Zwei andere Flug=
schriften werden schon durch ihre Titel charakterisiert, die an
Johannes Fischart erinnern: „Polemisch=humoristische Leuchtkugeln
in das deutsche Privatfürstenrecht." Erster Wurf: „Bekämpfung
von Heffters Irrlehren über Gewissensehe" u. s. w., mit dem
Motto aus Fénelon: „Heureux ceux qui s'instruisent en s'amu-
sant", und: „Verteidigung der Universitätsprofessoren gegen
Dr. Diesterwegs Schmähungen und Rezepte", mit dem Goetheschen
Spruch: „Auf groben Klotz ein grober Keil! Auf einen Schelmen

anderthalbe!" In einem vorausgeschickten Avis au lecteur heißt
es: „Diese Zionsschildwache erscheint hier teils als umhertap=
pende Blindekuh, welche den Oedipus mit dem Davusnamen
anschreit, teils als Leibmedikus Feger (rühmlich bekannt aus
Jassohs Bekehrungsreise des Kandidaten Milchsack in Band V
von ‚Welt und Zeit‘), welcher Purganzpillen verordnet statt
Wundpflaster." — „Er hat mich durch sein schnurriges Vademekum
ebensosehr zu Dank verpflichtet wie Hutten den kranken Erasmus
mittels seiner ‚Literae obscurorum virorum‘. L'allegrezza nu-
trisce la vita."

Noch jetzt kursiert in Heidelberg eine Menge Anekdoten
von den schmähsüchtigen und verletzenden Invektiven gegen
Kollegen und Autoren. „Hier habe ich ein Buch, meine Herren,"
soll er einst auf dem Katheder gesagt haben, „das man seiner
Schlechtigkeit wegen für ein Werk von Zöpfl halten sollte,
aber Mittermaier ist der Verfasser." Ein anderes Buch desselben
Gelehrten zeigte er einst seinen Zuhörern mit den Worten: „Ich
werfe dasselbe an die Wand; was daran gut ist, bleibt hängen."

Aus den Universitätsakten ersieht man, daß das akademische
Direktorium mehrmals Schritte gethan hat, auf Grund standa=
löser Vorgänge und unanständigen Betragens, besonders an öffent=
lichen Orten, seine Entfernung von der Lehrkanzel zu bewirken
oder wegen Geistesstörung seine Pensionierung zu veranlassen;
aber er muß in Karlsruhe einflußreiche Gönner und Freunde
gehabt haben, sei es in Hofkreisen oder bei der Regierung, da
der langjährige Minister Winter sein Verwandter war und seine
schützende Hand über ihn gehalten haben mag. Wenigstens blieb
er nach wie vor in seiner Stellung. Seine Ernennung zum ordent=
lichen Professor konnte freilich lange nicht erzielt werden; er blieb
dreiundzwanzig Jahre lang Extraordinarius (1819—1842), und als
er endlich in die Fakultät aufgenommen ward, sah sich dieselbe
nach einigen Jahren genötigt, ihn von den Doktorprüfungen
auszuschließen, da er in Gegenwart des Examinanden ein Buch
seines anwesenden Kollegen Zöpfl einen „Wisch" nannte. Dagegen
wurde sein Gehalt durch zeitweise Zulagen von 300 bis auf 1200
Gulden erhöht.

Karl Eduard Morstadt, geboren zu Karlsruhe in den neunziger

Jahren, war ein Mann von vielen Kenntnissen, von großer Be=
lesenheit und von juristischem Scharfsinn; aber sein Kopf war
angefüllt mit einer Masse ungeordneten Wissens, das er in kon=
fuser Form vortrug, wobei die oft scharfsichtigen und treffenden,
dabei aber derben und rücksichtslosen Ein= und Ausfälle den
Beifall der Studenten erregten. Man erzählte sich, daß er einst
zwei Vorlesungen verwechselt und eine halbe Stunde peroriert
habe, ohne daß die Zuhörer das Versehen bemerkten. Erst als
das Diktieren anfing, wurden sie gewahr, daß die Para=
graphenzahlen nicht stimmten. Der Vorfall bildete sich zur
Lokalsage aus, die dann in der Folge auch auf andere über=
tragen wurde.

Morstadt war eine cynisch angelegte Natur, wenig geachtet
und allgemein gemieden von den Kollegen. Sein scheuer, arg=
wöhnischer Blick im vorgebeugten Haupte schien anzudeuten, daß
er überall Feinde zu sehen glaubte. Dagegen war er wegen
seiner Redefertigkeit und seiner mit witzigen, sarkastischen Be=
merkungen und persönlichen Anzüglichkeiten gewürzten Vor=
lesungen bei der Studentenwelt des gewöhnlichen Schlages nicht
unbeliebt. Gab er ihnen doch reichen Stoff zu ihren geselligen
Unterhaltungen und Gesprächen in der Kneipe. Selbst seine
Schwester, die berühmte Schauspielerin Haizinger, wurde von
seiner cynischen Skurrilität nicht verschont. Es wurde ihm vor=
geworfen, daß er öffentlich anstößige Reden geführt, durch welche
seine Schwester mit einer erhabenen Person in Beziehung gebracht
werden sollte. So wenig er die Gesetze der Sitte und des An=
standes beobachtete, so wenig Charakter und Konsequenz zeigte er
in seinen politischen Ansichten. Gegenüber den Liberalen rühmte
er sich gern seiner „weltbürgerlichen” Gesinnung, war aber im
Grunde eine servile Seele, wohldienerisch gegen Vornehme und
schmähsüchtig gegen Gleichgestellte. In den erregten Märztagen
des Jahres 1848 sah man ihn häufig im Konversationszimmer
des Museums, wo er, umgeben von einem Kreise neugieriger
Zuhörer, die neuesten Zeitungsberichte vorlas, die er durch bur=
leske Bemerkungen noch pikanter machte. Nach dem Einzug der
Preußen kam er wegen revolutionärer Reden in Untersuchung.
Nicht lange nachher (10. Januar 1850) starb er. Bei seinem

Leichenbegängnis war die Universität nur durch den Prorektor und den Dekan der juristischen Fakultät vertreten.

War Roßhirt der Typus eines korrekten Katholiken, der alles glaubte, was die Kirche lehrt, so konnte man auf seinen Landsmann Zöpfl die Worte des Dichters Gottfried von Straßburg anwenden, „daß der heilige Christ windschaffen wie ein Aermel ist". In jüngeren Jahren ein freisinniger Katholik, wie sein Kollege Mittermaier, zog er im Laufe der Zeit die Zügel mehr und mehr an, bis er endlich, als in den fünfziger Jahren der politische und religiöse Liberalismus in Mißkredit kam, sich der schwarzen Partei anschloß, so daß an seinem Grabe der Kaplan von ihm rühmen konnte, er habe das Beispiel gegeben, daß man in die Beichte gehen und doch ein Mann von Wissenschaft sein könne. Wenn Professor Strauch, ein Zuhörer und nachmals Kollege von Zöpfl, in den „Badischen Biographien" von demselben sagt: „Durch Erziehung und Umgebung war ihm eine romantische Vorliebe für das heilige römische Reich deutscher Nation, eine tiefe Anhänglichkeit an die deutschen Dynastien, ein streng katholisch-kirchlicher Glaube eingeflößt," so ist dieses Urteil nur für die zweite Lebensperiode zutreffend. Heinrich Zöpfl gehörte fast fünfzig Jahre lang der Heidelberger Universität an, wo er Vorlesungen über verschiedene juristische Disciplinen, besonders über Rechtsgeschichte und Staatsrecht, hielt, die von vielen Zuhörern besucht wurden. Auch vertrat er im Jahre 1850 die Universität in der ersten Kammer und nahm an dem Unionsparlament in Erfurt teil. Damals hatte er auf dem Heidelberger Museum schon wie Verrina in Schillers „Fiesco" die Parole ausgegeben: „Ich gehe zum Andreas Doria." Daher war seine Rede in jenem „Festungsparlament", worin er sich für eine Friedenspolitik in der Weise aussprach, daß Preußen zum Einlenken in die Bahnen Oesterreichs gebracht werden sollte, ein Mißton im Chore der Sphären der Gothaer Mehrheit. Mit Beziehung auf Zöpfls Namen sagte daher auch ein norddeutscher Abgeordneter, nachdem der Vortrag beendigt war: „Ach, was ist der Mann bescheiden!" In dem Jahre 1849/50 war Zöpfl Prorektor und hatte die Aufgabe, die von dem früher erwähnten Frankfurter Friedenskongreß heimkehrenden Teilnehmer, darunter den Indianerhäuptling und den

Negergeistlichen aus Amerika, zu begrüßen und auf dem Schloſſe zu
bewirten. Man beneidete ihn nicht um die ſonderbare Ehre,
die Vertreter der ſchwarzen und kupferbraunen Raſſe im Namen
der Heidelberger Univerſität zu empfangen und willkommen zu
heißen, und Robert von Mohl konnte die ironiſch-witzige Bemerkung nicht unterdrücken, es ſei doch wunderlich, daß ein Halb-
wilder, deſſen Ahne noch Orang-Utang geweſen, den Europäern
die Geſetze der Humanität beibringen ſollte.

Das Jahr ſeines Prorektorats war für Zöpfl auch zugleich
die Periode ſeiner inneren Umkehr und Wandlung. Bisher war
er ein freiſinniger Mann geweſen, ein guter Kamerad, heiter
und lebensfroh, ein häufiger und lauter Gaſt des Muſeums,
ein Freund häuslicher Geſelligkeit, offenherzig und gutmütig.
Noch in den erſten Monaten nach der Pariſer Februarrevolution
ſah er hoffnungsvoll in das aufſteigende Morgenrot der Neu-
geſtaltung Deutſchlands. Man legte ihm eine Aeußerung gegen
die Fürſten in den Mund, die wenig loyal und reſpektvoll klang.
Er ſchrieb eine Broſchüre über eine Reform des Bundestages
im Sinne des Konſtitutionalismus, welche, wenn ſie auch den
extremen Fortſchrittsmännern nicht genügte, doch dem Liberalismus
große Zugeſtändniſſe machte und manche beachtenswerte Vor-
ſchläge enthielt. Und als in der Zeit der jugendlichen Be-
geiſterung der Märztage, da Fürſt Metternich nach England floh
und ſeinem Syſteme Valet ſagte, eine Anzahl öſterreichiſcher
Männer von liberaler Geſinnung und diſtinguierter Stellung,
darunter der unter dem Dichternamen Anaſtaſius Grün bekannte
Graf Auersperg, der Buchhändler Gerold, der nachherige Miniſter
Giskra, als Herolde des neuen Frühlings nach Frankfurt zogen
und von dort nach Heidelberg reiſten, um nach dem Einreißen
der „chineſiſchen Mauer“ den erſten öſterreichiſchen Studenten der
Univerſität zu übergeben, da bereitete Zöpfl den Ankommenden
einen feſtlichen Empfang. Es blieb den Heidelbergern lange
im Gedächtnis, wie der Profeſſor, den großen Schleppſäbel an
der Seite, die Gäſte in die geſchmückte dichtgefüllte Aula einführte und den neuen Akademiker bei der Hand nahm, ihn den
anweſenden Profeſſoren vorſtellte und empfahl. Es zog damals
eine friſche Morgenluft durch die Welt, welche alle patriotiſch

gesinnten Herzen mit neuen Hoffnungen erfüllte. Berthold Auerbach hielt eine Rede, die mit den Worten begann: „Die Idealisten bekommen recht!" War doch damals Lamartine der Held des Tages in Paris und in ganz Europa. Für den Dichter Auerbach war der Moment zu wichtig, als daß er nicht darüber seinen häuslichen Kummer (seine Frau war lebensgefährlich erkrankt) hätte zurückdrängen sollen. Auch eine häßliche Juden-hetze, die wenige Tage zuvor in den Straßen Heidelbergs die erste Freiheitsbewegung geschändet hatte, war nicht vermögend, seine dem neuen Geiste warm entgegenschlagende Brust zu ver-düstern, wie laut er auch seinen Unwillen über einen solchen Anfang aussprach. Nach dem Akte in der Aula bewirtete man die Wiener Gäste mit einem Festmahle im Museumssaal, an dem sich Männer aus allen Ständen beteiligten und wobei viele kernhafte patriotische Trinksprüche von beredten Lippen ausgebracht wurden. Am Abend fand ein Kommers statt, bei welchem Geheime-rat Chelius, einst Mitbegründer des Schwabencorps, das Präsi-dium führte.

Es soll nicht gesagt sein, daß Zöpfl in den fünfziger Jahren völlig umgeschlagen wäre. Trotz seiner streng katholischen Ge-sinnung wurde er doch nie ein fanatischer Ultramontaner oder ein Papist von der Art seines Kollegen Roßhirt, und seine frühere Natur hat er nie ganz verleugnet. Er blieb nach wie vor eine gutmütige, menschenfreundliche Seele; und sein süddeutsches heiteres Temperament hat ihn nie verlassen. In seinem geselligen Fa-milienkreise wurde viel musiziert, wobei er selbst das Violoncell mit mehr als bilettantischer Kunst strich. Auch die humoristische Aber, die früher so manche heitere Stunde geschaffen, verlor sich nicht gänzlich. Als ihn einst ein ehemaliger Zuhörer mit den Worten begrüßte: „Sie haben sich gar nicht verändert, Herr Hofrat," antwortete er scherzend mit Anspielung auf seine Wohl-beleibtheit: „Ich und das Heidelberger Faß bleiben immer die-selben!" Aber die alte Unbefangenheit war dahin, die Zuversicht und das Selbstvertrauen früherer Tage verloren sich mehr und mehr. Die Gesellschaft, mit der er nun am meisten verkehrte, hatte einen andern Charakter als die seiner meisten Kollegen. Er widmete sich jetzt ausschließlich seinem akademischen Berufe-

geschäften und seinen wissenschaftlichen Studien, denen er mit
dem größten Eifer von der frühesten Morgenstunde an oblag;
und in beiden hat er namhafte Leistungen aufzuweisen. Fleißig
und gewissenhaft, hatte er stets ein besuchtes Auditorium. Seine
wissenschaftlichen Arbeiten, von denen in den „Badischen Biographien" die bekanntesten aufgeführt sind, haben in der juristischen
Welt Ansehen und Verbreitung erlangt. Die „Deutsche Rechtsgeschichte", worin Zöpfl die Resultate der Forschungen Eichhorns
„sozusagen ernüchtert und zugänglicher gemacht und mehr ins
Detail ausgeführt hat", ist in vier Auflagen erschienen. „Wenn
Zöpfl," urteilt Strauch, „die Rechtszustände unserer Vergangenheit
mehrfach in einem weniger romantischen Lichte erscheinen läßt
als Eichhorn, so hat die Treue des Bildes dadurch wesentlich
gewonnen." Als Ergänzung können seine „Altertümer des
deutschen Reichs und Rechts" gelten, worin eine Reihe interessanter
Miniaturbilder aus dem Rechtsleben unserer Vergangenheit niedergelegt ist. Die „Rechtsaltertümer", sagte sein Kollege Heinze in
der Gedächtnisrede an Zöpfls Grabe, treten in ihrer Naturtreue
und Fremdartigkeit uns gegenüber wie aus der Erstarrung ver-
gessener Zeiten durch Zauberwort wieder in das Leben gerufene
Gebilde. Derselbe charakterisiert die wissenschaftliche Thätigkeit des
geschiedenen Kollegen mit folgenden Worten: „Seine Methode
war nicht jene subjektive, welche den Forscher über die Dinge
stellt, dabei aber freilich Gefahr läuft, die eigenen Vorstellungen
des Denkens entstellend in die gegebenen Dinge hineinzutragen;
ebensowenig jene kritische Richtung, welche mikroskopisch prüft
und mit den schärfsten Reagentien von Linie zu Linie, dabei
aber allerdings dem Mißerfolge ausgesetzt bleibt, die Zersetzungs-
produkte in den Händen zu behalten anstatt der vollen Körper
und der lebendigen Gebilde. Auch jene Intuition des Genies
war ihm nicht beschieden, der die dunkelsten Tiefen plötzlich in
Tageshelle, wie von Lichtblitzen erleuchtet, sich erschließen. — Was
er geleistet und geschaffen hat, das hat der treue Arbeiter mit
glücklicher Anlage bei gesundem Sinn und unübertrefflicher Ordnungsliebe zustande gebracht durch unermüdliche, redliche Thätigkeit und Anstrengung. Von den Früchten seines Fleißes wird noch
manch künftiges Geschlecht zehren."

Wie Roßhirt wurde auch Zöpfl mit dem Orden einer aus=
ländischen katholischen Macht geschmückt. Aber während der
erstere zum Gregoriusritter erhoben ward, zierte die Brust des
letzteren das spanische Isabellenkreuz — eine Auszeichnung, die
nicht nach dem Herzen der römischen Hierarchie war. Zöpfl galt
für einen gründlichen Kenner der Staats= und Rechtszustände
sowohl der fürstlichen Häuser innerhalb des Deutschen Bundes
als der Standesherren. Er wurde daher auch häufig bei streitigen
Rechtsfragen als juristischer Beirat von Dynastengeschlechtern
und Adelsfamilien in Anspruch genommen. Die Zahl seiner
Gutachten, welche fürsten= und staatsrechtliche, adelige und fidei=
kommissarische Verhältnisse betreffen, zählen nach Hunderten.
Da lag es denn nahe, daß am Ende der dreißiger Jahre, als
in Spanien der Parteikampf zwischen Karlisten und Cristinos
entbrannt war, auch Zöpfl um ein Rechtsgutachten angegangen
ward. Zu dem Zweck hielt sich ein spanischer Staatsmann
(Tejada) längere Zeit in Heidelberg auf. Er verkehrte mit Röder
und Zöpfl und wurde von der Damenwelt als der „schöne
Spanier" gefeiert. Dieser lieferte dem deutschen Rechtsgelehrten
das Material, aus welchem derselbe ein Rechtsgutachten zu
gunsten der Königin Isabella ausarbeitete, das ihm dann den
spanischen Orden eintrug. Tejada aber lenkte auf diese Weise
den Vorwurf einer Parteischaft ab, der von gegnerischer Seite wider
ihn erhoben werden konnte. Die zahlreichen Gutachten Zöpfls,
die größtenteils gedruckt vorliegen, haben nach Strauch neben
ihrem privatrechtlichen noch einen allgemeinen Wert für die
Erkenntnis des thatsächlichen Umfangs und der thatsächlichen
Bedeutung des Begriffs „Erworbenes Recht" zur Zeit ihrer
Abfassung.

Daß Zöpfl durch die Ereignisse des Jahres 1866 tief er=
schüttert und noch tiefer in die Reihen der Malkontenten gedrängt
ward, war natürlich. Er hatte sich in die Verhältnisse der
Frankfurter Bundesverfassung unter Oesterreichs Präsidialauto=
rität so eingelebt, hatte so viele streitige Fälle durch seine Rechts=
gutachten klargelegt, daß ihm die Störung dieses Systems als
das höchste nationale Uebel erschien. Auch war ihm ja durch
die Umgestaltung sein vieljähriges Lehrobjekt unter den Füßen

weggezogen worden. Und wie sollte der katholische Mann, der in der letzten Zeit immer mehr für die Autorität der Kirche in die Schranken getreten war, sich mit der Gründung eines Deutschen Reiches unter einem protestantischen Kaiser befreunden oder einem Staatsmanne huldigen, der die Verweltlichung des Kirchenstaats vor sich gehen ließ! Zöpfls Lebensschicksal, bemerkt Strauch, ist ein tragisches gewesen, „als er durch Erziehung, Umgebung und Glauben veranlaßt worden war, die Partei der Vergangenheit zu ergreifen". Das ist aber nur so gekommen, weil er im Momente der Entscheidung nicht wie so viele andere ruhig die Wendung der Dinge abgewartet hat, sondern aus Aerger über die Gothaer „zum Andreas gegangen ist".

Der Monarch in der Juristenfakultät Heidelbergs war Karl Adolf von Vangerow. Er war der Nachfolger Thibauts, der noch auf dem Sterbelager die Augen der Regierung auf den ehemaligen Schüler gelenkt haben soll, welcher, damals noch der Welt unbekannt, unter beschränkten ökonomischen Verhältnissen den gewöhnlichen Weg vom Privatdocenten zum außerordentlichen und ordentlichen Professor in Marburg, seinem Heimatsorte, durchwanderte. Von der Zeit an, da er als zweiunddreißigjähriger Mann im Juni 1840 als Lehrer des römischen Rechts an die Hochschule zu Heidelberg berufen ward, bis zu seinem am 11. Oktober 1870 erfolgten Tode, galt Vangerow als das Haupt und der Fürst der Universität, neben welchem nur der Historiker Ludwig Häusser den gleichen Rang behauptete. Sein Tod fiel in eine Periode der höchsten Erregung, als die Herzen und Gemüter der Menschen erfüllt waren von den großen Ereignissen, die sich damals in Frankreich vollzogen und die Welt in Atem hielten. Daher fand auch die Nachricht seines Todes nicht das große Interesse, das sie in ruhigeren Zeitläuften erregt hätte. Dennoch haben zwei seiner ehemaligen Schüler ein Charakter- und Lebensbild von ihm entworfen, das die wesentlichsten Eigenschaften und Verdienste in kurzen Umrissen den Mitlebenden vorführte.

Der eine, ein Unbekannter, begann seinen warmen Nachruf in der „Kölnischen Zeitung" vom 27. Oktober, also wenige Tage nach der Todesbotschaft, mit den Worten des griechischen Dichters:

„Gleich wie die Blätter im Walde, so sind die Geschlechter der Menschen," und läßt seinen Blick zugleich auf die Tausende gleiten, die um dieselbe Zeit „drinnen in Welschland" unter dem Donnergrollen der Kanonen auf blutiger Walstatt ihr Leben verhauchten; der andere, Professor Stinzing in Bonn, einst ein Zuhörer und junger Kollege des großen Pandektisten, dem er dreizehn Jahre später durch ein tragisches Geschick im Tode nach= folgen sollte, in den „Badischen Biographien". So kurz gefaßt beide Lebensskizzen sind, so verbreiten sie sich doch über alle wesent= lichen Züge, die ein allgemeines Interesse in Anspruch nehmen können — die persönliche Erscheinung, die wissenschaftlichen Leistungen, die akademische Wirksamkeit. Denn eine Lebens= existenz, die sich in einem einförmigen, glatten Rahmen abspielte, die sich von allem öffentlichen Thun und Treiben, von allen zerstreuenden Geschäften fern hielt, nicht nach außen strebte und nichts von außen empfing, die ihre Tage ausschließlich zwischen Arbeit und geselliger Unterhaltung verbrachte, bietet wenig Stoff zu biographischen Ausführungen. Vangerows Name glänzt nur in den Annalen Heidelbergs, in dem akademischen Lehrkörper wie in der gesellschaftlichen Welt.

Die persönliche Erscheinung Vangerows war nicht so im= posant wie die Thibauts, war aber doch keine gewöhnliche. Die stattliche, über das Mittelmaß emporragende Gestalt erinnerte an die militärische Herkunft, und der Ausdruck des wenn auch nicht gerade schönen und durch ein fehlerhaftes Auge und durch Kurzsichtigkeit geschädigten, aber feingeschnittenen Gesichtes war freundlich, gewinnend und Zutrauen erweckend, so daß sich jeder= mann leicht angezogen fühlte. Er war ein etwas bequemer Herr, dem das Leben und Lebenlassen naturgemäß war. Er wurde öfters zum Vorstand des Museums gewählt, wo er gern weilte und sein Spielchen machte. Schon in den ersten Jahren seines Heidelberger Aufenthalts brachte er das stattliche Haus einer Pfälzer Adelsfamilie mit davorliegendem Garten durch Kauf an sich und machte es zum Mittelpunkt seiner geselligen Unterhal= tungen, wo er die Kollegen und die ihm empfohlenen Studenten oft fürstlich bewirtete. Denn seine Einnahmen stiegen zu beträcht= licher Höhe und er war nicht karg in Ausgaben. Darin glich er

seinem Vorgänger Thibaut, nur daß seine Geselligkeit einen andern
Charakter trug. Die Liebe zur Poesie und Tonkunst, die das Thi=
bautsche Haus zu einem Musentempel weihte, war ihm fremd. Auch
fehlte ihm der weite Sinn für allgemeine wissenschaftliche Interessen,
der geniale Naturtrieb, der alle menschlichen und göttlichen Dinge
in seine Seele aufzunehmen verlangte. Sein ganzes geistiges
Streben konzentrierte sich gänzlich in der Jurisprudenz. Diese
war das Heiligtum, wo er seine Opfer darbrachte, die geweihte
Stätte, wo sein geistiges Wesen sich entfaltete. Als er den
bänderreichen Kommentar des großen französischen Rechtsgelehrten
Cujacius zu den Pandekten aus der Thibautschen Bibliothek
ersteigerte, freute er sich über den Erwerb wie ein Kind über
ein schönes Kleid. Diese enthusiastische Hingebung an die römische
Rechtswissenschaft half ihm über manches häusliche Leid hinweg,
von dem er heimgesucht war. Seiner Gattin, einer Marburgerin,
die durch keine weiteren Vorzüge als die einer trefflichen Haus=
frau und Mutter hervorragte, war er mit der größten Zuneigung
ergeben. Als sie schwer erkrankte, während er mit Häusser und
Bunsen eine italienische Ferienreise nach Rom und Neapel machte,
kehrte er mit der größten Eile, ohne Unterbrechung bei Tag
und Nacht über die Alpen zurück, und ihr Tod machte solchen
Eindruck auf den noch im besten Mannesalter stehenden Eheherrn,
daß seitdem die Fülle seiner Körpergestalt sichtlich abnahm, sein
Haar zu bleichen anfing und seine Gesundheit mehr und mehr
dahinschwand. Auch für manchen andern häuslichen Kummer
suchte er Trost und Vergessenheit in seinen Studien. Ihm blieb
keine neuere Leistung auf römischem Rechtsgebiet unbekannt.
Stinzing fällt über seinen wissenschaftlichen Charakter folgendes
Urteil: „Wir finden bei Vangerow nicht Puchtas Tiefe der
Spekulation und historischen Anschauung, nicht Savignys ele=
gante Gelehrsamkeit und forschenden Geist, nicht Thibauts kühnen
und genialen Blick des rationellen und praktischen Urteils. Man
möchte seine wissenschaftliche Richtung der Orthodoxie vergleichen,
welche ihre Ueberzeugung unbedingt dem geschriebenen Wort
unterwirft. So ist auch für Vangerow die lex scripta des
einmal in complexu recipierten corpus juris das definitiv
bindende und entscheidende Argument des Urteils. Den am

besten beglaubigten Inhalt desselben aus den verschiedenen
Meinungen herauszufinden und dogmatisch darzustellen, ist seine
Aufgabe, ohne Rücksicht auf die höhere spekulative Rechtfertigung
oder die praktische Brauchbarkeit des Resultats, für dessen Wert
er nicht den Juristen, sondern den Gesetzgeber verantwortlich
hält." Die Gründlichkeit, Treue und Klarheit, womit Vangerow
alle Erscheinungen auf dem Gebiete des römischen Rechts ver=
buchte und beurteilte, alle Kontroversen lichtvoll und anziehend
darstellte, hat seinem „Lehrbuch der Pandekten", das in seinem
ersten Erscheinen noch den bescheidenen Titel „Leitfaden für
Pandektenvorlesungen" führte, eine so große Verbreitung und
einen dauernden Wert verschafft.

Aber nicht in den Jahrbüchern der Wissenschaft, sondern
im reichbesetzten Auditorium erntete Vangerow seine unverwelk=
lichen Lorbeeren. „In strenger, leicht erkennbarer Ordnung,
mit einfacher Klarheit der Darstellung ließ er die juristischen
Lehrsätze vor dem geistigen Auge des Zuhörers entstehen und
verstand es, durch Wiederholungen in mannigfaltigen Wendungen,
bald abstrakt formulierend, bald konkret exemplifizierend, bald
mit Hilfe der Antithese Mißverständnisse und Unklarheiten ab=
schneidend oder polemisch abweichende Meinungen widerlegend,
dem Zuhörer den Stoff vertraut und geläufig zu machen." Mit
diesem Urteil des sachverständigen Zuhörers und Kollegen Stin=
zing stimmt der kritischer und skeptischer gesinnte Moleschott in
dem erwähnten Schriftchen insofern überein, daß er Vangerows
allgemeine Anerkennung bei den Studierenden hauptsächlich auf
zwei Dinge zurückführt. „Einmal versteht er es in prächtiger
Weise, dieselbe Sache zweimal, gelegentlich auch dreimal zu sagen,
ohne daß man es der Form nach merkt, und zwar in klarer,
einfacher, eindringlicher Weise, so daß der Ungewandteste und
Unbegabteste nicht zurückbleiben kann; zweitens weiß er seine
Beispiele in einer Weise dem Gesichtskreise der Studenten an=
zupassen, daß diese fortwährend in Spannung gehalten werden."
Da konnte es denn wohl einmal geschehen, daß, wie man sich
in Heidelberger Kreisen erzählte, ein fähiger Zuhörer am Schlusse
der von ihm nachgeschriebenen Erörterungen überdrüssig die Feder
ausspritzte mit den Worten: „Nun versteht's auch der Binse=

bub," eine in den Straßen Heidelbergs wohlbekannte halbibiotische Figur.

Nur bei solcher ausgezeichneten Lehrgabe ist es erklärlich, wie Vangerow es fertig brachte, bei der Durcharbeitung seines unermeßlichen Materials seine Zuhörer, welche in der Regel die Zahl von dreihundert überstiegen, bis auf den letzten Mann ein ganzes Wintersemester hindurch täglich drei bis vier Stunden zu fesseln, und mancher erinnert sich wohl noch der letzten Woche des Semesters, wo sechs bis sieben Stunden lang die letzten Teile des gewaltigen Arbeitsfeldes abgeerntet wurden. In späteren Jahren hat Vangerow, durch den Nachlaß der physischen Kräfte gezwungen, seine Pandektenvorlesungen auf zwei Semester verteilt; aber 25 Jahre war der Winter das berühmte Pandektensemester in Heidelberg, neben welcher Vorlesung die andern juristischen alle wie bloß geduldete Gemeinden neben der großen herrschenden Kirche standen. Selbst Männer wie Mittermaier und Mohl empfanden diese Allgewalt des großen Pandektisten am Besuche ihrer Vorlesungen.

Es sei uns gestattet, diese biographische Charakteristik Vangerows mit dem warmen Nachruf zu schließen, mit dem der oben erwähnte Korrespondent der „Kölnischen Zeitung" die Todesnachricht begleitet hat. Man erkennt darin den Ausdruck eines ehemaligen dankbaren Zuhörers, und wenn auch manches wiederholt ist, was wir in den obigen Zeilen angeführt haben, so enthält er zugleich einen Abschluß und eine Ergänzung unserer Darstellung. Die Pandektenvorlesungen führen uns auf Vangerow als Kollegen, Lehrer und Freund im persönlichen Umgange, und wer je unter dem wohlthuenden Einfluß seiner Persönlichkeit gestanden, wird uns zugeben, daß die Liebenswürdigkeit im Lehrsaale, die Vangerow wie kein anderer besaß, in seinem ganzen gesellschaftlichen Leben ihr volles Spiegelbild fand. Von ihm weiß die Universitätschronik Deutschlands, die uns genugsam von den dissensiones doctorum nicht bloß auf dem wissenschaftlichen Gebiete zu erzählen hat, keinen persönlichen Haber und Zwist zu melden. Wie in seinen schriftstellerischen Werken und im Lehrvortrage „die verjährten Irrtümer" oder die neuen Verirrungen stets mit mehr Bedauern als Zorn abgefertigt wurden, so war die ganze lange Universitätslaufbahn Vangerows ungetrübt durch persönliche Reibungen und Zwischenfälle. Die Leutseligkeit und Freundlichkeit seines Wesens wurde auch nicht durch die schweren Schicksalsschläge verbittert, welche im Laufe der Jahre sein Familienleben trafen. Gegen Alt und Jung, Vornehm oder Gering war Vangerow stets von der gleichen franken Zuvorkommenheit. Schon der Ton seiner Stimme, mit einem leisen Durchklingen der Sprechweise seiner kurhessischen Heimat, heimelte den Zuhörer aus Nord und Süd an, und in der frischen, vollen Stimme sprach zu uns ein frisches, volles Herz.

Und dieses Herz, wie es bis zu seinem letzten Schlage an dem akademischen Berufe und der deutschen Jugend, mit welchen die Lehrer deutscher Hochschulen lebenslang in so inniger Ge= meinschaft bleiben, mit aller Liebe hing, wie es Freude und Trost den Freunden, ein Zufluchtsort den Armen und Bedrängten war, hat auch treu in guter und schlimmer Zeit am deutschen Vaterlande, an seiner Eintracht und Herrlichkeit gehangen. Ist Vangerow auch nicht auf den unmittelbaren politischen Schau= platz in demselben Maß herangetreten wie sein ihm vor 3½ Jahren im Tode vorangegangener Freund und Kollege Häusser, so wissen doch alle, welche mit beiden sich so nahe stehenden Männern irgendwie verkehrten, daß sie auch das idem sentire de republica innig verband. In den schlimmen Zeiten kirch= licher und politischer Reaktion in Baden, als sogar der Versuch gemacht wurde, Heidelberg, die geistige Hauptstadt und den Augenstern des Großherzogtums, die deutsche Universität im vollsten Sinne des Wortes, unter die Fänge der klerikalen, reaktio= nären Bureaukratie zu bringen, da hat Vangerow mit der ganzen Wucht seiner Persönlichkeit und seines Einflusses den Widerstand seiner Gesinnungsgenossen gekräftigt und auf das wesentlichste zu ihrem Siege beigetragen. Eine jede gute Sache, und so vor allem die gute heilige Sache unseres großen Vaterlandes, fand in ihm zu seiner Zeit einen getreuen Mitstreiter und Beistand.

Seine letzten Lebensjahre war er von schweren, unheilbaren Körperleiden heimgesucht; die ungeheuren Anstrengungen seiner früheren Thätigkeit untergruben auch eine Konstitution, welche ehemals die Gesundheit selbst zu sein schien, und bereiteten dem erst zweiundsechzigjährigen Manne ein allzu frühes Grab. Aber unbezwungen von der Krankheit, wenigstens geistig, hat Vangerow noch im letzten Sommersemester unter den größten Anstrengungen seines Lehramts gewaltet, und dieser bewundernswerten Pflichttreue ist wenigstens ein schöner Lohn geworden. Der deutsche Patriot Vangerow hat noch den Friedensbogen brüderlicher Eintracht sich über ganz Deutschland spannen sehen. Die Siegesfanfaren von Weißenburg, Wörth, Spicheren, den Riesenkampf vor Metz und das Weltereignis von Sedan hat er noch dankerfüllt und vollbewußt erlebt, und in dem sich eben vollendenden deutschen Staatsbau, nach dem er sich sein ganzes Leben lang gesehnt, wird der Name Karl Adolf von Vangerow nicht bloß von Tausenden von dankbaren Schülern des großen Pandektenlehrers, sondern von der gesamten Nation als der eines deutschen Mannes von echtem Schrot und Korn gepriesen werden. Requiescat!

Mittlerweile war in der Juristenwelt Heidelbergs ein anderer Stern aufgegangen, der sich mit der Zeit einen bedeutenden Namen als akademischer Lehrer wie als Schriftsteller auf verschiedenen Rechtsgebieten erwarb — Achille Renaud, der Sohn eines reformierten Predigers französisch-schweizerischer Herkunft. Im Anfang der fünfziger Jahre war man in Karlsruhe bedacht, konservative oder politisch indifferente Männer an die Universität zu ziehen. Da wurden denn fast gleichzeitig ein Mediziner aus Prag und der Jurist Renaud aus Gießen nach Heidelberg berufen. Beide lebten einige Zeit in kollegialischer Freundschaft miteinander, bis ein häuslicher Zwist eine Spaltung erzeugte. Renaud blieb lange eine fremdartige Erscheinung in der Heidelberger Welt. Er kleidete sich nach der neuesten Mode mit fast stutzerhafter Eleganz, liebte Wein und Weib und gab einer epikureischen Tafel den Vorzug vor der stoischen Enthaltsamkeit. Seine Manieren ließen eher auf einen Kavalier, als auf einen akademischen Lehrer schließen. Er verstand es, mit großer Gewandtheit das Leitseil zu lenken, wenn er an der Seite einer befreundeten Dame im Schlitten durch die Straßen fuhr. In einem Ehrenhandel konnte er einmal einem Herrn, mit dem er sich entzweit hatte, durch einen Kollegen eine Herausforderung zusenden. Doch wurde der Streit ohne Zweikampf beigelegt. Von der herrschenden Partei der Liberalen und Gothaer hielt er sich in absichtlicher Entfernung. Er ging seine eigenen Wege und suchte und bedurfte keiner fremden Stützen. Denn in kurzem erwarb er sich bei den Studierenden den Ruf eines vorzüglichen Docenten. Seine Vorlesungen gehörten zu den besuchtesten; seine Eigentümlichkeit war, auf dem Katheder so laut zu sprechen, daß man ihn auf dem Platze und in den Nachbarhäusern hören und verstehen konnte. Man rühmte die präcise Form und den klaren, sachlichen Inhalt; die Zuhörer konnten aus dem Kollegium schwarz auf weiß getrost nach Hause tragen, was sie später für das Examen bedurften; und an Fleiß und Pünktlichkeit war er ein Vorbild für die ganze akademische Körperschaft. Mit der Zeit erbaute er sich ein schönes Haus inmitten eines Gartens am Fuße des Schloßberges, das seinen Hang nach häuslicher Abgeschlossenheit noch steigerte, zumal seitdem er eine junge anmutige Dame als Gattin heimgeführt hatte. Dort las er von früher Morgenstunde an alle Bücher und Schriften, die seine Kenntnisse mehren und klären konnten und die ihn instandsetzten, trefflich vorbereitet das Auditorium zu betreten und zugleich wichtige Rechtsfragen, die das moderne Verkehrsleben bewegen, in Gutachten und Abhandlungen praktisch und verständlich zu lösen. Ueber Handels- und Wechselrecht, über Aktien- und Kommanditgesellschaften war Renaud eine Autorität. Nach einer mehr als dreißigjährigen Wirksamkeit an der Universität, die ihn auch als ihren Vertreter in die erste Kammer sandte, als Stadtverordneter und als Kreisrat ist er in den schönen Junitagen 1884 unerwartet schnell abberufen worden, ein pflichtgetreuer Arbeiter aus der Mitte seines Arbeitsfeldes. Ein befreundeter Kollege hielt die Leichenrede in der schön geschmückten Peterskirche. Er mochte mit Recht beklagen, daß eine der hervorragenden Zierden unserer Hochschule dahingegangen sei, daß der Mund eines Lehrers auf immer verstummt sei, dessen ganzes Denken und Sinnen darauf gerichtet gewesen, „die didaktisch angemessenste und beste Weise zu finden, den Knoten vor den Augen der Zuhörer zu lösen und sie in den inneren begrifflichen Zusammenhang der von ihm behandelten Fragen

einzuführen"; deſſen Vorträge durch das Feuer und die Energie
ſeiner Perſönlichkeit packend auf die Zuhörer wirkten und auch
Träge und Gleichgültige in den Strom ſeiner Gedanken mit
fortriſſen; denn auch von Renaud gilt der dichteriſche Spruch,
daß mit den Erfolgen der Menſch wachſe. Wenn aber zugleich
der Verſtorbene als eine vornehme Natur bezeichnet ward, ſo
iſt dies nur zutreffend, wenn es auf die äußere Erſcheinung und
Lebensweiſe, auf Eleganz, häuslichen Komfort und Excluſivität
im Umgang begrenzt wird. Aber es gab auch Stimmen, die da
meinten, ohne Ideale ſteige kein Sterblicher über die Menge
empor, wie groß immer die wiſſenſchaftlichen Verdienſte ſein
mögen.

4.

In den vierziger Jahren, als Vangerow im gefüllten Pan=
dektenſaal ſeine Triumphe zu feiern begann, erhielten die Libe=
ralen einen ſo bedeutenden Zuwachs an der Heidelberger Uni=
verſität, daß ſie, wenn auch nicht nach der Majorität, ſo doch
nach der Autorität das Regiment bekamen, das entſcheidende
Wort führten. Aus Zürich wurden zwei hervorragende Pro=
feſſoren berufen, Pfeufer und Henle, die dort die einflußreiche
Zeitſchrift für rationelle Medizin begründet hatten und wie Kaſtor
und Pollux unter dem Doppelnamen durch die öffentlichen Blätter
gingen. Trotz der Verſchiedenheit ihrer Naturen waren ſie faſt
zu einem perſönlichen Kollektivbegriff zuſammengewachſen. Nur
darin ſtimmten beide überein, daß ſie aus der Schweiz rationa=
liſtiſche und liberale Anſichten mitbrachten, die an Republika=
nismus ſtreiften. Henle, deſſen Name noch lange zu den erſten
Größen im Fache der Phyſiologie und Anatomie zählte, war
ein Mann der Wiſſenſchaft, deſſen Schriften und Vorleſungen
von epochemachender Bedeutung waren*); Pfeufers Stärke war

*) Seitdem iſt auch Henle aus der Welt gegangen. Er ſtarb in
Göttingen den 13. Mai 1885. — Im achtzehnten Jahrhundert beſtand

nicht die Feder, sondern das gesprochene Wort und das mündliche
Urteil. Er war, wie ein ehemaliger Zuhörer unlängst sich aus=
drückte, ein „pomadiger" Herr; aber er besaß einen durchdrin=
genden medizinischen Scharfblick und ein Beobachtungstalent,
dem kein körperliches Gebrechen entging. Wenn er mit seinen
durchbohrenden Augen einen Patienten vom Scheitel bis zu den
Füßen anschaute, hatte derselbe die Empfindung, als ob alle
seine Leiden und Uebel dem Arzte zum voraus bekannt wären.
Dabei war Pfeufer ein heiterer, lebensfroher Mann von sehr
stattlicher Gestalt und von witziger, populärer Beredsamkeit. Ihm
entging keine Schwäche eines andern, und er war nicht so fein
und rücksichtsvoll angelegt, daß er mit seinen Beobachtungen
zurückgehalten hätte; dazu war er sich seines Witzes zu sehr
bewußt und hatte zu viel Wohlgefallen daran, selbst wenn sich der
Betroffene unangenehm berührt fühlen mochte. Man hütete sich,
in seiner Gegenwart sich eine Blöße zu geben. Doch war Pfeufer
bei aller Neigung zum Skeptischen nie persönlich verletzend; seine
sarkastischen und satirischen Bemerkungen galten immer mehr
der Sache als der Person und waren oft nur harmlose Späße.
Was konnte er dafür, daß er sogleich alle unbewachten Aeuße=
rungen, alle Schwächen und momentanen Versehen bemerkte und
sie seiner Natur gemäß verwertete? Er scheute auch mitunter
vor einer absichtlichen Selbstironie nicht zurück. Als man einst
erzählte, daß einer seiner Kollegen im Auditorium oft anzügliche
und zweideutige Bemerkungen machte, die kein anderer sich er=
laube, sagte er: „Nur ich zuweilen." Pfeufer war gerade auf
dem Punkt angelangt, daß sein medizinischer Ruhm eine Menge

in England ein Bund von ehemaligen Offizieren, welche alljährlich das
Andenken an die bei Blenheim und Höchstädt von Marlborough und
Prinz Eugen am 24. August 1704 gewonnene Schlacht zu feiern pflegten.
Mit jedem Jahr verminderte sich die Zahl der Teilnehmer, bis nur noch
ein einziger übrig war. Dieser stellte sich zur gewöhnlichen Abendstunde
in dem bekannten Saale ein, trank ein Glas Portwein und warf dann
die letzten Kohlen in das lodernde Kaminfeuer. Darauf kehrte er heim
und ist nie wieder gekommen. Auch in der Heidelberger Welt ist, seitdem
diese „Erinnerungen" niedergeschrieben wurden, von den ehemaligen Kampf=
genossen einer nach dem andern vom Schlachtfeld des Lebens geschieden.

vornehmer Patienten nach Heidelberg zog und er in kurzem eine
so bedeutende und lukrative Stellung gewonnen hätte wie vor
ihm Chelius und nach ihm Friedreich. Da folgte er einem Rufe
nach München, wo ihm das hohe Amt eines Obermedizinalrates und
manche Ehrenauszeichnungen verliehen wurden. Aber bei einem
späteren Wiedersehen nach langer Unterbrechung in Tegernsee
konnte der Verfasser dieser Erinnerungen mit Betrübnis wahr=
nehmen, daß die Lebensfreudigkeit und Gesundheit seiner Heidel=
berger Jahre dahingeschwunden sei. Zu Gervinus, der ihn
sowie Henle und Jolly um dieselbe Zeit besuchte, äußerte er: Es
scheine, als ob alle die alten Freunde von ihm Abschied nehmen
wollten. Einige Wochen nachher brachten die Zeitungen die
Kunde von seinem Tode.

Ein hervorragendes Mitglied des Gervinusschen Kreises und
innig befreundet mit Pfeufer und Henle war der Physiker Philipp
Jolly, dessen unerwarteten Tod wir in einem früheren Abschnitt
gemeldet haben. Er stammte aus einer französischen Refugié=
familie in Mannheim, welche eine Reihe distinguierter Persönlich=
keiten unter ihren Gliedern zählt. Heiter, lebensfroh und selbst=
bewußt, nahm Jolly in der Gesellschaft und unter den Professoren
der jüngeren Generation eine angesehene Stellung ein. Mehr
ein Mann des Worts als der Feder, hat er weniger in den
Annalen der Wissenschaft als auf dem Katheder geglänzt. Durch
seinen lebendigen, klaren Vortrag und durch die sichere Be=
herrschung und Bewältigung des Stoffes sammelte er stets eine
zahlreiche Zuhörerschaft in seinem Auditorium und durch seine
Geschicklichkeit und Fertigkeit in allen praktischen Dingen übte
er eine ausgedehnte Wirksamkeit in bürgerlichen und akademischen
Kreisen.

In einem Nekrolog der „Allg. Zeitung“ vom 19. März 1885,
der uns erst nach der Abfassung der obigen Worte zu Gesicht
gekommen ist, bestätigt ein ehemaliger Zuhörer dieses Urteil über
Jollys Lehrerfolge: „Was ihm die Herzen der Studentenschaft
sozusagen im Sturm eroberte, war teils die fast magnetische
Kraft seiner außerordentlichen persönlichen Liebenswürdigkeit, teils
die seltene Klarheit und Präcision seiner Vorträge.“

Dennoch wurde er lange von der Fakultät und von der

Benützung des physikalischen Kabinetts der Universität fern gehalten. Er mußte sich die zum Gebrauch seiner Vorlesungen notwendigen Apparate aus eigenen Mitteln anschaffen. Wohl sechzehn bis achtzehn Jahre mochte er als Privatdocent und Extraordinarius in Heidelberg gelehrt haben, als ihn der Tod des älteren Kollegen in die Reihe der ordentlichen Professoren führte. Seine Leistungen in der Wissenschaft gehören nicht in den Rahmen dieser Blätter. Sie fallen in seine Münchener Periode, wo er sich namentlich durch seine exakten Untersuchungen über die Wage einen geachteten Namen gemacht hat. Hier sollen nur einige Züge hervorgehoben werden, die dem Schreiber dieser Zeilen noch lebhaft im Gedächtnis stehen und ihn „an manche Jugendnacht" erinnern. Wie ernst und eifrig immer Jolly seinem Berufe oblag, im Freundeskreise verlor er nie den heiteren Gleichmut und Frohsinn aus seiner Seele. Konnte er doch einst in der Faschingszeit gemeinschaftlich mit einem befreundeten Herrn ein von diesem gedichtetes humoristisches Fastnachtsspiel in Hans Sachsischer Manier in Bänkelsängertracht mit einer Drehorgel in traulicher Gesellschaft vortragen! Jolly besaß eine große Fertigkeit, mit einigen Feder= oder Bleistiftstrichen humoristische Scenen darzustellen. Einst ereignete es sich, daß eine Anzahl Heidelberger Bürger das Haus eines Stadtgeistlichen stürmten, weil derselbe am Grabe eines Mitbürgers, eines geschickten Geschäftsmannes, der sich aber den Lebensgenüssen in lustiger Gesellschaft gern hinzugeben pflegte, eine scharfe und verletzende Leichen= rede gehalten hatte. Der Bedrohte flüchtete durch den Garten in das Nachbarhaus, wo Jolly wohnte, und verbrachte dort einige Stunden bei dem Hausherrn in Gesprächen über die Veran= lassung des Tumultes und über die wichtigen Fragen, die sich daran knüpften. Da wurde einige Tage nachher im Freundeskreise eine Zeichnung mit deutlich erkennbaren Figuren herumgereicht, wie der Physiker den „Sabel" des Metaphysikers parierte. Als guter Rechner und praktischer Ökonom war Jolly auch Vor= sitzender des Museumsausschusses. In dieser Eigenschaft hielt er auf strenge Ordnung und Sparsamkeit. Denn es war oft Ebbe in der Kasse. Dies gab einst seinem Freunde Pfeufer zu einer Tischrede Gelegenheit, worin er dem sorgfältigen Verwalter den

Dank der Gesellschaft aussprach für seine rücksichtsvolle Huma=
nität. Wie leicht hätte er, so sagte der stattliche Mann scherzend,
zur Vermehrung der Einnahmen auf den Gedanken geraten können,
seine eigene Person (Jolly war von geringer Mittelgröße) als
Normalmaß für alle Mitglieder aufzustellen und jeden, der über
dieses Maß emporrage, zu einem höheren Beitrag heranzuziehen.

Nun ist auch dieser lebensfrische, verstandesklare und thatkräf=
tige Mann, der mit so vielen Fäden an Heidelberg und das Land
Baden geknüpft war, am fernen Isarstrande von hinnen geschieden
und vermag nicht mehr das Ehrenfest der Ruperto=Carola mit=
zufeiern. Ueber Jollys letzte Heidelberger Zeit vor seiner Ueber=
siedelung nach München spricht sich der erwähnte Nekrolog in
folgender Weise aus: „Wahrscheinlich hatte dessen alter Freund,
der geistvolle Obermedizinalrat Pfeufer, die Aufmerksamkeit des
Herrn von Dönniges, des Motors aller Berufungen, und durch
ihn des Königs, auf diese badische Lehrkraft hingelenkt. Alles
war im besten Gange, als aus Heidelberg, wahrscheinlich seitens
eines mißgünstigen Kollegen, eine Denunziation wegen zu bean=
standender politischer Gesinnung einlief. Kein Vorwurf konnte
unbegründeter sein. Jolly war Zeit seines Lebens ein treuer
Anhänger monarchischer Institutionen und für die Sache der
Ordnung im Jahre 1848 sogar mit seiner Person eingetreten.
Die Studenten hatten ihn damals zu ihrem Hauptmann gewählt,
und er hatte als solcher den Befehl, das Gewehr anzulegen, ge=
geben, welcher die Bauern, die am Ostersonntag 1848 mit Säcken
und Wagen nach Heidelberg kamen, um die Güterteilung vor=
zunehmen, zwang, unverrichteter Sache wieder abzuziehen." So
schlimm war es mit dem Einzug der sogenannten „Einsheimer"
in Heidelberg nicht gemeint. Aus dem Oberland war die Parole
ausgegeben worden, daß an den Ostertagen in den größeren
badischen Städten die Republik proklamiert werden sollte. Zu
dem Zweck und vielleicht auch im geheimen Einverständnis mit
einigen Heidelberger Gesinnungsgenossen zog aus dem oberen
Neckarthal eine Schar bewaffneter Männer republikanischer Ge=
sinnung in die Stadt ein, wurde jedoch von der Bürgerwehr
unter der Führung ihres Kommandanten Rummer auf dem Markt=
platze umringt und zur Ablieferung der Waffen gezwungen. Der

Mythus von den Wagen und Säcken zum Einpacken der Beute aus der beabsichtigten Güterteilung ist erfunden worden, um die Heidelberger Bürger von ihren republikanischen Sympathien zu heilen. In vertrauten Kreisen ahnte oder kannte man den Angeber und dachte wohl wie Wallenstein: „Das war kein Heldenstück, Oktavio." Doch nahm die Sache bald eine günstigere Wendung. Pfeufer hatte, so berichtet der Nekrolog weiter, den gegen Jolly erhobenen Verdächtigungen gegenüber sich auf Schlosser berufen, auf den der König, als einen seiner früheren Lehrer, große Stücke hielt. Das politische Sittenzeugnis, das der berühmte Historiker dem befreundeten Docenten ausstellte, zerstreute alle Bedenken; mit allerhöchstem Dekret vom 15. Juni 1854 wurde Jolly das bayerische Indigenat verliehen und unter dem 28. desselben Monats wurde er zum ordentlichen Professor der Experimentalphysik an der Universität München und zum Vorstand des physikalischen „Universitätsattributes" ernannt.

Was der Verfasser des Nekrologs zum Schlusse von Jolly sagt, gilt auch von der Heidelberger Periode: Seine rastlose Thätigkeit ging aus dem allgemeinen Schaffensdrang einer reichen Begabung hervor, aus dem Streben, Licht zu verbreiten und durch seinen Unterricht andere vorwärts zu bringen. Er versäumte niemals, am Schlusse seiner Vorlesungen anzudeuten, daß alles Wissen nur Stückwerk sei und über die letzten Gründe und Zwecke alles Seins keinen Aufschluß gewähre.

Einige Jahre nach Pfeufer und Henle wurde Robert von Mohl als Lehrer der Staatswissenschaften nach Heidelberg berufen. Früher Professor in Tübingen, dann wegen eines Schreibens, das er als Abgeordneter über das Regierungssystem des Ministers Schlayer an seine Wähler erließ, in ein anderes Amt gewiesen, kam er als „Gemaßregelter", der den neuen Staatsdienst ausgeschlagen hatte, nach Heidelberg, wo er bei den Gesinnungsgenossen mit offenen Armen aufgenommen ward. War doch ein Mann von so hohem wissenschaftlichen Ruhme, der dem Bureaukratismus zum Opfer gefallen, ein großer Gewinn für die freisinnige Partei!

Durch den vortrefflichen biographisch-wissenschaftlichen Vor-

trag, den Geheimerat Hermann Schulze vor einigen Jahren im
Saale des Museums über den Vorgänger gehalten hat und der
dann in dem dritten Teil der „Badischen Biographien" abgedruckt
worden ist, sind wir der schwierigen Aufgabe enthoben, das
Leben eines so bedeutenden Mannes auch nur mit einigen flüch=
tigen Zügen darzustellen. Wir weisen um so lieber auf jene
sorgfältige, aus den nachgelassenen Familienurkunden und den
zahlreichen Werken des Verstorbenen geschöpfte wissenschaftliche
Arbeit hin, als Mohls Name mit der Heidelberger Universität
nicht so innig verwachsen ist wie der seiner Kollegen Vangerow
und Häusser. Seine schriftstellerische Thätigkeit gehört der Ge=
schichte der Wissenschaft an, wo sie einen epochemachenden Raum
einnimmt, und seine akademische Wirksamkeit wurde bald durch
politische und diplomatische Missionen durchbrochen. Dem Heidel=
berger Leben gehört somit nur eine Spanne seines arbeitsvollen
und thatenreichen Daseins an. Aber selbst die wenigen Jahre,
die er in unserer Mitte zubrachte, sind für die jüngere Geschichte
Heidelbergs von solcher Bedeutung gewesen, daß sein Name in
diesen Umrissen nicht fehlen darf, daß wir in wenigen Zügen
seiner so gedenken müssen, wie wir ihn kennen gelernt haben
und wie er noch manchen Bewohnern unserer Stadt im Gedächt=
nis sein wird.

Es war ein wahres Wort, welches einst Häusser in einer
Tischrede aussprach: „Die Mohl sind ein eroberndes Geschlecht."
Durch Blutsverwandtschaft mit den beiden Moser verknüpft,
durch die Gattin mit dem Theologen Christian Baur verwandt,
war Robert Mohl schon durch seine häusliche Verkettung in ein
reiches Erbe von Ruhm und Verdiensten eingetreten, und sowohl
er selbst als seine drei Brüder haben das Ihrige beigetragen,
diesen edlen Familienschatz zu erhalten und zu mehren. Wie
Robert alle Seiten und Verhältnisse des Staatslebens durch=
forscht und in seinen zahlreichen wissenschaftlichen Werken mit
bienenartigem Fleiß und Schaffungstrieb dargestellt und auf=
gebaut hat, so hat sein Bruder Julius das Sprach= und Litteratur=
gebiet des Orients zum Felde seiner Thätigkeit gewählt und
darum, zur leichteren Erlangung des Materials, Paris zu seinem
Wohnsitz erkoren. Ein dritter Bruder (Hugo) hat als Professor

der Botanik die Pflanzenwelt zu erforschen und wissenschaftlich
zu ordnen gesucht, und der jüngste (Moritz) hat sich als viel=
jähriger Abgeordneter des württembergischen Landtags den geseß=
geberischen Aufgaben gewidmet. So wird der Name Mohl auf
allen Blättern der deutschen Geschichte, der wissenschaftlichen
wie der politischen, stets einen Ehrenplatz behaupten. Wie gern
kehrte Mohl im Mai 1849 von Frankfurt, wo er als Reichsbote
und Justizminister ein dornenvolles Feld zu bebauen versucht
hatte, nach der Hochschule am Neckar zurück, um in akademischen
Vorlesungen und wissenschaftlicher Thätigkeit die Befriedigung zu
finden, die er in dem politischen Forum der Mainstadt vergebens
gesucht hatte. Seine Vorträge über Encyklopädie der Staatswissen=
schaft, über Staatsrecht und Polizeiwissenschaft trugen den Stempel
mühsam vollzogener Gedankenarbeit und verstandesklarer Kritik
an sich, wenn sie gleich nie eigentliche Zugkollegien für die Masse
waren, wie die von Vangerow und Häusser; dazu fehlte ihm
die rednerische Gewandtheit. Dagegen hatten sie, wie Schulze
versichert, einen bleibenden Einfluß auf geistig gereiftere Studie=
rende, welche vor ernster Gedankenarbeit nicht zurückscheuten.
Und als ob er die wissenschaftliche Muße, die ihm jetzt vergönnt
war, mit vollen Zügen ausnützen wollte, entfaltete er eine
litterarische Thätigkeit, die in Erstaunen setzt. Die „Geschichte
der Litteratur der Staatswissenschaften", die er neben andern
größeren Werken damals bearbeitete, kann als „die bedeutendste
Lebensarbeit Mohls, ja als ein in seiner Art einziges Werk
in der Litteratur aller Völker und Zeiten" bezeichnet werden,
gleich merkwürdig wegen seines mannigfaltigen Inhalts als
wegen der einzig dastehenden Bücherkunde des Verfassers, ein
„Riesendenkmal deutschen Gelehrtenfleißes", wozu alle großen
Bibliotheken des In= und Auslandes ihre Schätze beisteuerten.
Dagegen hat ein anderes größeres Werk der Heidelberger Zeit
(„Encyklopädie der Staatswissenschaften") manche Anfechtung von
fachmännischen Notabilitäten erfahren, und die Aufstellung eines
eigenen Gesellschaftsrechts zwischen öffentlichem und privatem
Recht, die darin empfohlen wird, ist vielem Widerspruch begegnet.
Ein drittes dreibändiges Werk („Staatsrecht, Völkerrecht, Politik")
ist eine Sammlung von Monographien, worin fast alle brennen=

den Fragen der Gegenwart, aber auch manche von der Heerstraße abgelegenen Gebiete in eingehender Weise behandelt werden „mit der Objektivität des gereiften Mannes, welchem nicht nur in seiner umfassenden Litteraturkenntnis die politische Erbweisheit aller Völker und Zeiten, sondern eigene reiche Lebenserfahrung zur Seite steht“. Im Jahre 1857 wurde Mohl zum Vertreter der Universität in der ersten Kammer berufen. Damit ging sein Heidelberger Aufenthalt dem Ende entgegen. Durch das Vertrauen des Großherzogs wurde er nicht nur auch in den folgenden Jahren zu den landständischen Beratungen beigezogen, er wurde auch nach der Wiederherstellung des Bundestags zum Gesandten Badens in Frankfurt ernannt und ist seitdem nie mehr zu seiner akademischen Stellung zurückgekehrt. Die Jahre, welche Mohl in Frankfurt, dann als badischer Gesandter in München verlebte, gehören nicht mehr in den Rahmen eines Rückblicks auf Heidelberg. Sie haben in der erwähnten wissenschaftlich-biographischen Abhandlung von Hermann Schulze ihre Darstellung gefunden.

Es war für Mohl kein großes Opfer, aus dem akademischen Wirkungskreis zu scheiden. Seine Interessen waren über den Lehrstuhl hinausgewachsen. Er war kein Professor mit Leib und Seele, wie so manche seiner Vorgänger. Seine Liebe zur Eleganz, die sich schon in seiner häuslichen Einrichtung, in seiner Kleidung, in seinem gesellschaftlichen Verkehr kundgab, stimmte nicht gerade zu den Gewohnheiten der Universitätswelt. Er verkehrte gern mit Fremden, die für vornehm galten; er hielt große Stücke auf seinen württembergischen Adel, er war wählerisch und exklusiv in seinem Umgang. Trotz dieser äußeren Formen, die mehr den Eindruck eines Hofmannes und Kammerherrn als eines Professors machten, war er in der Konversation kurz angebunden, in seinem Urteil über andere barsch und von derber Ausdrucksweise. Ein Kollege sagte einmal: Mohl habe ein kurzes Lexikon. Bei solchen Gelegenheiten kam mehr der Schwabe als der Diplomat zum Vorschein. Aber an die schwäbische Herkunft erinnerte auch seine Wahrhaftigkeit, die Geradheit und Offenheit seines Charakters, die Ehrlichkeit und Aufrichtigkeit seines ganzen Wesens. Mohl war noch Mitglied des Bundes tags, als die Ereignisse des Jahres 1866 hereinbrachen, und folgte den Resten desselben nach den „Drei Mohren" in Augsburg. Er sah nicht gerade frohen Herzens auf den Umsturz des alten Staatenbundes und auf die neue Mainlinie. Um so freudiger begrüßte er die Herstellung von Kaiser und Reich, obwohl er voraussah, daß die Neugestaltung Deutschlands ihn um seinen liebgewordenen Posten in München bringen würde. „Ueber meine künftige Stellung," schrieb er an einen Freund, „ist noch nichts Bestimmtes festgesetzt, wahrscheinlich wird man mir eine anständige Sinekure im inneren Dienst geben. Wäre ich jünger, so würde ich geradezu die Stelle im Bundesrate verlangen und auch wohl erhalten; so aber bin ich, wie man in Schwaben sagt, ‚das Fuhrlohn nicht mehr wert'." Bei seinem fünfzigjährigen Doktorjubiläum, das er am 27. August 1871 noch in München feierte, empfing er viele Zeichen von Teilnahme und Anerkennung. Der Großherzog von Baden erteilte ihm den erblichen Adel, von den Monarchen von Preußen und Oesterreich erhielt er hohe Orden; die Stadt Heidelberg machte ihn zu ihrem Ehrenbürger. Nach Aufhebung der badischen Gesandtschaft in München wurde Mohl zum Präsidenten der Oberrechnungskammer in Karlsruhe ernannt. Aber so sehr trug der geistesfrische Greis das Verlangen in sich, an dem Aufbau des neuen großen Staatswesens mitzuwirken, daß er sich zum Abgeordneten in den Reichstag wählen ließ und noch im Jahre 1873 seine Ansichten über den neuen Staatsorganismus in seinem „Reichs-Staatsrecht" niederlegte. Es war sein letztes Werk, der Schwanengesang eines alten Patrioten, der in der neuen Schöpfung die Erfüllung seiner heißesten Jugendwünsche begrüßt. In Berlin, wo seine jüngere Tochter an der Seite ihres berühmten Gatten Helmholtz, der einst gleichfalls eine Zierde der Heidelberger Universität gewesen war, in ehrenvollster Stellung lebte, sollte Mohl auch seinen letzten Tag verbringen. In der Nacht vom 4. zum 5. November 1875 hat ein sanfter Tod seinem reichen und bedeutenden Dasein ein Ende gemacht.

Wer bei dem Anblick dieser Schrift auf dem Titel an das bevorstehende Jubiläum der Heidelberger Universität erinnert wird, dem wird unwillkürlich der Wunsch in der Seele keimen:

Hätte doch Häusser diese Feier erlebt! Wer wäre für dieses epochemachende Säkularfest ein so geeigneter Prorektor gewesen wie der Verfasser der Geschichte der Pfalz, seines Heimatlandes, in welcher zugleich die Schicksale der Ruperta von ihrer Gründung bis zu ihrer Regeneration so sorgfältig und mit so großer Liebe und Hingebung geschildert sind? Und wahrlich, seinen Lebensjahren nach hätte der kräftige Mann noch lange die akademische Stelle ausfüllen können, die er über zwei Jahrzehnte innegehabt hat. Denn von seinem Geburtstage am 26. Oktober 1818 bis zu seinem Sterbetage am 19. März 1867 waren ja noch nicht fünfzig Jahre verflossen. Häussers Name ist so rasch zu Ruhm und Ehre gelangt, daß bei seinem Tode die Zahl der Nekrologe und biographischen Abrisse zu einer wahren Litteratur heranwuchs. Gerade diese große Zahl von Schriften über das Leben und Wirken des Historikers, unter denen die von zweien seiner bedeutendsten Schüler, Kluckhohn und Oncken, verfaßten biographisch-litterarischen Abrisse in den deutschen und badischen Biographien jedermann zugänglich sind, überhebt uns der Mühe, die ausgebreitete Thätigkeit des Mannes auf litterarischem, akademischem und politischem Gebiete eingehender zu schildern. Wir dürfen jene Arbeiten voraussetzen und uns auf die Erlebnisse in Heidelberg beschränken, auf die Wiedergabe der Erfahrungen, Eindrücke und Erinnerungen, die wir in vieljährigem Umgang in uns aufgenommen haben. Und diese Eindrücke sind reichhaltig genug. Denn Häusser war eine so vielseitig angelegte Natur, daß man nur dann ein zutreffendes Bild von seiner ungewöhnlichen Persönlichkeit erhält, wenn man ihn auf den verschiedenen Schaubühnen beobachtet, die er in seinem Leben und Wirken betreten und auf deren jeder er geglänzt hat. Sein Ruf als Schriftsteller und akademischer Lehrer ging durch ganz Deutschland, und wie in der badischen Verfassungsgeschichte seine Wirksamkeit auf dem Landtage eine hervorragende Stelle einnahm, so waren seine gesellschaftlichen Talente, seine rednerische Gewandtheit, seine Laune und sein sprudelnder Humor in allen Kreisen Heidelbergs einzig in ihrer Art. Dabei hatte er den Triumph, daß während seines Heidelberger Lebens die Neckarstadt, die ihm, dem Geschichtschreiber der Pfalz, so sehr am

Herzen lag, einen glänzenden Aufschwung nahm. Dank dem Zusammenwirken der Gemeindebehörden, der Vereine, der Privaten wurden die waldbedeckten Höhen des Königstuhls, der Molkenkur, des Geißberges parkartig angelegt, gepflegt, mit schattigen Wegen durchschnitten, so daß wohl kaum eine andere Stadt reizendere Spaziergänge aufzuweisen hat. Der südwestliche Teil, der in den ersten drei Jahrzehnten noch großenteils unbebauter Boden war, wo man Unrat, Scherben und Abfälle hinschaffte, wurde mit prächtigen Alleen und Baumplätzen geziert und mit palast= ähnlichen Häusern geschmückt; neue Stadtteile legten den Grund zu einem künftigen Neu=Heidelberg, das neben dem Ruhm einer Universitätsstadt auch die Vorteile eines lebhaften Fremdenver= kehrs in sich trägt. Und durch die Erkenntlichkeit der Gemeinde wurde bei Benennung der neuen Straßen neben den alten Heroen der Universität, Thibaut, Voß, Schlosser, auch der Name Häusser dem Gedächtnisse der künftigen Generationen erhalten. Zugleich war die Regierung aufs eifrigste bemüht, durch Er= richtung von Neubauten für die medizinische und naturwissen= schaftliche Fakultät, durch Bereicherung der Bücher= und Kunst= schätze, durch Anlegung eines neuen botanischen Gartens und andere Schöpfungen den Bedürfnissen der akademischen Vor= lesungen freigebig entgegenzukommen.

Es ist Häusser nicht leicht geworden, zu der Stellung empor= zusteigen, die er an seinem Lebensende eingenommen hat. Was er geworden ist, hatte er sich selbst, seiner strebsamen Natur, seinem reichen Talent und seinem unermüdlichen Fleiß zu ver= danken. Geboren in dem elsässischen Städtchen Kleeburg, wo sein aus der Pfalz stammender Vater reformierter Prediger war, hätte er leicht dem außerdeutschen Lande anheimfallen können, hätte nicht das Schicksal ihn durch den frühen Tod des Vaters für die deutsche Nation gerettet. Denn Grenzvölker bewegen sich auf einem unsicheren Boden und können ebenso leicht nach links wie nach rechts verschlagen werden. Er hat es nicht mehr erlebt, daß sein Geburtsland deutsches Reichsland geworden ist; aber die Inschrift auf der Gedenktafel des reformierten Pfarr= hauses verkündet den Nachgeborenen, daß er stets unser war. Nach dem Tode des Vaters zog die Mutter, eine geborene

Paniel, mit dem zweijährigen Knaben nach Mannheim, wo Häuffer
auf dem unter der Leitung Nüßlins vortrefflich beftellten Gym=
nafium feine Studien begann, die er dann unter Schloffer und
Creuzer in Heidelberg und unter Göttling in Jena fortfetzte.
Eine wenn auch kurze Wirkfamkeit am Wertheimer Gymnafium
gab ihm die pädagogifche Uebung und Sicherheit, die ihm in
der Folge in feiner akademifchen Laufbahn von Nutzen war,
und ein faft fünfmonatlicher Aufenthalt in Paris brachte ihm
zuerft ein Verftändnis bei von der weltgefchichtlichen Bedeutung
einer europäifchen Großftadt. Seit feiner Rückkehr im Jahre 1840
gehörte er dann der Univerfität Heidelberg an, wo er alle Stufen
des akademifchen Lebens durchlief, anfangs in befchränkten Ver=
hältniffen und wenig beachtet, bis er als einer der gefeiertften
Docenten aus der Welt fchied, mit Orden und dem Titel eines
Geheimerats gefchmückt und von der Stadt Heidelberg zum Ehren=
bürger ernannt. Es war ein einfaches, bürgerliches Leben, nur
unterbrochen durch Reifen nach den Alpenländern, nach Italien,
nach Berlin; aber es war fo ausgefüllt durch litterarifche, aka=
demifche und parlamentarifche Erfolge, daß fein Name mit der
Gefchichte Heidelbergs, des badifchen Landes, des deutfchen Volkes
aufs innigfte verknüpft ward, daß ihm nach und nach alle aka=
demifchen Ehrenämter übertragen wurden, daß er, obwohl ein
jüngerer Mann unter der Profefforenfchaft, das entfcheidende
Wort führte.

Nachdem Häuffer durch die kleine Schrift über „Die Sage
vom Tell" fich als kritifcher Hiftoriker gezeigt, durch die zwei=
bändige „Gefchichte der rheinifchen Pfalz" fich den Ruf eines
ebenfo gründlichen wie freimütigen, patriotifch gefinnten Hiftorikers
erworben, betrat er gegen Ende der vierziger Jahre das weitere
Gebiet hiftorifch=politifcher Thätigkeit, auf dem er feine fchönften
Lorbeeren ernten follte. Wir wiffen bereits, daß er im Jahre
1846 durch eine Flugfchrift („Schleswig=Holftein, Dänemark und
Deutfchland") für die alten Elbherzogtümer gegen den dänifchen
Königsbrief in die Schranken trat, daß er im folgenden Jahre
bei der Gründung der „Deutfchen Zeitung" teeiligt war. Die
politifche Bewegung in Schleswig=Holftein ging in erfter Linie
von Heidelberg aus, und als die Sache der Herzogtümer von

den deutschen Großmächten preisgegeben ward, haben Häusser und seine Gesinnungsgenossen die Sympathien des deutschen Volkes für den verlassenen Bruderstamm mit allen ihnen zu Gebote stehenden Mitteln zu wecken und zu erhalten gesucht. Nach der Februarrevolution wurde der Heidelberger Professor zum Abgeordneten in den badischen Landtag gewählt und hat dort die liberalen Grundsätze, zu denen er sich stets bekannt, offen ausgesprochen. Mit derselben Entschiedenheit, mit welcher er die Gebrechen des früheren bureaukratischen Regiments rügte, trat er auch dem wüsten Demagogentum entgegen, welches das badische Volk zu republikanischen Schilderhebungen aufstachelte. Auch Heidelberg blieb von revolutionären Bewegungen nicht verschont. Doch wurde die beabsichtigte Farce einer Proklamation der Republik, welche in Freiburg aufgeführt worden war, wie erwähnt, durch das taktvolle Einschreiten der Bürgerwehr unter ihrem mutigen Kommandanten Nummer vereitelt. Die „Sinzheimer", welche den Anstoß geben und mitwirken sollten, wurden umringt und heimgeschickt, durften aber, dank der Vermittelung des Bürgermeisters Winter, mit ihren Waffen abziehen.

Uebrigens hat das Jahr 1848/49 auch in Heidelberg die Phänomene gezeigt, die demselben mit Recht die Benennung des „tollen" Jahres eingetragen haben. Hat man doch auch Professoren, zum Teil Männer von fünfzig Jahren, die an eine sitzende, gemächliche Lebensweise gewöhnt waren, zum Eintritt in die Bürgerwehr und zu militärischen Uebungen und Spielereien gezwungen. Die ungewohnte Anstrengung hat dem Schuldirektor Louis, einem hochverdienten, angesehenen und populären Manne, das Leben gekostet. Auf einem Ausmarsch wurde er in den Reihen der Wehrmänner vom Schlage gerührt. Und noch lange erzählte man sich als Kuriosität, daß Vangerow vor der Wohnung eines früheren Zuhörers, der nun Freischarenführer geworden, Schildwache gestanden habe. Terroristische Ausschreitungen kamen jedoch nicht vor. Nadler, der Verfasser der Gedichte in Pfälzer Mundart, dessen satirisches Lied „vom großen Hecker" im Bänkelsängerton den „Roten" so wehe gethan hat, blieb unbehelligt in seiner Vaterstadt, auch als in den Sommerwochen des folgenden Jahres durch die Flucht des Großherzogs Leopold und die Auflösung der Landesregierung anarchische Zustände im „Lande Baden" eintraten. Einzelne Bedrohungen gegen ihn und andere „Rückschrittsmänner" und „Volksverräter" waren harmloser Natur und hatten keine schlimmen Folgen. Nabler, der bald nachher einem unheilbaren Brustleiden erlag, hatte nach der Herstellung der alten Ordnung großmütig jede Anzeige der ihm widerfahrenen Beleidigungen und Bedrohungen verschmäht. Er wußte ja, wie rasch das Blut in den Adern des Pfälzer Volkes wallte und daß bösartige Symptome nur wie ein fremder Ueberzug eine gutartige innere Naturbeschaffenheit verdeckten. Damals zogen, wie zur Zeit der französischen Revolution, viele angesehene Leute über die Grenze. Es gab eine badische Emigration. Manche Heidelberger begaben sich nach dem hessischen Städtchen Auerbach an der Bergstraße, das sie zum „kleinen Koblenz" machten. Sie trauerten nicht gerade in Sack und Asche, denn es war nicht zu befürchten, daß die provisorische Regierung von langer Dauer sein würde, und so nahm man denn auch die Vorgänge in dem Großherzogtum und die kleinen, wenn auch blutigen Gefechte an den freundlich gelegenen Orten der Bergstraße nicht so gar wichtig. Wie konnte denn zwischen den zum Abfall verführten badischen Soldaten und den „Bassermannschen Gestalten" der Freischaren unter polnischen Führern ein kameradschaftliches Zusammengehen lange andauern! In gar manche Brust der Bauernsöhne in der Uniform war schon in den ersten Tagen bittere Reue eingekehrt. Auch Häusser war nach Auerbach ausgewandert. Seine politische Ansicht, die er einige Zeit nachher in den „Denkwürdigkeiten zur badischen Revolution" offen dargelegt hat, mußte den Männern, die damals an der Spitze der Bewegung standen, im höchsten Grade mißfallen, wenngleich auch die Mißstände unter dem alten Regime darin mit grellen Farben gezeichnet und als die Hauptquelle des Umsturzes dargestellt waren. Denn so verlangte es die Doktrin des damaligen Liberalismus und des nachherigen Gothaertums. Aber es dürfte einem aufrichtig forschenden Historiker schwer fallen, in dem Gange der Weltgeschichte stets das wahre Gesetz einer historischen Kausalität und eines konsequenten Pragmatismus nachzuweisen. Bei einer pragmatisch-historischen „Geschichtklitterung" laufen gar viele Fäden zusammen; und große Aktionen vollziehen sich, wenn die Zeit erfüllt ist oder wenn der Blitz einschlägt. Dann bricht sich das Neue mit einer gewissen elementaren Naturgewalt oder Naturnotwendigkeit Bahn.

Als Häusser nach der verlaufenen Sündflut wieder in die Musenstadt am Neckar zurückkehrte, mag es ihm nicht ganz behaglich gewesen sein. Denn die restaurierte badische Regierung machte im Anfang Miene, recht scharf vorzugehen. In Heidelberg gab es Untersuchungen und Verhaftungen; in Mannheim und Rastatt wurden von preußischen Militärgerichten Exekutionen angeordnet; über das Oberamt Heidelberg wurden ausgesprochene Reaktionäre als Beamte eingesetzt, wovon der eine (Uria Sarachaga) spanisches Blut in seinen Adern hatte und einen Absolutismus, wie ihn dereinst König Philipp II. in seiner Monarchie begründet, für die beste und heilsamste Regierungsform hielt. Thron und Altar im innigen Bunde wurde die Losung des Tages; in dem Prozeß Gervinus wollte man dem ganzen Liberalismus zu Leibe gehen. Uria, ein redegewandter Herr, hielt bei einem Festessen einen Toast, dessen Tendenz in dem Satze gipfelte: nach dem Niederwerfen der Revolution sei es die Hauptaufgabe der Universität, die Regierung in der Herstellung eines strammen Polizeistaates zu unterstützen. Damals leuchtete Oesterreichs Stern in Süddeutschland im glanzvollsten Lichte und die Jesuitenväter hielten ihre Missionsreden. Man gab sich in Karlsruhe keine Mühe, die liberalen Professoren, die nach andern Universitäten berufen wurden, zu halten. So sah man Henle nach Göttingen, Pfeufer und Jolly nach München, Dittenberger nach Weimar ziehen in dasselbe Pfarrhaus, wo einst Herders Geist gewaltet hatte. Dittenberger, als Stadtpfarrer und Seminarprofessor bei der Bürgerschaft wie bei den Theologie Studierenden gleich beliebt und angesehen, hatte das Mißfallen des Oberkirchenrates erregt, weil er acht Kämpfer, die bei Weinheim ihren Tod gefunden und auf einem Wagen mit der Ueberschrift: „Gefallen für die Freiheit," zur Bestattung nach Heidelberg geführt worden waren, nach dem Kirchhof geleitet und eine Grabrede gehalten hatte. Nach der Besetzung des Großherzogtums durch die Preußen wurde er zur Rechenschaft aufgefordert. Er berichtete über den Inhalt der Rede, bemerkte aber dabei, er hätte den Wortlaut genauer angeben können, wenn man ihn gleich nach dem Begräbnis zur Berichterstattung aufgefordert hätte.

Bekanntlich rühmten sich die französischen Emigranten nach der Herstellung der Bourbonen, „daß sie auf der geraden Bahn gewandelt", und verlangten dafür ihren Lohn. Aehnliches erlebte man auch in Baden. Die Loyalität wurde danach bemessen, ob einer im Lande geblieben oder ausgewandert war.

Im Frühjahr 1850 berief Preußen das „Unionsparlament" in Erfurt zusammen, um eine neue deutsche Staatsordnung zu schaffen. Wir wissen, daß Professor Zöpfl von der Regierung in das Staatenhaus gesandt wurde und dort im Interesse Oester= reichs sprach. Häusser wurde von einem badischen Wahlkreis in das Volkshaus gewählt. Dort hielt am 18. April der junge Abgeordnete die glänzende Rede, die in allen liberalen Kreisen Deutschlands Sensation machte. Sie gipfelte in dem Satze, der seitdem sein politisches Glaubensbekenntnis geblieben ist: „Preußen sei der Kern, an den der Kryftall des deutschen Staates an= schließen soll." So schlimm ging es in den fünfziger Jahren in Heidelberg nicht her, wie schwarzsichtige Seelen geweissagt hatten. Dank der bürgerfreundlichen Gesinnung des Großherzogs Leopold, der indessen schon im April 1852 den Schmerzen und Leiden einer langen Krankheit erlag, und dank der hochherzigen und freisinnigen Denkungsart seines Nachfolgers Friedrich gingen die dunklen Wolken der Reaktion bald vorüber. Die Musenstadt am Neckar gewann wieder das ruhige Aussehen und den wissen= schaftlichen Charakter früherer Tage. Die altliberale Partei, die man als die Gothaer bezeichnete, trug bald ihr Haupt wieder höher. Für Häusser begannen nunmehr die Jahre des Glanzes. Er legte Hand an das Hauptwerk seines Lebens: „Die deutsche Geschichte vom Tode Friedrichs des Großen bis zur Gründung des Deutschen Bundes" und benützte die Studien gleich für seine Vorträge. So konzentrierte er seine Arbeitskraft auf einen beschränkten, aber höchst wichtigen Zeitraum: der Niedergang des deutsch=römischen Reiches, die französische Revolution und ihre welterschütternden Folgen, der Kampf der alten und neuen Staatsordnungen und Weltanschauungen während des napo=

leonischen Kaisertums, das waren die großen Aufgaben, an denen
er ebensowohl seine nationale und patriotische Gesinnung wie
sein oratorisches Talent und seine schriftstellerische Gewandtheit
bewähren konnte. Dabei verfolgte er die einschlägliche historische
Litteratur, insbesondere das große Werk von Thiers über die
Revolution und das Kaisertum, und legte die Resultate seines
Forschens in der Beilage zur „Allgemeinen Zeitung" nieder.
Die Artikel mit den drei horizontalen Strichen wurden ebenso
begierig gelesen, wie seine Vorlesungen mit jedem Jahre an Zu=
hörern zunahmen. Zugleich gab er die Schriften des württem=
bergischen Nationalökonomen Friedrich List heraus mit einer
Lebensgeschichte des genialen und unglücklichen Mannes und
adoptierte damit dessen nationalen Standpunkt in allen wirtschaft=
lichen und merkantilen Fragen gegenüber der selbstsüchtigen, kosmo=
politischen Handelstheorie Englands. Und bald sollte auch seine
„Deutsche Geschichte" durchschlagen. So häuften sich Ruhm und
Lob auf sein Haupt, es bewährte sich bei ihm der Spruch des Dich=
ters, daß der Mensch wachse mit seinen größeren Zwecken, und dieses
Wachstum wurde beschleunigt und gekräftigt durch die Erfolge so=
wohl auf der Lehrkanzel als in seinen schriftstellerischen Arbeiten.
Die „Deutsche Geschichte" ist kein Kunstwerk ersten Ranges;
um ein solches zu schaffen, besaß Häusser nicht genug ästhetischen
Sinn; Form und Darstellung lassen manches zu wünschen übrig.
Auch war der Erfolg der beiden ersten Bände keineswegs glänzend.
Erst als er den Schauplatz des großen handelnden Lebens in
den ersten vierzehn Jahren unseres Jahrhunderts betrat, wurde
die deutsche Leserwelt gepackt von dem lebensfrischen Naturalismus
und dem warmen deutschen Patriotismus, der die Darstellung
durchweht. Wäre das Buch einige Jahrzehnte früher erschienen,
so würde es geringen Anklang wenigstens im südlichen und west=
lichen Deutschland gefunden haben, ja es wäre als ein ten=
denziöser Mißton erschienen gegenüber der Auffassung der großen
weltgeschichtlichen Ereignisse des napoleonischen Imperiums, die
man hauptsächlich französischen und rheinbündlerischen Schriften
entnommen und wie eine historische Legende fortgeführt hatte.
Jetzt war aber die öffentliche Meinung umgeschlagen; die Demü=
tigungen, die sich Preußen in Kurhessen und Baden „aus

strategischen Rücksichten" hatte fallen lassen und die auf dem
Unglückstag von Olmütz ihren Gipfelpunkt erreichten, hatten
das Ehrgefühl des preußischen und eines großen Teiles des
deutschen Volkes tief verletzt. Solche Erniedrigung läßt sich eine
selbstbewußte Nation nicht gefallen. Schon bemerkte man den
Dämmerschein einer neuen Morgenröte, die nicht lange mehr
ausbleiben konnte. In diesen Tagen politischer und vater-
ländischer Erregung war das Häußersche Buch eine Erfrischung.
Selbst in den Kreisen der hohen Welt wollte man hinter der
nationalen Stimmung, welche die öffentliche Meinung bei der
Mehrheit des deutschen Volkes durchzog, nicht zurückbleiben.
Darum wurde die „Deutsche Geschichte" wie ein zeitgemäßer
Mahnruf, sich von veralteten irrigen Anschauungen zu eman-
cipieren, in vielen Schichten der Gesellschaft freudig begrüßt und
willkommen geheißen. Das Buch wurde mit Preisen, der Verfasser mit Orden geehrt; es mußte viermal aufgelegt werden.
Die „Deutsche Geschichte" bewegte sich auf der Mittelstraße
zwischen populären Darstellungen, die oft oberflächlich und
ungenau, und zwischen diplomatisch-staatsmännischen Veröffent-
lichungen, die oft zu weitschweifig und zu wenig fesselnd waren,
und sie hatte gerade so viel aus archivalischen Urkunden herbei-
gezogen, um der neuen Auffassung auch das Ansehen neuer
Forschungen zu geben.

Um die Mitte der fünfziger Jahre begann die Glanzperiode
Häußers und zugleich das Regiment der Gothaer, die sich um
ihn gruppierten. War Häußer auch nicht eine so imperatorisch
angelegte Natur wie Thibaut und Schlosser, denen sich jedermann als selbstverständlich unterordnete, so wußte er sich doch
durch seine Talente und durch sein weltkluges und taktvolles
Benehmen eine dominierende Stellung zu erobern. Er wußte
die Notabilitäten der Universität, Vangerow, Bunsen u. a., an
seine Fahne zu fesseln; er wußte Heinrich von Gagern und
Wilhelm Beseler, die mehrere Jahre in Heidelberg zubrachten, in
seine Zirkel zu ziehen; ein anderer angesehener Mann, der einst
im Frankfurter Parlament gesessen und sich dann in Heidelberg
angekauft hatte, Alexander Pagenstecher, war bei politischen oder
religiösen Zusammenkünften sein Adjutant; der ehemalige Staats-

minister von Dusch, ein hervorragender Geist, welcher die feine
künstlerisch-litterarische Bildung der alten Zeit mit dem freien
und weiten Blick moderner Weltanschauung vereinigte, den einst
ein Gesinnungsgenosse mit Beziehung auf seine vieljährige diplomatische Thätigkeit in der Schweiz, am Bundestage, in Bayern
als einen „weißen Raben" bezeichnete, ging viel mit ihm um,
und der vornehm zurückhaltende Gervinus trat mit ihm in
geselligen Verkehr. Schon diese Namen bestätigen das Urteil,
das wir oben über die Gothaer Partei ausgesprochen. Häusser
war das eigentliche Haupt derselben; seine Kräfte waren noch
nicht verbraucht, er war noch jung genug, um auf die Zukunft
zu hoffen. Gagern war eine stattliche, vornehme Erscheinung
von männlicher Gestalt und Schönheit; diese hat denn auch nicht
wenig beigetragen, daß er sich einst in Frankfurt zu solcher Bedeutung aufschwingen konnte, denn weder sein Geist noch seine
Beredsamkeit waren hervorragend. Er war ein ernster Mann,
der meistens nur von politischen Dingen sprach, und dann ge-
wöhnlich in gesteigertem feierlichen Tone. Es ist ganz zutreffend,
was Moritz Busch berichtet, Bismarck hätte von Gagern gesagt,
dieser habe zu ihm gesprochen wie zu einer Volksversammlung.
Der ehemalige Reichsminister stand überhaupt schon auf der
Wende seiner politischen Ansichten, wie sie später in Wien deutlicher
hervortrat. In Gestalt und äußerem Auftreten hatte Beseler
manches Aehnliche mit Gagern, aber seine preußisch-deutsche Gesinnung wurde von niemand bezweifelt. Als er am 2. Sept. 1884
als Kurator der Universität Bonn starb, meldete der Reichs- und
Staatsanzeiger, daß Wilhelm Hartwig Beseler sich einst in Heidelberg „als Student an den Idealen der Burschenschaft begeistert
hatte und dann in schweren Zeiten durch Opfermut, Thatkraft
und Umsicht seinen Namen verewigte, dessen schlichte Größe im
dankbaren Andenken seiner Stammesgenossen unvergänglich fortleben wird". Freundschaft und alte Erinnerungen hatten ihn in
den Jahren des Exils wieder nach der Neckarstadt geführt.

An einer harmloseren Gesellschaft, die noch jetzt als Donners-
tagsgesellschaft in einer jüngeren Generation fortbesteht und
einige bemooste Häupter aus jenen Tagen unter ihren Mitgliedern
zählt, nahm Häusser gleichfalls Anteil. Es waren gemäßigt

liberale Männer, Professoren, Geistliche, angesehenere Bürger, welche einmal in der Woche zusammenkamen und bei Wein und Abendessen in unbefangener und freimütiger Weise über die Erscheinungen des öffentlichen Lebens, wie der Wissenschaft und Litteratur sich aussprachen.

Von Alexander Pagenstecher, der viele Jahre Arzt in Elberfeld gewesen, dann im Parlamente zu Frankfurt sich in der Politik versucht hatte, enthalten die badischen Biographien einen mit kindlich pietätvoller Gesinnung entworfenen biographischen Abriß, worin es heißt: „In Heidelberg, wo die Jugend Ideale gefunden, suchte das Alter Erholung." In diesem halb dichterischen Ausspruch ist die Summe alles dessen enthalten, was für dieses Buch erforderlich ist. Als Pagenstecher seine Studienjahre in Heidelberg verbrachte, kam er viel in das Haus der uns schon bekannten Frau Dapping, seiner Tante. Er war ein bildschöner Jüngling, dem die langen braunen Locken, die er als Burschenschafter in altdeutscher Weise über die Schultern herabwallen ließ, ein ideales Aussehen gaben. Die jungen neugierigen Fräulein des Instituts nannten ihn den Apollo. Es war daher nicht so gar schwer, mit Hilfe der Tante in der Tochter eines reichen Elberfelder Kaufmanns das Jugendideal zu finden, das ihm dann als Gattin das Leben verschönert und bereichert hat. Nach dem Tode des Schwiegervaters zog er im Frühjahr 1852 mit seiner zahlreichen Familie in das „ewig schöne" Heidelberg zurück, kaufte ein Haus mit Garten und führte als reicher Mann ein heiteres geselliges Leben. Die braunen Locken waren mittlerweile weiß geworden, aber er war noch immer ein schöner und stattlicher Mann. Er mochte wohl wie einst Appius Claudius, als er aus der Sabina in Rom einzog, der Hoffnung leben, eine wenn auch nicht fürstliche, so doch akademische Dynastie zu gründen. Denn drei Söhne wurden nach und nach Docenten der Universität. Aber zu so stolzen Hoffnungen reichten die Kräfte nicht hin. Pagenstecher lebte noch siebzehn Jahre in Heidelberg; er wurde Stadtrat und Kreisrat, er las am fünfzigjährigen Gedenktag der Leipziger Völkerschlacht vom Söller des Rathauses herab eine Denkrede, er beteiligte sich bei politischen und kirchlichen Versammlungen und starb am 8. März 1869, „im Frieden mit seinem

Schicksal, mit Gott und den Menschen", wie er selbst aussprach.
Er hätte noch hinzufügen dürfen: „zufrieden mit sich selbst".
Denn er war der typische Ausdruck des Gothaer Selbstgefühls.

Auch noch zwei andere Männer, die sich durch historische
und publizistische Schriften einen Namen gemacht hatten, lebten
in den fünfziger Jahren in Heidelberg, August von Rochau und
Jakob Venedey. Beide waren politische Flüchtlinge aus den
dreißiger Jahren, die ihre liberale Ueberzeugung und ihr braves
ehrliches Herz wieder heimgebracht hatten. Sie verkehrten mit
Häusser, gehörten aber nicht zu den Eingeweihten des Gothaer
Zirkels. Rochau, ein nobler, ritterlicher Mann an Gestalt und
Gesinnung, weitgereist und sprachgewandt, war, wie sein Freund
Professor Marquardsen, Mitglied des Engeren, von dem sogleich
die Rede sein wird und widmete später seine politische Thätigkeit dem „Deutschen Nationalverein"; Venedey war eine treue
ehrliche Seele, aber sein idealer Demokratismus galt nicht für
ebenbürtig. Auch das Frankfurter Parlamentsmitglied Julius
Fröbel, Neffe des bekannten Pädagogen und Gründers der Kinder-
gärten, verbrachte einige Zeit seines wechselvollen, vielbewegten
Lebens in Heidelberg. Nach der Wiener Katastrophe im Oktober und
November 1848 zugleich mit Robert Blum von Windischgrätz gefangen, war er nach peinvollem Schweben zwischen Leben und Tod
nur darum dem tragischen Ende seines Gefährten entgangen, weil
man in Erfahrung gebracht, daß er früher im Sinne Oesterreichs
publizistisch gewirkt habe. Es war nur eine kleine Episode aus dem
abenteuerlichen Lebensgange Fröbels.

Im Jahre 1860 ließ sich Häusser wieder in den Landtag wählen;
und nun begann, da er zugleich seine Vorlesungen fortsetzte, die
Riesenarbeit, die seine Kräfte vor der Zeit aufrieb. Wie oft kam
er direkt von Karlsruhe auf das Katheder und direkt vom Auditorium in die Kammer! Und die Ferien benützte er zu Forschungen
in den Berliner Archiven oder er wohnte den Sitzungen der historischen Kommission in München bei. Und wo er schaffend sich bewegte,
stand er in der vordersten Reihe. In seinen Lehrsaal strömten Zuhörer aller Fakultäten und gar manche Männer gereifteren Alters.

Zu diesen Erfolgen trug neben dem ungewöhnlichen Talente
auch der Umstand bei, daß er fast ohne Konkurrenz war. Schlosser

hatte sich zurückgezogen und Kortüm, der nach einer längeren Lehrthätigkeit in Hofwyl, Basel, Bern im Jahre 1840 als Professor der Geschichte nach Heidelberg berufen ward, war ohne alle akademische Wirksamkeit. Ein Gelehrter von gründlichem, ausgedehntem Wissen, der über alle Teile der Geschichte solide Bücher geschrieben und die historische Quellenforschung meisterhaft geübt hat; aber formlos im Leben, wie in seinen Vorträgen und Schriften, hat er in der Heidelberger Professorenwelt nicht die Bedeutung erlangt, die er beanspruchte und erwartet hatte. Dies erzeugte in ihm eine morose menschenfeindliche Stimmung, besonderen Groll trug er den „sieben Weisen" von Göttingen nach, welche die Welt so hoch feierte, daß sie darüber seine eigenen Verdienste nicht würdigte. Und doch war er einst in den Freiheitskriegen mit gen Paris gezogen und war stolz auf den Namen eines „Marathonkämpfers". Demokrat und Republikaner nach schweizerischem Vorbilde, nicht nur in Gesinnung und Theorie, sondern auch in der Geringschätzung äußerlicher Sitten, Anstandsregeln und Lebensformen, blieb er in den Heidelberger Gesellschaftskreisen stets eine fremdartige Figur. Sein plebejisches Wesen stand im Kontrast mit dem Gesamtcharakter der Universität, die stets einen gewissen vornehmen Schnitt hatte. Nur mit Reichlin=Meldegg und dem Direktor des Gymnasiums, Hofrat Hautz, lebte er in vertrautem Verkehr, drei Persönlichkeiten, welche innerliche Sympathien und äußerliche Erscheinung und Lebensweise als passende Gefährten zu einander führten. Reichlin= Meldegg, welcher die beiden andern überlebte, hat aus den Kollegienheften Kortüms eine „Geschichte Europas im Uebergange vom Mittelalter zur Neuzeit" in zwei Bänden herausgegeben und ein kurzes Charakterbild von dem Freunde veröffentlicht. Ein Cyniker in Grundsätzen und Leben, wandelte Kortüm als Sonderling durch die akademische Welt und durch die schwach besuchten Kollegien. Nur zwei strebsame junge Akademiker von edler Naturanlage und reinem gutmütigen Herzen, die sich in der Folge in der historischen Wissenschaft einen hervorragenden Namen erwarben, August Kluckhohn und Theodor von Kern, haben über den sonderbaren Vortrag und die Formlosigkeit in Stil und Darstellung sich weggesetzt und, das solide, gediegene

Wissen und die gründliche Gelehrsamkeit würdigend, dem wunder=
lichen Manne stets ein pietätvolles Andenken bewahrt. Kern,
Professor der Geschichte in Freiburg und Mitherausgeber der
deutschen Städtechroniken unter Karl Hegels Leitung, ist frühe
dahingeschieden, aber sein treuer Freund Kluckhohn ist noch jetzt
ein eben so gründlicher als eleganter Historiker. Namentlich
hat er der Geschichte der Pfalz neben Häusser die eingehendsten
Studien und Forschungen gewidmet, deren Resultate in ver=
schiedenen monographischen Werken vorliegen.

Ehe wir von dem reichen Lebensgang Häussers scheiden,
müssen wir eine für unsere Zwecke wichtige Seite berühren —
seine gesellschaftliche Stellung. Seine ökonomischen Verhältnisse
hatten sich in den fünfziger Jahren sehr gehoben. Er hatte zwei
Berufungen an andere Universitäten abgelehnt und war dafür
von der Regierung besser gestellt worden; seine litterarischen und
akademischen Erfolge hatten seine Einnahmen ansehnlich vermehrt;
er konnte sich ein eigenes Haus in dem schönsten Stadtteile er=
werben; er stand im besten Lebensalter und machte in seiner
äußeren Haltung den Eindruck eines gesunden Mannes. Da
war es denn nicht zu verwundern, daß er seine Pfälzer Froh=
natur walten ließ. Neben den etwas steifen Gothaer Zirkeln
gründete er einen freieren geselligen Verein „aus allerlei Volk“,
an dem sich vorzugsweise ehemalige Studiengenossen beteiligten.
Das war der „Engere“, der durch Scheffels Lieder in ganz
Deutschland bekannt geworden ist. Aus diesen Abendgesellschaften,
wo es lustig zuging und Witzreden und joviale Gespräche mit
Gesängen wechselten, stammten die Texte und die meisten Melo=
dien jener humoristischen Lieder. Auch in den „Deutschen Bio=
graphien“ wird hervorgehoben, daß Häusser in diesen Tagen das
Leben mit der Behaglichkeit genoß, die dem echten Sohne der
Pfalz so wohl anstand. „Er liebte es,“ heißt es dort, „die
arbeitsvollen Tage in engerem oder größerem Kreise bei einem
ausgesuchten Glase zu beschließen, und sah es gern, wenn seine
Meisterschaft in Kenntnis des Weins und Bereitung kunstreichen
Getränkes auch von andern gewürdigt wurde. Dann entfaltete
er neben einer seltenen Gabe der Erzählung einen ebenso liebens=
würdigen wie unerschöpflichen Humor; nahm er aber einmal das

Wort zu einer längeren Tischrede, so wußte er den ernsten Ton mit nicht geringerem Talent als den heiteren zu treffen." In Häusser waren zwei Naturen vereinigt, und so konnte er auch auf zwei Gebieten mit gleicher Virtuosität sich sicher bewegen. In der Gewandtheit, sachgemäße, der Gelegenheit angemessene Tischreden zu halten oder eine schlagfertige Replik ex tempore anzubringen, ist ihm niemand gleichgekommen. Er war der anerkannte Sprecher an jeder Tafel. Am liebsten erging er sich in heiteren Toasten, häufig mit Anspielungen auf Tages= fragen. Von Sentimentalität oder elegischen Stimmungen war er ebenso weit entfernt wie von pessimistischer Weltanschauung. Aber jede Kraftanstrengung hat ihre Grenzen. Schon bei den sieben Weisen Griechenlands galt der Spruch: „Maß zu halten ist gut." Gegen ein Uebermaß der Arbeit ist ein Uebermaß des Genießens kein gesundes Heilmittel. Schon den großen Vor= gängen von 1866 stand Häusser mit gebrochener Kraft gegen= über und blickte mit stoischer Resignation apathisch in den Auf= ruhr der Gemüter, der in jenen sturmgepeitschten Tagen sein Krankenlager umtoste. Das Jahr 1870/71 sollte Häusser nicht mehr erleben. Aber als der Staatsminister Jolly, einst Docent an der Heidelberger Universität und dem Gervinus=Häusserschen Kreise nahestehend, den badischen Kammern am 22. Dezember 1870 den Bündnisvertrag von Versailles vorlegte, so schließt der Artikel in den „Deutschen Biographien", und dankbar auch derer gedachte, welche die politische Wiedergeburt Deutschlands dadurch vor= bereiteten, daß sie in trüben Zeiten treu und mutig den vater= ländischen Sinn unseres Volkes großzogen und nährten, brachte er seine Huldigung vor allem den Manen Häussers dar, als des Mannes, „der wie kein anderer, zumal in Süddeutschland, die Herzen der Jugend patriotisch erwärmte".

Häusser pflegte im Freundeskreise oft zu sagen, er sei von seiner ganzen Familie stets als ein abgefallenes Glied angesehen worden, weil er dem geistlichen Berufe seiner Vorfahren untreu geworden. Da liegt denn die Frage nahe, wie sich der Geschichts= professor zu den Heidelberger Theologen gestellt habe. Das Interesse für Religion und Kirche hat Häusser stets in sich ge= tragen, aber seine Wege nahmen eine andere Richtung, als die

Mehrzahl der theologischen Fakultät im Anfange der fünfziger Jahre einhielt. Wohl war schon in den vierziger Jahren Bern= hard Hundeshagen, ehedem in Gießen und Halle ein thätiges Mitglied der Burschenschaft und darum manchen Vexationen aus= gesetzt, infolge seines trefflichen Buches „Der deutsche Pro= testantismus" aus Bern nach Heidelberg berufen worden und hat nie seine patriotische und freisinnige Lebensanschauung ver= leugnet, ist nie der Ueberzeugung untreu geworden, daß Deutsch= lands künftige staatliche Entwickelung nur im engsten Anschluß an Preußen zu einem gedeihlichen Ziele gelangen könne; aber als strenger Kirchenmann war er den rationalistischen oder in= differenten Ansichten der meisten Liberalen abgeneigt und schloß sich daher solidarisch an die übrigen mehr positiven Glieder der Fakultät an, als deren Haupt Ullmann gelten konnte. Ur= sprünglich der Theologie der vermittelnden Richtung angehörig, war Ullmann durch das Auftreten der Deutschkatholiken und durch die revolutionäre Bewegung von 1848/49 mehr auf die rechte Seite gedrängt worden und ging dann bald nachher als Prälat und Vorstand des Oberkirchenrats ganz auf die positiv= orthodoxe Richtung ein. Umbreits elastische, bestimmbare Natur war für Meinungskämpfe nicht geschaffen; wenn die theologischen Ansichten schroff auseinander gingen, liebte er es, sich als Orien= talist neutral zu verhalten und mit allen Kollegen auf freund= schaftlichem Fuße zu verkehren. Auch ist der feingebildete, liebens= würdige Greis mit der schlanken, hohen Gestalt und dem schönen schneeweißen Haupte bald aus der Welt geschieden, ein leidender und getrösteter Hiob. Es war nicht ganz gerecht, wenn man in gegnerischen Kreisen die theologische Zeitschrift „Studien und Kritiken" nach den Anfangsbuchstaben der Herausgeber als „Uhu" bezeichnete; sie hat immer einen wissenschaftlichen und gemäßigten Charakter bewahrt.

Aber bald erhielt die Fakultät einen Kollegen in ihre Mitte, den die Natur zum streitbaren Feldherrn in der ecclesia militans geschaffen hatte — Daniel Schenkel. Nicht ohne die geheime Nebenabsicht, dem Verfasser der „Mission der Deutschkatholiken", Gervinus, einen Gegner zur Seite zu stellen, betrieb Ullmann die Berufung des schweizerischen Theologen zum Professor und

Seminardirektor an der Stelle des nach Bonn übergesiedelten
Rothe. Schenkel hatte sich in Schaffhausen gegenüber dem
Kryptokatholiken Hutter als mutigen Kämpfer erwiesen, er
hatte in der gehaltvollen Schrift „Wesen des Protestantismus"
die Prinzipien des wahren Christentums auf dem Grunde
der positiven Union entwickelt, er hatte, wie Ullmann selbst,
große Bedenken über die Sache der Deutschkatholiken kund=
gegeben; sein christlicher Standpunkt war so korrekt kirchlich
wie der von Hundeshagen. So stand denn die theologische
Schule Heidelbergs, namentlich seitdem Dittenberger nach Wei=
mar gezogen war, auf gläubigem Boden, und wenn sie auch
gegenüber der Jesuitenmission die konfessionelle Fahne aufrecht
hielt, so wurde sie doch von dem Bürgermeister Smidt in
Bremen als die geeignetste zur Ausfertigung eines Gutachtens
ausersehen, kraft dessen man den freireligiösen Prediger Dulon
seines Amtes entsetzen konnte. Es wurde aus dem Inhalt
einiger Predigten der Beweis geliefert, daß der Bremer Pastor
nicht auf christlichem Boden stehe, daß er pantheistische Lehren
vortrage. War es unter solchen Umständen zu verwundern, wenn
in den Kreisen der Altliberalen und Gothaer die protestantischen
Theologen als Teilnehmer und Förderer der reaktionären Strö=
mung angesehen wurden? Damals war Schenkels Name in den
freisinnigen Kreisen übel angeschrieben. Ihm wurde in erster
Linie die Schuld beigemessen, daß die Docenten Kuno Fischer
und Moleschott ihrer Lehrthätigkeit in Heidelberg enthoben wurden.
Sein ungewöhnliches Talent, seine Erfolge als Prediger und
Schriftsteller, seine geistige Beweglichkeit und Streitfertigkeit ver=
schafften ihm eine hervorragende Stellung; er galt als das Haupt
der Heidelberger Schule, die, wenn sie gleich noch immer den
Standpunkt der Vermittelungstheologie und der Union festhielt, doch
in Glaubenssachen einen positiven Charakter trug. In einem Uni=
versitätsstreit wegen einer neuen pietistisch gefärbten Verbindung,
„Wingolf" genannt, nahm Schenkel als Prorektor für die letztere
Partei und setzte mit der ihm eigenen Lebhaftigkeit die Auflösung
der Corps und die Schließung des Paufsaales durch. Aber in
der zweiten Hälfte der fünfziger Jahre trat eine Wendung ein.
Als auf der Generalsynode von 1855 in Lehre, Kultus und Ver

fassung hierarchische Tendenzen anspruchsvoll hervortraten, die
den bekannten Agendenstreit hervorriefen, als der badische Ober=
kirchenrat unter Ullmanns Leitung die orthodoxe Richtung bei
der Landesgeistlichkeit offen begünstigte, als die Regierung durch
den Abschluß des Konkordats mit Rom den klerikalen Ansprüchen
zu weit entgegenkam, da glaubte Schenkel die Zeit gekommen,
die Fahne einer freisinnigen Theologie zu entfalten und für
das Recht des Gewissens in Glaubenssachen und das Recht
der Gemeinde in der kirchlichen Verfassung einzutreten. Die
„Allgemeine Kirchenzeitung“ diente ihm als Organ für seine
Principien, und auf den „Durlacher Konferenzen“ und auf der
Generalsynode von 1861 trat er als Wortführer der freien kirch=
lichen Richtung auf. Nun versöhnten sich auch die früheren
Gegner mit ihm, Häußer, Pagenstecher, der Stadtpfarrer und
Dekan Zittel, ein standhafter Vertreter humanistisch=liberaler
Weltanschauung, schlossen sich dem Manne an, der ihnen so
gute Dienste leistete und ihren Bund so eifrig suchte. Damit
war Schenkel auf eine Bahn geleitet, die ihn bei seinem leb=
haften Temperament und seiner litterarischen Streitfertigkeit
immer weiter in die kirchliche Opposition gegen die Ortho=
doxie führen mußte. Er entzweite sich mit Hundeshagen und
trat mehr und mehr als Vorkämpfer der freisinnigen Richtung
in der Theologie auf. Mit dem „Charakterbild Jesu“, worin
er auf Grund der drei ersten Evangelien ein echt menschliches
Bild Jesu zu entwerfen versuchte, kam er dem Standpunkte von
Paulus und Strauß ziemlich nahe. Das Buch erlebte vier Auf=
lagen und erregte in den gläubigen Kreisen einen Schrei der
Entrüstung. Man versuchte sogar, ihn von seinem akademischen
Kirchenamt zu entfernen. Aber mutig und erfolgreich widerstand
er allen Angriffen und behauptete seinen Posten. Der Ober=
kirchenrat erklärte sich für den Grundsatz der Lehrfreiheit und
wies die von vielen Landesgeistlichen erhobenen Proteste zurück.

Mittlerweile war Rothe wieder von Bonn zurückgerufen
worden und jedermann erwartete, daß sich nun eine neue
Atmosphäre über die theologische Welt Heidelbergs verbreiten
würde; aber so fest der treffliche Mann in seinem christlichen
Glauben stand, so sehr ihm der „Herr Christus“ als der Eckstein

alles religiösen und sittlichen Lebens galt, gegen die aggressive Natur Schenkels vermochte der sanfte, bescheidene Kirchenrat nicht aufzukommen, zumal der Kollege sich huldigend an ihn anschloß. Rothe wurde der Hausfreund von Schenkel und begünstigte dessen kirchliche Richtungen und Bestrebungen, soweit sie nicht den religiösen Glauben, sondern das äußere Gehäuse berührten. Er war Mitbegründer des unter der Aegide von Schenkel, Häußer, Zittel, Hitzig u. a. in Frankfurt gestifteten Deutschen Protestantenvereins, dessen Grundgedanken der Heidelberger Seminardirektor in der Schrift „Christentum und Kirche im Einklang mit der Kulturentwickelung" eingehend darlegte, und ertrug es mit christlicher Nachsicht, wenn die Gegner ihn spottend als den „Heiligen des Protestantentages" bezeichneten. Er sah darin nur den konkreten Ausdruck einer irenischen Glaubensrichtung, wie aus einem Brief hervorgeht, in welchem er einem Freunde den Verlauf des ersten Protestantentages meldet: „Die Hauptsache war mir, daß es sich zweifellos herausstellte, daß der Verein grundsätzlich die mannigfaltigsten theologischen Standpunkte in sich aufnehmen will, ja das Beisammensein entgegengesetzter theologischer Pole in seinem Schoß als eine seiner Lebensbedingungen betrachtet." Als wenige Tage vor seinem Tode die freireligiöse Gemeinde in Mannheim sich durch ein Telegramm nach seinem Befinden erkundigte, dankte er für die Aufmerksamkeit, fügte aber gegen die anwesenden Freunde scherzend bei „Es würde das den Ruhm seiner Orthodoxie allerdings nicht vermehren, aber auf diese komme es nur nach menschlichen Urteilen, nicht vor dem höchsten Richterstuhl an." Wer so sehr seinen Christus im Herzen trug und sein Christentum im Leben bethätigte wie Rothe, an dem konnte kein Spott haften. Nur ein Mann, dessen ganzes Wesen Sittlichkeit und Humanität war, konnte eine „Christliche Ethik" schreiben.

Trotzdem daß Häußer und seine Gesinnungsgenossen Schenkel als Mitstreiter in ihre Reihen aufnahmen, so ist doch nie ein sympathisches Verhältnis oder ein intimer Verkehr zwischen ihnen entstanden. Dem Historiker fehlte das nähere Verständnis des religiösen Lebens und das warme Interesse für die kirchlichen Institute. Die Religion galt ihm nur als eine der Stützmauern des Staates.

Für ein Gemütsleben, wie es in Rothes Innerem gleich einem
Blumenbeet ausgebreitet lag, hatte er kein Organ; Poesie und
Kunst waren ihm fremde Güter; über Musik dachte er wie Schlosser
und scherzte über Gervinus, daß er täglich in „Händel" lebe und
doch körperlich immer zunehme *).

Zum Schluß müssen wir noch eines Mannes gedenken, der
zwar nur eine kurze Episode seines vielbewegten und ereignis=
vollen Lebens im Neckarthal zugebracht hat, dessen berühmter
Name aber dem Ehrentempel der Heidelberger Notabilitäten neuen
Glanz hinzufügte — des Freiherrn Chr. Karl Josias von Bunsen.
Wenn man von der alten Brücke auf dem rechten Neckarufer
stromaufwärts dem Haarlaß und dem Stifte zugeht, sieht man
an der Bergseite unterhalb der sogenannten Engelswiese ein
stattliches Landhaus mit einem dicht von Epheu bewachsenen
Balkon von massiver Bauart, im Rücken und zur Seite von
umfangreichem Garten= und Weinland umgeben und mit pracht=
voller Aussicht auf Schloß und Fluß und auf die Höhen des
Königstuhls. In alter Zeit hieß der Platz „das rote Läppchen".
Als aber zu Anfang der dreißiger Jahre eine Frankfurter Patri=
cierdame, Frau Nieß=Duffay, Schwester der Frau Stiftschlosser,
das Terrain käuflich erwarb und sich anbaute, nannte sie die
neue Besitzung nach ihrem Vornamen Charlottenberg. Frau
Nieß=Duffay war eine edel angelegte Natur.

Während, wie uns bekannt, Frau Schlosser zur katholischen

---

*) Als die obigen Worte schon gedruckt waren, brachte die „Heidel=
berger Zeitung" die Nachricht, daß Dr. Daniel Schenkel, Kirchenrat und
Professor a. D., in der Nacht vom 19. Mai nach langem, schweren Leiden
sanft entschlafen sei. Ein neuer Beleg zu der Note p. 248: Wie einst
Kuno Fischer am Sarge Reichlin=Meldeggs, so konnte auch mit noch
größerem Rechte Professor Holsten den Lebensabriß und wissenschaftlichen
Bildungsgang des Kollegen mit den Worten schließen: „Dieser ist ein
Mensch gewesen und das heißt ein Kämpfer sein"; und der Stadtgeistliche
Hönig, ein ehemaliger Zögling des Heidelberger Seminars, führte in
kraftvollen Zügen aus, wie die Vereinigung von Wissenschaft und Leben,
von Theorie und Praxis das wichtigste Anliegen und Streben Schenkels
gewesen sei und seine Verdienste um die Verfassung der badischen Landes=
kirche unvergeßlich bleiben werden.

Kirche hinübergezogen ward, blieb die Schwester dem Glauben treu, für den einst ihre Vorfahren ihr Vaterland und ihre heimatlichen Erinnerungen geopfert hatten, und suchte ihre innere Befriedigung in Wohlthätigkeit und Hilfeleistung. Als sie auf einem Besuche bei Wiener Verwandten durch einen Unfall das Leben einbüßte, kam das Landhaus in den Besitz einer Adoptiv= tochter, die sie einst als armes Mädchen an Kindesstatt an= genommen und standesgemäß hatte erziehen lassen. Die junge Dame hatte sich kurz zuvor mit einem Offizier vermählt, einem lebensfrohen Manne, der gesellschaftliche Unterhaltung liebte. Da ging es denn bald heiter zu in der Villa Charlottenberg und viele Gäste zogen ein und aus. Auch die beiden Prinzen, der jetzige Großherzog und sein älterer frühe verstorbener Bruder, welche im Anfang der vierziger Jahre die Heidelberger Universität besuchten, verkehrten in dem gastlichen Haus. Aber die Welt= lust und die gesellschaftlichen Genüsse des jugendlichen Ehestands= lebens gingen bald zu Ende. Man sprach von häuslicher Dis= harmonie; der Eheherr verbrachte den größten Teil seiner Tage in der Ferne; die Frau führte das eingezogene Leben einer Witwe. Plötzlich verlautete in den Kreisen ihrer Bekannten, sie sei zur katholischen Kirche übergetreten. Einem gewandten Domherrn in Speier sei das propagandistische Werk gelungen, die Trauernde zu überzeugen, daß nur im Schoße der römisch=katholischen Kirche Friede auf Erden und himmlische Seligkeit zu finden wäre. Von der Zeit an befolgte man auf dem Charlottenberg den Mahnruf des Dichters Jakobi: „Weg mit Lustgesang und Reigen!"

Lustgesang und Reigen kehrten auch nicht wieder in die Räumlichkeiten ein, als die Familie Bunsen um die Mitte der fünfziger Jahre das Landhaus mietete. Zum heiteren geselligen Lebensgenuß fehlte die Jugendlichkeit. Dagegen entfaltete sich eine ästhetisch=geistige Atmosphäre, wo der Genius seine Schwingen regte, wo die Ritter vom Geist ihre Waffen übten und die Kalokagathie den Ton der Unterhaltung angab. Noch einmal kehrte eine gehobene Geselligkeit in die Räume ein, wie man sie in den ersten Jahren der neuerbauten Villa gekannt hatte. Der Charlottenberg wurde im kleinen ein Weimarer oder mediceischer Musenhof, zeitweise von internationalem Charakter.

Niemand wird erwarten, daß wir auf den gesamten Lebens-
und Bildungsgang eines in der politischen Welt wie auf dem
Gebiete der Wissenschaft und der Bibelforschung so hervorragenden Geistes von der Geburt (Korbach 25. August 1791)
bis zu seinem Tode (Bonn 28. November 1860) näher eingehen
werden. Nimmt doch der von R. Pauli in den „Deutschen
Biographien" niedergelegte Abriß seines Lebens und Wirkens selbst in der gedrängten Darstellung zwölf Seiten ein!
Auch ist ja das interessante Buch, das die Witwe Bunsens
nach seinen Briefen und ihren eigenen Erinnerungen verfaßt
und das Professor Nippold mit neuen Mitteilungen vermehrt
in deutscher Ausgabe in drei Bänden (Leipzig 1868—1871) veröffentlicht hat, allgemein bekannt. Aber die drei bis vier Jahre,
die Ritter Bunsen in der anregenden Heidelberger Luft verlebte,
waren so wichtig und inhaltreich, daß der Aufenthalt am romantischen Neckarstrand für ihn selbst und seine Familie wie für
die Wissenschaft und den Freundeskreis eine inhaltvolle Periode
in seinem reichen Dasein bildet. Hier schloß seine Tochter
Theodora, eine junge Dame voll Anmut und Liebreiz, eine
glückliche, leider nur kurz dauernde Ehe mit dem Freiherrn von
Ungern-Sternberg, den bald nachher der Großherzog in seine
Nähe an die Spitze seines Privatkabinetts berief; hier widmete
er sich den theologischen und historischen Studien, aus denen
das „Bibelwerk" hervorging, bei dessen Abfassung er jüngere
Kräfte, wie Kamphausen und Haug, zu Hilfe zog; hier vollendete
er das fünfbändige Werk „Aegyptens Stelle in der Weltgeschichte",
worin die Resultate der neueren Forschungen mit den Ergeb-
nissen eigenen Nachdenkens zu einem System verarbeitet sind,
ein Werk voll Phantasie und Gelehrsamkeit; hier verfaßte er die
auf dem Gebiet von Religion und Kirche sich bewegenden
Schriften „Gott in der Geschichte" und „Zeichen der Zeit".
Das letztere Buch, zehn Briefe an E. M. Arndt gerichtet, machte
viel Aufsehen. Es erlebte drei Auflagen und wurde in fremde
Sprachen übersetzt. In dem dritten Bande der von Nippold
herausgegebenen Biographie ist eine Reihe von Briefen hervorragender Männer, wie Arndt, Wessenberg, K. Hase u. a., abgedruckt mit Versicherungen begeisterter Zustimmung. Der letzte

schreibt: „Es kommt mir vor, dieses Buch, wie der Morgenstern, der aus einer schwülen, nebelhaften Nacht heraussteigt." Dieser Erfolg hatte indessen seinen Grund weder in dem Inhalt, der sich nicht über bekannte Anschauungen erhob, noch in der leichten, rasch hingeworfenen Darstellung im Briefstil, sondern in dem Geist und der Richtung, die so wesentlich von den religiösen Ansichten abwichen, welche Bunsen bisher vertreten hatte. Früher der romantisch-strenggläubigen Auffassung zugewendet, wie sie der ihm so sehr gewogene König Friedrich Wilhelm IV. begünstigte, und zu hierarchischen Kirchenformen hinneigend, wie sie in der Gründung des englisch-preußischen Bistums von Jerusalem zu Tage traten, schlug er jetzt den Ton liberaler Toleranz an, verdammte den ultramontanen Fanatismus, der sich damals in Freiburg und Mainz so grell hervorwagte, sowie den lutheranischen Orthodoxismus, der die „Umkehr der Wissenschaft" predigte. In den „Zeichen der Zeit" weht ein göttlicher Hauch über den Wassern, der von den Fluten des Lebens Fäulnis und Stagnation wegjagt. Das Buch war der Ausdruck einer Seele, die sich losgerungen hat von den Banden engherziger Formen und dogmatischer Vorurteile, ein Aufschwung zu einer freieren und leichteren Atmosphäre, wo Humanität und ideale Weltanschauung den Thron einnehmen. Davon gibt auch eine Stelle aus dem Buche „Gott in der Geschichte" Zeugnis, worin es heißt: „Wer kennt der Menschheit Ziel, als der ihren Ursprung weiß? In wem lebt die Idee eines wahren Fortschritts, als wer da erkannt hat, daß alles Endlichen Ziel das Unendliche, aller Naturentwickelung Ende der Geist ist?"

Es war ein gehobenes Leben, das, wie wir schon angedeutet, damals in dem burgartigen Hause sich entfaltete. Viele distinguierte Fremde, besonders Engländer, verkehrten in dem Salon und der daran stoßenden breiten Gartenterrasse und vereinigten die Genüsse der Natur mit denen einer geistreichen Unterhaltung. Trug doch die Familie gleichsam einen internationalen Charakter. Die würdige Hausfrau, die einst als Miß Wabbington dem jungen preußischen Geschäftsträger in Rom die Hand zum Ehebund gereicht, hatte sich das deutsche Wesen angeeignet, wie der Eheherr das englische; und die Liebe zu Wissenschaft, Kunst und

Altertum, die einst in Rom die jungen strebsamen Leute zu einander gezogen, hatte mit den Jahren nicht abgenommen. Noch auf dem Sterbebette sagte Bunsen zu der Gattin, in ihr habe er das Ewige geliebt und, seinem Wunsche entsprechend, verfaßte sie die erwähnten Denkwürdigkeiten über den Lebensgang des Verschiedenen.

Aber auch die Notabilitäten der Heidelberger Universität fanden sich fleißig auf der Villa Charlottenberg ein, wenn auch nicht wie ehedem Tafelgenüsse winkten. Denn es ging frugal und mäßig zu. Mit dem Chemiker Bunsen war er nahe verwandt, mit Creuzer, der während dieser Jahre starb, verbanden ihn die ägyptischen und die mythologisch-symbolischen Studien; Rothe war einst im Palazzo Caffarelli auf dem Kapitol preußischer Gesandtschaftsprediger und durch die Lauterkeit seiner Ueberzeugung und seinen freien und doch so aufrichtig religiösen Geist dem vielseitigen Freunde sehr sympathisch. Mit Hundeshagen war er schon in Bern bekannt gewesen, wo beide in einer Art Exil lebten, der Staatsmann als preußischer Gesandter, den dahin die Kölner Wirren wegen der Mischehen aus Rom verschlagen hatten, der Theologe als politischer Flüchtling wegen angeblicher demagogischer Umtriebe. Eine Zeitlang hatte eine Spannung zwischen beiden bestanden, als Hundeshagen und Schneckenburger durch die Schrift „Das Bistum Jerusalem und was drum und dran hängt" einen scharfen Wasserstrahl über die hierarchisch-pietistische Schöpfung ausgossen. Aber in Heidelberg schlossen sie wieder den Versöhnungsbund. Ihre Wege hatten sich mittlerweile genähert: der Theologe war orthodoxer, der Staatsmann freisinniger geworden. Auch mit Gervinus und Welcker war Bunsen durch frühere Bande verknüpft. Doch sagte einst die Tochter Franziska, eine gescheite, selbstbewußte Dame, daß sie mit diesen Herren nicht auf einem Brette stehen wollten.

Wie Bunsen unter Friedrich Wilhelm III. durch politische Verwickelungen aus dem ihm so teuren Rom vertrieben worden war, so unter dem neuen König durch die diplomatischen Komplikationen, die dem Krimkriege vorangingen, aus der hochbedeutenden Stellung eines preußischen Gesandten in London.

Bunsen, dessen Herz für England fast ebenso warm schlug wie für Deutschland, von dem zwei Söhne in England eingebürgert waren, wirkte für Anschluß Preußens an die Westmächte, während man in Berlin an der alten Waffenbrüderschaft mit Rußland festzuhalten entschlossen war. Trotzdem blieb er auch während des Heidelberger Exils in des Königs Gunst und Gnade. Der von Ranke herausgegebene „Briefwechsel Friedrich Wilhelms IV. mit Bunsen" ist ein beredtes Zeugnis, wie sehr sich der geistreiche, gewandte Gelehrte und Diplomat zu jeder Zeit des intimen Vertrauens und der herzlichen Zuneigung des preußischen Monarchen zu erfreuen hatte.

Der Heidelberger Aufenthalt war für Bunsen eine Ruhepause in seinem vielbewegten Leben, eine Zeit der Muße, in welcher er sich mit voller Seele den historischen und theologischen Studien hingeben konnte, die ihm allezeit so sehr am Herzen lagen. Aber seine Körperkraft war im Abnehmen. Man sah ihn oft zu Pferde oder zu Wagen das Freie aufsuchen, weil Atmungsbeschwerden ihn am Gehen hinderten. Seine äußere Erscheinung hatte überhaupt wenig Imposantes. Er war von mittlerer Größe und wohlbeleibt. Dagegen ließen die glanzsprühenden Augen, die schön geformte Stirn und der feine Mund mit dem anmutsvollen Lächeln, wie sie sich in den einer älteren Büste nachgebildeten Brustbildern im ersten und dritten Bande des Nippoldschen Werkes abspiegeln, die frühere Schönheit erkennen, und die lebhafte, fast redselige Unterhaltung gab Zeugnis von dem geistigen Feuer, das in ihm sprühte. Auch wußte er der Konversation stets einen gehobenen Ton und Inhalt zu geben. Alle Trivialitäten und leere Redensarten waren ihm zuwider. Bunsen hat viele Bücher verfaßt, aber kein Werk ersten Ranges von bleibendem Wert. Dazu fehlte ihm schon die Klarheit und Präcision des Stils und der Sinn für elegante Form und Darstellung. Die „Zeichen der Zeit" waren von den Interessen des Tages getragen und hatten ihre Bedeutung als Kundgebungen eines hervorragenden Mannes gegenüber den politischen und kirchlichen Extravaganzen, und bei dem umfangreichen Werk über die Stellung Aegyptens in der Weltgeschichte überkommt den Leser mitunter das Gefühl der Ermüdung, als ob er auf einem urgermanischen Knüppeldamm dahinschreite, wo alle Querbalken einander gleich sind und man nicht von der Stelle zu kommen glaubt. Im Spätherbst des Jahres 1858 verließ Bunsen Heidelberg, um es nie wiederzusehen. Nach einem längeren Aufenthalt in Cannes ließ er sich in Bonn nieder, wo er sich ein eigenes Haus erworben hatte. Dort verbrachte er den Abend seines Lebens unter schweren körperlichen Leiden, aber frischen und lebendigen Geistes. Es sei uns gestattet, aus den „Deutschen Biographien" den Ausgang des bedeutenden Lebens zu entnehmen: Voll Ergebung in den Willen Gottes als der ewigen Liebe nahm er Abschied mit Segensworten für die Gegenwärtigen und Abwesenden, im Gebet für das Vater=land, für Preußens Königshaus, für Italien und England. Im Bewußtsein, für das Reich Gottes gearbeitet zu haben, war er bereit, aus der Welt zu scheiden, „ohne Haß gegen irgend jemand", ohne Furcht vor den Schrecken des Todes. Um 5 Uhr morgens am 28. November 1860 hatte die letzte Stunde geschlagen. Am 1. Dezember beim scheidenden Strahl der Sonne trug man den Sarg hinaus auf den Bonner Kirchhof, wo er unfern von Niebuhr und Arndt beigesetzt ist.

V

J. C. Bluntſchli und ſeine Denkwürdigkeiten.

Als die obigen „Heidelberger Erinnerungen" ſchon zum
größten Teil in der Beilage zur „Allgemeinen Zeitung" gedruckt
waren, wurden die Denkwürdigkeiten Bluntſchlis in drei Oktav=
bänden der Oeffentlichkeit übergeben. Darin glaubte der Ver=
faſſer jenes „Rückblicks auf Heidelberg" eine Mahnung des
Schickſals zu erkennen, noch einmal die Feder zu ergreifen, um
in den Rahmen jener Beſprechungen noch eine Perſönlichkeit
einzufügen, deren Wirkſamkeit in Heidelberg zwar außerhalb der
Grenzen liegt, die er ſich dort gezogen hatte, die aber in dem
akademiſchen wie in dem geſamten öffentlichen Leben eine ſo
hervorragende Stellung behauptete, daß die Phyſiognomie Heidel=
bergs in den ſechziger und ſiebziger Jahren ihrer Hauptzüge
entbehren würde, wenn dieſe Perſönlichkeit nicht den ihr gebüh=
renden Platz darin fände. Eine Geſchichte der Neckarſtadt und
ihrer Univerſität innerhalb des letzten Vierteljahrhunderts wäre
ohne die Charakteriſtik Bluntſchlis eine lückenhafte. Sie gliche
jenem engliſchen Theaterzettel, der die Aufführung des Shake=
ſpeareſchen Dramas „Hamlet" mit dem Beiſaze ankündigte, daß
die Rolle des Hamlet ſelbſt dabei wegfalle. Eine ſolche Mahnung
des Schickſals, das Skizzenbuch wieder zu öffnen und noch einen
Schattenriß jüngeren Datums beizufügen, glaubte der Verfaſſer
in dem Werk zu erkennen „Denkwürdiges aus dem Leben von
J. C. Bluntſchli", das ſoeben in drei Bänden der Oeffentlichkeit

übergeben ward — eine Selbstbiographie, die der Verstorbene in den letzten zehn Jahren vor seinem plötzlichen Hinscheiden auf Grund früherer Tagebücher und Aufzeichnungen niedergeschrieben hat. Wenn wir es nunmehr unternehmen, an der Hand dieser Selbstbiographie und angeregt durch dieselbe, mit einigen Feder= strichen die bedeutende Persönlichkeit zu schildern, ist es nicht unsere Absicht, den Inhalt des Buches, das über das gesamte innere und äußere Leben seines Verfassers die reichhaltigsten Aufschlüsse gibt, seinem ganzen Raume nach, den Lesern dieses Buches mitzuteilen: wir wollen nur die zwei letzten Decennien herausgreifen, während deren es uns vergönnt war, aus persönlichem Umgange die Eindrücke aufzunehmen und die Urteile zu bilden, welche die folgende anspruchslose Besprechung darlegen soll. Aus den früheren Perioden sollen nur solche Züge und Episoden eingeflochten werden, welche zum Verständnis des Charakters und der Zeitverhältnisse, sowie seiner Umgebung dienen können. Berufenere oder jüngere Kräfte mögen an der Hand der Denkwürdigkeiten selbst, ein Gesamtbild des Lebens= und Bildungsganges entwerfen; wir haben es zunächst mit dem Manne und Freunde zu thun, wie er uns erschienen ist und wie wir ihn kennen gelernt haben. Sollte es uns gelingen, durch die folgenden Schattenrisse und subjektiven Charakterzeichnungen die Aufmerksamkeit oder das Interesse eines weiteren Kreises für die Autobiographie zu erregen, so würden wir uns reichlich be= lohnt fühlen und sicherlich auch den Dank der Leser ernten. Bluntschli war mehr als drei Jahrzehnte ein sehr bekannter und vielgenannter Name; aber in unserer Zeit, die rasch dahinströmt wie ein rauschender Bergfluß, fallen alle Erdengrößen schnell der Vergessenheit anheim. Es dürfte daher am Platze sein, daß in einer Periode, wo der historische Roman eine so hervorragende Rolle spielt und die Grenzlinie zwischen Wahrheit und Dichtung so unsicher hin und her schwankt, auf die Geschichte der jüngsten Vergangenheit hingewiesen, eine Mannesgestalt in den Vorder= grund gerückt wird, bei der sich die Realitäten unserer Zeit in allen Richtungen und Ausstrahlungen so getreu wie bei wenigen abspiegeln.

Ein Kollege und Freund Bluntschlis in den Münchener und

Heidelberger Jahren sagte einst von demselben: „In diesem Kopfe geht immer etwas vor, aber das Herz ist kühl." Dem letzten Teil des Ausspruchs werden seine Angehörigen und die ihm näher stehenden Freunde nicht zustimmen, die ferner Stehenden aber werden ihn wohl zutreffend finden. Wer den kräftigen Mann von mittlerer Größe mit dem stämmigen, untersetzten Körper, dem starken Haupte und breiten, vollen Gesichte, in welchem seine theologischen Freunde einen Lutherkopf erblickten, im Kreise seiner Familie sich bewegen sah, der empfing den Eindruck eines patriarchalischen Hausvaters, welcher Würde mit Liebe vereinigte und seine ganze Umgebung in wohlgeordneter Sphäre hielt. In seinem Erziehungssystem herrschte die Freiheit, die einen selbständigen, unabhängigen Charakter erzeugt, und zugleich die Harmonie und das väterliche Wohlwollen, die den Familiensinn wecken und das Elternhaus zur wahren Heimstätte für das ganze Leben machen. Aus seinen Denkwürdigkeiten erfahren wir, daß seine Jünglingsjahre nicht frei waren von inneren Kämpfen, ehe er die Jugendgefährtin aus einem befreundeten Hause als Gattin heimführte. Der Erfolg lehrte, daß seine Wahl eine glückliche war. Die kleine, anmutige Frau mit dem ruhigen, liebevollen Temperament übte einen kalmierenden Einfluß auf die feurige, bewegliche, rastlos thätige Natur des Mannes. Er selbst hat es bei der Festfeier seines vierzigjährigen Ehestandes, welche ihm die Freunde und Verehrer aus der nahen Loge durch Illumination und Feuerwerk zur „mondbeglänzten Zaubernacht" machten, im Freundeskreise aufrichtig anerkannt, daß das besänftigende, harmonische Wesen und die echt weibliche, leidenschaftslose Natur der Frau, sowie ihre liebevolle Hingebung an Mann und Familie ihm den Lebensgang erleichtert und manche scharfe Seite seines Charakters gemildert, manche rasche Regung und Aufwallung seines Blutes gedämpft habe. Von gleichem Alter mit dem Gatten und aus derselben Vaterstadt (Zürich) entstammt, hat sie viele Jahre alle Erlebnisse in Liebe und Treue mit ihm getragen und ist wenige Jahre vor ihm selbst der Erde entrückt worden. Auf dem schönen Friedhofe Heidelbergs ruhen beide nebeneinander in derselben Familiengruft, über der ein Grabdenkmal mit zwiefachem Brustbilde emporsteigt. Und welch treffliche Früchte die

mit Liebe und Freiheit gepaarte Erziehungsweise und der ein=
trächtige Geist, der im Elternhaus waltete, auf die Söhne und
Töchter geübt hat, beweist der lebensmutige Sinn und ehrenfeste
Charakter, den sie im ganzen Leben, auch in schweren Momenten,
stets bewährt haben. Mit diesem väterlichen Familiensinn und
patriarchalischen Wesen harmonierte das Haus, das der jüngste
Sohn, jetzt Sempers Nachfolger am Polytechnikum in Zürich, in
der Nähe der schönen Peterskirche in Heidelberg als Familien=
wohnung erbaut hat, bei dessen Anblick man an die Beschreibung
erinnert wird, welche im Schillerschen „Tell" Frau Gertrud von
Stauffachers Wohnhaus macht:

> „Da steht dein Haus, reich wie ein Edelsitz;
> Von schönem Stammholz ist es neu gezimmert
> Und nach dem Richtmaß ordentlich gefügt:
> Von vielen Fenstern glänzt es wohnlich, hell;
> Mit bunten Wappenschildern ist's bemalt
> Und weisen Sprüchen, die der Wandersmann
> Verweilend liest und ihren Sinn bewundert."

Aus seiner eigenen Beschreibung im dritten Bande des
Memoirenwerkes erkennt man die innere Befriedigung, die ihm
der Bau gewährte. Kurze Sprüche in Arabesken erregten die
Aufmerksamkeit der Vorübergehenden. In der Mitte der Veranda
las man: Weisheit regiere; auf beiden Seiten: Friede walte,
Liebe wohne, Ehre ziere, Arbeit wirke, Freude lohne, Treue halte.

Aber wie sehr jedermann den wohlthuenden harmonischen
Hauch im häuslichen Kreise Bluntschlis und den patriarchalischen
Sinn des Hausherrn in der Mitte der Seinen anerkannte und
ehrte, dennoch ist der Ausspruch vom kühlen Herzen gegen andere
nicht ganz ungegründet. Bluntschli faßte die Menschheit als eine
Welt von Objekten, auf welche sein subjektiver Geist reagieren
sollte. Die Personen, mit denen er in Berührung kam, galten
ihm als Außenwesen, gleichsam als Nummern, die er zu be=
stimmen, auf die er einzuwirken, die er zu gewissen Zwecken zu
gebrauchen habe. Der Schreiber dieser Zeilen hatte die feste
Ueberzeugung, daß Bluntschli niemand unter seinen Freunden
lieber habe als ihn. Und dennoch konnte er sich des Gefühls
nicht erwehren, daß er in der Ziffernreihe, in welche Bluntschli

feine Mitmenschen sich gegenüber aufstellte, nur eine der ersten Nummern einnehme, daß dessen Herz ihm gegenüber nicht leb= hafter schlage als gegen andere. Ein so sehr auf das Große und Universelle angelegter Charakter hatte nicht Zeit noch Lust, durch Eingehen auf das Einzelne, durch individuelle Distinktionen die Totalwirkung abzuschwächen.

So richtig und scharf sein Urteil über die Menschen im all= gemeinen war, so wenig hielt er es für nötig oder fühlte er sich gedrungen, eine Auswahl für das engere Gemüt zu treffen. Nicht als ob er mit Geringschätzung auf andere geblickt hätte, vielmehr war es gerade sein leutseliges, humanes Wesen, durch das er die Menschen so sehr anzog und fesselte; aber es fehlte ihm das Interesse für das Individuelle, das Hinneigen von Herzen zu Herzen, das Bedürfnis, seine Gefühle in eine sympathische Seele auszuschütten. Ueber Angelegenheiten, die nicht in die Oeffentlichkeit bringen sollten, machte er niemand Mitteilungen; in solchen Fällen war der sonst so gesprächige Mann still und geheimnisvoll wie der Tod. Sein Sinn war auf das Allgemeine gerichtet; wer mit ihm gehen wollte, war ihm recht; wer aber glaubte, Arm in Arm mit ihm gehen zu können, mochte sich leicht getäuscht fühlen. Schon in seiner Bonner Studienzeit schrieb er in sein Tagebuch: „Es wird mir schwer, in dem Kreise, in dem ich bin, einen andern über mir zu ertragen." In seinen früheren Jahren mag sein Herz auch für Freundschaft wärmer geschlagen haben. Wenigstens schrieb er bei der Nachricht von dem Tode Braters am 20. Oktober 1869 in sein Tagebuch: „Ich fühlte mich nun einsamer, als ich je für möglich gehalten; aber die Einsamkeit, in der große Erinnerungen an bedeutende Männer mich umschwebten, war mir doch lieber als die schale Gesellschaft, in welcher der Leib übersättigt, aber der Durst und Hunger des Geistes nicht gestillt wurden."

Diese universelle Richtung von Bluntschlis Geist und Wesen war es übrigens, welche den andern Teil des erwähnten Aus= spruchs, daß in seinem Kopfe immer etwas vorgehe, zur Wahr= heit macht. Bei ihm gilt in vollem Sinne der Spruch, daß nichts Menschliches ihm fremd war. Alles, was das öffentliche Leben bildet oder demselben als Fundament dient, was sich auf

Staat und Kirche, auf Gemeinde und Vereinswesen bezieht, hat er zum Gegenstand seines Nachdenkens gemacht und als Werkstätte seines Handelns benutzt und die Resultate seines Wissens, Forschens und Thuns in vielen gehaltreichen Schriften der Welt dargelegt. Seit seiner Berufung von München nach Heidelberg an Mohls Stelle im Jahre 1861 entfaltete Bluntschli eine Thätigkeit und Vielgeschäftigkeit, die in Erstaunen setzt. Es hat wohl auch früherhin Professoren gegeben, die neben ihrem akademischen Lehramte und ihren litterarischen Arbeiten noch in andere Wirkungskreise eingriffen. Wir erinnern an Mittermaier, Rau, Häusser und den unlängst verstorbenen Renaud. Aber Bluntschli überholte sie alle an Allseitigkeit und Produktivität; und während bei manchen der Genannten das ehrgeizige Bestreben sichtlich hervortrat, allenthalben die Hand mit im Spiel zu haben, mitzuwirken am Webstuhle der Zeit, und sie daher eifrig nach der aura popularis trachteten, verstand es sich bei Bluntschli gleichsam von selbst, daß er überall dabei sein müsse, daß man in kirchlichen Dingen wie im Staatsleben, in den Gemeinde- und Kreisverbänden wie in Universitäts- und Vereinssachen seines Rates und seiner Mitwirkung nicht entbehren könne. Er brauchte sich nicht mit ambitionierendem Ehrgeiz um ein Mandat, um ein Ehrenamt zu bewerben, man legte sie ihm in den Schoß, man trug sie ihm ins Haus. Und wenn er bei zunehmenden Jahren eine oder die andere Ehrenlast abzugeben wünschte, bat man flehentlich, doch ja dem Vereine oder einem öffentlichen Institute seinen Namen zu erhalten, bei Sitzungen das Präsidium zu übernehmen, das kein anderer mit solcher Meisterschaft und Geschicklichkeit zu führen verstand; man erklärte sich bereit, ihm alle Geschäfte und Mühewaltungen abzunehmen oder möglichst zu erleichtern. So wurde Bluntschli im großen wie im kleinen ein unentbehrlicher Mann, und wobei er sich immer beteiligte, war er der Leiter oder gab doch den Ausschlag. Er setzte die öffentlichen Vorträge akademischer Lehrer im Museum in Gang, wie sie in München unter König Max II. bestanden hatten; er organisierte und leitete den Frauenverein für wohlthätige Zwecke, der in dem französisch-deutschen Kriege von 1870/71 eine große, segensvolle Wirksamkeit entfaltete; er war bis zu seinem Tode erster Vorstand der Museumsgesellschaft, deren bauliche Räumlichkeiten unter ihm zweckmäßig erweitert und verschönert wurden; als Vorstand der Stadtverordneten übte er auf die städtische Verwaltung einen großen Einfluß und half durch seine vermittelnden Vorschläge manche schwierige Streit= frage entscheiden. Er wurde mehrmals zum Prorektor gewählt, namentlich in solchen Jahren, wo äußerliche Repräsentationen und eine geschickte, schlagfertige Redegewandtheit notwendige Er= fordernisse waren und die Umstände einen Mann von senatorischer Würde und Autorität erheischten; er vertrat die Universität in der ersten Kammer selbst dann noch, als eine gegnerische Partei seinen im Jahre 1871 gestellten Antrag auf eine zeitgemäße, den neuen Staatsverhältnissen entsprechende Reorganisation dieses gesetz= geberischen Faktors durch ungerechte Deutung gegen seine Wieder= wahl ins Feld führte; er wirkte zeitweise in der zweiten ba= dischen Kammer, er war im Zollparlament und im Reichstage thätig. Und nicht bloß in politischen und wirtschaftlichen Dingen, auf die sein wissenschaftlicher und akademischer Beruf ihn in erster Linie hinwies, war Bluntschli allenthalben ein berufener Wortführer, auch die religiösen und kirchlichen Angelegenheiten nahmen sein höchstes Interesse in Anspruch. Seine Denkwür= digkeiten beleuchten eine Periode seiner Jugendzeit, wo er mit Enthusiasmus sich den religions=philosophischen Ideen hingab, die im Anfang der vierziger Jahre Friedrich Rohmer in Zürich aufstellte und einem kleinen Freundeskreise mitteilte, eine mystisch= pantheistische Weltanschauung, von der sich Bluntschli, wie wir noch näher erfahren werden, niemals frei machte. Er nahm in dem Freimaurerorden eine hervorragende, einflußreiche Stellung ein und hat in mehreren Schriften die höchsten Fragen der Menschheit im Geiste dieses Bundes beleuchtet; er gehörte zu den Gründern des Protestantenvereins und hatte bei dessen Versamm= lungen öfters den Vorsitz; die Generalsynode des badischen Landes glaubte bei ihren kirchlich=legislatorischen Arbeiten seiner Mit= wirkung nicht entraten zu können. Es ist noch in aller Gedächtnis, wie er am 21. Oktober 1881, als er gerade die letzte Sitzung dieser von ihm geleiteten kirchlichen Versammlung mit einem Gebete und den biblischen Worten: „Ehre sei Gott in der Höhe, Friede

auf Erden und den Menschen ein Wohlgefallen," geschloffen hatte
und sich zur anberaumten Audienz ins Schloß begeben wollte,
wo eine neue Auszeichnung ihm zu teil werden sollte, auf dem
Gange dahin, plötzlich von einem Herzschlage getroffen, zu Boden
stürzte. Wenige Wochen vorher hatte er mit seinen Töchtern
eine Reise nach der Schweiz unternommen und den Anblick des
Montblanc durch Abnehmen seines Hutes gefeiert. Es war der
Abschied von seinem Heimatlande, dem er durch die Geburt an=
gehörte und das stets mit Stolz auf seinen berühmten Sohn
schaute; aber sein Herz hatte auf der deutschen Erde und in dem
neuen Reiche, dem er seine wärmsten Sympathien geweiht hatte,
eine zweite, teurere Heimat gefunden, und in dieser sollte auch
seine Leiche ruhen. Nach einer kirchlichen Totenfeier in Karls=
ruhe selbst wurde der Sarg nach Heidelberg übergeführt und
nach einem Trauerfeste, wie seit Thibaut und Häuffer keines
mehr in Heidelberg erlebt worden war, zur ewigen Ruhe
eingesenkt.

Und ein solcher Mann von so vielseitigem Wiffen, von so
allgemeinen geistigen Interessen ist nicht in den höchsten Rat der
Krone, nicht zur Mitwirkung der Landesregierung berufen
worden? Man hat nach der Aufhebung des Konkordats unter
dem freisinnigen Ministerium Lamey=Roggenbach einmal in Karls=
ruhe ernstlich daran gedacht; und seinem Drange nach größerem
staatsmännischen Wirken hätte eine Ministerstelle wohl ange=
standen. Die Aussichten zerschlugen sich aber, und den Näher=
stehenden mochte es manchmal bedünken, als hätte die getäuschte
Hoffnung einen Stachel in seiner Seele zurückgelassen. Die Dar=
stellung jener Vorgänge im dritten Bande der Denkwürdigkeiten
läßt eine gereizte Stimmung erkennen. Was aber sonst das Leben
einem Sterblichen an Ehre und Ruhm gewähren kann, ist ihm
in reichlichem Maße zu teil geworden. Als er am 3. August 1879
sein fünfzigjähriges Doktorjubiläum feierte, fanden sich aus der
Nähe und Ferne distinguierte Männer ein, um dem berühmten
Jubilar ihre Huldigungen und Glückwünsche darzubringen, und
die große Zahl von Orden, die bei feierlichen Gelegenheiten seine
Brust zierten, wurde noch vermehrt. Bei der Beschreibung dieses
erhebenden Festes ist ein Zug des Mißmuts über die kühle Hal=

tung der Karlsruher Regierung nicht zu verkennen. Im engeren Kreise von Freunden und Bekannten konnte er sich wohl so aussprechen, als lege er keinen Wert auf Titel und Auszeichnungen. Als man ihm einst gratulierte, daß er in der Rangordnung eines Geheimerats um eine Stufe höher gerückt sei, antwortete er mit dem Stolze eines Republikaners: „Ein Haar mehr im Zopfe." Wie weit dies aufrichtig gemeint war, weiß nur der, der Herz und Nieren prüft. Dagegen dachte er wie Schiller: Unter allen Erdengütern ist der Ruhm das Höchste doch. Als man ihn zur ewigen Ruhe hinaustrug, zeugte die Leichenfeier mit mehreren Trauerreden, selbst von fremden Verehrern, und der großartige Zug nach dem Friedhofe von dem ernsten Gefühle in aller Brust, daß einer der ersten Führer in der Heldenschar der Ritter vom Geiste aus der Menschenwelt ausgeschieden sei.

In den obigen Andeutungen sind noch nicht alle Seiten berührt, die zur Charakterzeichnung Bluntschlis dienen. Es ist noch nicht gar lange her, so ging ein offener Briefwechsel zwischen dem großen Strategen Moltke und dem großen Staatsrechtslehrer in Heidelberg durch die Zeitungen, worin sie, wie der Chor in der „Braut von Messina", die Vorteile des Friedens und des Krieges gegeneinander abwogen. Jeder focht für seine Sache und seinen Beruf, und jeder hatte das Recht auf seiner Seite. Große menschliche Aktionen lassen sich unter verschiedenen Gesichtspunkten auffassen, zu einem wirkungsvollen Lebensbild gehören Licht und Schatten. Bekanntlich hat sich Bluntschli neben dem Staatsrecht am eingehendsten mit dem Völkerrecht beschäftigt, dessen Tendenz und letztes Ziel auf die Begründung eines Friedenszustandes unter den Nationen und auf die Vermeidung oder Verminderung der Kriegsfälle gerichtet ist. Niemand wird Bluntschli und den rechtskundigen Männern, die ihm als Mitstrebende zur Seite standen, einem von Bulmerincq, einem Hermann Schulze, einem von Holtzendorff, Moignet, Rivier, Martens, das unpraktische Vorhaben zutrauen, daß sie den unausführbaren Phantasien von einem ewigen Frieden unter den Menschen nachjagen. Ihre Bestrebungen sind auf die Ausbildung und Erweiterung allgemeiner völkerrechtlicher Institute gerichtet. Das Völkerrecht, wie es sich bisher entwickelt hat, ist zunächst mehr das Resultat solcher Formen und Zugeständnisse, welche die fortschreitende Kultur, der gesteigerte Verkehr zwischen den einzelnen Staaten und Nationen, die Anerkennung der Menschenrechte bei Freund und Feind geschaffen und geheiligt hat. Durch Errichtung von Gesandtschaften und Konsulaten und durch Aufstellung gemeingültiger Rechtsprincipien suchte man die Angehörigen fremder Staaten gegen Gewalt und Unrecht sicherzustellen, die Geschäfte der Industrie und des Handels zu schützen und den verderblichen Wirkungen des Krieges Schranken zu setzen. Auf diesen Grundlagen ein internationales Völkerrecht zu begründen, ist das Ziel und die Aufgabe der Männer, die sich mit Bluntschli zu denselben Arbeiten und Bestrebungen vereinigt haben. Die Einführung einer allgemeinen völkerrechtlichen Gesetzgebung und regelmäßiger völkerrechtlicher Gerichte könnte freilich erst einer Zeit zufallen, wo die kultivierte Menschheit, in Völkerfamilien gegliedert, zu einer allgemeinen Konföderation vereinigt sein und ein ewiger Friedensstand wenn auch nicht nach den utopischen Träumen und Gebilden der Schwärmer oder Philanthropen, wohl aber unter der Gesamtgarantie aller Regierungen aufgerichtet werden würde. Dann würde das moderne Völkerrecht, das jetzt nur, wie gewisse gesellschaftliche Formen und Anstandsregeln, als die Summe von gemeingültigen Sittengeboten und Humanitätsgesetzen Anerkennung findet, den Charakter eines allgemeinen völkerverbindenden Staatsrechts annehmen, das in der christlichen Ethik, in der europäischen Kultur, in dem Gesamtgefühl und Gesamtbedürfnis aller civilisierten Völker und in dem der Menschenbrust innewohnenden Friedensgebot seine Quelle und seine Wurzeln hätte und alle Störungen dieses Friedenszustandes, alle Durchbrechung der Rechts- und Sittengebote vor einem allgemeinen europäischen Areopag mit den Waffen des Geistes nach dem ewigen göttlichen Rechte verhindern könnte. Steht auch die Verwirklichung einer solchen Idee noch in weiter Ferne, so ist doch jeder Schritt, der dahin gerichtet ist, löblich und anerkennenswert, und dank den Bestrebungen Bluntschlis und seiner Gesinnungsgenossen, die sich zu dem „Internationalen Institut des Völkerrechts" vereinigt haben, sind in dem letzten Vierteljahrhundert bedeutende Ansätze zur Feststellung dieses humanen Rechtsgebiets gemacht worden. Die aus angesehenen Staatsmännern aller Nationen gebildete internationale Delegiertenkonferenz in Brüssel im Jahre 1874 hat denn auch den Bestrebungen des Heidelberger Rechtsgelehrten, welcher zu den Beratungen abgeordnet war, ihre volle Anerkennung gezollt. Die Bluntschli-Stiftung, die nach seinem Tode durch die Thätigkeit von Holtzendorffs in München und Schulzes in Heidelberg von seinen Freunden und Verehrern in Deutschland und in der Schweiz zu stande gebracht ward, soll hauptsächlich der Förderung des Völkerrechts dienen.

Talleyrand hat einmal von sich gesagt, er habe sich nie geeilt und sei doch nie zu spät gekommen. Denselben Ausspruch kann man auch auf Bluntschli anwenden. Der einzige eilige Gang, den er nach beendigter Synode in folge einer Verspätung nach dem Schlosse in Karlsruhe machte, hat sein plötzliches Lebensende herbeigeführt. Mit der größten Gemütsruhe und Sicherheit machte er sich an jede Aufgabe. Er bedurfte keiner langen Vorbereitung und blieb doch niemals stecken. Ein kleiner Papierstreifen mit der kurzen Aufzeichnung der zu besprechenden Themata genügte ihm zu einer Rede, sei es in einer Volksversammlung oder in einer parlamentarischen Sitzung. Im behaglichen Konversationston, ohne allen oratorischen Schmuck, erging er sich über die wichtigsten Zeitfragen wie über die Gegenstände, die Ort und Gelegenheit ihm zuführten. Er schöpfte aus dem reichen Schatze der geistigen Errungenschaften, die er sich durch Nachdenken, Lebenserfahrungen und wissenschaftliche Studien gesammelt hatte. Man vermißte wohl manchmal in der einfachen konversatorischen Redeweise und den mitunter etwas ausgeholten Ausführungen Gedankentiefe und Schwung, an seinen akademischen Vorlesungen, wo ein konziser Vortrag, eine logisch-systematische Behandlung des Stoffes geboten ist, hatten die Zuhörer in seinen späteren Lebensjahren mancherlei auszusetzen. Hat man doch öfters die Erfahrung gemacht, daß universell angelegten Naturen, die für ihr geistiges Schaffen ein größeres Forum bedürfen, die Wirksamkeit auf dem Katheder und im Hörsaal nicht volle Befriedigung gewährt. Sie glauben dann wie Faust die Worte des Mephistopheles zu hören:

„Was willst du dich das Stroh zu dreschen plagen?
Das Beste, was du wissen kannst,
Darfst du den Buben doch nicht sagen."

Dagegen waren Bluntschlis populäre Vorträge und vor allem seine gemütlichen Tischreden von unwiderstehlichem Reiz. Nicht als ob ihm witzige Schlagwörter, humoristische Wendungen und Anspielungen zu Gebote gestanden hätten: er erging sich in einfacher, fließender Redeweise über die Gegenstände, zu denen Zweck und Gelegenheit Veranlassung gaben, zog wohl auch Verwandtes und Nebensächliches herbei, verlor aber nie den Faden und das eigentliche Ziel aus dem Auge. Dies wußten und fühlten die Zuhörer und folgten daher auch mit Wohlgefallen seinen mitunter ausführlichen Herzens- und Geistesergießungen. Dabei hatte man die beruhigende Empfindung, daß er stets zur Sache sprach und nicht ins Maßlose oder Fremdartige ausschweifen werde. Seine Reden waren keine Orakelsprüche, aber auch keine Labyrinthe; sie brachten keine Theatereffekte hervor, aber auch keine Langeweile und keine Mißstimmung.

Bluntschli strebte nie danach, als eine, wie man so sagt, vornehme Persönlichkeit zu erscheinen. So sehr er es verstand, mit den hohen Herren umzugehen, denen er in seiner parlamentarischen oder amtlichen Stellung näher trat, und so sehr er bei ihnen beliebt war und ausgezeichnet ward, so war er doch im Umgang nie exklusiv oder zurückhaltend. Er war sich bewußt, daß er stets den ihm gebührenden Platz behaupten werde, und wog daher nicht ängstlich ab, mit wem er verkehren dürfe. Er pflegte jeden Abend ein Stündchen an dem Konversationstisch des Museums zu verbringen, wo sich einige Stammgäste aus den bürgerlichen Kreisen und aus dem geistlichen Stande, hie und da auch einmal ein oder das andere Mitglied der Universität oder ein höherer Offizier einzufinden pflegten. Dort nahm er an den Gesprächen teil, wie sie die tägliche Unterhaltung darbot; aber unversehens wurde man durch seine Initiative auf ein höheres Konversationsfeld gestellt, kamen Fragen von allgemeinerem Interesse und größerer Tragweite in die Unterhaltung. Niemand verstand es besser, ohne daß man eine Absicht bemerkte, dem gesellschaftlichen Redestoff einen gehobeneren Ton und Inhalt zu

geben, als Bluntschli; aus dem Trivialen und Alltäglichen sah
man sich unversehens in eine höhere Region der Lebensanschau-
ungen versetzt. Dabei war er tolerant gegen Widerspruch. Nur
wo er eine Tendenz zu persönlicher Parteiopposition erkannte,
konnte er heftig auffahren. Noch jetzt hängt über dem von
schwarzem Leder überzogenen Sofa, wo Schreiber dieser Zeilen
so oft an seiner Seite gesessen, das gelungene Porträt des Ver-
ewigten, eine Stiftung der gewöhnlichen Tischgesellschaft.

Wir wollen diese Charakterzüge des Heidelberger Professors,
die wir, unabhängig von den Denkwürdigkeiten, größtenteils nur
aus persönlichen Erinnerungen und Eindrücken niedergeschrieben
haben, mit dem zusammenfassenden Gesamtbilde schließen, welches
der Herausgeber, Dr. Rudolf Seyerlen, Professor in Jena, in
der Vorrede zum ersten Bande von Bluntschli entwirft: „Aus der
durchaus objektiv gehaltenen Darstellung tritt uns in plastischer
Ruhe und Klarheit sein Wesensbild entgegen, als eines Menschen
von seltenster Universalität neben entschieden ausgesprochener
Originalität. Er war Staatsmann und Wissenschafter, philosophischer Denker und religiöser Charakter, eifriger Patriot und
warmer Freund der gesamten Menschheit, Mitglied des Maurer-
bundes und Mann der Kirche, in der ausgebreitetsten Beziehung
zu Männern fast aller Gesellschaftskreise, in Verbindung mit Angehörigen fast aller civilisierten Nationen, daneben aber für das
stille Glück des Familienlebens, wie nicht minder auch für das
hohe Gut der Freundschaft ebenso empfänglich, wie derselben be-
dürftig, ausgezeichnet gleichermaßen durch einen offenen Sinn
für die Natur, wie durch seinen Kunstsinn; aber bei all dieser
Vielseitigkeit keine Spur von Zerfahrenheit, entfernt nichts Stre-
berhaftes, sondern eine im Gefühle ihres Vollwertes fest auf sich
beruhende und in sich gesammelte Persönlichkeit, die geisteskräftig
und starkmutig überall und immer nur große und edle Ziele verfolgte, man darf wohl sagen, dem Höchsten zugewandt war.“

Der Ausspruch eines französischen Schriftstellers: „Der Stil
ist der Mensch,“ erhält durch die zahlreichen Werke Bluntschlis
seine Bestätigung. Wie verschieden auch an Inhalt und Form
die Schriften sind, welche die litterarische Produktivität des vielseitigen, fleißigen Mannes zu Tage gefördert hat, alle tragen

sie das Gepräge seines inneren Wesens: Einfachheit, Klarheit, leichte, fließende Diktion. Dies gilt in hervorragendem Grade von dem Memoirenwerk, der letzten Arbeit seiner Feder. Aus dem ersten Bande, der sich über seine Jugend= und Studienjahre, über seine Thätigkeit als Züricher Beamter und Professor der neugegründeten Universität, über seine Stellung zu dem politi= schen Parteiwesen seiner Vaterstadt verbreitet, lernen wir die Sturm= und Drangperiode kennen, die fast den ganzen vierzig= jährigen Zeitraum bis zu seiner Berufung nach München durch= zieht. Die liebevollen und pietätswarmen Erinnerungen, womit der reifere Mann auf die heitere und glückliche Zeit des Werdens und Wachsens zurückschaut, geben auch dem Anfange der Denk= würdigkeiten Bluntschlis einen hohen Reiz. Die Vergangenheit des Geschlechts, dem er durch seine Geburt angehörte, und das sich geschichtlich bis ins fünfzehnte Jahrhundert hinauf verfolgen läßt, die Schilderung seiner Schulzeit und der inneren Seelen= entwickelung, die sich daran knüpfte, seiner Studienjahre in Berlin (1827), wo er mit Savigny in nähere Beziehung kam, und in Bonn (1828), wo er ein begeisterter Zuhörer Niebuhrs war und sich den Doktorgrad erwarb, ist mit liebevoller Wärme dargestellt. Unter seinen Züricher Mitschülern befand sich Bern= hard Hirzel, der später durch die Uebersetzung des indischen Dramas „Sakuntala" und des „Hohenliedes" sich als Orientalist einen Namen machte und als Pfarrer von Pfäffikon bei der Berufung von Strauß an die Universität das Landvolk aufreizte, seinen bedrohten alten Christusglauben gegen das städtische Regiment zu schirmen. Aus den Denkwürdigkeiten Bluntschlis erfahren wir den psychologischen Prozeß, der den begabten un= glücklichen Mann auf die schwärmerische Irrbahn führte, die ihn schließlich zum tragischen Untergang brachte. Im inneren Konflikt mit seinen Eltern lebend, durch eine unglückliche Ehe in seinem Lebensmut geknickt, geriet er in Not, Sünde und Verzweiflung. Das Lebensbild, das Bluntschli von dem Jugend= gefährten und Freunde entwirft, entrollt das Schicksal eines verlorenen Sohnes, der voll Leidenschaft und Weltschmerz und ohne männliche Seelenstärke in Schuld und Verderben gerät und schließlich zum Selbstmord kommt. Es ist eine ergreifende

Episode der Denkwürdigkeiten, die um so größeren Eindruck
macht, da die Darstellung nur einfache Wahrheit ohne alle
Dichtung enthält. Kein Sensationsroman könnte auf Gemüt
und Phantasie eines empfindsamen Lesers solche Wirkung her=
vorbringen wie die schlichte Erzählung von einem Mann, der
nicht die moralische Kraft in sich trug, aus der düsteren pessi=
mistischen Seelenstimmung sich emporzuarbeiten, der, obwohl einer
philosophisch=pantheistischen Weltanschauung huldigend, sich an
die Spitze eines fanatisch=orthodoxen Bauernhaufens stellte und
über Leichen und Blut gegen die radikale und rationalistische
Regierung vorschritt, und der endlich, von der Gesellschaft aus=
gestoßen, von der Welt geächtet, ihren Haß mit Haß und Ver=
achtung erwiderte.

Hirzel hat später ein hebräisches Gedicht angefertigt mit
dem Titel „Gericht des Todesboten über den Erdkreis“ und
dasselbe zugleich ins Deutsche übersetzt. Darin heißt es mit
Beziehung auf Zürich: „Ach! warum bist du gefallen in die
Hand der Kinder des Truges oder ach! der Kinder des Ueber=
mutes?“ Bluntschli hat viel unter dem Vorwurfe zu leiden
gehabt, daß er damals gegen die Berufung von Strauß gewirkt
habe. Die Männer, denen die starre Konsequenz als höchste
Bürgertugend und das Festhalten an der Doktrin als heiliges
Dogma gilt, vergaßen ihm nie seine damalige Haltung. Er
selbst hat offen und freimütig dargelegt, warum er die Berufung
von Strauß, bei aller Anerkennung seiner wissenschaftlichen Be=
deutung und seines sittlich reinen Lebens, auf den Lehrstuhl
der Dogmatik aus Rücksicht auf den Glauben des Volkes für
einen Mißgriff habe halten müssen. Und hat denn die radikale
Regierung jener Tage so ganz besonnen und verständig gehandelt,
daß sie den „schönen Jüngling“, wie Bürgermeister Hirzel in
einer öffentlichen Rede den schwäbischen Gelehrten nannte, zum
Fahnenträger der Theologie an die junge Hochschule berief und
dadurch deren fernere Existenz in Frage stellte? Die ganze
gläubige Welt war in Aufregung geraten über den Verfasser
des „Lebens Jesu“, der den Gottessohn und die evangeli=
schen Berichte über ihn für Gebilde der Mythe erklärt hatte.
Die Lehrfreiheit hat zu allen Zeiten eine Grenzlinie gehabt,

welche mit Rücksicht auf die Gesamtheit nicht überschritten werden darf.

Bluntschli hat den Jugendfreund Bernhard Hirzel nie ganz aufgegeben, wenn auch den Verkehr mit ihm gemieden. Als derselbe, von seiner Frau getrennt, eine heftige Liebe zu einem hübschen jungen Mädchen faßte, schrieb er an Bluntschli: „Erinnerst Du Dich noch, als ich einst Dich fragte, woher es doch komme, daß Friedrich Rohmer eine solche Macht über Dich, den Bedächtigen, errungen habe, Deiner Erwiderung: ‚Der Blitz schlägt eben plötzlich ein und zündet, wo er soll?‘ Sieh, ein ähnlicher Blitz traf auch mich und sollte eben zünden.“ Verarmt und verachtet, konnte Hirzel nicht länger in Zürich bleiben. Mit Unterstützung einiger Freunde begab er sich nach Paris, wohin ihm die Geliebte folgte. Sie lebten einige Zeit von dem, was er durch Unterricht und Schriftstellerei verdiente. Es reichte aber nicht hin. Ihren Ausgang beschreibt Bluntschli in folgenden Worten: „Eines Tages erhielt ich die Nachricht, Hirzel und seine Geliebte haben gemeinsam ihrem Leben ein Ende gemacht. Aehnlich wie der Dichter Kleist mit seiner Freundin den Tod in der Nähe von Berlin gesucht, begab auch er sich mit seiner treuen Marie in der Nähe von Paris an einen stillen Ort. Da lebten sie noch ein paar Tage geeint und bereiteten sich auf den Tod vor. Sie starben freiwillig an dem gemeinsam genommenen Gift.“

Wir sind mit der obigen Episode dem Lebensgange Bluntschlis weit vorausgeeilt. Wir müssen wieder zu seiner Studienzeit in Deutschland zurückkehren! Neben Savigny, in dessen Haus er auch Bettina Brentano kennen lernte und großes Interesse für sie faßte, fühlte sich Bluntschli vorzugsweise von Schleiermacher angezogen. Die „Monologen“ waren sein Evangelium. Es ist uns aus den früheren Ausführungen bekannt, daß er für die religiösen Dinge stets besondere Teilnahme empfand. Außer dem Staatsleben galt sein Denken und Forschen vorzugsweise der Religion. Es ist nicht uninteressant, zu erfahren, wie er damals über die höchsten Fragen dachte, da er fast sein ganzes Leben hindurch sich zu denselben Ansichten bekannt hat. „Ich hatte eine sehr hohe Meinung,“ sagt er 1, S. 67, „von der weltgeschichtlichen Größe von Jesus. Ich verehrte ihn als den ‚gotterfüllten Menschen‘, aber es widerstrebte meinem Wahrheitssinn und meinem religiösen Gefühle entschieden, ihn als Gott zu denken. Er war für mich ein Mensch mit menschlichen Eltern und von menschlicher Art; aber allerdings ein Mensch, in welchem der göttliche Geist in seltener, vielleicht in einziger Weise vollkommener und mächtiger als in allen andern lebte. Nur in diesem Sinne, nicht in dem gewöhnlichen, konnte ich Jesus als den Sohn Gottes verstehen.“

Der Abschluß der Studienzeit sollte für den jungen Doktor Paris sein. Die Betrachtungen über Recht, Staat und Politik in Preußen, die Bluntschli bei seinem Abgange von Bonn aufzeichnete, und die Beobachtungen, die er in Paris über die französische Nation, über die öffentliche Meinung am Vorabend der Julirevolution, über das Pariser Leben in sich aufnahm und niederschrieb, geben Zeugnis von dem klaren, offenen Sinn und politischen Blick des zweiundzwanzigjährigen Mannes. In Paris machte er die Bekanntschaft einer geistreichen jungen Dame aus dem Rheinlande, die ihm, wie oben angedeutet, tiefe Herzenskämpfe verursachte. Sie wurden überwunden; seiner Rückkehr in die Vaterstadt folgte die Verheiratung, und die Aufzeichnungen im Tagebuch sind der Ausdruck des jungen Liebesglückes in den Flitterwochen des Ehestandes. Nicht so freudig gehoben wie sein Privatleben war der Anfang seines Staatsdienstes. Er fiel in die sturmbewegte Zeit nach der Julirevolution, wo in Zürich und in der gesamten Schweiz politische Bewegungen die bisher so ruhigen Zustände aufwühlten und die Männer des liberalen Fortschritts gegen das alte konservative Regiment in den Kampf führten. Bluntschli hat die politischen Vorgänge in seiner Vaterstadt eingehend dargestellt. In deutschen Rechtsanschauungen geschult, stand er den erhaltenden Principien näher als den vorwärts drängenden Bestrebungen; doch dachte er zugleich billig und gerecht genug, dem neuen Zeitgeiste Zugeständnisse zu machen. Ein Feind aller Extreme, suchte er zwischen den aufgeregten Parteien die „rechte Mitte“ zu behaupten. „Gerecht und frei!“ war sein Wahlspruch. Er steht auf seinem Grabsteine, nur in der umgekehrten Ordnung: Frei und gerecht. Aber

aus seinen Tagebuchaufzeichnungen erkennt man, wie schwer
er in seinem jungen Amtsleben zu ringen hatte gegen die an=
schwellenden Wogen der radikalen Freiheitsideen. Die kleine Schrift
„Das Volk und der Souverän" enthält sein politisches Glaubens=
bekenntnis. Man ersieht daraus, daß er die konstitutionelle
Staatsverfassung allezeit für die zweckmäßigste gehalten hat.

Mit der Gründung der Universität Zürich im Oktober 1833
empfing Bluntschlis Thätigkeit eine neue Richtung. Er beschäftigte
sich eingehend mit der Rechtsgeschichte und der Staatswissenschaft,
die fortan das Hauptfeld seiner Studien und seiner schrift=
stellerischen Arbeiten geblieben ist. Durch seine Vorlesungen an
der jugendlichen Hochschule auf das Rechtsgebiet gewiesen, hat
er das Material gesammelt für das Buch „Staats= und Rechts=
geschichte der Stadt und Landschaft Zürich", das noch jetzt von
vielen für seine bedeutendste Arbeit gehalten wird und von
dem er selbst sagt, daß darin der Keim seines späteren Werkes
über das „Allgemeine Staatsrecht" sich erkennen lasse. Das Buch
atmet den Geist der historischen Schule von Savigny. Zugleich
wirkte er als Mitglied des Großen Rates für die praktischen
Interessen des Kantons. Dank der Berufung vieler junger
Gelehrter aus Deutschland herrschte damals ein gehobener Geist
an der Universität, und Bluntschli trat mit der ganzen Energie
seines Wesens in die geistige und litterarische Atmosphäre ein.
Wie er durch seine Teilnahme am öffentlichen Leben seine Er=
fahrungen und seinen praktischen Sinn mehrte und schärfte und
seine Menschenkenntnis bereicherte, so führte ihn der Umgang
mit den Männern der Wissenschaft an der Hochschule in weitere
Gedankenkreise, in die höheren Regionen der Spekulation. Von
seinem berühmten Landsmann Keller fühlte er sich in Beziehung
auf die politische Richtung ebenso abgestoßen, wie ihn dessen
wissenschaftlicher genialer Geist anzog, ja mit einigem Neid er=
füllte. Einige Aufzeichnungen in seinem Tagebuch über die
höchsten metaphysischen und irdischen Probleme der Menschen
beweisen, wie vieles damals „in seinem Kopfe vorging". Sie
bilden die Einleitung zu dem Verkehr mit Friedrich Rohmer,
der einen so bedeutsamen Einfluß auf Bluntschlis Weltanschauung
und Bildungsgang haben sollte.

Der Umgang Bluntschlis mit Friedrich Rohmer und dessen Bruder Theodor im Anfang der vierziger Jahre bildet eine neue Aera in dem geistigen Entwickelungsgang des Züricher Professors und Ratsherrn. Die ausführliche Schilderung, die er der Persönlichkeit und den Gedanken- und Phantasiebildungen des Pfarrerssohns aus Franken widmet, zeugt von dem gewaltigen Eindruck, den die orakelhaften Aussprüche desselben auf ihn machten. Aus allem geht hervor, daß der Fremdling, auf den die übrigen Züricher mit einer gewissen Scheu und mit Mißtrauen blickten, eine imposante Persönlichkeit von wohlgebauter Gestalt und genialen Gedankenschöpfungen gewesen sein muß. Bluntschli ließ sich in seiner Verehrung nicht irre machen, weder durch die Zweifel, die einzelne über die Originalität der Rohmerschen Ideen aussprachen, die nur erborgte Späne der Schellingschen Philosophie seien, noch durch die Spöttereien der Satiriker und Witzlinge, welche Friedrich Rohmer ironisch den neuen Messias nannten und seinen sanfteren Bruder Theodor, der zuerst die Welt auf das Kommende aufmerksam machte, Johannes den Täufer. Wir wollen auf die Rohmersche „Spekulation und Psychologie" in I, 22 nicht eingehen; zum Nachdenken werden die von Bluntschli mitgeteilten Grundzüge immerhin anregen. Die im Jahre 1844 erschienene Schrift Bluntschlis „Psychologische Studien über Staat und Kirche" enthalten die im Verkehr mit Rohmer empfangenen oder doch zu größerer Klarheit entwickelten Grundgedanken. „Die Vorrede zu diesen Studien," versichert von Holtzendorff in den „Zeit- und Streitfragen" vom Jahre 1882, „zeigt uns Bluntschli gleichsam in einem Zustande der Verzauberung. Rohmer erschien ihm als Apostel einer völlig neuen Wissenschaft, die befähigt und berufen sei, das Welträtsel zu lösen, von ihrem Ausgangspunkt psychologischer Erkenntnis fortschreitend, Natur und Geist, Staat und Kirche, Erkennen und Glauben zum harmonischen Ausgleich zu bringen." Holtzendorff kann sich die Gewalt Rohmers über den sonst so klarverständigen Freund nur durch einen merkwürdigen Zug von Mysticismus erklären, der bisweilen in Bluntschlis Geistes- und Gemütsleben hervortrat. In diesem Hange zum Mysticismus wurzelte auch die Vorliebe desselben, sich der Bildersprache,

Gleichnisse und Zahlengruppen zu bedienen, „um solche Grund=
beziehungen zwischen Staat und Kirche zu veranschaulichen, die
er durch feste Ergebnisse des Denkens nicht genau darzustellen
sich getraute". In solchen Momenten war die Phantasie mächtiger
als Verstand und Ueberlegung. Er beherzigte nicht den Aus=
spruch Goethes: Das schönste Glück des denkenden Menschen ist,
das jeweils Erforschliche zu erforschen, erforscht zu haben, und
das Unerforschliche ruhig zu verehren.

Nicht ohne Kopfschütteln, aber doch mit Interesse wird
man die vertrauensvolle Hingebung Bluntschlis an Friedrich
Rohmer in I, Kap. 23, 24 lesen. Wie sehr auch Haß und Ver=
leumbung über Rohmer selbst und seine Frau Mathilde Wolf
alles Gift ausgossen, wie sehr auch Julius Fröbel und Georg
Herwegh in Zeitungsartikeln über den „Schwindler" und „Char=
latan" herfielen, Bluntschli wankte nie in seiner Zuneigung und
seinem Vertrauen, und seine Frau ging ganz in seine Sympathien
ein. Noch in den viel später verfaßten Denkwürdigkeiten spricht
er sich dahin aus: „Ich hatte niemals noch einen ähnlich genialen
Menschen und keinen Mann kennen gelernt, der reicher an
Gedanken und energischer von Gemüt war als Friedrich Rohmer.
Auch habe ich später niemand gesehen, der mir den persönlichen
Eindruck des einzigen Genies so entschieden gemacht hätte wie
er. Ich nehme nicht einmal den Fürsten Bismarck aus, der an
Genialität etwas Verwandtes mit ihm hat, in der Praxis ihn
weit übertrifft, aber als Denker doch sehr hinter ihm zurücksteht."
Die spekulativen Betrachtungen, die Bluntschli aus den Auf=
zeichnungen der Züricher Zeit seinem Memoirenwerk an ver=
schiedenen Orten einschaltet, tragen alle das Gepräge Rohmerscher
Weltanschauung. Erst mit der Uebersiedelung nach München,
wohin die Brüder Rohmer ihm vorangegangen waren, machte
Bluntschli die Erfahrung, daß Friedrich ein unpraktischer Träumer
sei, der in leidenschaftlicher Erregung unerreichbare Ziele ver=
folge. Bluntschli hatte bei König Ludwig in einer langen Audienz
und bei dem Fürsten Wallerstein für den Freund zu wirken ge=
sucht und gedacht, auch ferner mit ihm Hand in Hand zu gehen;
da erkannte er, daß der Bund nicht länger fortbestehen könne.
„Ich hatte ihm den Weg geöffnet," heißt es II, 1, „aber bedachte

nicht, wie wenig geneigt und wie wenig dazu geartet er sei, diese Wege zu gehen. Viel lieber suchte er neue eigene Pfade in der Wildnis." Noch einmal versuchte es Bluntschli, ihn zum politischen Handeln zu bewegen. In der Zeit der Münchener Aufstände wegen Lola Montez hatte der Professor den König Ludwig I. in längerer Unterredung zu bestimmen gewußt, daß er durch Rohmer eine Proklamation anfertigen lasse, welche die öffentliche Meinung beruhigen und zugleich die monarchische Autorität erhalten sollte. Als Bluntschli in Begleitung des Ministerialrats Volz in Rohmers Wohnung kam, machte dieser durch sein aufgeregtes Wesen auf den königlichen Beamten den Eindruck eines Betrunkenen. „Es war wieder jene unglückselige Mischung von genialen Lichtgedanken und düsteren unheimlichen Leidenschaften, welche die Menschen erschreckt und die Praxis verdirbt." Durch die angestrengte Thätigkeit der beiden Rohmer und des Professors kam während der Nacht der Entwurf eines Manifestes zustande. Als aber Bluntschli am nächsten Morgen in das Schloß eilte, war es „zu spät". Der König hatte im Staats= rat bereits eine von dem Ministerium entworfene Proklamation unterzeichnet. Nach der Pariser Februarrevolution und der Abdankung des Königs Ludwig herrschte in München wie in ganz Deutschland eine hochgehende politische Aufregung. Noch einmal glaubte Bluntschli, jetzt sei die Zeit gekommen, wo der Freund seine politisch=sociale Mission erfüllen könnte, und aus den Denkwürdigkeiten erfährt man, mit welchem Eifer er dafür gewirkt hat. Die Rohmersche Schrift „Der vierte Stand und die Monarchie" sollte als Programm der neuen Aera gelten. Aber alles ging in Dunst und Nebel auf. Friedrichs Bewerbung um einen Sitz im Frankfurter Parlament scheiterte; Bluntschli erkannte immer mehr, „daß in demselben ein Widerspruch sei zwischen der Idee und der That", und zog sich von ihm zurück. Mehrere Jahre lebten beide in derselben Stadt, ohne einander zu sehen. Im Laufe der fünfziger Jahre schieden die beiden Brüder und Friedrichs Frau, Mathilde, aus dem Leben. Die Welt hat wenig Notiz von ihnen genommen, aber in seinem Memoirenwerke hat Bluntschli der einst so befreundeten Familie ein pietätvolles Denkmal gesetzt. Wer die Ausführungen liest,

die sich durch Band I und II durchziehen und einen nicht un=
beträchtlichen Raum einnehmen, wird den Eindruck empfangen,
daß in Friedrich Rohmer eine geniale Natur tragisch unter=
gegangen ist, weil ihr Selbstbeherrschung und Bezähmung des
eigenen Ich gefehlt hat. Dem Herzen Bluntschlis aber gereicht
es zur vollen Ehre, daß er den Glauben an dessen Missions=
beruf nie verleugnet hat. Wo er in den Denkwürdigkeiten seines
Todes gedenkt, fügt er bei: „Ich habe keinen Menschen so geliebt
wie ihn." Und zu seiner jüngsten Tochter sagte er in seinem
letzten Lebensjahre: „Das Bedeutendste in mir ist, daß ich
Friedrich Rohmer und seine Lehre verstanden habe."

Das letzte Ereignis, das Bluntschli in seiner Heimat mit=
thuend und mitleidend durchlebt hat, war der Sonderbundskrieg.

Seine Darstellung, die reich ist an historischer und politischer
Belehrung, beginnt mit folgenden Sätzen: „Die Berufung der
Jesuiten nach Luzern ist der entgegengesetzte Pol und das Wider=
spiel der Berufung des Dr. Strauß nach Zürich. Hier handelte
es sich um den Triumph eines Princips, mit welchem der Fort=
bestand der christlichen Religion und die Existenz der reformierten
Kirche unverträglich schien. In Luzern handelte es sich um den
Triumph eines Princips, welches in seinen Folgen mit der
Unabhängigkeit des Staats und mit dem politischen Frieden
der Eidgenossenschaft unverträglich ist." Als Bevollmächtigter des
Vororts Zürich suchte Bluntschli zu vermitteln. Aber die Reden von
Siegwart und von Leu, „dessen kleine scharfe Augen und die
Falten um dieselben die bäuerische Schlauheit und einen lauern=
den Sinn im Hintergrunde verrieten", zerstreuten bald alle
Hoffnung auf einen Ausgleich. Vielleicht war die Ueberzeugung,
daß in dem Kampfe zwischen Radikalismus und Ultramontanis=
mus für einen Mann der „rechten Mitte" kein Platz mehr in
der Eidgenossenschaft sei, die Hauptursache, daß er sich nach
einem größeren Wirkungskreis umschaute. Es ist ja noch in
frischer Erinnerung, wie am Ende der vierziger Jahre die
Herzen der Menschen höher schlugen, wie das Gefühl sich regte,
daß eine neue Aera im Anbruch sei. Auch im Hause Bluntschli
wurde über die alte und die junge Schweiz lebhaft diskutiert.
Eine junge geistreiche, auf das Ideale gerichtete Frau, Verwandte

des Hauses, die in ihrer Familie von harten Schicksalsschlägen getroffen war und für ihr zerstoßenes Herz Heilung und Erhebung suchte, war den neuen Ideen zugethan. Auch in Bluntschlis Seele erwachte die Ahnung, daß es mit der „alten Schweiz" zu Ende gehe. Sollte er nun vor seinen bisherigen Freunden und Parteigenossen als Renegat erscheinen? So kamen mehrere Momente zusammen, die ihn eine Uebersiedelung nach Deutschland wünschen ließen. Die Berufung an die Universität München ging nicht ohne Schwierigkeiten von statten; aber sie gelang schließlich doch. Im Herbste 1848 trat er die Professur für allgemeines Staatsrecht und deutsches Privatrecht an. In seiner alten Heimat hielt man sein Andenken hoch. Hatte er doch durch die erwähnte „Staats- und Rechtsgeschichte", durch seine „Geschichte der Republik Zürich", durch seine „Geschichte des schweizerischen Bundesrechts" seinem Geburtslande ein rühmliches Denkmal gestiftet! Und auch er konnte lange nicht das „Schweizerheimweh" überwinden. In Gedichten sprach er die Sehnsucht des Herzens nach der Heimat aus, und in seinen Tagebuchaufzeichnungen sind seine Gedanken und Betrachtungen fortwährend der Eidgenossenschaft gewidmet.

So trübe und unbefriedigend im allgemeinen die politischen Zustände und das gesamte öffentliche Leben in den fünfziger Jahren dem Freunde des Vaterlands und des Fortschritts erscheinen mußten, in München gab es doch einige erfreuliche Lichtblicke. Noch dauerte die Kunstblüte fort, die König Ludwig geschaffen, und mit Kaulbach stand Bluntschli im freundschaftlichsten Verkehr; von Ludwigs Nachfolger Max II. ist allbekannt, wie sehr er der Wissenschaft, den litterarischen Studien, der Poesie ergeben war. Dichter, wie Geibel, Paul Heyse, Bodenstedt u. a., erfreuten sich seiner Gunst; man zog gern eine Parallele zwischen dem Weimarer und Münchener Musenhof; der Rechtsgelehrte Dönniges hatte einen bedeutenden Einfluß auf den König; an der Universität wirkten Männer wie Thiersch, Liebig, Windscheid, von Sybel, Giesebrecht und viele andere Notabilitäten der Wissenschaft. Daß in diesen Kreisen Bluntschli ein gern gesehener Gast war, verstand sich bei seiner anregenden,

geiſtig beweglichen, für alles Höhere empfänglichen Natur von
ſelbſt; wo er fehlte, fühlte man eine unheimliche Leere, als
wenn im Salon die Lampe nicht auf dem Tiſch ſtände. Mit
Friedrich Rohmer hatte er noch öfteren Verkehr, und der zweite
Band ſeiner Lebenserinnerungen enthält noch manche Unter=
redungen und Betrachtungen über die Löſung des Welträtſels,
über Gott, Natur und Unſterblichkeit; als der Philoſoph aber
am 11. Juni 1856 plötzlich an einem Nervenſchlag heimging,
wendete Bluntſchli ſich wieder mehr den ſtaats= und rechtswiſſen=
ſchaftlichen Studien zu. In dieſen Jahren entſtanden ſeine
Hauptwerke: „Allgemeines Staatsrecht“, „Deutſches Privat=
recht“ u. a., die eine Reihe von Auflagen erlebten; er be=
gründete mit Brater das bänderreiche „Staatswörterbuch“ und
eine juriſtiſche Zeitſchrift; er war Mitbegründer des „konſti=
tutionell=monarchiſchen Vereins“ und entwarf die Statuten dazu;
er nahm an den königlichen Sympoſien in den Räumen des
alten Schloſſes teil. Die fremden Gelehrten, Dichter und Philo=
ſophen, meiſtens Norddeutſche und Proteſtanten, waren den Alt=
bayern ein Dorn im Auge. Auch Bluntſchli hatte von den
Papiſten und „Nativiſten“ viel zu leiden. Aber er wußte ſich
ſeiner Haut zu wehren, und ſein gutes Nervenſyſtem half ihm
über die Angriffe und Anfeindungen leicht hinüber. Er hatte
immer einen vortrefflichen Schlaf. Gegenüber den Ultramon=
tanen, den Reaktionären und den Partikulariſten, die unter
dem Regiment von der Pforbtens den politiſchen und ſocialen
Ton angaben, ſtellte ſich Bluntſchli ebenſo entſchieden auf die
Seite des Liberalismus und beſonnenen Fortſchritts, wie er in
Zürich gegenüber den Radikalen den konſervativen Standpunkt
behauptet hatte. Jetzt hatte er die Stellung gefunden, der er
bis zu ſeinem Ende treu geblieben iſt.

Damit wollen wir dieſe Umriſſe und Andeutungen ſchließen.
Mögen berufenere Federn den reichen Inhalt des Buches während
der Münchener und Heidelberger Periode in ſeinen Einzel=
erſcheinungen genauer und eingehender beſprechen! Wir wollten
nur den Tribut des Dankes und einer langjährigen Freundſchaft
darbringen, indem wir auf ein Buch hinwieſen, in welchem der
Verſtorbene noch einmal in ſeiner vollen Perſönlichkeit und in

der ganzen Natürlichkeit und Offenherzigkeit seines Wesens und
seiner einfachen, klaren Mitteilungsweise gleichsam aus dem
Grabe zu den Zurückgebliebenen spricht. Die Beurteilung mancher
Ausführungen in dem umfangreichen Memoirenwerke mag noch
so verschieden ausfallen, aber jeder Leser wird aus der Dar=
stellung des Lebens und Charakterbildes eines so bedeutenden,
vielseitigen und thatkräftigen Mannes wie Bluntschli manche
interessante und anregende Belehrung schöpfen. Allenthalben
erhalten wir den Eindruck einer strebsamen Natur, die, während
sie alles Menschliche und Irdische in den Kreis ihres Forschens
und Denkens zieht, alle Institute des Rechts im Staate, im
Völkerverkehr, in der bürgerlichen Gesellschaft zu beleuchten, zu
bessern, zu veredeln sucht, zugleich den Blick stets auf das Reli=
giöse, das Ideale und Metaphysische gerichtet hält. Neben den
juristischen Werken über Staat, Politik und Völkerleben vertiefte
er sich in die „Altasiatischen Gottes= und Weltideen" und
strengte seinen Geist an, um den „natürlichen Weg des Menschen
zu Gott" zu finden.

In seinem vielbewegten Leben kam Bluntschli mit Personen
in Berührung, welche in hervorragender Weise auf den Gang
und die Richtung der öffentlichen Dinge zu wirken berufen
waren. Die Unterredungen, die er mit den beiden bayerischen
Königen, mit Metternich und Bismarck, mit Gelehrten und
Staatsmännern führte, und die Urteile, die er sich von ihnen
bildete, gehören zu den interessantesten und belehrendsten Partien
der Denkwürdigkeiten. Allenthalben erkennt man den beob=
achtenden, klarverständigen Mann, der nicht bloß wichtige Zeit=
fragen zur Sprache zu bringen wußte, sondern auch in seiner
lebhaften Phantasie das Ideale und Uebersinnliche zu erfassen
strebte, und der zugleich die Gabe besaß, den Mitredenden
zum Aussprechen seiner Ansichten über zeitbewegende Anliegen
anzuregen.

Bei der Nachricht von Bluntschlis Tod, so lautet der Anfang
eines Nekrologs von Professor Holtzmann in einem Berliner Blatt
vom November 1881, hörten wir eine Dame, die ihn im Sommer
vorher zu Engelberg kennen gelernt hatte, sagen: „Der Tod
eines solchen Mannes macht uns das Herz in ganz besonderer

Weise schwer; denn es gibt nicht mehr viele gerade von dieser
Art, und man hat das Gefühl, als sei unsere Zeit nicht dazu
angethan, Menschen nachwachsen zu lassen, welche solche Verluste
zu decken berufen wären." Diesen Eindruck wird auch jeder
empfinden, der die Denkwürdigkeiten durchliest, welche den Ver=
storbenen noch einmal vor unsere Seele führen.

Schlußwort.

———

Auf alten Bildern, bei denen eine große Aktion mit vielen Personen dargestellt ist, sieht man manchmal im Hintergrund unter den Zuschauern das Porträt des Malers. Er wollte offenbar damit andeuten, daß er die Scenen, die er vorstellte, aus der nächsten Nähe beobachtet, sie in sein Vorstellungsvermögen aufgenommen und nach seiner Eigenart und individuellen Phantasie entworfen habe. Aehnlich verhält sich der Verfasser zu den obigen Umrissen des gesellschaftlichen und akademischen Lebens in Heidelberg während der ersten Hälfte unseres Jahrhunderts. Er hat fast alle Persönlichkeiten, deren daselbst gedacht ist, während seines mehr als fünfzigjährigen Aufenthalts in der schönen Neckarstadt kennen gelernt und ist mit vielen derselben in intimer Freundschaft gestanden, und da er selbst nicht der Universität angehörte und nie zu den sogenannten Strebern gezählt wurde, welche allenthalben mitthun oder selbst eine Rolle spielen wollen, so hat er viel Vertrauen genossen und in vertraulichen Gesprächen manche Interna vernommen, manchen Vorfall und manches Urteil von verschiedenen Seiten beobachten können. Er selbst hat nie einen schroffen doktrinären Partei-

ſtandpunkt eingenommen; das Geſchäft des Scheidens der Men=
ſchen in Gerechte und Ungerechte nach links und rechts oder,
wie es im Evangelium heißt, in Schafe und Böcke, hat er nie
geliebt und nie geübt. Er war vielmehr wie Goethe der Mei=
nung, daß eine große Zahl der Vernünftigen dem Angeſichte
Gottes gegenüber geſchart ſei. Was er bei Abfaſſung der
obigen Genrebildchen gewollt und erſtrebt, hat er in der Vorrede
ausgeſprochen. Sie ſollten ein Vermächtnis ſein für Stadt und
Univerſität. Möge dasſelbe nicht zurückgewieſen werden!

Inhalt.